architektur

einseins

Technische Universität Braunschweig
Jahrbuch Architektur 2011

Impressum

Technische Universität Braunschweig
Jahrbuch Architektur 2011

Herausgeber
Öffentlichkeitsarbeit Department Architektur

Prof. Gabriele G. Kiefer
Dipl.-Ing. Henri Greil

Konzept und Redaktion
Dipl.-Ing. Henri Greil

Mitarbeit
Leif Buchmann, Fabian Busse, Jan Müller, Anika Neubauer,
Timo Otto, Charlotte Schmidt, Mira Schmidt, Dirk Terfehr

Grafik und Layout
Fahim Mohammadi, Markus Willeke

Cover
Mira Schmidt, Markus Willeke

Lektorat
Monika Römer

Druck
Ruth Printmedien GmbH

Bilder und Texte
Studierende und Mitarbeiter der jeweiligen Institute

Die einzelnen Beiträge wurden von den verantwortlichen
Instituten erstellt.
Die Rechte an Bildern und Texten liegen bei den Autoren
und den jeweiligen Instituten der Fakultät.

Appelhans Verlag, Braunschweig 2011

ISBN 978-3-941737-48-8

appelhans Verlag

www.tu-braunschweig.de/arch

Technische
Universität
Braunschweig

Intro

Ein Etappenziel ist erreicht: Mit dieser Publikation liegt nun das zweite Jahrbuch des Departments Architektur der TU Braunschweig vor. Es zeigt die Breite und Vielfalt der Lehrangebote und Forschungsaktivitäten, aber auch die spezifische Ausrichtung der einzelnen Institute: Jede Professur hat nicht nur ihre individuelle Charakteristik, ihren Themenschwerpunkt und ihr Aufgabenprofil innerhalb des vertretenen Fachgebiets, sondern auch eine spezielle Methodik bei der Vermittlung der Lehrinhalte. Trotz aller Besonderheiten der einzelnen Fachgebiete, geben die Institute in ihrem Zusammenspiel ein Gesamtbild des Departments ab und veranschaulichen seine Leistungsfähigkeit, die sich in der anspruchsvollen und engagierten Ausbildung manifestiert.

Im Zentrum der Architekturausbildung der TU Braunschweig, die unter dem Namen „Braunschweiger Schule" bekannt ist und zu einem der national bedeutendsten und international bekanntesten Hochschulstandorte in Deutschland zählt, steht das architektonische Entwerfen. Die „Braunschweiger Schule" bezieht ihr Entwurfsverständnis vor allem aus einer kulturalistischen Sicht auf Architektur und Städtebau.

Der Gebäudeentwurf sowie das städtebauliche Entwerfen werden in enger Verbindung mit der theoretisch-historischen Bildung und der künstlerisch-darstellerischen Grundausbildung gelehrt. Im Bereich der Gebäudeplanung wird traditionell ein besonderer Wert auf die technisch-konstruktive Durcharbeitung gelegt.

Unabhängig von den Schwerpunkten der einzelnen Professuren ist ein übergeordnetes Ziel der Entwurfslehre, die Studierenden in die Lage zu versetzen, eine jeweils inhaltlich fundierte Position zu der entsprechenden Entwurfsaufgabe einzunehmen, so dass sie für ihre Gestaltungsabsicht eigenständig Bewertungskriterien entwickeln können. Diese Fähigkeiten sind die Voraussetzung für die Entwicklung architektonischer und städtebaulicher Konzepte.

Die Art der Entwurfsaufgaben wird im Verlauf des Bachelor- und Masterstudiums dem jeweiligen Kenntnisstand der Studierenden angepasst. Aus diesem Grund sieht der Lehrplan von Beginn an vor, die Studierenden mit dem gleichzeitigen Erfassen mehrdimensionaler Ebenen vertraut zu machen. Sie lernen das Arbeiten mit komplexen Beziehungsgefügen zwischen verschiedenen räumlichen, kontextuellen und dynamischen Aspekten. Hierzu zählen das zeitliche Moment, die Berücksichtigung gesellschaftlicher Anforderungen, sowie klimatische, energetische und ökologische Gesichtspunkte.

Um das Bachelor und Master Curriculum den aktuellen Studienanforderungen anzupassen und entsprechend attraktiv zu gestalten, hat das Department Architektur seit dem Erscheinen des letzten Jahrbuchs 2009 vielfältige Anstrengungen unternommen und Veränderungen umgesetzt. Die Lehrinhalte des Bachelorstudium wurden auf Basis regelmäßiger Evaluationen und als Reaktion auf deutliche Hinweise aus der Studentenschaft erneuert und studierbarer gestaltet. Im engen Zeitkorsett des 6-semestrigen Bachelor sind jedoch für die Studierenden weder Auslandsaufenthalte noch Praktika möglich.

Aus diesem Grund wird zum Wintersemester 2011/12 der 8-semestrige Bachelorstudiengang „architektur+" mit einem integrierten internationalen Studienjahr eingeführt. Der geplante Studiengang ist vom DAAD durch das Programm „Bachelor Plus" gefördert und wird zusätzlich zu dem bestehenden 6-semestrigen Bachelorstudiengang angeboten. Mit dem internationalen Jahr reagiert das Department Architektur auf die international gestiegenen Anforderungen an die Ausbildung. Durch das Auslandsjahr an einer Partneruniversität im Bachelorstudiengang wird den Studierenden die Möglichkeit eröffnet, eine besondere fachliche, berufsvorbereitende und interkulturelle Qualifikation zu erwerben. Zusätzlich ist die Integration eines Praxissemesters vorgesehen.

Parallel zum grundständigen Masterstudiengang Architektur ist, ebenfalls zum Wintersemester 2011/12, der Start des Studiengangs „Sustainable Design" geplant. Die Studierenden sollen hier in gemeinsamen, fakultäts-übergreifenden Lehrveranstaltungen ganzheitlich auf dem Gebiet des klimagerechten und ressourcenschonenden Planens und Bauens ausgebildet werden, bei gleichzeitiger Vermittlung interdisziplinärer Planungsfähigkeit und unter Berücksichtigung ökologischer, ökonomischer und soziokultureller Gegebenheiten.

Kenntnisse des klimagerechten und ressourcenschonenden Planens und Bauens und die damit verbundene Fähigkeit, nachhaltige Lösungen und ganzheitliche Konzepte zu entwickeln, sollen zu einem integrierten Planungsansatz zusammengeführt werden. Eingebunden sind alle Institute der Fakultät Architektur, Bauingenieurwesen und Umweltwissenschaften der Technischen Universität Braunschweig.

Es freut mich ganz besonders, dass nach einem langen Zeitraum der Projekt-ierung, noch in diesem Jahr mit der baulichen Realisierung der analog-digitalen Werkstatt begonnen werden kann. Die zentrale Medienwerkstatt, das zentrale, digital-analoge Medienlabor, ist als Kompetenzzentrum für das gesamte Department Architektur angelegt. Auf diese Weise können digitale Medien, digitaler und analoger Modellbau in Forschung und Lehre in koordinierter Form für alle Institute und Studierenden der Architektur zur Verfügung gestellt werden, und so den Austausch von spezifischem Wissen in diesem Bereich fördern. Ziel ist es, die programmatischen, konstruktiven und gestalterischen Potenziale, die sich aus der Integration analoger und digitaler Technologie ergeben, zu erforschen und für die Architektur und den Städtebau nutzbar zu machen.

Mit Beginn des Sommersemesters 2011 konnten wir zwei neue Mitglieder im Kollegium begrüßen: Almut Grüntuch-Ernst, als Professorin für Entwerfen und Gebäudelehre und Dr. Harald Kloft, der die Professur für Tragwerksent-wurf übernommen hat. Beiden wünsche ich einen guten Start, sowie viel Erfolg und Freude bei den anstehenden Aufgaben in Lehre und Forschung an unserer Fakultät.

Allen Kolleginnen und Kollegen, sowie den wissenschaftlichen Mitarbei-terinnen und Mitarbeitern des Departments Architektur, danke ich für ihr Engagement, die jeweils besten Themen und Inhalte für eine architekturbe-zogene Lehre zu erarbeiten, diese bereitzustellen und die Studierenden ihren Möglichkeiten und Interessen entsprechend zu betreuen.

Ein großer Dank gilt auch dem Team der Öffentlichkeitsarbeit unter Leitung der Kollegin Prof. Gabriele G. Kiefer und des wissenschaftlichen Mitarbeiters Henri Greil, sowie allen beteiligten Mitarbeiterinnen und Mitarbeitern: ihr Einsatz war unentbehrlich für das Zustandekommen des vorliegenden Jahrbuchs. Ebenso positiv anzumerken ist die Initiative und das Engagement der Studierenden, die dazu geführt haben, dass die Fachschaft, durch Sprecher der Zeichensäle unterstützt, neuen Antrieb für ihre wichtige Arbeit erhalten hat.

Bei der Auswertung der studentischen Leistungen im Bachelorstudium, konnten wir feststellen, dass trotz vielfältiger formaler und zeitlicher Hürden, auch hier die Arbeiten der Studierenden ausnahmslos eine hohe Qualität aufwiesen. Es ist also kein Zufall, dass Projekte und Entwürfe der Studierenden das Gros des Jahrbuches ausmachen: Wir sind stolz auf ihre Leistungen, die den Anspruch und das Niveau der Architekturausbildung an der TU Braunschweig dokumentieren.

Prof. Uwe Brederlau
Studiendekan Department Architektur (2009 - 2011)

Von ERASMUS zu EUROPAN: Plädoyer für einen europäischen Austausch

Meine Beziehungen zur TU Braunschweig und ihrer Architekturfakultät waren kurz und intensiv, liegen aber nun schon über vierzig Jahre zurück. Ihre Wiederaufnahme durch die mir verliehene Ehrendoktorwürde im vergangenen Jahr ist noch so neu, dass sie mir noch keine tiefere Kenntnis der Braunschweiger Verhältnisse ermöglicht. Deshalb habe ich für meinen Beitrag ein Thema allgemeiner Natur gewählt, das aber auch für die Braunschweiger Studierenden von Interesse ist: Der universitäre europäische Austausch von Studierenden und von jungen Architektinnen und Architekten in Europa.

Mit zum Besten im vereinigten Europa gehört die Freizügigkeit der Studierenden innerhalb der Europäischen Union, die ihnen ermöglicht, mit Unterstützung der Europäischen Union, an Universitäten mit den unterschiedlichsten Schwerpunkten studieren zu können und so die vielfältigen kulturellen Traditionen kennenzulernen, die bis heute die Ausbildung und damit auch die Architekturen in Europa prägen.

Mein Kollege an der Universität in Liechtenstein, Professor Hilti, sagte kürzlich: „Wir schicken die Studierenden als unsichere Kinder hinaus in die Welt und sie kommen als selbstbewusste junge Frauen und Männer zurück!" Die Hochschule Liechtenstein hat es deshalb zur Pflicht gemacht, mindestens ein Semester im Ausland zu studieren.

Aber wie viele Studierende nehmen die Chancen wahr, die das vereinte Europa bietet? Die Studienreform mit der Aufteilung des Studiums in Bachelor und Master hat offensichtlich vielerorts zu einer Verschulung geführt, die kaum noch die akademischen Freiheiten eines Auslandsstudiums zulassen.

Es ist die Ironie dieser Hochschulreform und der sie verwaltenden Hochschulbürokratie, dass aus einer Reform, die mit einem europäischen einheitlichen, modularen Studienaufbau die Freizügigkeit des Studierens befördern wollte das Gegenteil bewirkt wurde: durch Verschulung und Zeitmangel wird diese Freiheit massiv eingeschränkt. Vielleicht sollten die deutschen Architekturfakultäten ebenso konsequent handeln wie die Hochschule Liechtenstein und es ihren Studierenden zur Pflicht machen, ein Jahr im Ausland zu studieren.

Im letzten Sommer habe ich mich zum Europäischen Präsidenten von EUROPAN wählen lassen, weil ich der Überzeugung bin, dass der europäische Austausch nicht mit dem Ende des Studiums aufhören darf, sondern im Berufsleben fortgesetzt werden sollte. EUROPAN bietet jungen Architektinnen und Architekten zwischen dem Zeitpunkt der Aufnahme in die Architektenkammer und ihrem 40. Geburtstag die Möglichkeit sich an den EUROPAN-Wettbewerben zu beteiligen, mit der Chance, einen Auftrag auch im Ausland zu erhalten und mit ihren Ideen international diskutiert zu werden: Am EUROPAN-Wettbewerb 2011 beteiligen sich 18 Länder mit 49 Standorten.

Bei meinen ersten Begegnungen und Arbeitstreffen mit Generalsekretär Didier Robois und den verschiedenen nationalen Sekretariaten war ich beeindruckt von der großen Offenheit und Bereitschaft - trotz aller grundlegenden Unterschiede - einander zuzuhören und zusammen Probleme, die alle Länder betreffenden zu definieren, um sie dann zur gemeinsamen gedanklichen Grundlage für die im jeweiligen Fall ganz unterschiedlichen Entwurfsaufgaben zu machen. Im Laufe von zwei Jahrzehnten ist eine EUROPAN-Familie entstanden, die den EUROPAN-Wettbewerb auch durch politisch und finanziell schwierige Zeiten sicher begleitet hat.

EUROPAN wurde vor 20 Jahren in Frankreich mit dem Ziel gegründet den sozialen Wohnungsbau zu verbessern. Inzwischen hat sich Europa gewandelt, und die Aufgabenstellungen von EUROPAN spiegeln diesen Wandel: Sie sind im Laufe der Jahre immer kontextbezogener und damit städtebaulicher geworden. Für den EUROPAN-Wettbewerb 2011 lautet das Motto: „Städtische Gebiete und Lebensmodelle im Einklang. Welche Architektur für nachhaltige Städte – Identität, Nutzungen, Konnektivität".

Zwischen dem Erasmus-Programm für Studierende und EUROPAN für „fertige" Architektinnen und Architekten gibt es eine dritte Form des Erfahrungsaustauschs: Das breite Angebot an internationalen Sommerschulen, in denen sich Studierende und ‚Meister' verschiedener Fachgebiete zwanglos treffen um gemeinsam an Projekten zu arbeiten. Insbesondere zum Kennenlernen der Rolle von Verwaltungen und Investoren im Prozess des Schaffens von Architektur und Städtebau lässt sich viel lernen – unter anderem auch, dass es neben der Entwurfskreativität auch so etwas wie Verfahrenskreativität gibt.

Ich appelliere an die Studierenden der Architektur, dieses vielfältige Angebot zu nutzen, um so - neben Entwurfsfähigkeiten auch an Weltläufigkeit und Sprachkenntnissen zu gewinnen.

Prof.em. Dr.Ing. Eh. Thomas Sieverts
Ehrendoktor der TU Braunschweig
Architekt, Stadtplaner und Autor

Studieren in Braunschweig – ein Leitfaden

Fragt man die Studierenden nach den Alleinstellungsmerkmalen des Studiums der Architektur an der TU Braunschweig, wird als erstes die Tradition der Zeichensäle angeführt. Gemeint ist damit die Bereitstellung eines Arbeitsplatzes für jeden Studierenden in einem der zahlreichen Zeichensäle des Departments. In diesen Räumen wird skizziert, ent- und verworfen, hier werden Konzepte entwickelt und in Form gebracht - in Abgabephasen nicht selten bis spät in die Nacht. Ganz nebenbei entstehen so nicht nur Freundschaften fürs Leben, auch viele Bürogemeinschaften haben sich hier gefunden. Die Zeichensäle sind Orte des Austauschs und gegenseitiger jahrgangsübergreifender Unterstützung: gemeinsam werden Ideen diskutiert aber auch, ganz praktisch, Hilfe bei der Fertigstellung von Projekten geleistet.
> Zeichensäle S. 352
Und Abgabestimmung herrscht fast immer, denn das Braunschweiger Department Architektur ist bekannt für seine studentische Wettbewerbskultur. Die Institute fördern gezielt die Teilnahme an solchen Verfahren, da so ein wesentlicher Aspekt des späteren Berufslebens – der Konkurrenz- und Abgabedruck – in abgesichertem Modus geübt werden kann. Und nicht zuletzt freut sich die Hochschule jährlich über viele Preisträgerinnen und Preisträger.
> Studentenwettbewerbe S. 192
Um im internationalen Vergleich zu bestehen, bietet Braunschweig die besten Voraussetzungen. Neben einer Allgemeinen Bibliothek besitzt jedes Institut seine eigene, umfangreiche Büchersammlung, und kann auf diese Weise auch speziellen Interessen gerecht werden. Auch computertechnisch ist das Department auf einem ausgezeichneten Stand. In den verschiedenen Plottlaboren können sowohl Ausdrucke aller Art als auch die unterschiedlichsten Modelle - von 3D Gipsplottmodellen bis hin zu Lasercutmodellen - erstellt werden. > Ausstattung S. 376
Die Ergebnisse aller Abschlussarbeiten (Diplom, Bachelor, Master) und vieler Semesterentwürfe werden regelmäßig sowohl den Kommilitonen als auch dem internen und externen Fachpublikum im zentralen Ausstellungspavillon des Departments präsentiert. > Ausstellungen S. 310
Im Rahmen des offiziellen Programms für Studienanfänger bietet das Erstsemesterfrühstück in den einzelnen Instituten die Möglichkeit die Lehrenden und Räumlichkeiten kennenzulernen und individuelle Fragen zum Studium zu stellen. > Aufbau des Studiums S. 370
Beim „Entwurfsbasar" zu Beginn jedes Semesters, präsentieren die ProfessorInnen eine Rück- und Vorschau ihrer Lehrangebote. Wer sich noch nicht für eine der ausführlich im Online-Semesterprogramm beschriebenen Aufgaben entschieden hat, kann hier einen Überblick über das Lehr- und Forschungsprofil der 15 Institute des Departments erhalten.
> Institute S. 016 / > Forschung S. 228

Die öffentlichen Bachelor- und Diplomvorstellungen sind das Highlight am Ende eines jeden Semesters. In der Regel ist zu diesem Anlass der Ausstellungspavillon überfüllt mit Freunden und Kommilitonen, die der öffentlichen Vorstellung der Abschlussarbeiten aufmerksam folgen. Nach der feierlichen Diplomveranstaltung wird der Studienabschluss mit einem rauschenden Fest gefeiert.

Während des Semesters trifft man sich jeden Dienstag zu einem besonderen Event mit anschließendem Umtrunk. So stellen unter anderem seit Jahren im Rahmen der Veranstaltungsreihe „Architekturpositionen" namhafte internationale Persönlichkeiten ihr Werk vor. *> Vorträge S. 288*

Das Department ist ohnehin international ausgerichtet. Dafür stehen einerseits regelmäßige Kooperationen mit Universitäten weltweit; andererseits werden die Studierenden ermutigt und unterstützt, in einem Auslandsstudium ihre Fachkenntnisse aber auch ihre Kenntnisse anderer Kulturen zu erweitern. *> Aktivitäten S. 286 / > Auslandsarbeiten S. 208/ > Architektur+ S. 372*

Ebenso führen jährlich eine Vielzahl an geförderten Exkursionen die Studierenden in die ganze Welt. Nicht nur die europäischen „Klassiker" stehen auf dem Programm, sondern auch Exkursionen nach Japan oder Chile. *> Exkursionen S. 336*

Im Rahmen der Fakultät Architektur, Bauingenieurwesen und Umweltwissenschaften wird vor Ort eine fachübergreifende Lehre angeboten, die den interdisziplinären Austausch zum Ziel hat. *> Kooperationen S. 182*

Unser weltweites Alumni-Netzwerk fördert die Beziehung zwischen den Ehemaligen (Mitarbeitern und Studierenden) des Departments und den gegenwärtig Studierenden und bietet letzteren die Möglichkeit frühzeitig berufliche Kontakte zu knüpfen, die nicht selten den Weg für Praktika in interessanten Architekturbüros ebnen. *> Cloud Club S. 356*

Die speziellen Interessen der Studierenden werden mit großem Engagement vom Fachgruppenrat Architektur vertreten. Trotz des intensiven Studiums kommt auch die Entspannung nicht zu kurz: Sportturniere, Sommerkino oder Partys sind nur einige der angebotenen Veranstaltungen. *> FG Arch S. 357/ > ARCH.LIFE S. 352*

Im Gegensatz zu vielen anderen Universitäten kennen sich an der TU Braunschweig alle Lehrenden und Studierenden persönlich. Dies ermöglicht die individuelle Betreuung der Studierenden, die ihrerseits jede Lehrveranstaltung evaluieren und so an der kontinuierlichen Qualitätssicherung der Lehre mitwirken.

Prof. Gabriele G. Kiefer
Öffentlichkeitsarbeit Department Architektur

EXPLOSÉE _ Ausstellung des IME in der Apotheke am Kennedyplatz _ Werkwoche 2010

CAMPUS

INSTITUTE, ZEICHENSÄLE,
WERKSTÄTTEN

⌐ GEBÄUDE　　　　　◣ Institute　　　　　　　　　　　　　　　　◣ Institute

01 Pockelstr. 4 *Altgebäude*
02 Pockelstr. 3 *Scheibe*
03 Schleinitzstr. 21b
04 Werkstatt
05 Mühlenpfordstr. 23 *BS4*
06 Zimmerstr.24 *Grotrian*
07 Zimmerstr.24 *Grotrian Süd*
08 Mensa 1
09 AStA
10 Bücherei
11 Audimax
12 Immatrikulationsamt
13 International Office
14 Gauß-IT-Center
　　Rechenzentrum
15 Bevenroder Str. 80
　　Uhlenbusch
16 Amtsgericht

01 TWL　*Institut f. Tragwerksplanung*
　　IEX　*Institut f. Experimentelles Entwerfen und Entwerfen I*
　　BG　*Baugeschichte*
　　GTAS *Geschichte und Theorie der Architektur und Stadt*
02 IEB　*Institut f. Entwerfen und Baugestaltung*
　　IFBB　*Institut f. Baugestaltung B*
　　IGE　*Intitut f. Gebäudelehre und Entwerfen*
　　IIKE　*Industriebau und konstruktives Entwerfen*

02 IS　*Städtebau*
　　ISE　*Städtebau und Entwurfsmethodik*
　　ILA　*Landschaftsarchitektur*
03 KON　*Baukonstruktion*
05 IGS　*Institut f. Gebäude- und Solartechnik*
06 IME　*Institut f. Mediales Entwerfen*
15 IAK　*Institut f. Architekturbezogene Kunst*

1km

1km

Darstellen und Gestalten

Institut für Mediales Entwerfen
Institut für Architekturbezogene Kunst

Organisation von Informationen

Der Architekturentwurf verwandelt sich vor dem Hintergrund der Digitalisierung von dem vorausschauenden Plan des zu Bauenden zur anpassungsfähigen Matrix von Informationen. Die zukünftige Umwelt und Lebenswirklichkeit entziehen sich zunehmend der planenden Antizipation und langfristigen Vorhersagbarkeit. Der urbane und architektonische Raum sowie die zur Verfügung stehenden Informationen sind in immer stärkeren Maße dynamisch, wachsen an, widersprechen sich zum Teil und ändern sich fortwährend, auch während des laufenden Entwurfs- und Realisierungsprozesses. Zudem gewinnen hybride Orte und temporäre Schauplätze an Bedeutung, in denen die medial-virtuelle Information mit der real-physischen Szene fusioniert. Es ist daher notwendig, prozesshafte Steuerungsmechanismen zu entwickeln und Entwurfsmethoden zu erkunden, die nicht als bloße Vermittler von feststehenden Entitäten betrachtet werden, sondern als eigenständige Akteure, welche die künstlerischen und architektonischen Entwurfshandlungen erst ermöglichen. Zu erforschen gilt es sowohl die konkrete Situation und den konkreten Raum, als auch den medial vermittelten Raum, den Raum der Information, der sich untrennbar mit Architektur und Stadt verbunden hat. Die digitalen und parametrischen Werkzeuge der Raumproduktion sind die Protagonisten dieser Dialektik zwischen der physischen und der medial vermittelten Szene.

Planung von Beziehungen

Mit der Vorstellung des Entwurfsmediums als Akteur wird der nicht nur abbildende, sondern vielmehr hervorbringende Umgang mit Entwurfsdarstellungen betont. Mediales Entwerfen und künstlerisches Gestalten verstehen sich in diesem Sinne als Verfahren, die weniger die konkrete Form als vielmehr ein abstraktes System wechselseitiger Beziehungen und Einflüsse bestimmt. Die Aufgabe des medialen und künstlerischen Entwerfens besteht nicht in erster Linie darin, ein definitives Artefakt zu erstellen, sondern ein vorläufiges Konzept zu entwickeln, das Veränderungen aufnehmen und das Ungewisse, Unscharfe und Heterogene in Form bringen kann.

Produktion von Prozessen

Die Fachgruppe präsentiert sich heute als architektonisch-künstlerisches Forschungs-labor, das an der Gestaltung und Produktion von Prozessen arbeitet. Lehre und Forschung dieser Fachgruppe beziehen sich über die architekturbezogenen Fragestellungen hinaus auf einen erweiterten soziokulturellen Kontext, der in spezifischer Weise wahrgenommen und mit künstlerischen Mitteln kommentiert wird. Die Lehrinhalte wandeln sich daher fortwährend und reagieren auf aktuelle gesellschaftliche und architektonisch-künstlerische Diskussionen. So wie der Forschungsgegenstand immer neu zu bewerten ist, werden auch die Studierenden ermutigt, unterschiedliche Haltungen zum Gegenstand zu entwickeln und ihr kreatives Potenzial individuell zu entfalten.

Prof. Matthias Karch
(Institut für Mediales Entwerfen, IME)

IME
INSTITUT FÜR MEDIALES ENTWERFEN

Professur
01 Prof. Matthias Karch

Sekretariat
02 Katrin Hellbach

Wissenschaftl. Mitarbeit
03 Carolin Höfler
04 Stefan Neudecker
05 Katharina Puhle
06 Philipp Reinfeld

Student. Mitarbeit
07 Leonore Brave
08 Maren Grzesik
09 Christoph Kruse
10 Hendrik Lindemann
11 Aida Nejad
12 Christoph Peetz

13 Mirko Prahl
14 Robert Uhl

Anschrift
IME Institut für Mediales Entwerfen
Zimmerstr. 24
D 38106 Braunschweig

t + 49 (0) 531. 391. 3559
f + 49 (0) 531. 391. 3566
emd@tu-bs.de
www.imd.tu-bs.de

Mediale Prozesse und Produktionen

Grundlegend für Theorie und Praxis des Instituts für Mediales Entwerfen (IME) ist die These, dass Medien in komplexerer Weise in der Architektur eingebunden sind, als nur deren instrumentelle Vehikel zu sein.[1] Die dem Entwerfen zugrunde liegenden Techniken und Medien sind keine äußerlichen „Mittel" oder „Werkzeuge" der Architektur. Vielmehr schreibt sich das Wissen der Architektur in die Verwendung von Medien und Techniken ein, ebenso wie es sich in der Auseinandersetzung mit den Medien erst bildet und formt. Entwurf, Medium und Darstellung begründen sich wechselseitig und definieren sich jeweils neu.

Diese Annahme steht dem traditionellen Verständnis von Entwurf und Darstellung entgegen, nach dem die Darstellung dem Entwurf folgt und eine repräsentative Funktion übernimmt. Hierbei dient die Darstellung lediglich zur Visualisierung einer zuvor erdachten Idee und verweist auf eine noch zu bauende Architektur. Pläne und Modelle werden ausschließlich als Mittel zum Zweck der Vermittlung aufgefasst. Anstatt von dieser ergebnisorientierten Betrachtung der Entwurfsdarstellung als traditionelle Form der Verständigung über architektonische Leistungen auszugehen, steht in den Projekten des IME die Frage nach den Entwurfsprozessen und Verfahren, ihrer Konzeption, ihren Regeln und Techniken im Vordergrund. Dabei werden die verwendeten Medien als eigenständige Akteure betrachtet, welche die Entwurfshandlungen erst ermöglichen. Medien und Mittler gehen nicht in einer vermeintlichen

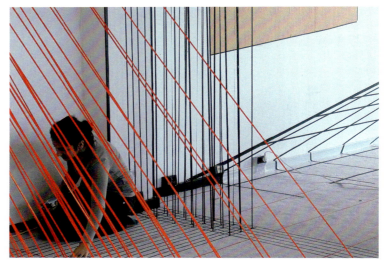

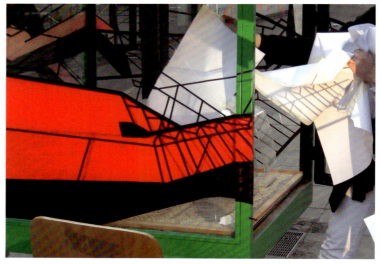

Arbeiten von Studierenden des Ersten Studienjahres des IME Semesterpräsentation „Mediale Darstellungsprozesse"

reinen Instrumentenrolle oder Verweis-
funktion auf, vielmehr kommt ihnen, wie
dem Entwerfer selbst, Handlungsmacht
zu. Sie beeinflussen den Entwurf radikal
oder bringen ihn erst hervor.

Vor dem Hintergrund der fortschrei-
tenden Mediatisierung und Digitalisierung aller Lebensbereiche spielen die
zeitbasierten Techniken eine zunehmend
wichtigere Rolle im Entwurf. Was die
elektronischen, digitalen und interaktiven
Medien und Techniken verändert haben,
ist keineswegs nur die Darstellung von
Raum, sondern viel grundsätzlicher, die
Art, wie Raum wahrgenommen, gedacht
und entworfen wird. Analoge und
digitale Entwurfsmedien führen nicht nur
zu unterschiedlichen Darstellungen von
Raum, sondern zu grundlegend anderen
Raumvorstellungen. Umgekehrt bestim-
men spezifische Raumauffassungen die
Wahl und Verwendung der Medien. Das
IME hat sich zur Aufgabe gemacht, diese
wechselseitigen Wirkverhältnisse zwischen Entwurfsmedium und Raumproduktion zu erforschen und zu erhellen.

Carolin Höfler

1   Vgl. Daniel Gethmann, Susanne Hauser (Hg.): Kulturtechnik
Entwerfen. Praktiken, Konzepte und Medien in Architektur und
Design Science, Bielefeld 2009, S. 9 f.

Forschungsprofil

- Generative und parametrische Ent
  wurfs- und Darstellungsprozesse
- Orts- und situationsbezogene Medien-
  prozesse
- Analog-digitale Environments und
  Lebensumwelten
- Kinetische, reagible Materialsysteme
- Performative Raumgestaltung
- Materialisierung des Digitalen

Medien und Maschinen

- Zeichen- und Druckwerkstatt
- Foto- und Videolabor
- Medialab mit 25 Computern
- Digitale Produktionswerkstatt mit CNC-
  Styroschneidemaschine, 3D-Drucker
  und 2D-Laserschneidegerät

Arbeiten von Studierenden des Ersten Studienjahres des IME, Semesterpräsentation „Mediale Darstellungsprozesse"

IME

INSTITUT FÜR MEDIALES ENTWERFEN

▱ Entwurf
   Eintracht
   Braunschweig-Stadion

▱ Betreuung
   Carolin Höfler
   Prof. Matthias Karch
   mit Thilo Aschmutat
   und Matthias Richter

▬ AutorInnen
01 Fabian Busse
02 André Gerken
03 Felix Schippmann
04 Jakob Otto
05 Christina Stähr
06 Moritz Mombour
07 Jasmin Behzadi
08 Ercan Gökgül

Heimspiel

Kaum eine Architektursparte hat in den vergangenen zwanzig Jahren eine solche Aufwertung erfahren wie der Stadionbau. Dabei schien die perfekte Aufbereitung der Spiele im Fernsehen oder auf Großleinwänden eine echte Konkurrenz zum originalen Fußballerlebnis darzustellen. Doch die Mediatisierung hat den Reiz des Originals nicht zerstört. Heute gehen mehr Menschen ins Stadion als je zuvor. Hinter den Fassaden der hochtechnisierten Bauten verspricht das Spiel im Hexenkessel der Arenen ein Erlebnis der besonderen Art.

Das Projekt Heimspiel widmet sich dem Stadionbau vor dem Hintergrund seiner medialen Inszenierung und untersucht die Rolle der Architektur als Teil der Spielhandlung und des Medienereignisses. Im Entwurf eines neuen Eintracht Braunschweig-Stadions wird das Verhältnis zwischen der Architektur des Spielens und des Zuschauens, zwischen dem real-physischen und medial vermittelten Raum in das Zentrum der Gestaltung gerückt. Der Blick wird auf die bildlichen und architektonischen Mittel gelenkt, mit denen die imaginären und realen Räume konstruiert und zueinander in Beziehung gesetzt werden können. Die Stadionentwürfe bauen auf performativen und raumchoreografischen Konzepten auf, die darauf bedacht sind, Blick und Bewegung des Betrachters zu lenken.

Kooperationsprojekt mit dem Institut für Stahlbau:
Prof. Dr.-Ing. Udo Peil,
Dr.-Ing. Mathias Clobes und
ticket01, Braunschweig, Matthias Richter

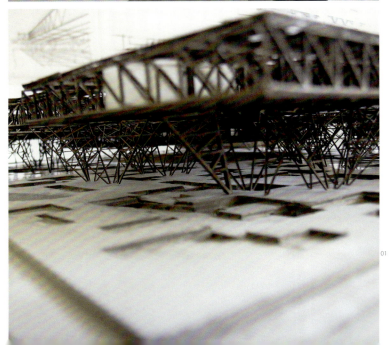

01

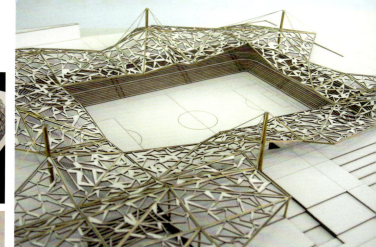

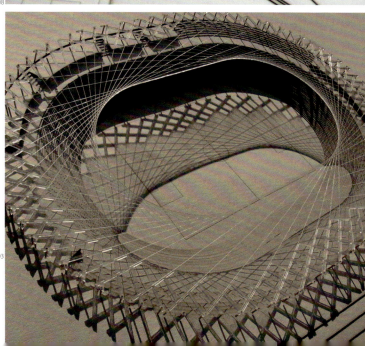

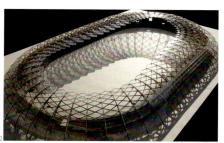

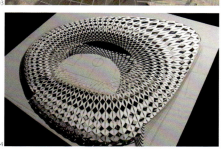

Linke Spalte: Fabian Busse
Mitte von oben nach unten: André Gerken, Felix Schippmann,
Jakob Otto, Christina Stähr, Moritz Mombour
Rechte Spalte von oben nach unten: Jasmin Behzadi,
Ercan Gökgül, Felix Schippmann,
Lasercutting-Modelle

IME

INSTITUT FÜR MEDIALES ENTWERFEN

▷ Wahlfach
Experimentelle
Druckgrafik

▷ Autoren
01 Felix Schippmann
02 Sebastian Latz

▷ Betreuung
Katharina Puhle

Die Aufschneider

Ausgangspunkt des Kurses war die Überlegung, dass die Schnittzeichnung als eine
zeitbasierte Darstellungsform verstanden
werden kann. Sie ermöglicht es, räumliche
Bezüge herzustellen, die sich dem Betrachter vor Ort erst in der Bewegung erschlie-
ßen. Bei der klassischen Schnittzeichnung
eines Raumes handelt es sich um eine
konstruktive Darstellungsform, die den
Raum unverzerrt abbildet – eine Form, die
der Betrachter im Raum nicht erfährt, da er
diesen perspektivisch verzerrt wahrnimmt.
Durch die Projektion des Raumes auf die
Fläche entstehen Abweichungen, Unschär-
fen, Transparenzen und Überlagerungen,
die wiederum neue Möglichkeiten der
dynamisierten, sequenziellen Formbildung
eröffnen. Felix Schippmann untersuchte in
seiner Arbeit diese perspektivisch bedingten Abweichungen innerhalb gerasterter
Fassadensysteme. Aus der Überlagerung
grafischer Darstellungen von zwei stadt-
räumlich verbundenen Hochhäusern,
die der Architekt Werner Kallmorgen in
den 1960er Jahren in Hamburg errichten
ließ, entwickelt er neue Ordnungs- und
Bezugssysteme. Durch das Schichten der
verschiedenen Darstellungen verdichtet
er die Grafiken und interpretiert diese neu.
Sebastian Latz analysierte die zeitlichen
Veränderungen eines sukzessive gewachsenen Wohnhauses. Durch die sich stetig verändernde Raumkonstellation verschieben
sich Blickräume und Wegebeziehungen.
Der klassische Grundriss wird zugunsten
einer beziehungsreichen, raumzeitlichen
Schnittdarstellung ersetzt.

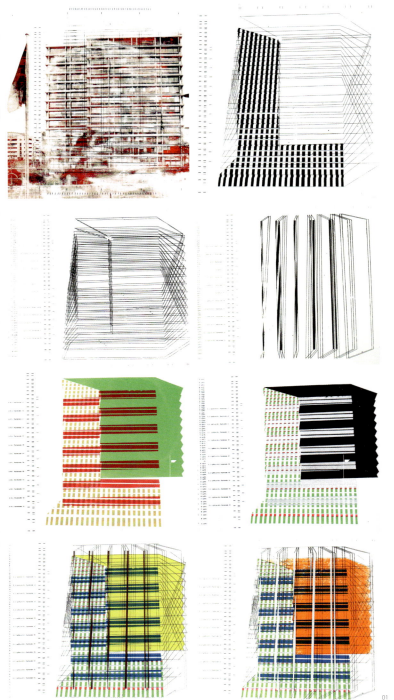

01

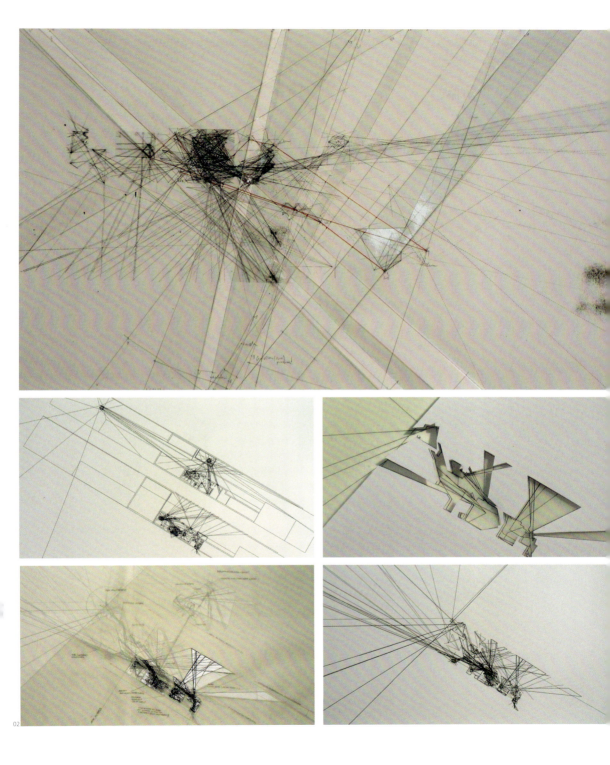

IME

INSTITUT FÜR MEDIALES ENTWERFEN

▷ Entwurf
Hochhaus am
Frankfurter
Hauptbahnhof

■ Autoren
01 Martin Majewski
02 Moritz Mombour
03 Christoph Peetz

▷ Betreuung
Carolin Höfler
Prof. Matthias Karch
mit Thilo Aschmutat
und Matthias Richter

Frankfurt Haus Hoch

Das Projekt setzt sich mit dem Bautypus des Hochhauses als soziales, formales und konstruktives Phänomen auseinander. Ausgangspunkt bildet die Vorstellung einer wandelbaren, sich den Bedürfnissen der Benutzer anpassenden Stadt, in der verschiedene Ereignisse und Einrichtungen nebeneinander bestehen. Erprobt wird das Konzept der unvorhersehbaren und instabilen Kombination simultaner Aktivitäten in einem Hochhausentwurf für Frankfurt am Main. Trotz Finanzkrise genehmigte die Stadt im Dezember 2008 mehr als zwanzig neue Türme, wozu auch das zu planende, 210 Meter hohe Hochhaus gehört. Südlich vom Hauptbahnhof gelegen, befindet es sich inmitten der zentralen Verkehrsströme Frankfurts und bildet einen Bezugspunkt für den Fernverkehr der Hochgeschwindigkeitszüge. Das Hochhaus ist ein Gebäude, das ungewohnte Wahrnehmungsformen von Raum erlaubt. Räumliche Kategorien wie oben und unten, innen und außen, nah und fern erfahren bei einem Hochhaus eine Maßstabserweiterung. Die Fortsetzung des Horizonts bei zunehmender Höhe ist ebenso charakteristisch wie der Wechsel von der Ansicht zur Aufsicht des urbanen Umraumes. Diese spezifischen Wahrnehmungsformen und Raumwirkungen auf den Betrachter wurden in Bezug auf das konkret an einem Ort zu entwerfende Hochhaus diskutiert.

Kooperationsprojekt mit dem Institut für Stahlbau:
Prof. Dr.-Ing. Udo Peil,
Dr.-Ing. Mathias Clobes
und dem Labor für Bearbeitungstechnik,
HAWK Hildesheim:
Dipl.-Ing. Norbert Linda sowie
ticket01, Braunschweig, Matthias Richter
und alphacam, Schorndorf

SS09 Sommersemester 2009

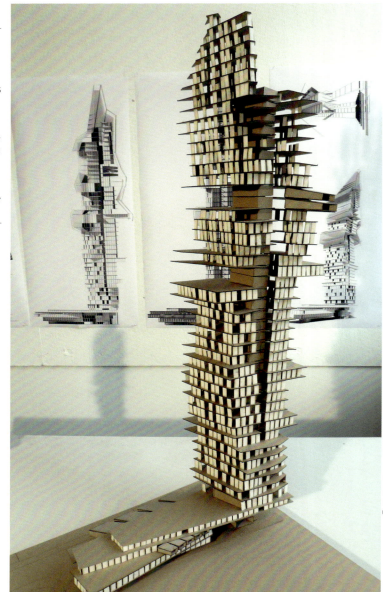

01

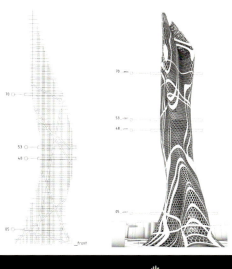

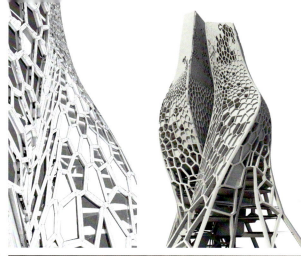

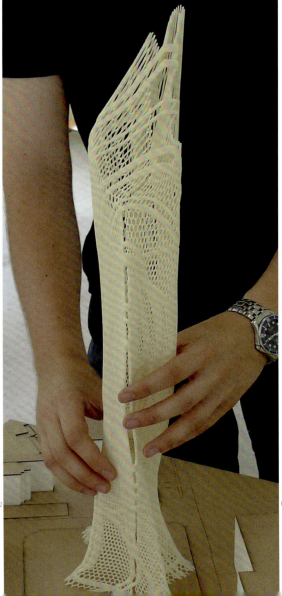

02

03

IME

INSTITUT FÜR MEDIALES ENTWERFEN

▷ Entwurf
Welt:Ge:Zeiten:Zentrum
Afsluitdijk _NL

▸ AutorInnen
01 Jascha Fink
02 Diana Bico

▷ Betreuung
Prof. Matthias Karch
mit Thilo Aschmutat
und Matthias Richter

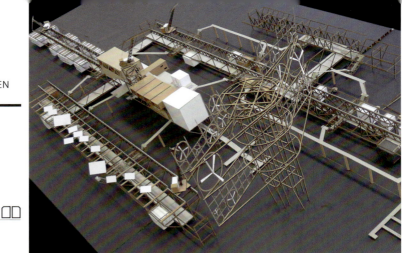

Die Möglichkeit einer Insel

Der Afsluitdijk ist ein 32 Kilometer langer und nur 90 Meter breiter Sperrdamm, der das Jjsselmeer von der Nordsee trennt und das niederländische Festland vor Sturmfluten schützt. Über den Afsluitdijk führt eine Autobahn mit einer Aufenthalts- und Tankmöglichkeit bei Breezanddijk. Die Errichtung eines Weltgezeitenzentrums als künstliche Insel vor Breezanddijk soll auf die besonderen Qualitäten des Ökosystems „Wattenmeer" aufmerksam machen und die dort herrschenden Naturkräfte reflektieren. Der konzeptionelle Fokus lag auf der Behandlung der dynamischen Aspekte der Umgebung, die zur Strukturbildung herangezogen werden. Bestimmt wird der Ort durch die Gezeiten, den Austausch von Salz- und Süßwasser, den permanenten Wind, das ständig wechselnde Wetter, das diffuse Seelicht, das die Grenze zwischen Wasser und Himmel aufhebt, und die spezifische Pflanzen- und Tierwelt in der Wattenmeerregion. Die Studierenden untersuchten diese Aspekte in Diagrammen und Notationen und entwarfen ein bauliches System, innerhalb dessen Form, Material, Struktur und Umwelt dynamisch interagieren. Die Energiegewinnung durch Wind-, Solar- und Wasserkraft wird aktiver Bestandteil der Erscheinungsform des Gebäudes. Die Entwürfe setzten sich mit den dynamischen Naturkräften dieses Transitortes auseinander und übertrugen sie in eine adaptive Architektur.

Kooperationsprojekt mit dem Institut für Stahlbau:
Prof. Dr.-Ing. Udo Peil,
Dr.-Ing. Mathias Clobes und
ticket01, Braunschweig, Matthias Richter

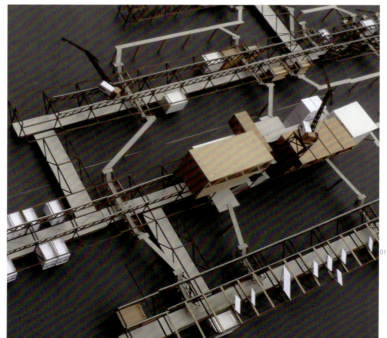

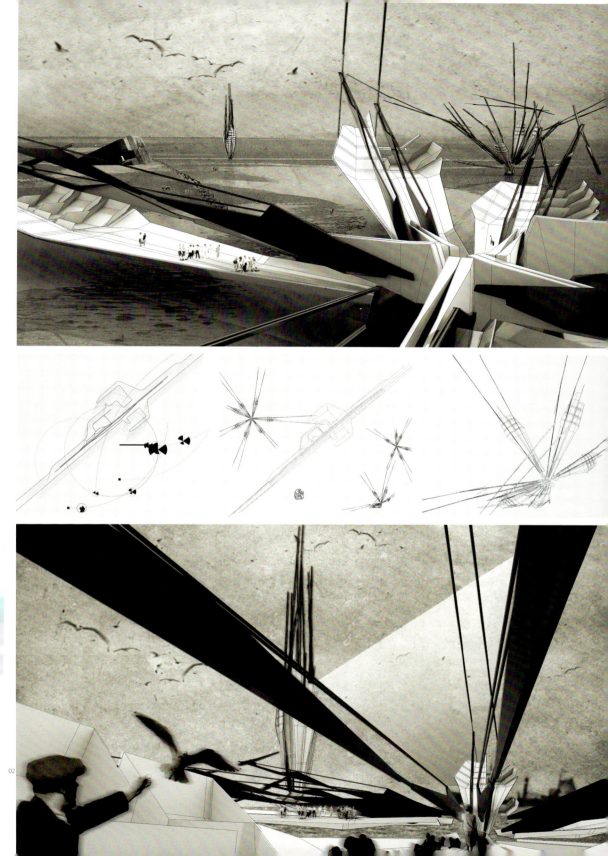

IAK
INSTITUT FÜR ARCHITEKTURBEZOGENE KUNST

Professur

01 Prof. Azade Köker

Sekretariat

02 Amala Jäger

Wissenschaftl. Mitarbeit

03 Petra Förster
04 Thomas Gerhards
05 Sabine Harnisch
06 Reiner Maria Matysik
07 Ilka Raupach
08 Gloria Zein
09 Michael Zwingmann
10 Renate Dembrowski
11 Bernd Schulz

Student. Mitarbeit

Andre Beck
Krzysztof Baranski

Kontakt

Technische Universität Braunschweig
Institut fürArchitekturbezogene Kunst
Bevenroder Straße 80
D 38108 Braunschweig

t + 49 (0) 531. 235. 11 50
f + 49 (0) 531. 235. 11 51
ief@tu-bs.de

www.tu-bs.de/ifbk

Lehre - Experimentelles und kontextbezogenes Arbeiten

Nicht nur architektonische, sondern gerade auch kunstrelevante Fragen sind für ein Architekturstudium elementar. Durch künstlerische Fragestellungen ergeben sich Erkenntnisse, durch Wissenschaft nicht erreichbar, die für eine eigenständige Sprache der Architektur aber notwendig sind.

Die Kunst der Gegenwart fragt nicht: „Was ist schön?", sondern „Was ist das Wesen einer Sache, eines Ortes, einer Erkenntnis. Was macht die Kunst zur Kunst?"

Ziel ist, dass die Studierenden ein breites Spektrum von Kunstbegriffen erlernen und individuelle Förderung in der eigenen bildnerischen Tätigkeit erhalten. Dies ermöglicht es ihnen, eigenständige Wege im Denken zu finden, auf denen sie sich zu gestalterischen Persönlichkeiten entwickeln können.

Im Fokus der Lehre von „Bildender Kunst" stehen jeweils das Wahrnehmen und Kommentieren der Struktur der Kultur als eine der wichtigsten Funktionen der künstlerischen Praxis. Im Rahmen der Lehrmethoden bezüglich der raum-, orts- und themenbezogenen Projekte werden Austauschprojekte organisiert. Die Lebensmotive werden dargestellt, Zitate, Normen, Wiederholungen aus der Wirklichkeit herausgeformt.

Unsere Zielsetzung

- Experimentelle und konzeptuelle Lehre
- Interdisziplinäre Projekte, Seminare, Ausstellungen
- Beziehungen mit anderen Hochschulen auf überregionaler und internationaler Ebene
- Weiterbildung: Kontakt mit der Gesellschaft in der Region durch künstlerische Veranstaltungen

Gliederung des Lehrstoffs

- Material und Technik
- Form und Linie
- Körper im Raum/Perspektive
- Raumverhältnisse
- Licht und Schatten/Struktur und Textur
- Komposition
- Projektarbeit zu den Themen: Objekt, Landschaft, Menschen

Wenn Architektur ebenso wie Literatur, Musik, Bildhauerei und Malerei eine künstlerische Disziplin ist und wir uns deren Unterschied zum Bauingenieurwesen bewusst machen, dann müssen wir aufzeigen, welche mögliche aktuelle Antwort die Architektur neben der „Utilitas, Firmitas, Venustas" auf die Frage nach dem „Sinn" geben kann. Sie muss ebenso ihre philosophische Ebene und ihre Begriffe ausdrücken. Welche weiteren Ebenen umfasst die Architektur außer der Gestaltung oder Vernichtung von Raum und der Machtrepräsentation, auf welche Problematik fokussiert sie sich und welche Themen behandelt sie?

Problematik des Mechanismus

„Bewegung" ist ein Schlüsselwort der Gegenwart: Bewegung der Menschen (im physischen und sozialen Sinn), Bewegung von Gütern und Objekten (die Gründung des globalen Markts), Bewegung von Informationen

(Internet). Wir erklären manches mit diesen Begriffen. Wie kann sich aber die Architektur diesen Systemen anpassen? Wie kann Architektur auf die wichtigen Fragen unserer Zeit Antworten geben? Um Geschwindigkeit, Fluss, Kreislauf, Funktion, Performanz und Bewegung zum Ausdruck zu bringen, benötigt man einen Mechanismus. Ein Mechanismus ist das Zusammenspiel von Funktion und Form. Kann ein Mechanismus der Architektur geschaffen werden? Mit welchen Systemen? Trotz der globalen und virtuellen Kooperation erregt die Frage, in welchem kulturellen Umfeld Kunst entsteht, immer noch Neugierde. Auch die Architekturgeschichte behandelt Architektur in ihrem kulturellen Kontext. Um was außer „Nützlichkeit" und „Design" kümmert sich Architektur noch? Form und Funktion passen nicht zusammen, wenn Bedeutung und Sinn nicht erscheinen. Erst mit der Wahrnehmung eines Sinns der präsenten Form erhält ein Gegenstand seine Wirklichkeit, seine wahrgenommene Wirkung. Welche weiteren Werte können diesem Mechanismus zugefügt werden? Mit welchen Systemen kann dieser Mechanismus menschlich werden? Kunstmechanismen entstehen direkt aus dem Leben und der Innenwelt des Individuums. Anders als beim Designer ist für einen Künstler die Entwicklung von Entwürfen und die Handhabung von Themen eine Frage des Daseins, wie ein Bekanntwerden mit sich selbst.

Die Methoden der Kunst werden heute auch in anderen Disziplinen verwendet. In den Arbeiten von Architekturstudenten können auch kunstspezifische Prinzipien wirksam werden. Damit ist gemeint: Eine Architektur aus dem Inneren heraus, im Unterschied zu einer, die nur von außen aufgesetzt ist. Während bei Studierenden der Bildenden Künste die Identifizierung mit ihrer Arbeit oft starke narzisstische Züge entfalten kann, konnte ich bei Architekturstudierenden beobachten, dass sie meistens ihre Aufgaben nicht als Ziel, sondern als ein Mittel zum Zweck betrachten.

Problematik des Raums

Mensch und Architektur sind untrennbar miteinander verbunden. Die Produktion der physischen Umwelt hängt auch von Faktoren jenseits der Funktion von Architektur oder anderen bekannten Konventionen ab. Diese Faktoren sind in einer Raumerklärung zu finden, die viele gesellschaftliche, kulturelle, geographische und räumliche Werte mit einbezieht und sich gesellschaftlichen Anwendungen zuwendet, die jenseits eines Raumverständnisses unter den Bedingungen einer profitorientierten Wirtschaft definiert werden.
Die Architektur sollte Raum herstellen, der sich um die Seele, den Geist und den Körper eines Menschen sorgt. Kann man dem Projekt eines Architekten Beifall spenden, der Wohnhäuser über einer Autobahn plant, auch wenn diese mit der „besten Technik, Widerstandsfähigkeit und Schönheit" ausgestattet sind? Das Institut hat sich die Aufgabe gestellt, den Architekturstudierenden die Beziehungen zwischen Räumen und Formen aufzuzeigen, die gesellschaftlichen Realitäten und alltäglichen Bedürfnissen entsprechen. Jedes Jahr behandelt das IAK den Raum aus künstlerischer Sicht. In Kirchen, Krankenhäusern und verschiedenen Leerräumen in der Stadt werden Projekte realisiert und den Studierenden durch konkrete Räume der Raumbegriff vermittelt und Respekt vor diesen nahegebracht. Ein weiteres immer wiederkehrendes Thema im IAK ist der Klimawandel. Dazu werden Raum- und Ortsszenarien entworfen. Bionik-Entdeckungen in der Chemie und der Physik im 19. und 20. Jahrhundert haben den Weg für viele technologische Entwicklungen geebnet. Jetzt weisen die Entwicklungen in der Biologie ein Potenzial auf, das wichtige Veränderungen der Sicht des Menschen auf seine Umwelt und seinen Lebensstil hervorrufen kann. Die Antwort auf viele lebenswichtige Fragen wird auch in Laboren gesucht: Wie stellen wir unsere Lebensmittel her und verarbeiten sie? Wie wird saubere Energie gewonnen? Wie können wir in Harmonie mit der Natur intelligente

und nachhaltige Räume und Umwelten gestalten? Bionik ist ein Thema, das das IAK von Anfang an im Fokus hatte. Während der Umstellung von der biologischen Gestaltung auf eine konstruktive Gestaltung wird herausgearbeitet, wie man von der Natur nicht nur als Form, sondern auch technisch Nutzen ziehen kann.

Architektur und Ethik

Der Begriff „Ethik", eine integrierte Einheit von Begriffen, die sich zu einem hohen Grad von den Bedingungen des Marktes losgelöst haben, spielt im IAK eine große Rolle. Die Kunst hat gesellschaftliche Verpflichtungen. Durch orts- und themenbezogene Projekte lernen die Studierenden, dass die elementare Fragestellung nicht die Frage nach Profit ist. In Krisenzeiten bemerkt man, dass Wissen allein nicht ausreicht, sondern auch Ethik eine große Bedeutung hat. In der Architektur und im Ingenieurwesen ist Wissen eine wichtige Macht und sollte ethisch benutzt werden. Architekten und Ingenieure müssen sich die Frage stellen, wem sie dienen und wozu sie ihre Mittel einsetzen.

Prof. Azade Köker

IAK

INSTITUT FÜR ARCHITEKTURBEZOGENE
KUNST

Projekt
Parasitäre Zustände

AutorInnen
Arbeitsgruppen im
Bachelorstudiengang

Betreuung
Prof. Azade Köker
Team des IAK

Das Projekt „Parasitäre Zustände" bezweckt,
die Wahrnehmungen der Studierenden im
Bachelorstudiengang von parasitäre Stra-
tegien in der Gesellschaft zu vertiefen und
sie mit ebenfalls parasitären Methoden
künstlerisch und analytisch in öffentlichen
Räumen zu thematisieren.
Die Arbeiten entstanden wie bei anderen
TU-DAY Ausstellungen in Gruppenarbeit
und die Ausstellung fand im Architektur-
Pavillon und auf dem TU-Campus statt.
Die eigenwilligen Projektkonzepte der
Studierenden hinterfragten die Nutzung
der öffentlichen Räume und Inhalte der
Technischen Universität Braunschweig und
ermutigten die legitime Teilnahme an den
Auseinandersetzungen in der Universität
zu überdenken.
Dieses Projekt gab nicht vor, selbst eine
Lösung zu sein. Sein Ausgangspunkt war
die Präsentation der allgemein vorher-
schenden Gefühle von jungen Menschen,
die mit dem Studium gerade begonnen
haben.

Projekt
Parasitäre Zustände

Autorin
Stefanie Ahlfeld

Betreuung
Thomas Gerhards

Thema dieses Seminars war die wechsel-
seitige Beziehung zwischen Kunst und
Gesellschaft beziehungsweise Umwelt.
Die Studierenden reagierten parasitär auf
Situationen in ihrem persönlichen Umfeld.
Durch die künstlerische Artikulation der
Skulpturen, Installationen und Aktionen
hinterfragten die Studierenden die kom-
merziellen Strategien der Werbung und
traten ihnen poetisch, lustvoll, zerstörerisch
und verführerisch entgegen.

IAK

INSTITUT FÜR ARCHITEKTURBEZOGENE KUNST

Projekt

Bewegung in Zeichnung

Betreuung

Petra Förster
Krzysztof Baranski

AutorInnen

01 Eva Röhrig
Klaus C. Schnelke
Meike Wittjohann
Christine Zilch
02 Caroline Gebhardt
Gloria Gröpler
Julia Grommas
Anna-Lena Loest
03 Rebecca Bodock
Georg Huber
Maika Keil
Kyrsten O Leavy

In diesem künstlerisch-praktischen Kurs wurde hauptsächlich gezeichnet:

Im Institut vor dem Aktmodell, vor Pflanzen und überhaupt überall: das Skizzenbuch war ständig im Einsatz. Nachdem die Grundlagen der Zeichnung beherrscht wurden, konnte an einer Radierung oder an einer gezeichneten Animation gearbeitet werden.
Eine Exkurison in die Hamburger Kunsthalle (Von Leonardo bis Piranesi) war Bestandteil des Kurses.

Projekt

PARA.SITE.

Betreuung

Reiner Maria Matysik

AutorInnen

01 Julie Rivron
02 Miriam Ebke
03 Manja Felter

Lebendige Skulpturen wurden mikroskopisch beobachtet. Einzeller, Körperteile von Tieren und Pflanzen wurden mikroskopiert. Lebendige Strukturen wurden fotografiert. Pläne für eine Komposition aus mikroskopischen Bilddaten wurden hergestellt. Grundlage war die Arbeit am professionellen Lichtmikroskop, der Fotokamera und dem Computer.
Konzepte und Gedanken zu Konstruktionen aus Strukturen, die von den Zusammenhängen im zellulären Bereich abgeleitet sind, wurden als großformatige Fotoarbeiten fertig gestellt und präsentiert.

WS08|09 Wintersemester 2008|2009

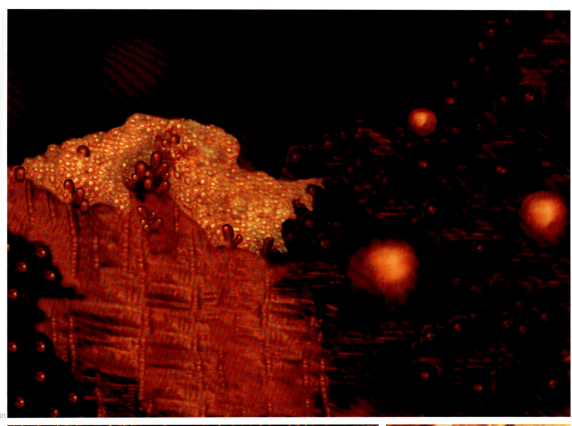

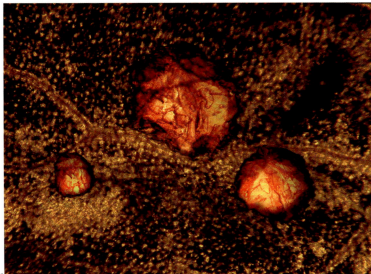

IAK

INSTITUT FÜR ARCHITEKTURBEZOGENE KUNST

Projekt
Klimawandel -
ohne mich

AutorInnen
Arbeitsgruppen im
Bachelorstudiengang

Betreuung
Prof. Azade Köker
Team des IAK

Ziel des Ausstellungsprojekts zum Thema Klimawandel am TU-DAY war nicht, zur globalen Klimaproblematik Alternativlösungen vorzustellen, sondern die möglichen katastrophalen Folgen des Klimawandels vorraussagend am eigenen Ort gestalterisch darzustellen und künstlerisch zu analysieren.

Projekt
Klimawandel -
ohne mich
In Zeichnungen und
Radierungen

AutorInnen
01 Ugur Ulusoy
02 Hui Hong
03 Wolfgang König

Betreuung
Petra Förster
Krzysztof Baranski

Klimawandel ist eines der zentralen Themen der letzten Jahre. Wir nahmen dies zum Anlass und entwickelten in einer alten künstlerischen Technik, der Radierung, ein Künstlerbuch bzw. eine Künstlermappe. Grundlage für die Radierungen waren mit Zeichnungen und Notizen gefüllte Skizzenbücher.
Die Skizzenbücher sollten aus tagebuch-ähnlichen Aufzeichnungen bestehen. Neben dem wöchentlichen gemeinsamen Zeichnen an unterschiedlichen Orten in und um Braunschweig (Mülldeponie Wattenbüttel, VW-Werk Wolfsburg, Fußgängerzone) wurde das Thema diskutiert und eine gemeinsame Arbeit in Form eines Künstlerbuchs entwickelt.
Zu Beginn gab es eine Einführung in die Zeichentechnik.

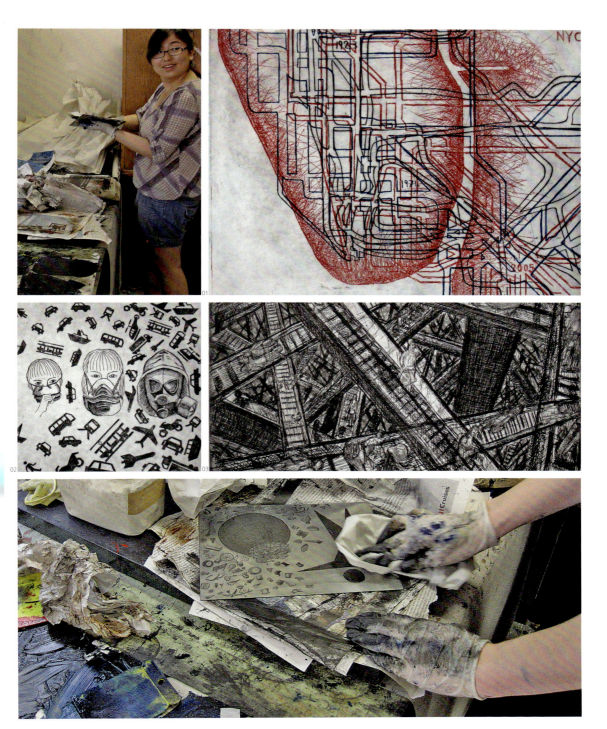

IAK

INSTITUT FÜR ARCHITEKTURBEZOGENE KUNST

➤ Projekt
Gliederfüßler

◄ AutorInnen
Arbeitsgruppen im
Bachelorstudiengang

◄ Betreuung
Petra Förster
Reiner Maria Matysik
Ilka Raupach
Bernd Schulz
Michael Zwingmann

Die Studierenden der ersten Semester setzen sich mit Insekten und Spinnentieren auseinander und nutzen ihre Beobachtungen als Basis für einen skulpturalen Entwurf. Wichtig war dabei Eigenheiten des Körperbaus zu entdecken, um seine Prinzipien für die Skulptur zu nutzen. Es ging nicht um ein visuelles Abbild, sondern um ein Durchdringen des Aufbaus und der Funktionen dieser Körper. Auf dieser Grundlage entstanden über ein mimetisches Verfahren Zeichnungen und Modelle. Diese waren Ausgangspunkt für die gemeinschaftliche Herstellung großer Skulpturen, die in der Ausstellung "Licht und Schatten" im Kaiserdom zu Königslutter gezeigt wurden.

➤ Projekt
Glas und Klang im
Kaiserdom Königslutter

◄ Betreuung
Petra Förster
Thomas Gerhards
Michael Zwingmann
Carmelo Lopez

◄ AutorInnen
01 Maike Weiser
02 Jana Geier
03 Sebastian Schäfer
04 Nastasia Nass

Der Künstler Carmelo Lopez gab eine Einführung in die weniger bekannte Technik des Glasschmelzverfahrens, bei der das Glas – ähnlich wie im Bronzeguss – in selbst hergestellten Formen geschmolzen wird. Die Studierenden lernten, einfache Objekte nach eigenen Entwürfen mit diesem faszinierenden Werkstoff umzusetzen. Später begleitete und betreute Carmelo Lopez den Glasguss. Praktische Übungen zum Verständnis von Volumen und Raum dienten als Vorbereitung zu künstlerischen Interventionen im Kaiserdom zu Königslutter. Eine Klärung der Dialektik von profan und sakral, von Abbild und Wirklichkeit, Innen- und Außenraum erfolgte mittels plastischer Abgusstechniken und experimenteller Klangkunst.

01

02

03

04

Theorie

Institut für Baugeschichte
Institut für Geschichte + Theorie der Architektur und Stadt

Die Fachgruppe umfasst die beiden Institute Baugeschichte sowie Geschichte und Theorie der Architektur und Stadt (gtas).

Im Rahmen der Baugeschichte wird ein fundiertes Grundlagenwissen der gebauten Architektur in Europa, ihrer planerischen und bautechnischen Genese, mit allgemeinen kulturwissenschaftlichen, religiösen und sozial-topographischen Fragestellungen verbunden. Anhand vergleichender Darstellungen von Schlüsselbauwerken der europäischen Baugeschichte vermittelt das Institut die hierfür nötigen Grundkenntnisse.
Die Studierenden erarbeiten sowohl vor Ort durch Bauaufnahme und Bau-forschung als auch über die Erschließung schriftlicher und zeichnerischer Quellen die Voraussetzungen, um konkrete Nutzungsanforderungen der Gebäude in ihrem gesellschaftlichen Umfeld verstehen zu können. Zur Lehre gehört zudem die Stilanalyse der jeweiligen Zeitepochen, die in Vorlesungen und Übungen vermittelt wird. Die stilistische Einordnung und die formale Beurteilung werden durch die Darstellung und Analyse einflussnehmender Rahmenbedingungen ergänzt. Die Studierenden werden dazu angeleitet, ihr selbst erarbeitetes Wissen in geeigneter Weise darzustellen und zu veröffentlichen.

Das gtas verfolgt die Geschichte der Architektur und der Stadtentwicklung seit der Aufklärung bis in die Gegenwart und rekonstruiert die Theoriebildung über die epochalen Diskurse seit Vitruv. Dabei werden zentrale Begriffe der Architektur- und Urbanisierungstheorie, der philosophischen Ästhetik, der Sozial- und Kulturwissenschaften vermittelt, die u.a. in der Beschäftigung mit Städtebau- und Gebäudetypologien in ihrer historischen Signifikanz anschaulich und in ihrer Aktualität nachvollziehbar werden sollen. Ein zentrales Anliegen der Lehre ist also die Schulung des Sehens im Verbund mit einer Reflexion, die in der kunsthistorisch orientierten Gebäude- und Stadtraumanalyse fundiert ist, und die über die Lektüre kanonisierter Texte auch die Grundlagen wissenschaftlicher Methoden in weiteren, für das Fach relevanten Disziplinen mit einbezieht. Jene Aspekte der Modernisierung, wie technische Innovationen, Internationalisierungsprozesse, Zivilisationskritik, oder Historisierungskonstrukte, die sich global in die Architektur- und Stadtproduktion nachhaltig eingeschrieben haben, durchziehen als Leitfaden die Wissensvermittlung in diesem Fach.

Prof. Dr. Karin Wilhelm
(Institut für Geschichte + Theorie der Architektur und Stadt, GTAS)

Prof. Dr. Karl-Bernhard Kruse
(Institut für Baugeschichte, BG)

BG
INSTITUT FÜR BAUGESCHICHTE

⌐ Professur

01 Prof. Dr.
   Karl Bernhard Kruse

⌐ Sekretariat

02 Natalie Ansmann

▪ Wissenschaftl. Mitarbeit

03 Dipl.-Ing Hauke Horn
04 Dr.-Ing. Ulrich Knufinke
05 Dipl.-Ing. Valeska
   Kuntermann
06 Dr. Helmut Brandorff
07 Dr.-Ing. Andrea
   Giersbeck
08 Dr.-Ing. Simon Paulus

▪ Student. Mitarbeit

Luisa Löster
Niels Pflüger
Paul Pilch
Maike Weiser

◖ Kontakt

Technische Universität Braunschweig
Institut für Baugeschichte
Pockelsstr. 4
D 38106 Braunschweig

t + 49 (0) 531. 391. 25 24
f + 49 (0) 531. 391. 82 05
baugeschichte@tu-bs.de

⌐ www.ibsg.tu-bs/baugeschichte

Die Anfänge des Lehrgebiets Baugeschichte an der TU Braunschweig reichen weit in
das 19. Jahrhundert zurück.
1863 wurde am Collegium Carolinum
mit der Berufung von L. K. Bethmann das
Lehrgebiet „Geschichte der Baukunst"
eingerichtet. 1983 übernahm Prof. Dr. H.
H. Thies bis 2007 die Leitung des Instituts.
Derzeit wird die vakante Professur von Prof.
Dr.-Ing. K. B. Kruse vertreten.

Lehre

Den Schwerpunkt der Lehre bildet zum
einen die Vermittlung von Wissen in der
Stil- und Formenkunde, der Geschichte
und Entwicklung historischer Konstruk-
tions- und Bautechnik sowie der (historischen) Bauforschung und Denkmalpflege.
Ausgerichtet auf das Gesamtprofil des Studiengangs ist zum anderen die Darstellung
der Geschichte des Entwerfens und die
Analyse historischer Bauten und Projekte
im Hinblick auf ihre Entwurfsmethoden
und -systeme ein Hauptansatz der Lehre.

Ziel ist es, ein universelles Wissen um bau-
und architekturgeschichtliche Zusammenhänge zu vermitteln und gleichzeitig
mit wissenschaftlichen Arbeitsmethoden
vertraut zu machen. Über die Analyse
historischer Entwurfsmethoden soll zudem
ein angemessener Wissenshintergrund für
die Entwurfslehre geliefert werden.

Bachelor
Vorlesung Baugeschichte I

In der auf zwei Semester angelegten
Vorlesungsfolge wird am Beginn des
Studiums ein konzentrierter Überblick der
Entwicklung und Eigenart der europäischen Architektur von der Antike bis in das
20. Jahrhundert vermittelt. Die Vorlesung
stellt Arbeitsweisen (Methoden) und
Zielsetzungen (Intentionen) der Bau- und
Architekturgeschichte an ausgewählten
Beispielen vor. An ihnen werden die der
Architektur in ihrer Entwicklung innewohnenden ganzheitlichen Prinzipien des
systematischen Aufbaus analysiert. Dabei
werden die konstitutiven und kennzeich-
nenden Teile einer Architektur sowie die
entscheidenden Momente ihrer Entstehung erläutert. In diesem Zusammenhang
wird auch der Wandel des Berufsbilds des
Architekten behandelt.

Übung Baugeschichte I

Die Übung Baugeschichte I (Saalübun-
gen, praktische Übungen an historischen
Bauwerken) vermittelt die Grundlagen
des wissenschaftlichen Arbeitens, der
historischen Bautypologien und der Fach-
terminologie. Exkursionen und Rundgänge
führen zu bedeutenden Bauwerken in der
Umgebung.

Eine praktische Übung (Gruppenarbeit)
gibt die Gelegenheit, ein einzelnes Gebäude genau kennenzulernen und es in seinen
bauhistorischen Kontext einzuordnen.
Hierfür wird das Objekt durch ein Aufmaß
und maßstäbliche Zeichnungen (1:20, 1:50)
dokumentiert und in einer schriftlichen
Ausarbeitung analysiert.

Hauptstudium
Baugeschichte II

Für fortgeschrittene Studierende
(Hauptstudium im Diplomstudiengang,
Studierende des 5. und 6. Semesters im
Bachelor-Studiengang sowie Studierende
im Master-Studiengang) bietet das Institut
für Baugeschichte ein breites Spektrum
von Veranstaltungen an, um die in der
Vorlesung und der Übung Baugeschichte
I gewonnenen Kenntnisse zu vertiefen.
Hierzu gehören Seminare und Exkursionen ebenso wie Vorlesungen, Vorträge
und Ausstellungen. Als Studienleistungen
werden in der Regel Referate, Bauwerks-
dokumentationen und schriftliche Ausar-
beitungen angefertigt, die den Ansprüchen wissenschaftlicher Arbeit genügen.

BG
INSTITUT FÜR BAUGESCHICHTE

➤ Projekt   ⌐ Betreuung

01 Architektur & Musik   01 Dr.-Ing. Simon Paulus
02 Die Vila II   02 Dr. Olaf Gisbertz
                      Dr.-Ing. Simon Paulus

concinnitas, consonantia, harmonia

Seit Vitruv wird in der Architekturtheorie immer wieder auf das enge Verhältnis zwischen Musik und Baukunst hingewiesen. Nicht nur in gemeinsamen Begrifflichkeiten wie „Rhythmik" oder „Harmonie" äußern sich jene engen Beziehungen, die in der Proportionslehre, in Maß- und Zahlenverhältnissen teilweise bis auf gemeinsame Grundlagen einer „kosmischen" Harmonie- und Ordnungsstruktur zurückgeführt werden. Seit der Renaissance beziehen sich die Architekturtheoretiker unmittelbar auf die in der musikalischen Harmonielehre theoretisch fixierten Gesetzmäßigkeiten; im späten 17. und im 18. Jahrhundert kommen, ganz im Sinne einer „Gleichzeitigkeit der Künste", neue, aus der Wahrnehmung abgeleitete ästhetische Betrachtungsansätze hinzu, die die Beziehungen wesentlich erweitern, gleichzeitig aber auch deren Grenzen aufzeigen. Im Seminar wurde diesen beiden Künsten innewohnenden Gemeinsamkeiten nachgegangen, wobei ein Schwerpunkt sowohl auf der Theorie als auch auf der Praxis des 16.- bis 18. Jahrhunderts lag.

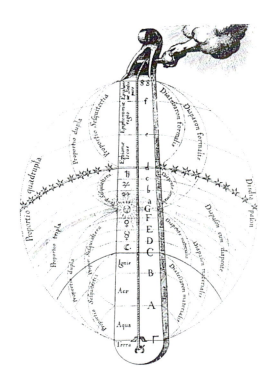

Palladios Erben

Das im Wintersemester 2007/08 begonnene Seminar zur Untersuchung und Analyse historischer Villenarchitektur und ihrer Genese wurde im Sommersemester fortgesetzt und thematisch vertieft. Im Mittelpunkt standen die Villenentwürfe und Bauten des 17. und 18. Jahrhunderts in England und den Niederlanden. Hier waren es besonders die großen Vorbilder der italienischen Renaissancevillen Andrea Palladios, die in ihrer Anlage und Gestaltung rezipiert und neu interpretiert wurden.

BG
INSTITUT FÜR BAUGESCHICHTE

➤ Projekt   ⌐ Betreuung

01 Um 1200   01 Dr.-Ing. Simon Paulus
02 Glockentürme   02 Dr.-Ing. Stefan Amt
03 Wie entsteht bau-   03 Prof. Dr.
   geschichtliches Wissen   Karl Bernhard Kruse

□□

Kontinuität und Wandel in der Architektur des hohen Mittelalters

Das Jahr 2009 stand in Braunschweig ganz im Zeichen des Krönungsjahres Otto IV., dem Sohn Heinrich des Löwen, der zwischen 1209 und 1215 für wenige Jahre die Kaiserwürde des Heiligen Römischen Reichs innehatte. Geprägt von der Auseinandersetzung des Abendlandes mit der islamischen Welt und dem Konflikt zwischen Staufern und Welfen, zeichnet sich jener Zeitraum vor allem durch einen enormen kulturellen Aufschwung aus. Anlass genug, sich auch mit der Architektur jener Jahrzehnte „um 1200" näher zu befassen, in der sich gotische Architekturformen und Gliederungssysteme langsam gegen die der Romanik durchzusetzen begannen. Dies geschah auf unterschiedlichste Weise und in regional spezifischer Ausprägung. Im Seminar wurden gleichsam „Spotlights" auf einzelne Regionen Europas und des Mittelmeerraumes gesetzt und durch die Analyse ausgewählter Bauten und Bautypen eine vergleichende Bestandsaufnahme der Architektur und ihrer Erscheinungsformen um 1200 erstellt.

Historische Bauforschung und Denkmalpflege: Freistehende hölzerne Glockentürme in der Lüneburger Heide

Als praktische Einführung in die historische Bauforschung wurden hölzerne Glockentürme in der Lüneburger Heide untersucht. Im Zentrum standen die Gefügeanalyse, die Bauaufnahme und die dendrochronologische Datierung der Türme, die es in Deutschland nur im Bereich der Lüneburger Heide gibt. Begleitend zur Befunderhebung an den Objekten wurden schriftliche Dokumentationen verfasst, für die auch

die relevanten historischen Quellen der wesentlichen Archive ausgewertet worden sind. Die Arbeiten sind eingebettet in ein umfangreicheres Forschungsvorhaben, das im internationalen Verbund in Kontakt mit Forschungsaktivitäten in England, Tschechien und Russland steht. Schon jetzt ist erkennbar, dass zahlreiche Neudatierungen vorgenommen werden müssen, die die Entwicklung der hölzernen Glockentürme in einem anderen Licht erscheinen lassen: So konnte der Glockenturm in Meinerdingen (Stadt Walsrode) um rund 120 Jahre auf 1383 (d) rückdatiert werden; dieser Bau gehört damit, nach bisherigem Kenntnisstand, zu den zwei ältesten Bauten dieser Art in Europa. Die dendrochronologischen Datierungen weiterer Bauten ergaben sogar Korrekturen von bis zu 230 Jahren.

Wie entsteht baugeschichtliches Wissen?

Parallel zur Vorlesung Baugeschichte II wurde eine Übung für Studierende nach dem Vordiplom durchgeführt, die auf die jeweiligen Vorträge aufbaute. Darin wurden die in den Vorlesungen vorgestellten Themen vertieft und diskutiert. Eigene Beiträge der Studierenden (Referate) boten die Grundlage für eine rege Auseinandersetzung um Methoden der Bau- und Architekturgeschichte, bei der die Genese baugeschichtlichen „Wissens" eine zentrale Rolle spielte.

01

BG
INSTITUT FÜR BAUGESCHICHTE

Das Juleum Novum in Helmstedt und seine Bedeutung

Gerne schmückt sich die TU Braunschweig mit ihrem Gründungsdatum als Collegium Carolinum im Jahr 1745. Sie gilt damit als älteste Hochschule unter den technisch-naturwissenschaftlichen Universitäten in Deutschland. Doch reicht die Tradition der Universitäten weitaus länger zurück. Auch auf Braunschweigischem Gebiet existierte bereits vorher eine bedeutende Lehrstätte: Die "Schola Julia" in Helmstedt. 1576 wurde sie als erste protestantische Universität in der Nordhälfte Deutschlands von Herzog Julius eingerichtet und entwickelte sich rasch zu einem der einflussreichsten Bildungszentren des norddeutschen Raums. In der zweiten Hälfte des 18. Jahrhunderts setzte angesichts der aufstrebenden Konkurrenz in Göttingen und Halle der Niedergang ein. Am Ende des Wintersemesters 1809/10 musste der Lehrbetrieb eingestellt werden.

Zurück blieb eines der bedeutendsten Bauensembles der Renaissance in Deutschland, das 1612 fertiggestellte Hörsaalgebäude des "Juleum Novum", und eine Stadt, die heute mehr durch den Braunkohletagebau und als ehemalige innerdeutsche Grenzstadt bekannt ist. Im Rahmen des Seminars wurde den komplexen Beziehungen nachgegangen, die die Einmaligkeit des Bauensembles der ehemaligen Universität in Helmstedt kennzeichnen. Gleichzeitig diente das Seminar zur Vorbereitung einer Stadtmodellrekonstruktion, die den baulichen Zustand Helmstedt und seiner Universitätseinrichtungen in der Frühen Neuzeit zum Ziel hatte (siehe unter Forschung).

Auf Dehios Spuren I+II

Das 1905-1912 von Georg Dehio verfasste "Handbuch der Deutschen Kunstdenkmäler" gilt als eine der ersten Denkmaltopographien. Mit mehreren Neuauflagen hat es den Kanon der Architektur- und Baugeschichte, aber auch den der Denkmalpflege bis heute wesentlich geprägt. Dehio selbst verstand das Handbuch sowohl als "klärenden und urteilenden Führer zu einer Orientierung am Schreibtisch" als auch vor den Denkmälern selbst. Schon in der ersten Ausgabe des "Handbuchs" wurde der Bereich des heutigen Niedersachsens berücksichtigt.

Mit zweitägigen Exkursionen "auf den Spuren Dehios" besuchten wir Bauwerke und Ensembles unterschiedlicher Epochen im niedersächsischen Raum. Kurzreferate der Studierenden führten vor Ort in die Funktion, Konstruktion, Gestaltung und Geschichte der Objekte ein. Gemeinsam wurden die Baudenkmale diskutiert und mit anderen Bauten verglichen, um so die jeweilige architekturhistorische Bedeutung herauszuarbeiten.

Im Sommersemester 2009 waren die Fagus-Werke in Alfeld von Walter Gropius und Goslar mit seinen mittelalterlichen und neuzeitlichen Baudenkmalen Ziele der Exkursion.

BG

INSTITUT FÜR BAUGESCHICHTE

▸ Projekt

01 Hildesheimer Dom
02 ArchitektenReisen

⌐ Betreuung

01 Prof. Dr.
   Karl Bernhard Kruse
   Dr. Helmut Brandorff
   Paul Pilch
   Niels Pflüger
02 Dr.-Ing. Simon Paulus

Die archäologische Erforschung der Baugeschichte des Hildesheimer Doms

Der Hildesheimer Dom wird zur 1200 Jahrfeier 2015 grundlegend saniert. Dabei sind viele Boden- und Wandeingriffe notwendig. Dieses Bauvorhaben wird vom Institut für Baugeschichte wissenschaftlich begleitet. Im Rahmen der Grabungen wurde ein Seminar veranstaltet, so dass sich zahlreiche Studierende an diesem wissenschaftlichen Projekt beteiligen konnten. Hierzu gehörte eine praktische Grabungstätigkeit in Hildesheim von ca. einer Woche, die von Seminartreffen am Lehrstuhl begleitet wurde.

ArchitektenReisen

Schon seit dem Mittelalter bildete die Studienreise für Architekten und Künstler einen wesentlichen Bestandteil ihrer Ausbildung. Entscheidende Impulse und Wandlungen in der Geschichte der neuzeitlichen Architektur bis in das 20. Jahrhundert sind solchen Reiseeindrücken und -studien zu verdanken. Dabei verschoben sich im Laufe der Zeit Vorlieben und Betrachtungsweisen in der Wahl der Reiserouten und -ziele.

Unter verschiedenen Aspekten wurde im Seminar die Wahrnehmung und Wirkung der auf Reisen studierten „Vorbildarchitekturen" dargestellt und exemplarisch anhand von Reiseskizzen, historischen Reiseberichten, Modellen und Beschreibungen bekannter und weniger bekannter Architekten des 16. bis 20. Jahrhunderts erläutert, darunter die in Braunschweig wirkenden Architekten Peter Joseph Krahe

und Konstantin Uhde oder internationale Größen wie Karl Friedrich Schinkel, Le Corbusier und Erich Mendelsohn.

Anschaulich lassen sich diese Veränderungen auch anhand von konkreten Beispielen im Braunschweiger Stadtgebiet studieren. So trugen Exkursionen zu ausgewählten Bauten des 18. und 19. Jahrhunderts, an denen sich besonders der Wandel der Italienrezeption ablesen lässt, zur Bereicherung des Seminars bei.

Die Ergebnisse des Seminars flossen in das Ausstellungsprojekt „ArchitektenReisen" ein. Die Präsentation wurde im November 2010 im Architekturpavillon der TU Braunschweig eröffnet und wird als Wanderausstellung an weiteren Orten gezeigt werden. Zur Ausstellung ist ein Begleitband erschienen (Simon Paulus: Deutsche Architektenreisen. Zwischen Renaissance und Moderne. Petersberg 2011).

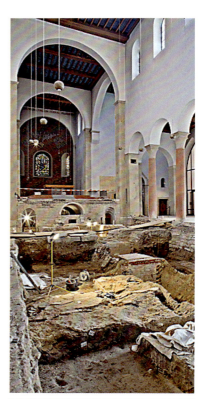

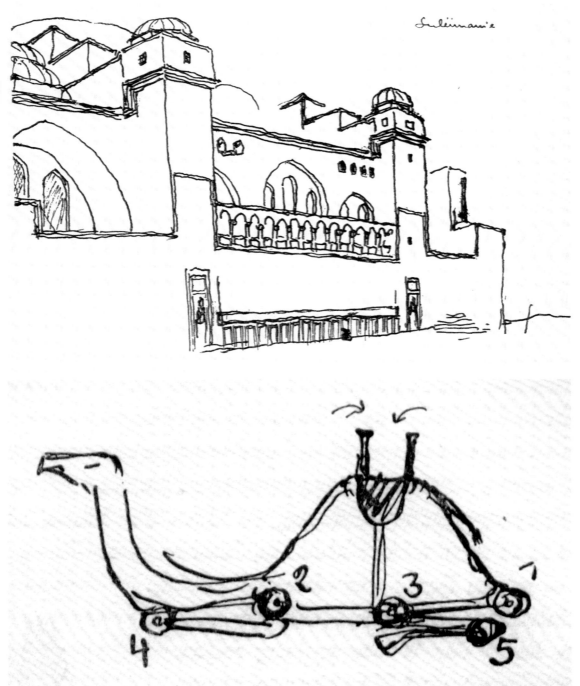

Suleimanié

oben: Le Corbusier, Suleiman-Moschee in Istanbul, Reiseskizze (1911), aus: L'art décoratif d'aujourd'hui, Paris 1925
unten: Paul Bonatz, Reiseskizze aus Ägypten (1913), aus: Bonatz, Paul: Leben und Bauen, Stuttgart 1950

GTAS

INSTITUT FÜR GESCHICHTE UND THEORIE DER ARCHITEKTUR UND STADT

⌐ Professur

01 Prof. Dr. Karin Wilhelm
02 Prof. Dr. G. Langenbrinck

⌐ Sekretariat

03 Edeltraud Kusidlo

◤ Wissenschaftl. Mitarbeit

04 Arne Herbote
05 Dr. Martin Peschken
06 Anne Schmedding
07 Joachim Trezib

◤ Student. Mitarbeit

Christoph Borchers
Müge Börü
Katharina Keese
Mehmet Mete
Leonhard Pröttel
Nicole Schott
Volker Vajen

❘ Kontakt

Technische Universität Braunschweig
Institut für Geschichte und Theorie der
Architektur und Stadt
Pockelsstraße 4 (Schleinitzstr. 20)
Postfach 3329
D 38023 Braunschweig

t + 49 (0) 531. 391. 23 47
f + 49 (0) 531. 391. 23 16
gtas@tu-bs.de

⌐ www.gtas-braunschweig.de

—

Das Institut Geschichte und Theorie der Architektur und Stadt konzentriert sich in der Lehre auf die Epoche der Moderne zwischen Aufklärung und Gegenwart. Unsere Vermittlung historischer Kenntnisse im Bereich der Architektur- und Stadtentwicklung legt besonderen Wert auf die Verknüpfung des positiven Wissens mit den soziokulturellen Aspekten der Architekturproduktion und –rezeption. Dabei werden methodisch kunsthistorische, kulturwissenschaftliche und gesellschaftswissenschaftliche Erklärungsmodelle vermittelt, damit das Gebaute nicht nur in seinem Objektcharakter, sondern im Kontext seiner historischen, gesellschaftlichen und ästhetischen Bedeutungen verstanden werden kann.

Ansätze dieser Art kommen ebenso in der Vermittlung der Architekturtheorie wie in der Theorie der Stadt zum Tragen, die die Urbanisierungsprozesse in ihren materiellen und sozialpolitischen Komponenten behandelt. Das Institut bietet neben dieser curricularen Wissensvermittlung weiterführende Lehrveranstaltungen im Fach Kunstgeschichte (moderne und zeitgenössische Kunst) an, das durch einen Lehrauftrag abgedeckt wird.

Im Rahmen unserer Lehrveranstaltungen kooperieren wir mit anderen Instituten des Department Architektur der TU Braunschweig und der HBK Braunschweig sowie mit weiteren Forschungsinstitutionen im In- und Ausland. Dabei steht ein transdisziplinärer Ansatz im Vordergrund, der die Architektur und Urbanisierungsgeschichte mit Themen der bildenden Künste, dem Film oder auch den Naturwissenschaften verknüpft. Ergänzend zu den Vorlesungen und Seminaren bieten wir vertiefende Übungen in Tutorien, sowie Exkursionen und Vorträge an.

Auch unsere Forschungsprojekte sind von der Erkenntnis geleitet, dass sich im gebauten Raum mentalitätsprägende Strukturen von Gesellschaften erkennen geben. Neben Forschungsthemen, mit denen sich die Mitarbeiterinnen und Mitarbeiter des Institutes weiterqualifizierend befassen, hat sich in den letzten Jahren ein gemeinsamer Forschungsschwerpunkt für die Jahre des so genannten Wiederaufbaus der Bundesrepublik Deutschland ergeben, der neben biographiegeschichtlichen Aspekten in der Architektur- und Städtebauentwicklung zudem Fragestellungen nach der Bildung (kollektiver) Identitäten bzw. Ausprägung von Identitätsbildern verfolgt.

Dieser Ansatz wurde im Projekt „Gesetz und Freiheit. Der Architekt und Lehrer Friedrich Wilhelm Kraemer (1907-1990)", das u.a. von der Fritz-Thyssen-Stiftung und der Deutschen Bank gefördert wurde, in der gleichnamigen Ausstellung präsentiert, die zwischen 2007 und 2009 nacheinan-der in Braunschweig, Berlin, Düsseldorf und Hannover zu sehen war. Auch das Forschungsprojekt „Moderne und Traditionen in der Architektur der ‚Braunschweiger Schule'(1946-1973)" widmet sich dieser Periode und ihrer ästhetischen Produktion und verfolgt damit die im Kraemer-Projekt angelegten Fragestellungen weiter.

Neben diesen monografisch angelegten Untersuchungen widmet sich das DFG-geförderte Forschungsprojekt dem internationalen Austausch in der Landesentwicklungs- und Strukturplanung zwischen Israel und der BRD nach 1948 („Edgar Salin und das Israelprojekt der List-Gesellschaft: Städtebau(theorie) und Raumplanung der 50er und 60er Jahre als ‚Nation Building'".)

Ein zentrales Anliegen unseres Fachgebietes ist schließlich die Weiterqualifizierung in der Postgraduate-Ausbildung. Im Rahmen des Doktorandenkolloquiums (Prof. Dr. Karin Wilhelm) erhalten DoktorandInnen und NachwuchswissenschaftlerInnen die Möglichkeit, ihre Forschungsthemen und -methoden vorzustellen und zu diskutieren. Darüber hinaus werden gemeinsam Grundlagentexte erarbeitet, die das kulturwissenschaftliche und architekturtheoretische Wissen vertiefen sollen. Die MitarbeiterInnen und DoktorandInnen des Institutes gtas sind zudem Teil eines internationalen Promotionskollegs zur Architekturtheorie, in dem sich ProfessorInnen aus Deutschland, Österreich, der Schweiz und Italien zusammengefunden haben. Die gemeinsamen Veranstaltungen werden von den beteiligten Universitäten ausgerichtet, zuletzt im November 2009 unter der Leitung des gtas an der TU Braunschweig.

GTAS
INSTITUT FÜR GESCHICHTE UND
THEORIE DER ARCHITEKTUR UND STADT

◄ Projekt	⌐ Betreuung
01 Never trust an architect	01 Prof. Dr. Karin Wilhelm Anne Schmedding
02 Conceptual Art in den USA und Europa	02 Dr. Thomas Köhler
03 Vorlesung	03 Prof. Dr. Karin Wilhelm
04 Architecture beyond Building	04 Prof. Dr. Karin Wilhelm Martina Fendt Dr. Martin Peschken

„Never trust an architect". Rem Koolhaas oder What is OMA?

The Office of Metropolitan Architecture ist eines der international erfolgreichsten, schillerndsten und in der Tat eines der intellektuell anregendsten Architektur-büros seit den achtziger Jahren des 20. Jahrhunderts. Der außerordentliche Erfolg des Büros ist mit dessen Leitfigur verbunden, dem niederländischen Archi-tekten Rem Koolhaas, der sich durch seine theoretisch-analytischen Publikationen ebenso positioniert hat wie durch Bauten und Stadtentwicklungskonzepte. Der Jour-nalist, Experimentalfilmer und Architekt hat damit neue Maßstäbe für eine globalisierte Architekturproduktion gesetzt. Das Semi-nar untersuchte ausgewählte Entwurfs-konzeptionen und Urbanismusanalysen von OMA, um Ideen und Handlungsmuster eines Architekten zu durchdringen, der dem Berufsstand neue Perspektiven eröffnet hat.

Conceptual Art in den USA und Europa

Die Conceptual Art gehörte von etwa der Mitte der 1960er Jahre bis Mitte der 1970er Jahre zu den signifikantesten Phänomenen im internationalen Kunstgeschehen. Sie distanzierte sich von modernistischen, auf Expression und Subjektivität basie-renden Konzeptionen von Autor- und Meisterschaft sowie von dem Konstrukt einer reinen Visualität des Kunstwerks. Die Conceptual Art trug wesentlich dazu bei, die individuelle Handschrift und die handwerklichen Fähigkeiten der Künstler zu Gunsten der werkkonstituierenden Rolle des Betrachters zu entauratisieren. Die Conceptual Art war und ist eine weitgehend genre- und stilübergreifende Formation innerhalb des Kunstgesche-hens. Sie umfasst jene Positionen, die bildende Kunst nicht allein als Synonym für physische Objekte verstehen, sondern als Feld der Verhandlung der gewandel-ten kulturellen Bedeutungen von Sprache und Repräsentation.
Das Seminar stellte eine Reihe von künst-lerischen Strategien vor und berücksich-tigte dabei auch mit der Conceptual Art assoziierte Strömungen wie Anti-Form, Arte Povera, Land Art oder Post-Object Art.

Geschichte und Theorie der Architektur II (Vorlesung)

Die Vorlesung verfolgte die Geschichte und Theorie der Architektur des 19. und 20. Jahrhunderts bis zu den Tendenzen der Gegenwart. Die Anfänge der Architek-turtheorie mit Vitruv und Alberti wurden kritisch beleuchtet vor dem Hintergrund ihrer Rezeption im 19. und 20. Jahrhun-dert. Theorien zur modernen Stadt von Le Corbusier wurden ebenso thematisiert, wie die poststrukturalistischen Theorien Foucaults zu Heterotopien. Tagesexkur-sionen in Braunschweig und nach Han-nover im Rahmen der Vorlesung zeigten beispielhaft Rauminszenierungen und städtebauliche Entwicklungen von der Nachkriegsmoderne bis zur Postmoderne. Die Vorlesung wurde ergänzt durch eine Übung, in der die wesentlichen Inhalte wiederholt und vertieft werden konnten. Zentrale Ideen und Begriffe der Archi-tekturtheorie wurden ebenfalls in diesen Übungen verhandelt.

„Out there. Architecture beyond Building". (Exkursion zur XX. Architek-turbiennale in Venedig)

Vorhaben der Architekturbiennale 2008 „Out there. Architecture Beyond Building" war es, anstelle einer Leistungsschau des Gebauten das Experiment, das Bemühen um Utopie und den Diskurs im Bereich der Architektur in den Vordergrund zu rücken. Denn: „buildings are the tombs of architec-ture, the residue of the desire to make another world, a better world, and a world open to possibilities beyond the everyday." (Aaron Betsky)
Außer dem Besuch der Ausstellung im Arsenale und der Länderpavillons widmete sich die Exkursion der Stadtgeschichte Venedigs. An vier weiteren Tagen unter-nahmen wir Spaziergänge, auf denen das Zusammenwirken von Politik, Ökonomie und Ideengeschichte auf die Gestalt der Stadt von der frühen Neuzeit bis heute an ausgewählten Beispielen erkundet wurde.

GTAS

INSTITUT FÜR GESCHICHTE UND THEORIE DER ARCHITEKTUR UND STADT

► Projekt	⌐ Betreuung
01 Figur und Begabung	01 Prof. Dr. G. Langenbrinck Dr. Martin Peschken
02 Performance Kunst	02 Dr. Thomas Köhler
03 Vorlesung	03 Prof. Dr. Karin Wilhelm Prof. Dr. G. Langenbrinck

Figur und Begabung. Oder: Wie sieht die europäische Stadt der Zukunft aus?

Die europäische Stadt ist in aller Munde. Sie polarisiert. Die einen beschwören ihre Renaissance und betrachten ihre gewachsene Struktur „als wertvolles und unersetzbares Wirtschafts-, Sozial- und Kulturgut" (Leipzig Charta zur nachhaltigen europäischen Stadt, 2007), das es behutsam weiterzuentwickeln gilt. Die anderen sehen in ihr ein Modell ohne Zukunft. Denn 70 bis 80 Prozent der Fläche beinahe aller europäischen Städte folgen den Leitlinien der Moderne (Charta von Athen, 1933). Was ist aber mit der Rede von der europäischen Stadt gemeint? Zunächst denkt man an eine baulich-räumliche Figur mit kleinteiligen, heimeligen Platz- und Straßenräumen. Die Versuche postmoderner Stadtentwicklung der 1980er und 1990er Jahre, diese zu kopieren, zeigen jedoch, dass so kaum eine lebendige Stadt entsteht. Wer die „klassischen Begabungen der europäischen Stadt" wie Umgang mit Unvorhersehbarkeit, Toleranz oder kultureller Diversität für die heutige Stadtentwicklung nutzen will, braucht einen anderen Zugang. Dieser wurde im Seminar anhand zeitgenössischer und historischer Texte diskutiert. Auf einer Exkursion nach Dresden und Görlitz wurden Zusammenhänge und Widersprüche zwischen Stadtfigur und städtischer Begabung erkundet.

Performance Kunst von den Anfängen bis zur Gegenwart

Der Begriff der "Performance" wird in der Kunstgeschichte uneinheitlich benutzt und entzieht sich einer eindeutigen gattungstheoretischen Definition. Es handelt sich um eine individuelle künstlerische Interventionsform, die von den meisten Künstlern nicht als exklusives Ausdrucksmittel, sondern als ein Medium von vielen eingesetzt wird. Das Seminar zeichnete anhand ausgewählter Künstlerpersönlichkeiten die Entwicklung der Performancekunst von ihren Anfängen bis zur Gegenwart nach. Performancekunst ist situationsbezogen und ephemer. Sie wendet sich explizit gegen die Mechanismen des Kunstbetriebes und des Marktes. Performances bedienen sich häufig des Körpers des Künstlers oder auch anderer Personen und werden daher auch oft mit der Körperkunst in Verbindung gebracht. Performances haben vielfältige Erscheinungsformen und weisen Bezüge zum Theater, zum Tanz, aber auch zu politischen Manifestationen auf.

Geschichte und Theorie der Architektur I (Vorlesung)

Die für den Bachelorstudiengang angebotene Vorlesung befasste sich mit Objekten, Positionen und Entwicklungen in der Architektur seit der Aufklärung und behandelte den Stoff bis zur Gegenwart. Der Vorlesungsstoff umfasste im Wintersemester einige wesentliche Positionen der Architekturgeschichte, die vom Klassizismus über die Veränderungen durch die Industrialisierung im Werk Gottfried Sempers bis zu den Avantgardepositionen der frühen Moderne und zum Bauhaus führen. Die Vorlesung stellte die Auseinandersetzung mit der gebauten Architektur im Kontext ihrer architektur- und kulturtheoretischen Bedeutung (z.B. Bekleidungstheorie, Symbol und Ornament, Funktionalismus, Medialität) vor.

Dabei sollte das historische Material in seiner Gegenwartsbezogenheit betrachtet und auf seine Relevanz für die heutige Baukultur hin überprüft werden. Die Vorlesung wurde von Exkursionen nach Berlin sowie von Tutorien begleitet, in denen die wesentlichen Themen und Begriffe der Vorlesung vertiefend nachbearbeitet und durch Lektüre kanonischer Texte der Architekturtheorie ergänzt wurden.

01

GTAS

INSTITUT FÜR GESCHICHTE UND THEORIE DER ARCHITEKTUR UND STADT

➤ Projekt	⬔ Betreuung
01 Raumtheorien	01 Prof. Dr. G. Langenbrinck Dr. Martin Peschken
02 A Utopia of Modernity	02 Prof. Dr. Karin Wilhelm Anne Schmedding
03 Videokunst I	03 Dr. Thomas Köhler
04 Vorlesung	04 Prof. Dr. Karin Wilhelm Prof. Dr. G. Langenbrinck

Raum erfahren – Raum beschreiben – Raum gestalten

Architekten gestalten, verteilen und verhandeln Raum. Dieser Raum ist nicht einfach gegeben. Er wird individuell, kulturell, sozial und politisch immer wieder neu gedacht, benannt und beschrieben. Die Möglichkeiten Raum zu produzieren, mit ihm zu arbeiten, hängen vom jeweiligen räumlichen Erkenntnis- und Erfahrungshorizont ab. Ein fundierter Raumbegriff ist somit Basis für das Geschäft des Architekten. Die Fähigkeit zu entwickeln, Raum immer wieder neu zu beschreiben, seine verschiedenen Qualitäten zu reflektieren, bedeutet, sich Handwerkszeug für den Entwurf zu erarbeiten. Von drei Seiten näherte sich das Seminar dem Thema Raum an: A) Einschlägige Texte der Raumtheorie wurden gelesen und diskutiert. B) Konkrete Räume wurden verbal beschrieben. C) Die Seminarbeiträge wurden in den konkreten Räumen vorgestellt. Jede Sitzung fand in einem anderen (Außen-)Raum der Stadt Braunschweig statt. In einem ersten Schritt galt es, den konkreten Raum zu beschreiben, um dann, in ortsgerechter Form, passende raumtheoretische Texte zu präsentieren und mit den Seminarteilnehmern zu diskutieren. Auf einer Exkursion nach Magdeburg und Halberstadt wurden besonders charakteristische und aufgrund der historischen und demografischen Situation problematische Stadträume erkundet und analysiert.

A Utopia of Modernity: Zlín (Seminar und Exkursion nach Prag und Zlín)

Die Stadt Zlín in der Slowakei ist die einzige umfassend geplante und realisierte „Idealstadt" des 20. Jahrhunderts, die von einem Schüler Le Corbusiers entworfen wurde. Für den Schuhfabrikanten Thomas Bat'a in den 20er Jahren erbaut, ist Zlín das Musterbeispiel einer modernen Stadt, in der das ganze Leben, also Wohnen, Bildung und Freizeit, auf ein einziges Ziel – in diesem Fall die Effizienz einer rasant expandierenden Schuhfabrik – hin ausgerichtet war.
Im Mittelpunkt der Veranstaltung stand die Exkursion nach Zlín, wo unter dem Leitbild von „Walks and Talks" eine Mischung aus Symposion (international besetzt) und fachkundig geführten Stadtrundgängen das Lernen vor Ort ermöglicht, und Gespräche mit Experten sowie weiteren europäischen Studentengruppen stattfanden. Dabei widmeten wir uns u.a. der Frage, ob sich der Städtebau Zlíns als ein Lernmodell für die Zukunft erweisen könnte. In Prag wurde, neben dem Besuch der Ausstellung „Das Phänomen Bat'a. Zlíner Architektur 1910-60", die Stadt in ihrer komplexen Kunst-Geschichte erkundet.

Videokunst von den Anfängen bis zur Gegenwart I

Nachdem die künstlerische Beschäftigung mit Video zunächst nur als vorübergehende, technikverliebte ästhetische Praxis angesehen wurde, gilt Videokunst heute als etablierte Kunstform, die nach wie vor starke Beachtung findet und in vielen Museumssammlungen vertreten ist. Begonnen hat diese Entwicklung 1963 mit einer Ausstellung des koreanischen Komponisten und Fluxus-Künstlers Nam June Paik, der manipulierte Fernseher präsentierte, die statt des Fernsehbildes abstrakte Störbilder zeigten. Eine kritische Auseinandersetzung mit dem Massenmedium Fernsehen begann. Mit der Erfindung des tragbaren Videorecorders erweiterte sich das Instrumentarium der Videokunst beträchtlich. Ende der sechziger Jahre entstand aus den einzelnen künstlerischen Versuchen eine eigenständige Kunstbewegung, die sich nach Anfängen in Deutschland und in den USA international weiterentwickelte. Betrachtet man die Entwicklung der Videoinstallation, so lässt sich die Bedeutung der Performance nicht übersehen. Für viele Künstler war sie der Einstieg in die Videokunst. Sie dokumentierten ihre Aktionen, um dann nach und nach Installationen zu entwickeln.

Geschichte und Theorie der Architektur II (Vorlesung)

Die Vorlesung des Sommersemesters verfolgte die Theorie der Architektur des 19. und 20. Jahrhunderts bis zu zeitgenössischen Tendenzen. Die Anfänge der Architekturtheorie mit Vitruv und Alberti wurden kritisch beleuchtet vor dem Hintergrund ihrer Rezeption im 19. und 20. Jahrhundert. Architekturtheoretische Begriffe wie Raum, Ort, Tradition, Repräsentation wurden auf ihre Relevanz für die aktuelle Architekturproduktion hin überprüft.
Auf einer Exkursion nach Berlin wurde die Entwicklung der Architektur und der Bildungskonzeptionen des 19. Jahrhunderts anhand der Museumsinsel nachvollzogen. Weiter wurden die inzwischen als Weltkulturerbe anerkannten Berliner Siedlungen der 1920er Jahre besucht. Vertiefende Tutorien begleiteten die Vorlesung.

02

GTAS

INSTITUT FÜR GESCHICHTE UND THEORIE DER ARCHITEKTUR UND STADT

► Projekt	⌐ Betreuung
01 Vorlesung	01 Prof. Dr. Karin Wilhelm Prof. Dr. G. Langenbrinck
02 Freiraum undressed	02 Prof. Dr. G. Langenbrinck Dr. Martin Peschken
03 Videokunst II	03 Dr. Thomas Köhler

Geschichte und Theorie der Architektur I (Vorlesung)

Die Vorlesung befasste sich mit Objekten, Personen, Positionen und Entwicklungen in der Architektur seit der Aufklärung und behandelte den Stoff bis zur Gegenwart. Im Wintersemester kamen einige wesentliche Positionen der Architekturgeschichte zur Darstellung, die vom Klassizismus über die Veränderungen durch die Industrialisierung im Werk Gottfried Sempers bis zu den Avantgardepositionen der frühen Moderne und zum Bauhaus führten. Die Vorlesung stellte die Auseinandersetzung mit der gebauten Architektur im Kontext ihrer architektur- und kulturtheoretischen Bedeutung (z.B. Bekleidungstheorie, Symbol und Ornament, Funktionalismus, Medialität) vor. Dabei sollte das historische Material in seiner Gegenwartsbezogenheit betrachtet und auf seine Relevanz für die heutige Baukultur hin überprüft werden. Die Vorlesung wurde durch eine Exkursion nach Berlin sowie durch Tutorien ergänzt, in denen im Studium von Originalquellen die Themen der Vorlesung vertieft werden konnten.

Freiraum undressed

Urbane Freiräume sind in den letzten Jahren (wieder) zu einem wichtigen Thema der Stadtentwicklung geworden. Sie sind Orte, an denen die städtische Gesellschaft sich ihrer Gemeinsamkeiten vergewissert und ihrer Vergangenheit erinnert, an denen sie ihre Gegenwart feiert und/oder Konflikte austrägt, Kompromisse aushandelt und an denen sie Neues erprobt – sowohl im zwischenmenschlichen Handeln als auch in der Gestaltung des städtischen

Raums und seiner Architektur. Wir analysierten anhand ausgewählter Orte, die heute das Urbane exemplarisch verkörpern, dessen Faktoren wie Geschichte, Architektur, Ökonomie, Sozialnormen und Rechtswirklichkeit. Beispiele hierfür waren der Times Square in New York, die Stadtstrände von Rio de Janeiro, der Potsdamer Platz in Berlin, der Platz Djemaa el Fna in Marrakesch oder der Tempelberg von Jerusalem. Gemeinsam wurde im Seminar eine exemplarische Struktur für eine städtische Freiraumanalyse erarbeitet. Diese Struktur wurde im zweiten Teil des Seminars auf Braunschweiger Beispiele übertragen: die Stadträume wurden gezeichnet und schriftlich analysiert. Dann wurde ein zentrales Thema des jeweiligen urbanen Raumes ausgesucht und anhand eines Textes aus der Architektur-, Städtebau- oder Gesellschaftstheorie vertieft. Strukturierte Analyse und Theorie wurden auf diese Weise zusammengeführt, um die prägenden Momente des urbanen Freiraums so präzise wie möglich benennen zu können.

Videokunst von den Anfängen bis zur Gegenwart II

Das Seminar setzt das Thema des vorigen Semesters fort. Im Zuge der Entwicklung der Videokunst begann in den 1960er Jahren eine kritische Auseinandersetzung mit dem Massenmedium Fernsehen. Vom Aufkommen der Videotechnik hat sich bis heute ein breitgefächertes Feld der Videopraxis etabliert. Es nimmt seinen Ausgang in der Auseinandersetzung mit den Parallelmedien Fernsehen und Performance und entwickelt im Rahmen der Formatvorgaben von Videoband, Videoin-

stallation und Videoperformance ein eigenes ästhetisches Vokabular. Dieses zeichnet sich durch Übergänge zur Installation, zum Happening und zu multimedialen, hypermedialen und interaktiven Präsentationsformen aus. Das Seminar fragte nach dem Stellenwert von Video in technologischer, ästhetischer und medienkultureller Perspektive und vertrat die These, dass Video ein eigenständiges Medium darstellt und nicht etwa ein Zwischenstadium, das mit der Einführung digitaler Technologien obsolet würde. Nachdem sich Teil I des Seminars mit den Videopionieren auseinander gesetzt hat, widmet sich der zweite Teil den aktuelleren Strömungen und den verschiedenartigen ästhetischen Praktiken, die bei den Vertretern dieser Kunstrichtung zu finden sind. Das Seminar beschäftigte sich außerdem mit den Inspirationsquellen der Künstler wie Kino, Videoclip und Computerspiel, die Ausgangspunkt für die Arbeiten sein können.

Entwurf

Institut für Entwerfen und Baugestaltung
Institut für Baugestaltung B (seit SS 2011: Institut für Entwerfen und Gebäudelehre)
Institut für Gebäudelehre und Entwerfen (zukünftig: Institut für Entwerfen und Raumkompositionen)
Institut für Experimentelles Entwerfen und Entwerfen I

Grundlage jeder Entwurfsarbeit ist immer die individuelle Wahrnehmungserfahrung der natürlichen und gebauten Umwelt. Dies befähigt uns überhaupt erst zum Aufnehmen der Fragen unserer Zeit als Herausforderung für die Gestaltung von Zukunft.

Grundlage der Entwurfsausbildung ist die Vermittlung von Wissen und Fertigkeiten, aber auch die Ermutigung zum kreativen Umgang mit Methoden und Regeln, um das schöpferische Denken und Handeln zu fördern, neue Möglichkeiten zu entdecken und die Vorstellungskraft über Standards und Erwartungen hinaus zu dehnen.

Die Offenheit zum Hinterfragen und zur Neuinterpretation von Entwurfsaufgaben, die Neugierde und der Mut zum Experiment auf der Suche nach alternativen, funktionalen, formalen, technischen, künstlerischen und kulturellen Möglichkeiten, führt zu innovativen und individuellen Lösungen.

Im konzeptionellen und räumlichen Gestalten der gebauten Umwelt liegt die Kompetenz der Architekten. Entwerfen ist Forschen und erfordert das Beobachten und Bewerten von Veränderungen, um Strategien für die Bewältigung aktueller und zukünftiger Herausforderungen entwickeln zu können.

Prof. Almut Grüntuch Ernst
(Institut für Entwerfen und Gebäudelehre, IEG)

IEB

INSTITUT FÜR ENTWERFEN UND BAUGESTALTUNG

Professur
01 Prof. Rolf Schuster

Sekretariat
02 Angelika Blum

Wissenschaftl. Mitarbeit
03 Johanna Meyer-Grohbrügge
04 Tim Mitto
05 Maximilian Müller
06 Marika Schmidt

Student. Mitarbeit
Anika Neubauer
Nicolai Schlapps
Quang Tuan Ta

Kontakt
Technische Universität Braunschweig
Institut für Entwerfen und Baugestaltung
Pockelsstraße 3
D 38106 Braunschweig

t + 49 (0) 531. 391. 25 23
f + 49 (0) 531. 391. 81 29

baugestaltung-a@tu-bs.de

www.ibg.tu-bs.de/ifba

Entwürfe und Konzepte entstehen aus unterschiedlichsten Ansätzen und Einflüssen. Am Anfang steht die Suche nach einer Idee, einem Aufhänger und Leitfaden für den Entwurfs- oder Entwicklungsprozess. Dabei gibt es keinen richtigen oder falschen Aufhänger, vielleicht einen tragfähigen und einen weniger tragfähigen, einen angemessenen oder einen überzogenen. Die Wertigkeit ist jeweils individuell auszutarieren. Das Entwerfen ist ein Prozess, der sich nur zu einem Teil systematisieren lässt. Er ist gleichermaßen kopf- und bauchgesteuert; das macht die Sache nicht unbedingt leicht, auf jeden Fall aber spannend. Der Entwurfsprozess ist nur selten geradlinig, oft voller Widersprüche und meist gibt es mehr Fragen als Antworten. Die heuristische Methode von Versuch und Irrtum hat sich oft genug als zuverlässiger Weg in diesem Prozess erwiesen. Das heißt aber auch, dass wir die Möglichkeit von Fehlschlägen in Kauf nehmen und dem Zufall eine Chance geben müssen. Wir müssen mit begrenztem Wissen und wenig Zeit zu guten Lösungen kommen. Von diesem Dilemma können uns auch Computer mit schier unbegrenzten Rechenkapazitäten nicht befreien. Auf Exkursionen und in der Begegnung mit anderen Kulturkreisen lernen wir, uns diesen scheinbaren Widersprüchen zu nähern und die Dinge von einem anderen Standpunkt aus zu betrachten. Diesmal haben wir uns auf den Weg nach Japan gemacht. Das Laboratorium Japan bringt ständig neue, aufregende Architekturexperimente hervor. Diese zu studieren und ihren Wurzeln in der japanischen Kultur nachzugehen, war einer der Höhepunkte des Jahres 2010.

IEB

INSTITUT FÜR ENTWERFEN UND BAUGESTALTUNG

Projekt
Gästehaus-Landschafts-park Duisburg

Autor
Daniel Kahl

Betreuung
Prof. Rolf Schuster

Aufgabe war der Entwurf eines Gästehau-ses für das vom Kohlebergbau geprägte Areal des Landschaftsparks Duisburg-Nord. Das Raumprogramm des Gästehauses beinhaltet 80 Betten, Empfang, Gastrono-mie- und Seminarbereiche; das Publikum ist sportlich und Erholung suchend. Ein kleiner Teil eines ehemaligen Erzbunkers ist der Bauplatz des Gästehauses. Für diesen besonderen Ort sollte Idee und Konzept zur funktionalen, räumlichen, materiellen, strukturellen und atmosphärischen Einbin-dung des Gästehauses in die vorhandene bauliche Struktur entwickelt werden.

Projekt
Therme-Landschafts-park Duisburg

Autoren
01 Yosuke Fujita
02 Julian Busch

Betreuung
Prof. Rolf Schuster

Ein Teil der oben beschriebenen 300 m langen Anlage des Erzbunkers steht als Ort auch für diese Entwurfsaufgabe zur Verfügung. Es sollte eine Therme geplant werden, die an dieser besonderen Stelle mit ihrer inhaltlichen Bedeutung den Kon-trast schlechthin darstellt. Eine besondere Aufgabe lag in der Auseinandersetzung mit dem vorhandenen Raster aus Beton-wänden und seiner die Situation prägen-den Struktur. Zentral für die Bearbeitung war die Frage: Wie kann ein der Sinnlichkeit gewidmetes Gebäude in einen rein ratio-nalen Kontext eingefügt werden?
Die Therme spielt eine wichtige Rolle bei der Umwandlung des Areals in eine mo-derne Kultur- und Freizeitlandschaft.

01

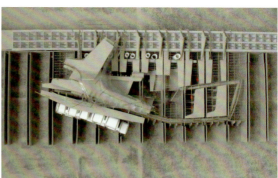

IEB

INSTITUT FÜR ENTWERFEN UND BAUGESTALTUNG

⬥ Diplom	⬏ Autor
Forum für Mobilität und Verkehr - Wolfsburg	Malte Klosensky

⬏ Aufgabenstellung

Prof. Rolf Schuster
Michael Korb

Im Forum für Mobilität und Verkehr soll ein breites Publikum über die verschiedensten Formen von Mobilität, ihre Geschichte und Zukunft informiert werden. Dabei steht die Faszination des Phänomens Mobilität und seine kritische Kehrseite im Mittelpunkt. Gleichzeitig soll es ein Ort sein, der der Fachwelt als Plattform für Diskussionen dient und als Marktplatz für Innovationen eine Brücke zwischen Forschern und Laien schlägt. Der Ort befindet sich gegenüber dem VW-Werk in Wolfsburg, direkt am Bahnhof, neben Mittellandkanal und ICE-Trasse, auf einem Gelände, das derzeit als Parkplatz für die VW-Mitarbeiter genutzt wird.

⬥ Projekt	⬏ AutorInnen
U-Bahn Station	01 Hui Hong
	02 Dirk Terfehr

⬏ Betreuung

Michael Korb
Tim Mitto

Neuer U-Bahnhof am Baakenhafen, Hamburg

Um die großen Menschenmengen zu befördern, die in der Hafencity wohnen und arbeiten, wird ein neues Verkehrs-wegenetz benötigt. Für den öffentlichen Nahverkehr ist der Anschluss an das U-Bahn Netz mit dem damit verbundenen Bau neuer U-Bahnhöfe vorgesehen. Der neue U-Bahnhof am Baakenhafen soll die Hafencity um eine weitere qualitätvolle Haltestelle ergänzen. Es soll ein Verkehrs-bauwerk entstehen, das über traditionelle U-Bahnhöfe hinausgeht.

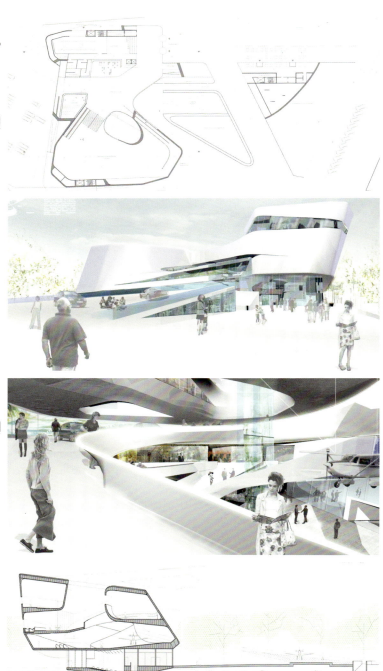

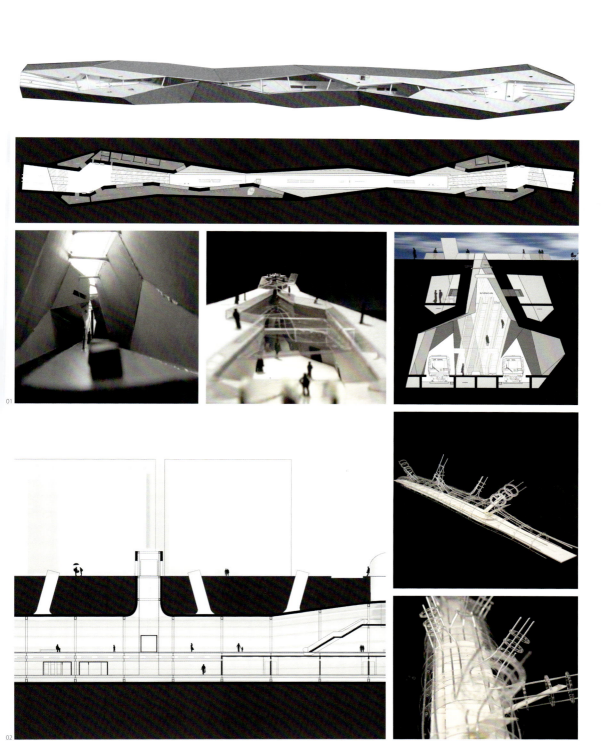

IEB

INSTITUT FÜR ENTWERFEN UND BAUGESTALTUNG

➤ Projekt   ⌐ Autor
Trinkhalle   Fabian Busse

⌐ Betreuung
Nicole Francke
Tim Mitto

Die Herrenhäuser Brauerei in Hannover
soll als Marktführer in der Region ein
repräsentatives „Gesicht" bekommen.
Eine neue Adresse soll ausgebildet
werden. Unter Einbeziehung der bestehenden Räume soll vor Ort ein neues
Empfangs- und Ausstellungsgebäude mit
Erlebnischarakter inklusive einer Schau-
brauerei entstehen. Der Besucher kann sich
dort Wissen über das Thema Bier aneignen
oder an wechselnden Veranstaltungen
(z.B. Jazz-Frühschoppen) teilnehmen.
Die Auseinandersetzung mit Materialität
ist ein Schwerpunkt der Arbeit.

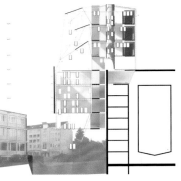

➤ Projekt   ⌐ Autorinnen
Museum für Fotografie   01 Maren Dörfer
    02 Kristina Felde

⌐ Betreuung
Tim Mitto
Marika Schmidt

Die deutsche Fotokunst hat sich seit den
späten 1960er Jahren im Umfeld der
Klasse des Fotografenpaares Bernd und
Hilla Becher an der Kunstakademie in
Düsseldorf etabliert. Hervorgegangen
sind Künstler wie Andreas Gursky, Thomas
Struth, Thomas Ruff oder Candida Höfer.
Ihre Werke sind national und international von großer Strahlkraft und in vielen
bedeutenden Sammlungen vertreten. Das
zu entwerfende Museum für Fotografie soll
die Werke der Bechers, ihrer Schüler sowie
in Wechselausstellungen weitere nationale
und internationale Fotokünstler präsentieren. Neben den Ausstellungsräumen
mit speziellen Anforderungen für extreme
Bildformate beinhaltet das Gebäude eine
Cafeteria, einen Museumsshop und Räume
für die Verwaltung. Das Museum wird im
Spannungsfeld des Thyssen-Hochhauses
(HPP) und dem Schauspielhaus (Bernhard
Pfau) in Düsseldorf entstehen.

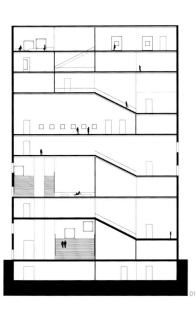

01

SS09 Sommersemester 2009

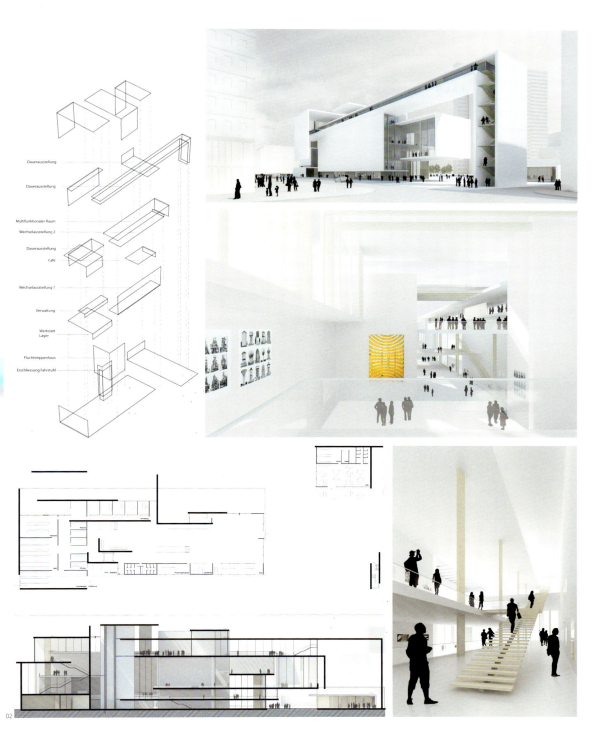

Dauerausstellung

Dauerausstellung

Multifunktionaler Raum
Wechselausstellung 2

Dauerausstellung
Café

Wechselausstellung 1

Verwaltung

Werkstatt
Lager

Fluchttreppenhaus

Erschliessung Fahrstuhl

02

IEB

INSTITUT FÜR ENTWERFEN UND
BAUGESTALTUNG

➤ Projekt	⌐ Autor
Haus in den Dünen	Paul Müller

⌐ Betreuung

Tim Mitto
Maximilian Müller

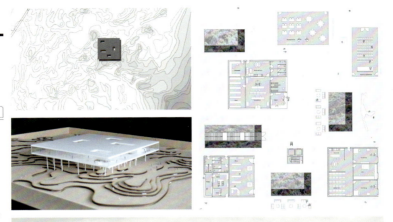

Was den Bayern ihre Alpen, das sind den
Friesen ihre Dünen.
In Listland, im Norden von Sylt, befindet
sich die einzige und letzte Wanderdüne
Deutschlands. Um dieses Naturschutzgebiet nicht durch übermäßige Besucher-
scharen zu gefährden, anderseits aber den
Touristen auch die Möglichkeit zu bieten
diesen einzigartigen Landschaftsraum zu
erleben, soll am Rande der Dünenland-
schaft ein Besucherzentrum entstehen.
Neben den Informations- und Ausstel-
lungsbereichen bietet das Gebäude dem
Besucher auch einen kleinen Gastrono-
miebereich sowie einen Ausguck auf die
Wanderdünen.

➤ Projekt	⌐ AutorInnen
Infozentrum Naturpark	01 Simona Schröder
Lüneburger Heide	02 Sven Wesuls

⌐ Betreuung

Tim Mitto
Maximilian Müller

Am Dorfeingang von Riddagshausen
soll unter behutsamer Einbeziehung der
unter Naturschutz stehenden Landschaft,
in unmittelbarer Nähe der Riddagshäuser
Teiche ein Besucherzentrum über die
Entstehung der Kulturlandschaft und das
Naturschutzgebiet informieren. Es bildet
den Auftakt zu einem bereits existierenden
Infopfad entlang der Teiche und vermittelt
zwischen Naturraum und den historischen
Klosteranlagen in Sichtweite des Hauses.
Das Raumprogramm umfasst neben den
funktionalen Bereichen wie Kasse und Gar-
derobe verschiedene Ausstellungsräume,
ein Themenkino, eine kleine
Waldbibliothek, Mitmach-Stationen, ein
Cafe und eine Aussichtsplattform.

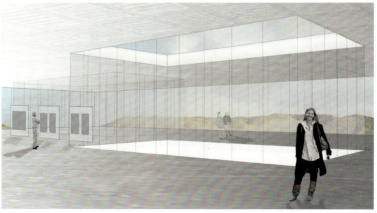

WS09|10 Wintersemester 2009|2010

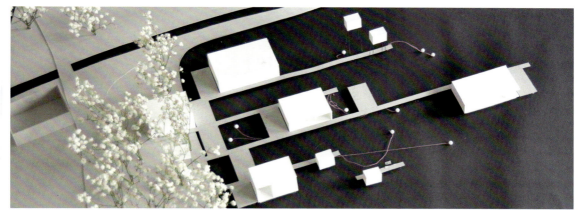

IFBB

INSTITUT FÜR BAUGESTALTUNG B

(SEIT SS 2011: INSTITUT FÜR ENTWERFEN UND GEBÄUDELEHRE, IEG)

⌐ Professur

01 Prof. em.
   Gerhard Wagner
02 Prof. Verena von
   Beckerath [WS 2010/11]
03 Prof. Almut Grüntuch-
   Ernst [seit SS 2011]

⌐ Sekretariat

04 Silke Stöckel

▪ Wissenschaftl. Mitarbeit

05 Jan Löhrs
06 Lisa Nielsen-Hagemann
07 Arne Rosenhagen
08 Gunnar Schulz
09 Sandra Singh
10 Christiane
   Tenbohlen-Welp

▪ Lehraufträge

Klaus Richter

▪ Student. Mitarbeit

Inga Girolstein
Moritz Kitzmann
Antonia Schuh
Chrisnanto Setyono
Daniel Vidovic
Merle Woköck

▪ Kontakt

Technische Universität Braunschweig
Institut für Entwerfen und Gebäudelehre
Pockelsstraße 3
D 38106 Braunschweig

t + 49 (0) 531. 391. 25 50
f + 49 (0) 531. 391. 81 20
baugestaltung-b@tu-bs.de

⌐ www.ibg.tu-bs.de/ifbb
baugestaltung-b@tu-bs.de

Konzept

Ausgehend vom ganzheitlichen Anspruch der Architektur wird das Entwerfen als eine individuelle, künstlerische Tätigkeit aufgefasst und über die allgemein verbindliche Gebäudelehre hinaus, eine individuell geprägte Lehrmethodik des Entwerfens vorgestellt.
Hieraus ergibt sich die Konzentration auf Themen, die in Vorlesungen vorbereitet und in der entwurflichen Betreuung vertieft werden:

Alt / Neu – Weiterbauen

Beim Entwurfsprozess vorgefundene bauliche Elemente bewerten und in die neue Gestalt einbeziehen.

Wohnbau

Die Entwicklung neuer Wohnformen unter besonderer Beachtung sich verändernder gesellschaftlicher Verhältnisse.

Nutzungshybride

Die funktionale und entwurfliche Zusammenführung / Vereinigung unterschiedlicher Nutzungen in einem Gebäude.

Diese Bereiche werden jeweils begleitet von den institutskennzeichnenden Grundsätzen:

Baugestaltung

Der Zusammenhang von inhaltlichen Bedingungen und äußerer Gestalt.

Bedeutung des Ortes für den Entwurf

Die Bindungen des Entwurfs durch die „skulpturale Umgebung" in der Stadt und die freie Entwicklung der Form in der Landschaft.

Raumgestalt

Die Gestaltung von Raum im skulpturalen Sinn, unter Berücksichtigung der Materialien zur Schaffung spezifischer Atmosphären.

Methoden des Entwerfens

Die Vorgehensweise im Entwurfsprozess wird begleitet durch Übungen in verschiedenen Materialien. Die Betreuung von Studentenentwürfen und Theoriearbeiten erfolgt in Einzel- und Gruppenkorrekturen am Institut, aber auch vor Ort durch Kompaktkurse. Zur Vorbereitung des Entwurfs wird eine theoretische Auseinandersetzung mit dem jeweiligen Thema sowie mit beispielhaften Gebäudeanalysen angeboten.
Durch die Betreuung wird ein Entwurfsprozess angeregt, der die Möglichkeiten der Konzeption und Formgeneration durch greifbare Materialien betont, d.h. Modelle und Objekte in den Mittelpunkt der Arbeit stellt.
Der Schwerpunkt der Bewertung liegt in den mit den Sinnen erfahrbaren Qualitäten der Architektur.

IFBB

INSTITUT FÜR BAUGESTALTUNG B

Diplom   Autor

70 Jahre stark und froh...   Simon Hartenberger
Stadtforum Wolfsburg

Aufgabenstellung

Prof. Gerhard Wagner
Jan Löhrs

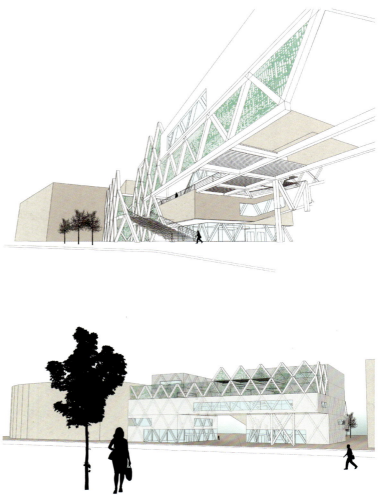

Die Stadt Wolfsburg wurde 1938 als „Stadt des KdF-Wagens" gegründet. Seit 1950 macht die Retortenstadt mit Bauten namhafter Architektinnen und Architekten auf sich aufmerksam. Den Mittelpunkt der Feierlichkeiten anlässlich des 70. Jubiläums 2008 bildete die Ausstellung „70 Jahre Wolfsburg", die die Stadt- und Architekturgeschichte dokumentierte.
Aufgabe war es, als Grundstein für eine dauerhafte Dokumentation und kontinuierliche Diskussion, ein identitätsstiftendes und repräsentatives Gebäude für diese Ausstellung am Bahnhofsvorplatz, also der Schnittstelle VW-Werk, Bahnhof und Porschestraße, zu entwerfen. Hierbei sollte die Erweiterbarkeit der Ausstellung konzeptionell berücksichtigt werden.

Projekt   Autorin

Kilometer 155: Auto-   Frauke Busdiecker
bahnkirche an der A2

Betreuung

Prof. Gerhardt Wagner
Christiane
Tenbohlen-Welp

Die Geschwindigkeit auf der Autobahn generiert eine Flut von Eindrücken, die auf die Sinne des Fahrers einwirken, sie fordert seine Aufmerksamkeit und beansprucht seine Nerven. Thema des Entwurfs war ein Ort der Stille, um sich dieser Flut zu entziehen und Kraft zu tanken: eine Autobahnkirche.
Angesprochen ist keine herkömmliche Gemeinde, sondern vielmehr die Masse anonymer Autofahrer. Sie sind unterwegs auf der Autobahn A2 zwischen Braunschweig und Berlin, gehören verschiedenen Konfessionen oder keiner an. Der Auseinandersetzung mit einem bestimmten Material wurde bei der Bearbeitung der Kirche besondere Bedeutung beigemessen.

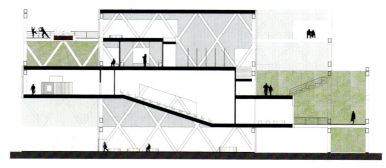

SS08 Sommersemester 2008

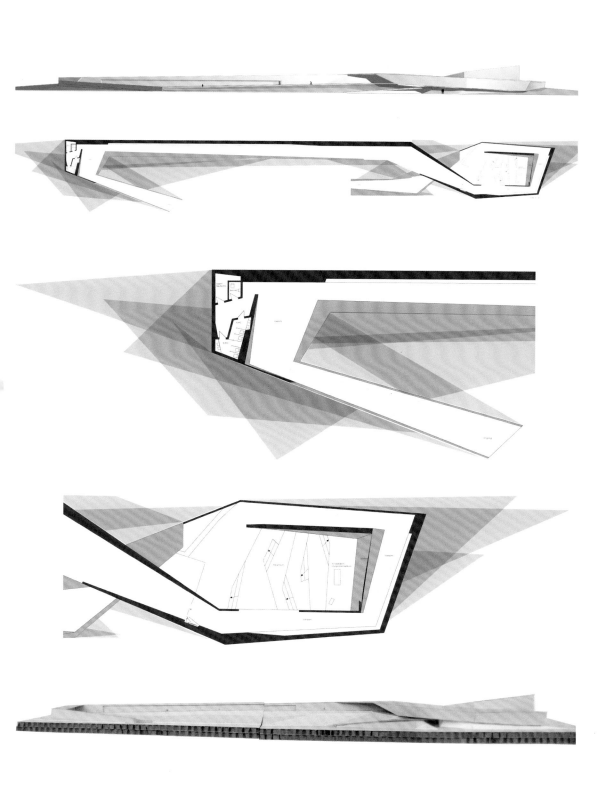

IFBB

INSTITUT FÜR BAUGESTALTUNG B

➤ Projekt
Musikus -
Louis Spohr Saal

⌐ Autorin
Natalie Mutschler

⌐ Betreuung
Prof. Gerhard Wagner
Gunnar Schulz

In diesem Entwurf erinnerten wir an einen
Sohn der Stadt Braunschweig und stellten
als Aufgabe einen Kammermusiksaal: den
Louis-Spohr-Saal für 200 Besucher. Ein
kleines Louis-Spohr-Museum ergänzte
das Raumprogramm, das insgesamt etwa
900qm Hauptnutzfläche umfasst. Das
Grundstück befindet sich im Spannungsfeld der dichten Stadtstruktur der Altstadt
und dem landschaftlich geprägten Braunschweiger Umflutgraben.
Es wurden Entwürfe erwartet, die die
Raumbedürfnisse der neuen Musik architektonisch umsetzten.

➤ Projekt
studentenwohnen.bs

⌐ Autor
Yosuke Fujita

⌐ Betreuung
Prof. Gerhard Wagner
Gunnar Schulz

In zentraler Lage zwischen Universität und
Innenstadt sollten neue studentengerech-
te Wohnformen entworfen werden. Dabei
wurde untersucht, inwiefern Wohn- und
Lebensbereiche individualisiert bzw. sozia-
lisiert werden können. Die konventionellen
Ein-Zimmer-Flurgemeinschaften entsprechen nicht mehr den zeitgemäßen Auffas-
sungen von Wohnräumen für Studierende.
Sie sollten durch neue Wohnformen mit
Arbeitsräumen, schaltbaren Grundrissen,
gemeinschaftlichen oder separierten
Wohn-/Koch-/Aufenthaltsräumen bereichert werden. Weitere öffentliche Funktionen für externe Nutzer kamen hinzu.

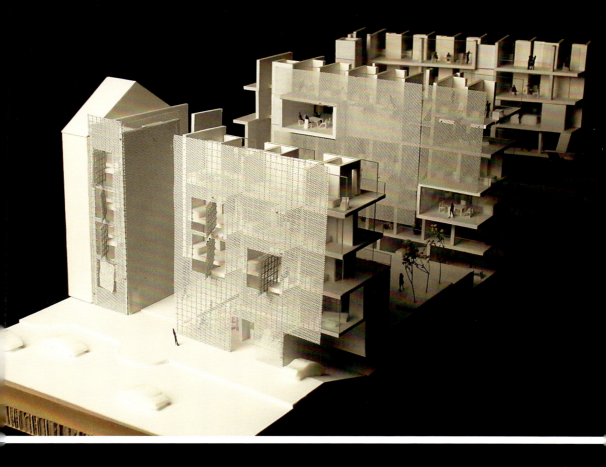
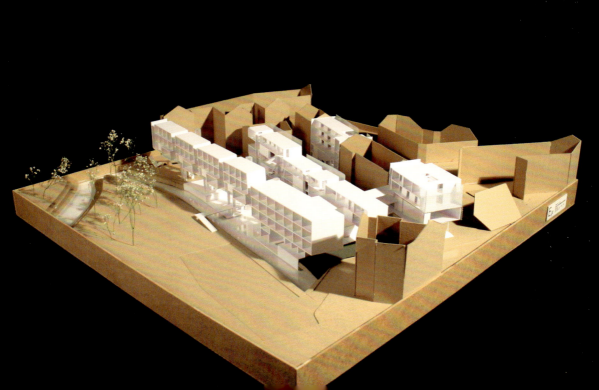

IFBB
INSTITUT FÜR BAUGESTALTUNG B

Projekt	Autorin
Brandwandcommunity Berlin	Caroline Gebhardt

Betreuung
Prof. Gerhard Wagner
Jan Löhrs

Die besondere Herausforderung bei dieser Aufgabenstellung lag zunächst im Grundstück selber: eine Berliner Baulücke mit den extremen Ausmaßen von 11 x 66m und einer Brandwand über die gesamte Grundstückstiefe. Auf diese Situation sollte entwurflich in besonderer Weise eingegangen werden. Eine fiktive Baugemeinschaft aus Kreativberuflern wünschte sich sechs individuell gestaltete Wohneinheiten mit Terrassen und Arbeitsräumen sowie kommunikativen Gemeinschaftsbereichen. Außerdem sollte die vorhandene Durchwegung der Baulücke sichergestellt werden. Die Lückenschließung sollte interessante Antworten auf die Tiefe des Grundstücks und die begleitende Brandwand finden.

Diplom	Autorin
BODYCHECK - Zentrum für Indoor Aktivitäten	Julia Vahldieck

Aufgabenstellung
Prof. Gerhard Wagner
Lisa Nielsen-Hagemann

An der Schnittstelle Mitte, Prenzlauer Berg und Friedrichshain in Berlin sollte ein Ort geschaffen werden, der den zeitgemäßen Anforderungen an vereinsunabhängige, zeitlich flexible, körperliche Ertüchtigung gerecht wird. Öffentlich nutzbare Bars und Restaurants offerieren den visuellen Kontakt zum Sport- und Erholungsbereich und ermöglichen eine ungezwungene Annäherung. Ein kleines Sportfilmkino und ein Ausstellungsbereich informieren über neue Sportarten. Das Raumprogramm sah zu diesem gemeinschaftlichen Bereich ein Sport- und Erholungsareal vor. Das Spektrum der Sportmöglichkeiten ist weit gespannt, so dass sich die Möglichkeit bietet, sich selbst auszuloten und den „Kick" zu erfahren.

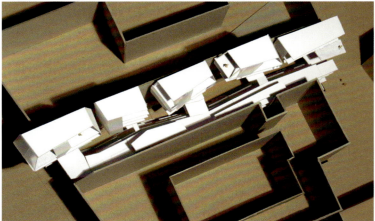

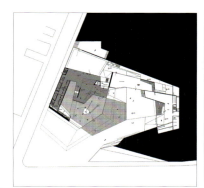

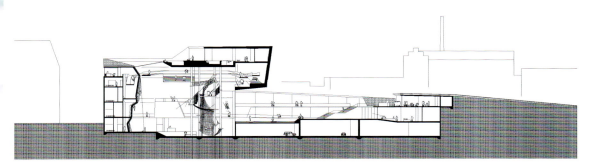

IFBB

INSTITUT FÜR BAUGESTALTUNG B

➤ Diplom   ⌐ Autorin

Colludo in Colonia   Hui Hong
Tanzakademie Köln

⌐ Betreuung

Prof. Gerhard Wagner
Gunnar Schulz

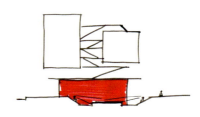

Entwurfsaufgabe war die Planung einer
Ballettakademie im Herzen von Köln, im
interessanten Umfeld der Kölner Bühnen,
als professionelle Ausbildungsstätte für
Bühnentanz und Tanzpädagogik.
Dazu sollte ein Gebäude entworfen werden, das zur theoretischen und praktischen
Vermittlung des Tanzes dient und die für
die Ausbildung notwendigen ergänzenden
Funktions- und Nebenräume sowie künstlerische, kaufmännische und technische
Funktionsbereiche beinhaltet. Mittelpunkt
war ein großer Tanzbühnenraum mit Platz
für bis zu 120 Personen.

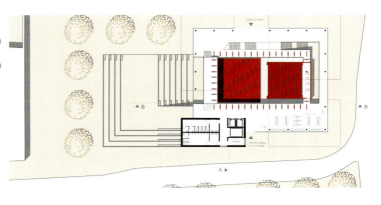

➤ Projekt   ⌐ AutorInnen

Capoeira   01 Emlyn Goronzy
                02 Meike Guss
⌐ Betreuung   03 Luisa Held
                04 Adam Jopek
Prof. Gerhardt Wagner   05 Anastasia Hofmann
Arne Rosenhagen   06 Sophia Mehling
Gunnar Schulz   07 Vanessa Liedtke
Sandra Singh   08 Isabella Lorenz
Christiane Tenbohlen-
Welp

Das Lehrangebot Entwerfen, im 2. Studienjahr umfasst unter anderem das Erstellen
zweier kleinerer Gebäudeentwürfe mit
identischem Raumprogramm, jedoch an
unterschiedlichen Orten (Landschaft und
Stadt).
Das Thema dieses Semesters war ein
Gebäude zur Vermittlung des brasilianischen Kampftanzes Capoeira, in dem zwei
Capoeiristas wohnen können. Die beiden
besonderen Eigenschaften des Capoeira,
nämlich spektakuläre Bewegungen in
Kombination mit Konzentration und
Meditation sollten baukörperlich umgesetzt werden.

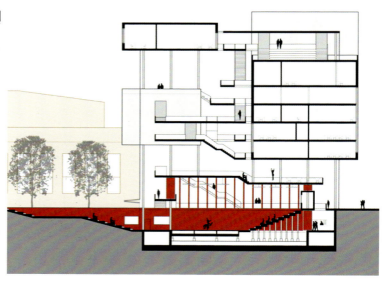

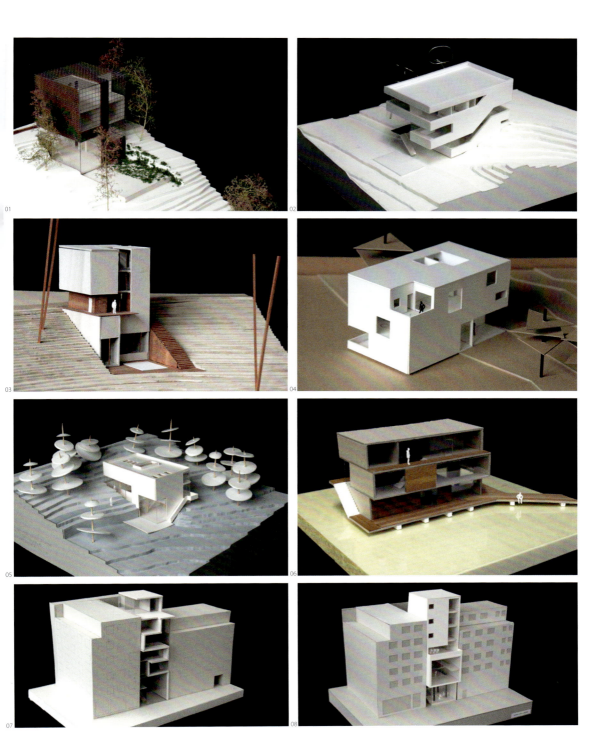

01

02

03

04

05

06

07

08

IGE

INSTITUT FÜR GEBÄUDELEHRE UND ENTWERFEN
(ZUKÜNFTIG: INSTITUT FÜR ENTWERFEN UND RAUMKOMPOSITIONEN, IER)

Professur
01 Prof. Michael Szyszkowitz

Sekretariat

Petra Kreße

Wissenschaftl. Mitarbeit
02 Bernd Ax
03 Lara Eichwede
04 Julian Busch
05 Torsten Bodschwinna
06 Kerstin Ehlert

Lehraufträge
Olaf Kobiella
Frédéric Beaupère

Student. Mitarbeit
07 Katharina Cielobatzki
08 Jascha Fink
09 Julia Franzke
10 Mirjam Scharnofske
11 Mathias Scheuren
12 Imko Thiele

Kontakt
Technische Universität Braunschweig
Institut für Gebäudelehre und Entwerfen
Mühlenpfordtstraße 23
D 38106 Braunschweig

t + 49 (0) 531. 391. 35 88
f + 49 (0) 531. 391. 59 50
ige@tu-bs.de

www.ige.tu-bs.de

Das Institut sieht sich in der Fortsetzung des gewachsenen Profils des Fachbereichs Architektur an der TU Braunschweig: Das Entwerfen und insbesondere das Konzipieren und Planen von Gebäuden stehen im Mittelpunkt von Lehre und Forschung - in theoretischer Anwendung und praktischer Auseinandersetzung.

Vorlesungen, Seminare, und Entwurfsaufgaben stehen semesterweise in einem thematischen Kontext. Neben der zyklisch wiederkehrenden Beschäftigung mit Gebäudetypologien treten Untersuchungen zu Orten mit besonderen und aktuellen städtebaulichen und architektonischen Problemstellungen.
Visionärer Gehalt und Praxisorientierung sind gleichermaßen Ausgangspunkt und Zielsetzung für die Entwurfsaufgaben. Diese basieren auf konkreten städtebaulichen Situationen und werden in aktiver Kooperation mit Planungsinstanzen und GastkritikerInnen durchgeführt.

Die Theoriebildung beinhaltet Analysen zu aktuellen Positionierungen und Theorien von ArchitektInnen und zu Strömungen und Entwicklungen der jüngeren Architekturgeschichte und bezieht Stellung zu Gebäudetypologien und bedeutenden Einzelbauwerken sowie zu Entwurfsprinzipien und Entwurfsstrategien.

Neben der Auseinandersetzung mit traditionellen Entwurfsmethoden und -techniken ist als Arbeitsschwerpunkt die Computeranwendung im Entwerfen am Institut etabliert, und zwar in der Kombination von Theorie, technischer Anwendung des Mediums und Architekturentwurf.

Mit den zugrunde gelegten Techniken werden digitale Entwurfsweisen entwickelt und probiert, die insbesondere die plastisch-kompositorische Fügung, die Material- und Lichtwirkung sowie die Bewegung im Raum betreffen. Integriert sind analog-digitale Mischtechniken zur Entwurfsgenerierung sowie neue Darstellungsformen in der Architektur wie Filme, interaktive Präsentationsformate und Virtual-Reality-Simulationen.

Sonderveranstaltungen mit internationalem Charakter - mit Werkberichten bedeutender Architekten und Architektinnen, des Weiteren eine turnusmäßige internationale Entwurfswerkstatt vor Ort im Ausland sowie Exkursionen und Ausstellungen stellen den Bezug zur Öffentlichkeit und zur Berufspraxis her und vertiefen die Arbeit des Instituts.

G/V | Theorie

Die theoretischen Grundlagen und Vertiefungen des Entwerfens und der Gebäudeplanung werden in Seminaren mit Bezug auf aktuelle Entwurfsaufgaben und Forschungsprojekte des IGE angeboten. Neben wechselnden fachlichen Inhalten, werden grundlegende Fähigkeiten zur Quellenrecherche, schriftlichen Dokumentation und mündlichen Präsentation vermittelt.

APO | Architekturpositionen

In der Vortragsreihe des Instituts stellen herausragende, nationale und internationale Persönlichkeiten ihre Architekturposition in Theorie und Werk vor.
Die Liste der Vortragenden umfasst mittlerweile rund 100 Redner. Zuletzt kamen Jürgen Mayer H., Kim Herforth Nielsen (3XN), Ryue Nishizawa (SANAA), Wolfgang Pehnt, Matthias Sauerbruch (Sauerbruch-Hutton) und Yoshiharu Tsukamoto (Atelier Bow-Wow).

E2 | Entwerfen im 3. Semester

Die Veranstaltung bildet den Einstieg und setzt sich aus zwei Entwurfsübungen, der Vorlesung Grundlagen des Entwerfens und dem Seminar Gebäudeanalyse zusammen. In Theorie und Praxis werden Entwurfsaspekte von der konzeptionellen Idee und Auseinandersetzung mit dem Ort, über die Gestaltung von Raum, Körper und Atmosphäre, bis zur funktionalen Gebäudeplanung vermittelt.

F+E | Forschung und Entwicklung

Das inhaltliche Profil des Instituts spiegelt sich neben der Lehre in verschiedenen Forschungs- und Entwicklungsprojekten wider. Lehre und Forschung stehen dabei in direktem Austausch miteinander. Der kontinuierliche Aufbau themenbezogener oder regionaler Netzwerke ist dabei ein struktureller Schwerpunkt des Instituts und führt zu verschiedenen interdisziplinären und internationalen Kooperationen.

SE | Stegreifentwurf

Der SE stellt die Entwicklung einer architektonischen Entwurfsidee oder eines Gebäudes geringerer Komplexität zur Aufgabe und befasst sich mit experimentellen, gestalt- und raumbildenden Themen des Entwerfens und der Gebäudeplanung. Ebenso werden Themen aus den Forschungs- und Vertiefungsbereichen des IGE angeboten (z.B. Digitales Entwerfen).

E4d | Computergestützter Entwurf

Hintergrund ist der experimentelle und vertiefende Gebrauch digitaler Techniken im Entwurfsprozess und der Darstellung einer hochbaulich-architektonischen Aufgabe.
Einen Schwerpunkt bildet dabei die Anwendung digitaler Werkzeuge für die Erzeugung von Raum und Form, sowie die Untersuchung digital-analoger Schnittstellen im Entstehungsprozess architektonischer Konzepte.

Ekomp | Sommerworkshop

In der vorlesungsfreien Zeit des Sommersemesters wird ein internationaler 14-tägiger Workshop als Kompaktentwurf angeboten. Aktuelle Entwicklungen oder konkrete Projekte europäischer Städte und Regionen bilden den Hintergrund der Workshops. In einer ersten seminaristischen Phase werden am ige Thema und Ort analysiert und zu ersten städtebaulichen Konzeptionen geführt. In einer zweiten, ca. vierzehntägigen Phase vor Ort werden in Kooperation mit lokalen Institutionen konkrete hochbauliche Vorschläge entwickelt.

Workshops fanden bisher u.a. in Prag, Kaliningrad, St. Petersburg, Ljubljana und Breslau statt. Der Workshop wird als Ausstellung präsentiert und als Reader dokumentiert.

Egp | Gebäudeplanerischer Entwurf

Der Entwurf stellt die Konzeption und Entwicklung eines Gebäudes hoher Komplexität, an einem konkreten Ort aus den Baubereichen Kultur, Forschung und Bildung, Freizeit und Erholung, Verkehr und Verwaltung sowie Wohnen zur Aufgabe.

Über Themenmodelle und städtebauliche Analysen wird eine individuelle, ortsbezogene Entwurfsidee entwickelt und in Modellen und Zeichnungen funktional, gestalterisch und atmosphärisch zu einem Gebäude geformt und bis in den Maßstab 1:200 detailliert.

Die Betreuung erfolgt wöchentlich über Seminare, Einzel-, Sammel- und Chefkorrekturen.

Dip | Diplomentwurf

Die Diplomaufgabe beinhaltet einen komplexen Gebäudeentwurf (ca. 6.000-10.000m²) in städtebaulich herausragender Lage. An der Schwelle zum Berufsleben ist die Aufgabenstellung bewusst international ausgerichtet und basiert auf aktuellen Entwicklungen europäischer Städte.

Zuletzt wurden Projekte in Wien, Kopenhagen, Innsbruck, Talinn und Zagreb bearbeitet. Über Themenmodelle und städtebauliche Analysen wird selbstständig eine individuelle, ortsbezogene Entwurfsidee entwickelt und in Modellen und Zeichnungen funktional und gestalterisch zu einem Gebäude geformt und bis in den Maßstab 1:200 detailliert. Die Bearbeitungszeit beträgt 3 Monate. Die Arbeit ist unbetreut.

IGE

INSTITUT FÜR GEBÄUDELEHRE UND
ENTWERFEN

➤ Projekt

E4d - МОЛОКО+

⌐ Autoren

01 Markus Willeke
02 Jonathan Schuster
03 Kyan Etemadi

⌐ Betreuung

Prof. Michael Szyszkowitz
Torsten Bodschwinna
Julian Busch

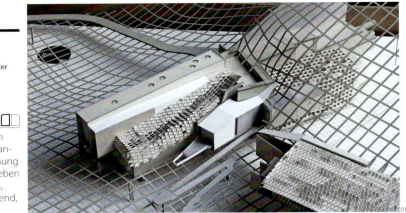

Ganz im Sinne jenes in den 70er Jahren beliebten Mischgetränks, das durch Stanley Kubricks Clockwork Orange-Verfilmung bis in die heutige Zeit ein Begriff geblieben ist, sollte ein Objekt entworfen werden, das der milchigen Synthese entsprechend, vielfältige Aspekte von Milch+ in sich vereinigt. Eine Variante des ewigen Themas der unschuldigen Gestalt, die das Ungeheure birgt.

➤ Projekt

EGP - Time Out

⌐ AutorInnen

01 Myriam Didjurgeit
02 Simon Banakar

⌐ Betreuung

Prof. Michael Szyszkowitz
Bernd Ax
Denise Raddatz

Der Entwurf einer Eremitage für das 21. Jahrhundert ist als Sanatorium für Nonstop-Aktivisten, als zeit-hygienischer Kurort zu verstehen. Ein einsames Tal im Karwendelgebirge nahe Innsbruck, bietet ein ideales Rückzugsgebiet für die zivilisationsmüden Rekonvaleszenten. Hier gibt allein das Naturschauspiel mit dem Wechsel der Jahreszeiten und der Sonnenauf- und -untergänge den Takt an und erinnert an vergessene chronobiologische Eigenrhythmen.

➤ Projekt

Sommerworkshop
Alpenglühen Innsbruck

⌐ Betreuung

Prof. Michael Szyszkowitz
Bernd Ax
Denise Raddatz

⌐ Autoren

Kyan Etemadi
Sebastian Kaus
Fahim Mohammadi
Markus Willeke

Thema des Sommerworkshops waren die Entwicklung und die Verdichtung des Stadt- und Landschaftsraums um die vier von Zaha Hadid entworfenen Stationen der Hungerburgbahn. Die neu errichtete Seilbahn verbindet die Stadt mit ihrem Haushang, der Nordkette.

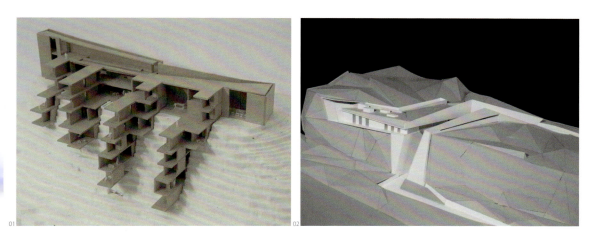

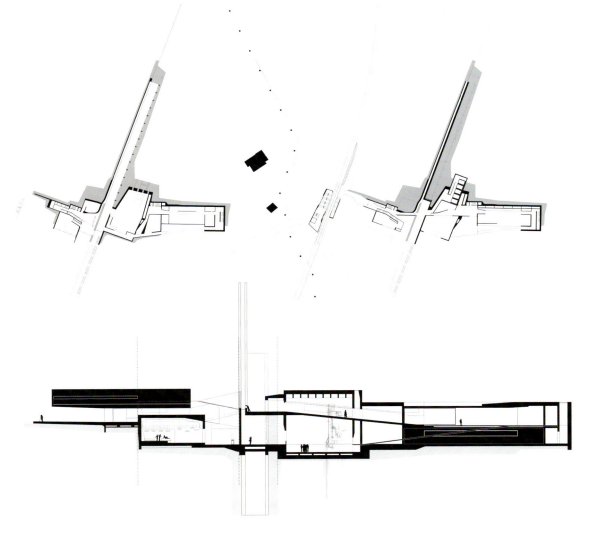

IGE
INSTITUT FÜR GEBÄUDELEHRE UND ENTWERFEN

▶ Projekt
GP (E2) - Gym

⌐ AutorInnen
01 Kartharina Cielobatzki
02 Jan Dethlefsen
03 Natalie Baranik

⌐ Betreuung
Prof. Michael Szyszkowitz,
Bernd Ax, Denise Raddatz
Torsten Bodschwinna,
Julian Busch

▶ Projekt
EGP - CPH Sneak Scene

⌐ Autorin
Julia Hartig

⌐ Betreuung
Prof. Michael Szyszkowitz
Bernd Ax

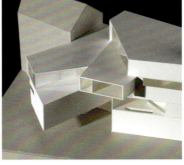

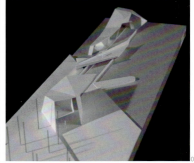

Die DOGMA 95-Bewegung forcierte die Entwicklung des dänischen Films enorm. Seitdem legen kinematographische Institutionen und Unternehmen spezielle Förderprogramme für Low-budget-Filme auf. Der Entwurf für ein Forum für jungen und experimentellen Film, an der Hafenmeile Kopenhagens, knüpft an diese Initiativen an. Mit Produktionseinheiten wie Studios, Schnittplätzen und Tonräumen, sowie öffentlichen Bereichen für Filmvorführungen und Veranstaltungen sollte im Kopenhagener Christianshavn ein vitaler Ort für Cineasten konzipiert werden.

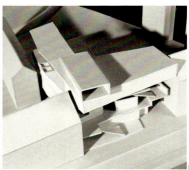

▶ Diplom
Wintergold

⌐ Autor
Julian Busch

⌐ Aufgabenstellung
Prof. Michael Szyszkowitz
Torsten Bodschwinna

Einmalig ist in Innsbruck die unmittelbare Nachbarschaft von Stadt und hochalpiner Landschaft.
Als Beitrag für eine Bewerbung um die Olympischen Winterspiele 2018 sollte hier ein Gebäudekomplex entworfen werden, der die repräsentativen, medialen und organisatorischen Funktionen an einem zentralen Ort zusammenschließt und daraus ein architektonisches Sinnbild für das zeitgemäße Selbstverständnis der Spiele kreiert.

WS08|09 Wintersemester 2008|2009

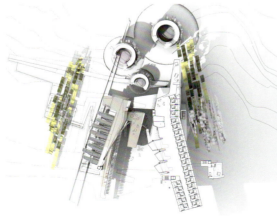

Diplom_Wintergold_ Julian Busch_WS 2008/09

IGE

INSTITUT FÜR GEBÄUDELEHRE UND ENTWERFEN

◤ Projekt   ◸ AutorInnen

E4d -   01 Yosuke Fujita
Monumental Conversion   02 Jenny Dersch
             03 Martin Labitzke
◸ Betreuung

Prof. Michael Szyszkowitz
Torsten Bodschwinna
Julian Busch

Breslau, einst blühende Metropole, wurde
in der Endphase des 2. Weltkrieges zur
Festung. Noch heute halten Bunker die
Stadt besetzt und dies an eigentlich prominenten Plätzen, die dadurch aber jeglichen
urbanen Charakter verloren haben. Da die
Betonmassen nicht zu entfernen waren,
ignorierte man sie, um ihre Geschichte
nicht ständig vor Augen zu haben. Aufgabe war die zeichenhafte und raumwirksa-
me Konversion eines Hochbunkers in eine
Bibliothek und Mediathek, ein bergendes,
aber zugleich auch vermittelndes Gebäude, das das Initial einer Öffnung bildet und
der Gegend einen mit Leben gefüllten
Platz zurückgibt.

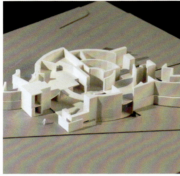

◤ Diplom   ◸ Autor

CPH MACX   Manuel Maas

◸ Aufgabenstellung

Prof. Michael Szyszkowitz
Bernd Ax

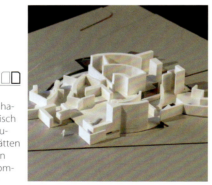

Dem Medium Film widmet sich Kopenhagen gesellschaftlich und bildungspolitisch
mit besonderer Aufmerksamkeit. Bedeutende Institutionen und Produktionsstätten
sowie mehrere Festivals dokumentieren
den Ruf der Stadt als international renommierte Filmhochburg. Vor dem Hintergrund aktueller struktureller Veränderungen und Konzentrationsbestrebungen
sollte ein Filmquartier entworfen werden,
das neben einem Kino- und Ausstellungs-
komplex, einen Mix aus Veranstaltungsor-
ten, Filmproduktionsstätten, Werkstätten,
Büros und Wohnungen vorhält. Das
gegebene Areal, vis-a-vis zu Schauspielhaus und Oper, ist Teil der Wasserfront, die
so zum kulturellen und architektonischen
Aushängeschild der dänischen Hauptstadt
avanciert.

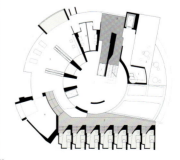

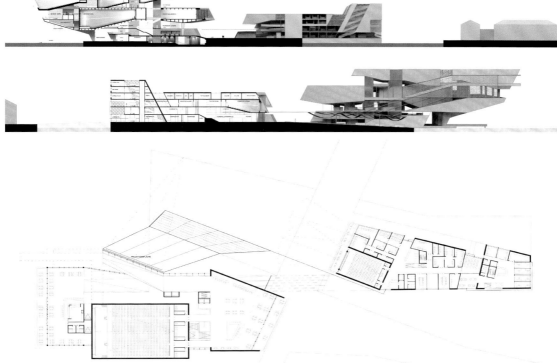

IGE

INSTITUT FÜR GEBÄUDELEHRE UND
ENTWERFEN

➤ Projekt	⌐ AutorInnen
E2 - Räume für Kunst	01 Thomas Filke
	02 Leonore Brave
	03 Roman Bossmeyer

⌐ Betreuung

Prof. Michael Szyszkowitz
Bernd Ax
Lara Eichwede
Torsten Bodschwinna
Sebastian Brunke

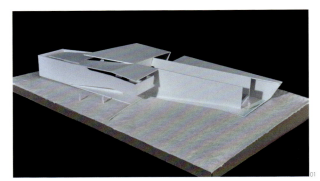
01

➤ Projekt	⌐ Autor
EGP -	Nils Fiedler
Xella Wettbewerb	

⌐ Betreuung

Prof. Michael Szyszkowitz
Torsten Bodschwinna
Sebastian Brunke

02

Aufgabe des Xella-Wettbewerbs 2009/10
war die Konzipierung eines Erweite-
rungsbaus für das Bode-Museum auf der
Berliner Museumsinsel. Gefragt war eine
zeitgemäße Interpretation des auf Wilhelm
Bode zurückgehenden historistischen
Ausstellungskonzepts. Neben der Ergän-
zung der Ausstellungsflächen bestand
die logistische Herausforderung darin,
Administration, Konservierungswerkstätten
und Lager der gesamten Museumsinsel im
neuen Erweiterungsbau unterzubringen.

➤ Projekt	⌐ Autor
EGP - Istanbul	Christoph Peetz
Kunstgewerbemuseum	

⌐ Betreuung

Prof. Michael Szyszkowitz
Bernd Ax
Lara Eichwede

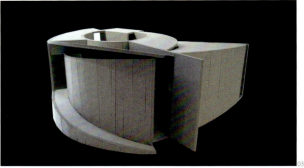
03

Die imposante Valide Küllyie im Stadtteil
Üsküdar des osmanischen Baumeisters
Sinan aus dem 16. Jahrhundert, bildete
den Kontext der Aufgabe. Der sozio-religiö-
se Komplex ist in Teilen im Verfall begriffen.
Ein Revitalisierungsprogramm zielt nun
darauf ab, die Zentrumsfunktion der Küllyie
wiederzugewinnen und zu stärken. Auf
Grundlage dieses Konzepts sollte auf dem
aufgelassenen Gelände der ehemaligen
Schule ein Kunst- und Kunstgewerbemu-
seum geplant werden.

04

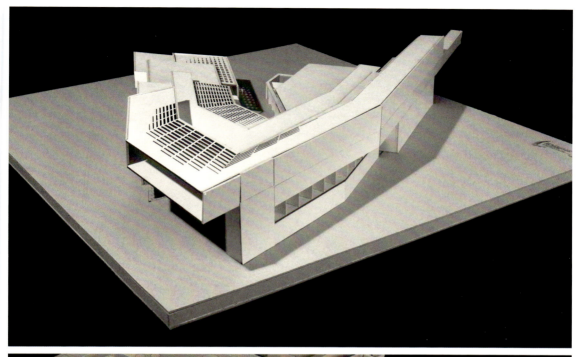

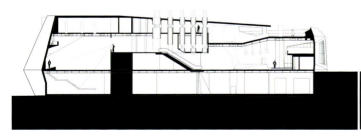

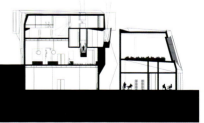

IEX

INSTITUT FÜR EXPERIMENTELLES
ENTWERFEN UND ENTWERFEN I

⌐ Professur

01 Prof. Berthold Penkhues

⌐ Sekretariat

Mandy Tepper

◤ Wissenschaftl. Mitarbeit

Alessa Brill
Dr. Julia Gill
Nico Klostermann

◤ Student. Mitarbeit

Diana Bico
Anne Busemann
Jan Dethlefsen
Kristina Felde
Sebastian Latz
Anika Neubauer
Timo Otto
Mathias Scheuren
Kira Soltani Schirazi
Mira Schmidt

⚲ Kontakt

Technische Universität Braunschweig
Institut für Experimentelles Entwerfen und
Entwerfen I
Pockelsstraße 4
D 38106 Braunschweig

t + 49 (0) 531. 391. 25 15
f + 49 (0) 531. 391. 81 37

⌐ http://www.exe1-bs.de/
entwerfen-eins@tu-bs.de

Was ist architektonisches Entwerfen?

Das Institut für Experimentelles Entwerfen
und Entwerfen Eins (IEX) der TU Braunschweig, unter der Leitung von Prof. Berthold Penkhues, vertritt eine Entwurfslehre,
die Abstand nimmt von einem reinen
„Formenunterricht". Statt dessen werden die
Studierenden bei der Entwicklung einer
eigenen Entwurfsmethodik unterstützt,
in der Konzeptentwicklung und das
Auffinden adäquater Ausdrucksmittel im
Vordergrund stehen - Prozesse, die sich
gegenseitig bedingen und beeinflussen.

Unsere Herangehensweise an die Lehre
fußt auf einer Auffassung, nach der wir
architektonisches Entwerfen nicht als fest-
gelegtes Regelpaket, sondern im Zusammenspiel verschieden großer Wahrschein-
lichkeitsdichten als ein höchst komplexes
System von Kompositionseinflüssen verstehen: Technische Kenntnisse, historische
Zusammenhänge, soziologische Faktoren,
persönliche Erfahrungen und ästhetische
Absichten wiegen in jedem Prozess anders.

Die Konfrontation einer Fülle statischer
Fakten mit der Mobilität menschlichen
Denkens erzeugt einen dynamischen
Prozess mit schneller Fluktuation der
Kriterien: Lineare Kausalität verliert die
Macht, Widersprüche bleiben, Genauigkeit
wird durch Unschärfe entdeckt, eben noch
bestimmende Aspekte sind plötzlich unbe-
deutend. Die Eigendynamik des Entwurfsprozesses ist unberechenbar.
Als Anschauungsmodell ähnlicher Komplexität kann das Wettergeschehen dienen:
trotz geklärter Abhängigkeit scheitert eine
verlässliche Vorhersage an der Unmög-

lichkeit, alle Einflüsse und vor allem ihre ständige Wechselwirkung zu erfassen.

Betrachtet man das architektonische Entwerfen in Analogie hierzu, wird deutlich, dass auch die geschickteste Kalkulation nicht ohne die experimentelle Prüfung, also ohne das Erfahren des Erdachten auskommt. Dafür bedienen wir uns Abstraktionen: analog und digital erstellte analytische Darstellungen wie etwa Piktogramme und Diagramme, aus denen entwurfsrelevante Themen extrahiert werden und die so die Konzeptfindung unterstützen. Ebenso nutzen wir repräsentative Zeichnungen und Modelle verschiedener Abbildungsmaßstäbe und perspektivische Darstellungen als Hilfsmittel zur Simulation von Wirklichkeit. Auf diese Weise wird unser Vorstellungsvermögen gefordert und der Prüfgegenstand in die Realität projiziert.

Wir betrachten das Fach Entwerfen demnach als Erfahrungsschule. Die Studierenden schärfen mit unserer Hilfe das Bewusstsein für ihr Potenzial und dessen Grenzen: Ihre individuell frei gewählte Absicht muss im Entwurfsprozess zu einer nachvollziehbaren Logik reifen, um als relevanter Beitrag zu bestehen.

E1 - Einführung in das Entwerfen

Im ersten Studienjahr bieten wir fünf mehrwöchige Übungen an, die in kleinen Gruppen (je fünf Studierende) betreut werden. Die ersten vier sind Konzentrationen auf Teilaspekte des Entwerfens: Positionierung, Komposition, Ort und Programm. Ein kleiner Entwurf führt die Komponenten abschließend wieder zusammen. Begleitend wird in der Vorlesungsreihe „Architektonisches Denken im 20. Jahrhundert" unser aktuelles architektonisches Klima ideengeschichtlich hergeleitet. Gleichzeitig werden die jeweiligen ästhetischen und gesellschaftlichen Themen gesichtet. Durch simultanes Betrachten von Plänen und Perspektiven wird das räumliche Vorstellungsvermögen trainiert. Diese gelenkte Anschauung ist ein wesentliches Fundament der Lehre.

EX - Experimentelles Entwerfen

Interessierte Studierende höherer Semester haben die Möglichkeit, an unserem Institut das bis dahin Erlernte in einem experimentellen Entwurf zu vertiefen. Unter einer gemeinsamen Überschrift ist von jedem Studierenden ein inhaltlich und funktional individuelles Programm zu entwickeln, eigene Entwurfsthemen und -methoden sind zu definieren. Experimentelles Entwerfen bedeutet dabei nicht ein agieren im luftleeren Raum, sondern konzeptionell-erfinderisches Entwerfen im Rahmen selbstgestellter, konkreter Bedingungen. Hierzu gibt das Institut wechselnde Entwurfsaufgaben heraus, häufig in Kooperation mit anderen Universitäten oder externen Lehrbeauftragten, in Form von Workshops oder Kompaktseminaren. Ausnahmsweise können auch selbst gestellte Themen bearbeitet werden.

TX - Entwurfs- und Architekturtheorie

Ebenfalls für Studierende höherer Semester bieten wir Seminare an, die sich im Wechsel, im Rahmen einer Entwurfs- oder Architekturtheorie, mit zeitgenössischen Positionen, Objekten und Entwicklungen befassen. Dazu werden gebaute oder geplante Projekte aktueller Strömungen in ihrer architektonischen kulturtheoretischen Bedeutung vorgestellt, analysiert und vor dem Hintergrund der Architektur bzw. Architekturtheorie des 20. und 21. Jahrhunderts diskutiert. Entwurfsprozess und -methode, die Auseinandersetzung mit Vorbildern, Theorien, anderen Disziplinen, etc. werden in unterschiedlichen Maßstäben und Betrachtungsebenen nachempfunden. Dies geschieht nicht nur mit Worten, sondern vor allem mit den Mitteln des Architekten: Zeichnungen, Modellen und Grafiken.

IEX

INSTITUT FÜR EXPERIMENTELLES ENTWERFEN UND ENTWERFEN I

Projekt

Entwerfen Eins

Betreuung

Team des IEX

AutorInnen

01 Jessica Wannhoff
02 Jasmin Albrecht
03 Leif Buchmann
04 Carolin Brueggebusch
Jamie Queisser

Der Übungszyklus Entwerfen 1 umfasst fünf aufeinander aufbauende konzeptionelle Entwurfsaufgaben. Die Studierenden lernen über die Auseinandersetzung mit Teilaspekten des Entwerfens wie Positionierung, Komposition, Ort und Programm, aus einfachen Ideen eine nachvollziehbare Entwurfslogik zu entwickeln. Beim „Architextil" (Ü 1) wird eine eigene gedankliche Stellungnahme als gegenwärtige inhaltliche Zielbestimmung künftigen Machens anhand eines Kleidungsstückes so kohärent wie möglich dargestellt. Ein selbst verfasstes Architektur-Manifest simuliert hier das zweckbestimmende Programm. Es werden bewusst prä-architektonische Ausdrucksmittel gefordert. Die Verbindung alltäglicher Erfahrungen mit graphischer Sprache soll ohne weitere Vermittlung von Zeichen oder Grammatik die Konzentration auf Konzeptarbeit ermöglichen, geeignete Materalen sind auszuwählen, sinnvoll und geschickt zu fügen. In diesem ersten Gehversuch im Fach Entwerfen geht es vor allem darum, den Entwurfsprozess als ein Schöpfen aus sich selbst, aus eigenen Ideen und Phantasien und nicht vorrangig aus erlernten Mitteln bestimmt zu sehen. Die abschließende Aufgabe (Ü 5) „Double Trouble" verbindet die zuvor behandelten Teilaspekte zu einem kleinen architektonischen Entwurf. Aus einem hochspeziellen, von zwei Bearbeitern im Team für zwei prominente Bewohner entwickelten Raumprogramm (Ü 4), wird nach den erlernten Regeln der Komposition (Ü 2) ein Gebäudeentwurf für einen zuvor analysierten Ort (Ü 3) entwickelt.

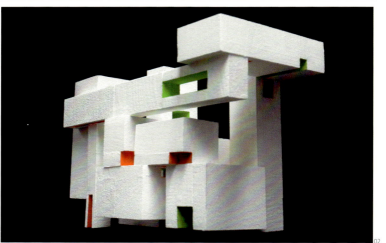

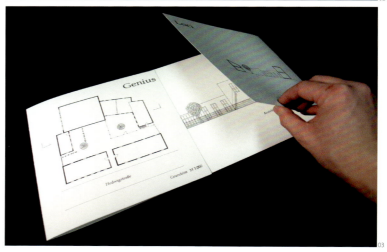

Architextil,
Komposition,
Genius Loci

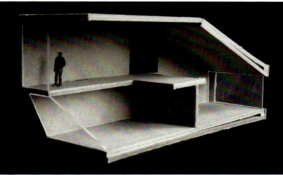

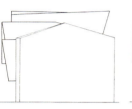
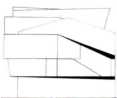
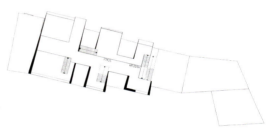

Double Trouble

IEX

INSTITUT FÜR EXPERIMENTELLES ENTWERFEN UND ENTWERFEN I

➤ Projekt

Architektur im
Klimawandel

⌐ Betreuung

Prof. Berthold Penkhues
Dr. Julia Gill
Nico Klostermann
Julian Busch

⌐ Autoren

01 Fabian Busse
02 Jonathan Schuster

Das Thema „Architektur im Klimawandel"
ruft bei vielen sicher eine Vielzahl von
Assoziationen hervor die sich alle um
technische und bauphysikalische „Features"
drehen. Architektur im Klimawandel muss
jedoch viel mehr sein als eine technische
Spielerei mit Sonnenkollektoren und
Wärmepumpenheizung. Im Rahmen
des Egon Eiermann Preises sucht der
Auslober des Wettbewerbes „visionäre
Architekturkonzepte". Was können diese
sein? Was sind überhaupt die klimatischen
Bedingungen von denen wir bei architektonischen Antworten auf diese Frage
ausgehen müssen?

Wir wollen in diesem Entwurf, bevor wir
uns auf die Suche nach visionären Archi-
tekturkonzepten machen, verschiedene
Positionen zum Klimawandel, ihre möglichen Auswirkungen und den Strategien
diesen zu begegnen diskutieren.
Frei nach Lebbeus Woods, Anarchitecture:
Architecture is a Political Act, wolle wir
Szenarien entwickeln, in denen ein dra-
matischer Klimawandel das Leben in einer
industrialisierten Gesellschaft wie wir sie
kennen unmöglich macht. In experimenteller Weise sollen dabei Architekturen
entstehen, die sich auf die neuen
Gegebenheiten einstellen und sich an
die klimatischen und gesellschaftlichen
Veränderungen anpassen.

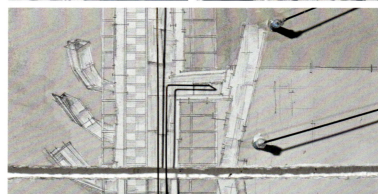

01

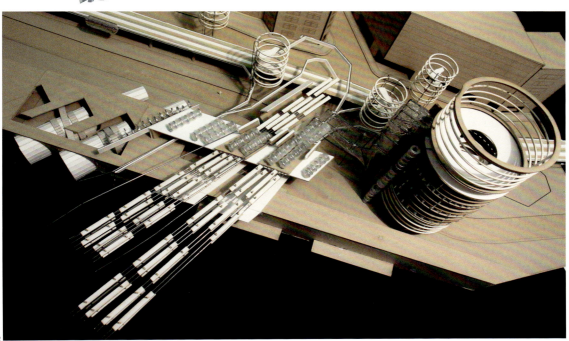

IEX

INSTITUT FÜR EXPERIMENTELLES ENTWERFEN UND ENTWERFEN I

Diplom
Bread & Butter

Autor
Fahim Mohammadi

Aufgabenstellung
Prof. Berthold Penkhues
Dr. Julia Gill
Nico Klostermann

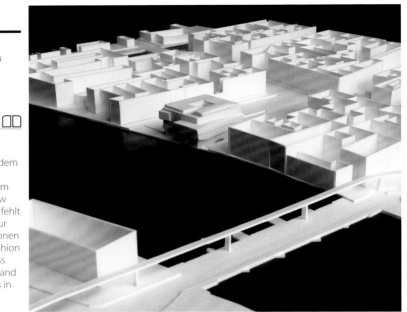

Die Berliner Modeszene ist mit ihren Modemessen und Fashion Events auf dem besten Weg, die Stadt als Modemetropole in Europa zu etablieren. Um sich im internationalen Vergleich mit Paris, New York oder Mailand messen zu können, fehlt es den Berliner Fashion Events nicht nur an großen Designern, die ihre Kollektionen zeigen. Vor allem kann „die Berliner Fashion Week nicht darüber hinweghelfen, dass die modische Infrastruktur in Deutschland fehlt", so der Designer Kostas Murkudis in einem Interview mit der „ZEIT".

Die Entwurfsaufgabe setzt genau da an: Auf dem Grundstück im Berliner Bezirk Friedrichshain-Kreuzberg, direkt an der Spree und in unmittelbarer Nähe zur Oberbaumbrücke, soll ein repräsentatives Gebäude entstehen, das jungen Designern und Labels eine Möglichkeit zum Entwerfen, Produzieren und Präsentieren ihrer Arbeiten bietet.

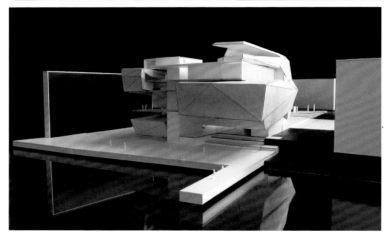

Fashion Events und Modemessen bekommen hier einen festen Veranstaltungsort und etablieren so das neue Modezentrum Berlins. Entsprechend gliedert sich das Raumprogramm in die Bereiche Veranstaltung, Verwaltung, Ateliers, Fertigung und Gastronomie, so dass der gesamte Entstehungsprozess einer Kollektion in diesem Gebäude stattfinden kann - vom ersten Strich des Designers über die Schnittmustererstellung und Fertigung bis zu ihrer Präsentation und Vermarktung.

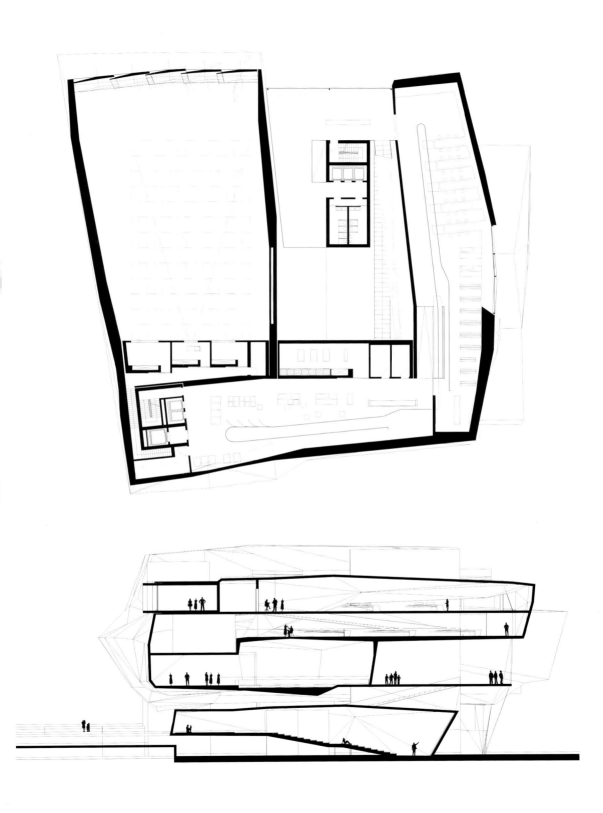

IEX

INSTITUT FÜR EXPERIMENTELLES ENTWERFEN UND ENTWERFEN I

Projekt
Nottingham

Betreuung
Prof. Berthold Penkhues
Dr. Julia Gill
Nico Klostermann

AutorInnen
01 Hannes Langguth
02 Martin Majewski
03 Antonio Ippolito
04 Studierende aus
   Braunschweig und
   Nottingham

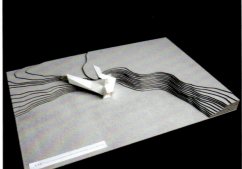

01

Architektonisches Entwerfen beinhaltet immer die Auseinandersetzung mit dem Ort. In der prozesshaften Annäherung an eine gestellte Aufgabe ist es daher von entscheidender Bedeutung, die spezifischen Charakteristika – den Genius Loci – des Ortes aufzuspüren und die Architektur mit diesen in einen Dialog eintreten zu lassen. Der Frage nach dem Besonderen eines Ortes und danach, wie sich hieraus eine Programmatik für ein Architekturprojekt entwickeln lässt, stellten sich die Studierenden in unserem jährlich veranstalteten Ferienworkshop. In Kooperation mit der University of Nottingham wurden in zwei Workshops Lösungsstrategien entwickelt, die immer auf einer assoziativen Ortsanalyse basieren. Dabei spielte es keine Rolle, dass sich die gestellte Entwurfsaufgabe der beiden Universitäten unterschied, vielmehr zeigte gerade diese Tatsache, dass sich ohne die genaue Kenntnis der ortsspezifischen Parameter kein schlüssiges Konzept entwickeln lässt. Über eine Reihe abstrakter Modelle zu Themen wie „Maßstab und Perspektive" oder „Zeit und Bewegung" erfolgte die Annäherung an die Aufgabe. Besonders interessant für die Studierenden war dabei die Zusammenarbeit in den international besetzten Gruppen. Gesucht wurden unerwartete Lösungswege und vielschichtige Strategien, welche eine starke, individuelle Sicht auf architektonische Entwurfsprozesse erkennen lassen. Der intensiven Auseinandersetzung mit Ort und Entwurfsaufgabe folgte die Übersetzung in eine komplexe Architektur.

02

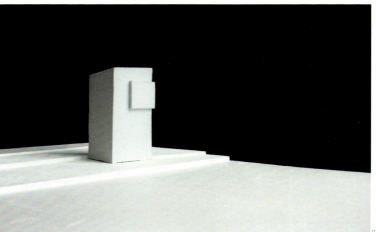

03

Konstruktion

Institut für Baukonstruktion
Institut für Industriebau und Konstruktives Entwerfen
Institut für Tragwerksplanung (seit SS 2011: Institut für Tragwerksentwurf)
Institut für Gebäude- und Solartechnik

Konstruktion ist das Element, das die Kreativität des Entwurfs mit der notwendigen Funktionalität der Ausführungsplanung und Realisierung verbindet. Denn erst durch ihre Umsetzung wird eine Idee zur Architektur. Das sogenannte „Konstruieren" ist dabei kein Einzelschritt in einer prozesshaften Abfolge von Planungsphasen, sondern beschreibt den iterativen Prozess der Integration verschiedener Disziplinen, von der Gestaltwerdung über die Materialisierung bis hin zur detaillierten Planung der Fügungen. Konstruktion und Technik werden so zu integralen Bestandteilen des Entwurfes. Der konzeptionelle Ansatz und seine konsequente Verfolgung, von der ersten Idee bis ins Detail, stehen dabei im Vordergrund. Es handelt sich weniger um lösungsorientiertes Arbeiten als vielmehr um prozesshaftes Denken: der Prozess selbst ist das Ziel der Konstruktionslehre. Sie integriert sinnvolles und angemessenes Konstruieren sowie nachhaltiges Planen im Zusammenwirken mit der Organisation umfangreicher Programme aus dem Spektrum technischer Bauwerke wie Industrie- und Gewerbebauten, Laborbauten, Hallenbauten sowie Verkehrs- und Sportbauten in ein ganzheitliches Konzept. Ziel ist es, sämtliche Aspekte in ihren Abhängigkeiten zu begreifen: städtebauliche, funktionale, gestalterische, technisch-konstruktive, ökologische und auch soziale. Die Integration technischer und konstruktiver Elemente insbesondere aus den Bereichen der Gebäudetechnik und der Tragwerksplanung – soll nicht als Restriktion verstanden werden, sondern bezeichnet vielmehr ein entwurfliches Potenzial dar, das die konzeptionelle Idee unterstützt.

Seit über vierzig Jahren ist die Tragwerkslehre als eigenständige Wissenschaftsdisziplin an den Architekturfakultäten etabliert. In Abgrenzung zu der bei den Bauingenieuren angesiedelten klassischen Baustatik, die das Modellieren und Berechnen von „Statischen Systemen" lehrt, beschäftigt sich die Tragwerkslehre mit dem Entwerfen von Tragwerken.

Folgerichtig wandelte sich in den vergangenen Jahren die Tragwerkslehre zum Tragwerksentwurf. Ausbildungsziel des Instituts für Tragwerksentwurf (ITE) ist es, das Tragwerk als integralen Bestandteil des architektonischen Entwurfs zu verstehen und für jede architektonische Entwurfsaufgabe ein adäquates Tragwerk zu entwickeln. Dabei geht es weniger um die Sichtbarkeit der Konstruktion, als um ihre Fähigkeit der sicheren Lastabtragung und seiner Effizienz. Effiziente Tragwerke zeichnen sich durch ein günstiges Verhältnis von Last, Masse, Spannweite und Kosten aus. Für nahezu jede Bauaufgabe, für jeden Entwurf, gibt es mehrere Tragwerksalternativen, die Architekt und Ingenieur gemeinsam entwickeln und bewerten. Darüber hinaus beschäftigt sich Tragwerksentwurf mit dem Entwickeln konstruktiver Details nach den Vorgaben der Beanspruchung und der materialbezogenen Fügetechnik sowie den Anforderungen an die Gestaltung.

Prof. Dr.-Ing. Harald Kloft
(Institut für Tragwerksentwurf, ITE)

Prof. Werner Kaag
(Institut für Baukonstruktion, KON)

KON
INSTITUT FÜR BAUKONSTRUKTION

⌐ Professur
  01 Prof. Werner Kaag

⌐ Sekretariat
  02 Vera Frensch

◤ Student. Mitarbeit
  Britta Goldenbaum
  Thomas Liebe
  Anna-Katharina Mielck

◤ Wissenschaftl. Mitarbeit
  03 Christian Behnke
  04 Linda Höfs
  05 Meike Kniphals
  06 Christian Laviola
  07 Frederik Siekmann
  08 Florian Steinbächer

  Michael Müller- Vogelsang
  Benjamin Trosse

◤ Lehraufträge
  Sascha Ahad
  Maria Clarke
  Kornelius Kohlmeyer
  Kenzo Krüger-Heyden
  Thomas Möhlendick
  Rainer Ottinger
  Herwig Rott
  Marc Schulitz
  Florian Steinbächer

❧ Kontakt
  Technische Universität Braunschweig
  Institut für Baukonstruktion
  Schleinitzstraße 21 B
  D 38106 Braunschweig

  t + 49 (0) 531. 391. 59 22
  f + 49 (0) 531. 391. 81 17

⌐ www.kaag.bau.tu-bs.de
  baukonstruktion@tu-bs.de

Architektur und Konstruktion

Das Institut vertritt einen ganzheitlichen Anspruch an Architektur. Entwerfen und Konstruieren werden dabei als untrennbare Einheit verstanden.

Konstruktion und Technik bilden die materielle und strukturelle Grammatik, ein systematisch lehr- und lernbares Regelwerk von Prinzipien, das jedoch erst durch die integrierte Anwendung beim Entwerfen und Konstruieren zu einer sinnvollen Form und schlüssigen Gestalt eines Bauwerks führen kann.

In den Vorlesungen werden die Prinzipien der unterschiedlichen Bauweisen, Bauteile und Bauelemente erläutert und anhand beispielhafter Bauten in ihrer Anwendung analysiert. Monografische Vorlesungen zu zeitgenössischen Architekten und ihren Bauten dienen der Einführung in den aktuellen Diskurs über konstruktive Konzepte im Umfeld der Entstehung spezifischer Entwurfsstrategien und Haltungen.

Das Verständnis der rationalen Grundlagen von Architektur legt endlich den schöpferischen Spielraum des Architekten frei: Das konstruktive Detail ist das eigentliche kreative Aktionsfeld des Architekten, es verkörpert die gestalterische Konsequenz eines Entwurfs. Indem Beliebigkeit getilgt wird, kann architektonische Qualität entstehen.

C7 Baukonstruktion 2
Vorlesungsreihe Professor Werner Kaag
Dienstags 15.00-16.30 / PK 4.7 Altgebäude

C7

STRUKTUR UND GESTALT
Eine Einführung in das Thema Wandbau

NEUE TEKTONIK
Architektur nach der Energiekrise

DEKLINATION DER FASSADE
Mit Architektur von Gigon & Guyer

NACHHALTIG MASSIV
Die Gegenwart ursprünglicher Bauweisen

PROTOTYPEN
Von Mies Utopien bis zu Rem Koolhaas Patenten

MONOLITHISCHE KONSTRUKTE
Mit Architektur von Valerio Olgiati und Christian Kerez

OHNE EINEN GLASPALAST ...
Fluch und Segen der Glasfassaden

KON

INSTITUT FÜR BAUKONSTRUKTION

● Projekt

Baukonstruktion 1

⌐ AutorInnen

Studierende des ersten
Studienjahres

⌐ Betreuung

Prof. Werner Kaag
und Mitarbeiter

⊓⊓

Baukonstruktion 1

Im ersten Studienjahr machen sich die
Studierenden mit der Terminologie des
Bauens vertraut. Sie lernen, bauliche und
räumliche Sachverhalte genau zu beobachten, in zeichnerischer Form präzise
darzustellen und im Modell zu überprüfen.
Beim Entwerfen und Konstruieren werden
konstruktive Strukturen, Fügungsprinzipien
und die Abhängigkeiten zwischen Konstruktion, Form und Gestalt untersucht.

Übung 1

Bauen mit stabförmigen Elementen:
Materialien, Halbzeuge, Knotenpunkte,
Verbindungsmittel und die räumliche
Stabilität werden anhand eines einfachen
Konstrukts vorgestellt und erprobt.

Übung 2

Bauen mit stabförmigen Elementen:
Aus den Bauteilen Fundament, Boden,
Wand, Decke und Dach werden Bauwerke
in Skelettbauweise aus Holz und Stahl
entwickelt.

Übung 3

Bauen mit flächenförmigen Elementen:
Materialien und Bauweisen des Wandbaus
und ihre Struktur werden eingeführt.
Sockel, Wand, Öffnung, Decke, Dachrand,
Treppe, Flachdach, Dachterrasse, Boden-
und Wandaufbau, Fenster und Türen bilden
räumliche Gefüge in Ziegelmauerwerk.

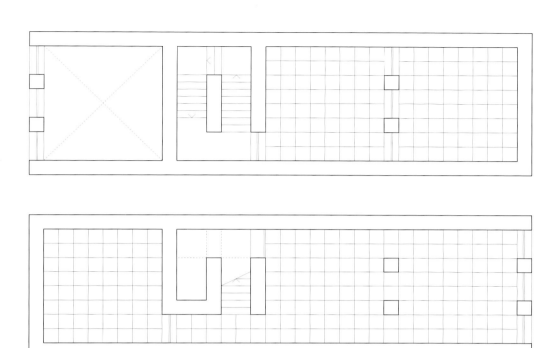

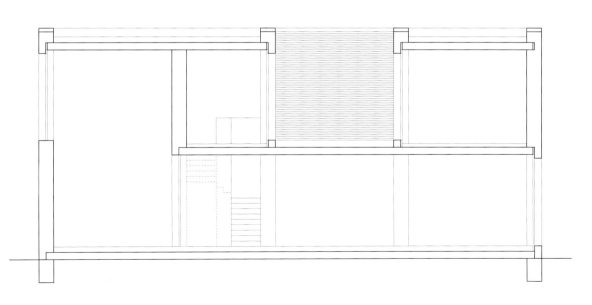

KON

INSTITUT FÜR BAUKONSTRUKTION

▸ Projekt

Baukonstruktion 2

⌐ Betreuung

Prof. Werner Kaag
Frederik Siekmann

⌐ AutorInnen

Studierende des ersten
Studienjahres

Baukonstruktion 2

Die Konstruktion eines Bauwerks aus Teilen
wie Sockel, Wand, Öffnung oder Dach, mit
dem Ziel, diese nach einem durchdachten
Plan so anzuordnen, dass sie durch ihre
Beziehung und Wechselwirkung einen
schönen Anblick bieten (Alberti), weist
über die bloße Notwendigkeit einer scha-
densfreien Ausführung von Bauvorhaben
weit hinaus.

Im Detail gründendes Bauen ist ein form-
bestimmendes Prinzip, dem als regula-
tives Modell der Typus gegenübersteht,
gemeinsam verkörpert in Struktur und
Gestalt eines Hauses.

Im zweiten Studienjahr behandelt die Vorlesungsreihe die für das architektonische
und konstruktive Verständnis wesentlichen
Aspekte anhand von prototypischen
Gebäuden. Ziel ist das Vermitteln von
Grundlagenwissen, die konkrete Auseinandersetzung mit Materialien und Techniken
und die Diskussion zeitgenössischer
Entwicklungen.

Sich ständig verändernde Anforderungen
an den Wärmeschutz, neue Konstruktionen
und Materialien beeinflussen Form und
Gestalt der Gebäudehülle. Am Beispiel
einer Hausfassade wird die Konsequenz
des Entwurfs bis zur Materialisierung im
Detail untersucht.

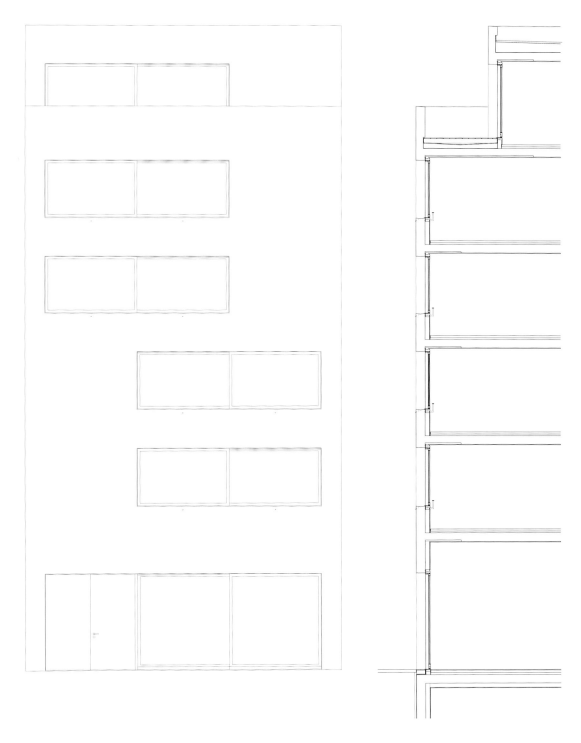

KON

INSTITUT FÜR BAUKONSTRUKTION

▶ Projekt

Konstruktives Projekt -
Markthalle

⌐ Betreuung

Prof. Werner Kaag
und Mitarbeiter

⌐ AutorInnen

Simona Schröder
Sven Wesuls

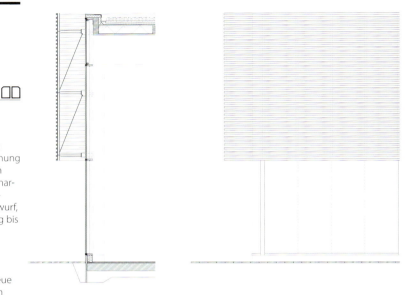

Konstruktives Projekt

Das konstruktive Projekt untersucht im
zweiten Studienjahr die Wechselbeziehung
zwischen Entwurf und Konstruktion an
einer konkreten Bauaufgabe. Die Durcharbeitung des Entwurfskonzeptes veran-
schaulicht die Kohärenz zwischen Entwurf,
tektonischer Form und Materialisierung bis
ins Detail.

Markthalle Braunschweig

In zentraler Innenstadtlage soll eine neue
Markthalle für Braunschweig entstehen
und zu einem weiteren Anziehungspunkt
für die Stadt werden. Die neue Markthalle
soll Teil des lebendigen Braunschweiger Marktwesens mit seiner Vielzahl an
Wochen- und Erzeugermärkten werden.
Mit ihrem permanenten Angebot soll die
Markthalle die Frische und Vielfalt der ein-
heimischen Produkte widerspiegeln und
dem Kunden die Möglichkeit bieten, sich
mit frischen Lebensmitteln und Produkten
regionaler Händler und Selbsterzeuger
direkt zu versorgen, und so dem steigenden Bewusstsein für biologisch angebaute
Lebensmittel entsprechen.

Die Arbeit von Simona Schröder und
Sven Wesuls wurde mit dem 2. Preis der
Lavesstiftung und dem Jörg und Änne
Hinze-Stipendium ausgezeichnet.

KON

INSTITUT FÜR BAUKONSTRUKTION

→ Projekt

Rekonstruktion

↱ Betreuung

Prof. Werner Kaag
Frederik Siekmann

↱ AutorInnen

Leonore Brave
Carolin Brüggebusch
Michael Müller-
Vogelsang
Thomas Liebe

□□

Rekonstruktion

In der Abschlussübung des ersten und
zweiten Studienjahres wird der Entwurfsprozess eines Gebäudes umgekehrt.
Ein bestehendes Bauwerk wird in seine
Einzelteile zerlegt, genauer betrachtet und
aufgrund von vorgefundenen Sachverhal-
ten und Vermutungen, unter Anwendung
des bisher gelernten, in Modell und Plan
rekonstruiert.

Während am Ende des 2. Semesters einfache Gebäude in Holz, Stahl und Mauerwerk entsprechend den Lehrinhalten des
ersten Jahres behandelt werden, umfasst
die Aufgabe im 4. Semester Wand- und
Skelettbauten mit komplexen Trag- und
Hüllsystemen, entsprechend dem Stoffge-
biet der Vorlesungen.

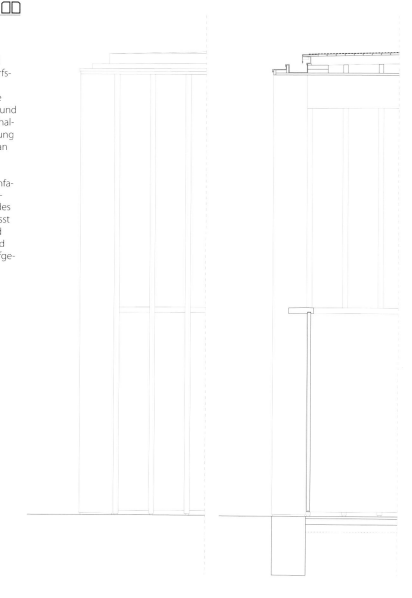

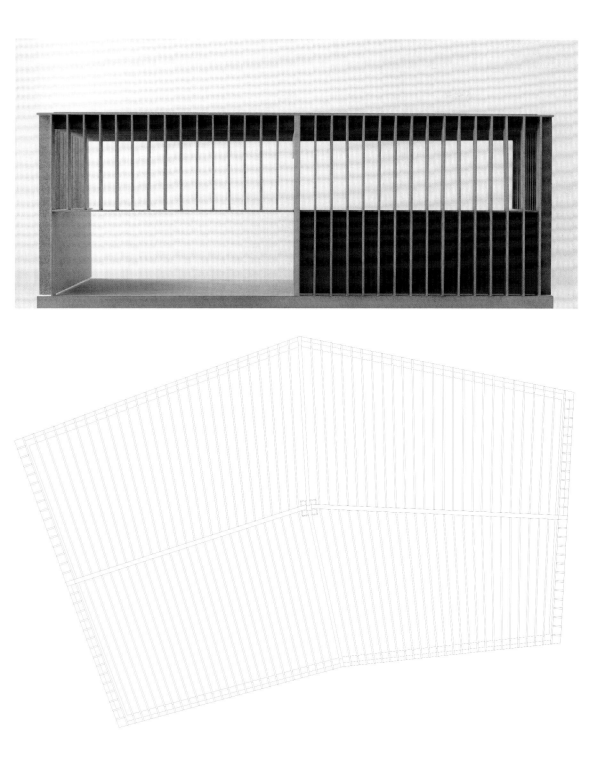

IIKE

INSTITUT FÜR INDUSTRIEBAU UND KONSTRUKTIVES ENTWERFEN

⌐ Professur

   01 Prof. Carsten Roth

⌐ Sekretariat

   02 Heike Bevern

▶ Wissenschaftl. Mitarbeit

   03 Jan Holzhausen
   04 Frank Seehausen
   05 Regina Sonntag
   06 Wolfgang Sunder
   07 Antje Voigt

▶ Student. Mitarbeit

Robert Ahlersmeyer
Gloria Gröpler
Julia Grommas
Julie Rivron
Daniel Vidovic
Anna-Lena Loest

❦ Kontakt

Institut für Industriebau und Konstruktives
Entwerfen
Pockelsstraße 3
D 38106 Braunschweig

t + 49 (0) 531. 391. 25 44
f + 49 (0) 531. 391. 59 48

⌇ www.iike.tu-bs.de
  iike@tu-bs.de

Baukonstruktion

Baukonstruktion soll als ein wesentlicher
Aspekt des Entwerfens erkannt und das
konstruktive Denken gefördert werden.
Konstruieren ist das sinnvolle Fügen
von Materialien mit unterschiedlichen
Eigenschaften im Hinblick auf statisches
und stoffliches Verhalten.
Ein Schwerpunkt ist es, den Studierenden
die gesamtheitliche Qualität eines
Gebäudes zu vermitteln.

Typologien von Industrie- und Ingenieurbauten

Die intensive Auseinandersetzung mit
unterschiedlichen architektonischen
Konzeptionen und das Studium
verschiedener Typologien von
Industrie- und Ingenieurbauten soll die
Studierenden dazu befähigen, komplexe
Entwurfsvorgänge rational zu betrachten
und zu lernen, sie selbst im Sinne einer
ganzheitlichen Arbeit auszuüben, die
sämtliche Aspekte in ihren Abhängigkeiten
begreift.

Entwurfslehre

In der Entwurfslehre sollen die Aspekte
des sinnvollen und angemessenen
Konstruierens im Zusammenspiel mit der
Organisation umfangreicher Programme
aus dem Spektrum technischer Bauwerke
in ein ganzheitliches Entwurfskonzept
integriert werden.
Der konzeptionelle Aspekt des Entwerfens
und die konsequente Verfolgung
desselben, von der ersten Idee bis in das
Detail, stehen im Vordergrund.

01

IIKE

INSTITUT FÜR INDUSTRIEBAU UND KONSTRUKTIVES ENTWERFEN

▶ Projekt   ⌐ Autorin

Sports Dome Redux   Elisa Gersdorf

⌐ Betreuung

Prof. Carsten Roth
Jan Holzhausen
Wolfgang Sunder

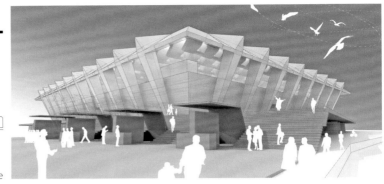

Im weiträumigen Einzugsbereich um
Schleswig fehlt gegenwärtig ein geeigneter Ort für größere sportliche und kulturelle
Veranstaltungen. Der Sportsdome soll als
neuer Veranstaltungsort Abhilfe schaffen.
Derzeitig wird das Areal südlich der Schles-
wiger Altstadt entwickelt. Das weitläufige
Gelände liegt malerisch am Ufer der
Schlei. Hier entsteht ein neuer Stadtteil
mit unterschiedlichsten Nutzungen vom
Yachthafen bis zur Therme. Hier liegt auch
das Baufeld für den neuen Sportsdome
der Stadt Schleswig. Neben unterschiedlichen sportlichen Veranstaltungen soll
die multifunktional nutzbare Halle auch
Raum für Konzerte, Messen, Musicals und
Theaterveranstaltungen bieten.

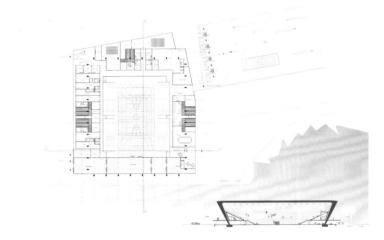

▶ Projekt   ⌐ Autorinnen

Konstruktives Projekt   Antonia Schuh
Aero Club Braunschweig   Merle Woköck

⌐ Betreuung

Prof. Carsten Roth
Matthias Schrimpf
Eva Franke

Ein Zusammenschluss von Segelflug-
begeisterten plant den Neubau eines
Segelflugzentrums am Braunschweiger
Flughafen.
Die Kernfunktionen des neuen Gebäudes
sind ein Hangar mit Werkstatt und ein
Clubraum mit Schulungszentrum.

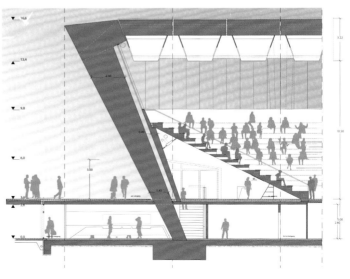

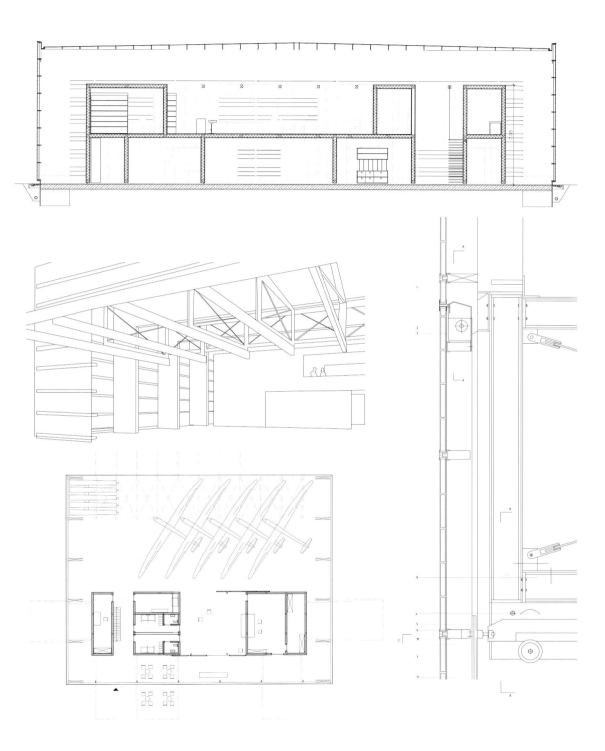

IIKE

INSTITUT FÜR INDUSTRIEBAU UND KONSTRUKTIVES ENTWERFEN

▶ Projekt　　　　　　　　▷ Autor

Cruise Center　　　　　　Justus Asselmeyer

▷ Betreuung

Prof. Carsten Roth
Jan Holzhausen
Wolfgang Sunder

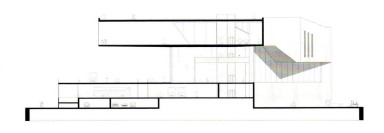

Das Kreuzfahrtgeschäft in Hamburg erlebt zurzeit einen außerordentlichen Aufschwung. Das Hamburg Cruise Center in der HafenCity lockt so viele Kreuzfahrtschiffe und internationale Gäste an wie nie zuvor. Circa 60 Schiffe liefen 2007 Hamburg an, darunter bekannte Namen wie „Queen Mary 2" und die „MS Europa".
Um das Hamburg Cruise Center in der HafenCity langfristig zum führenden Standort der Kreuzfahrtbranche auszubauen, soll an der Spitze des Strandkais in den nächsten Jahren ein neues Kreuzfahrtterminal entstehen.

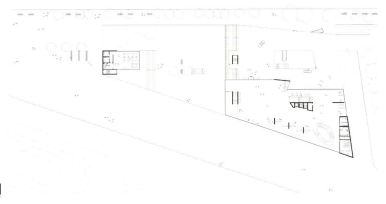

▶ Projekt　　　　　　　　▷ Autorinnen

Kunstgießerei　　　　　　Antonia Schuh
Düsseldorf　　　　　　　Merle Woköck

▷ Betreuung

Prof. Carsten Roth
Jan Holzhausen
Daniel Rozynski

Die Düsseldorfer Kunstgießerei S. besteht seit den 20er Jahren und ist inzwischen ein Traditionsbetrieb für Bronze- und Aluminiumguss. Die Gießerei hat eine enge Beziehung zur Düsseldorfer Kunstakademie und führt Auftragsarbeiten der dort wirkenden Kunstschaffenden aus. Aus der Akademie gingen bekannte Künstler wie Joseph Beuys, Nam June Paik, Markus Lüppertz oder Tony Cragg hervor. Die Gießerei bot seit jeher ein Forum für Gegenwartskunst, das die Nähe zu den Künstlern sucht. Ebenso schätzen die Künstler die Nähe zum Betrieb, da die Gießerei Atelierräume und Arbeitsmöglichkeiten für sie vorhält. Die neuen Atelierräume und Werkstätten sollen optimale Bedingungen für Künstler und Handwerker bieten.

WS08|09 Wintersemester 2008|2009

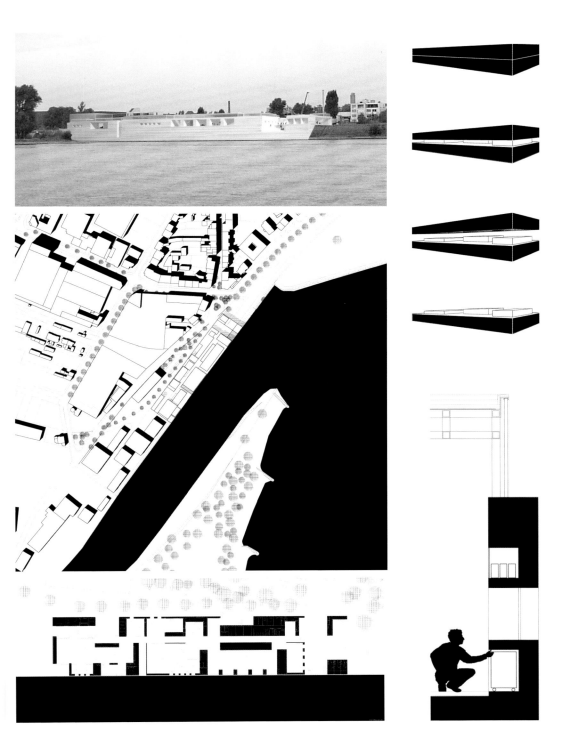

IIKE

INSTITUT FÜR INDUSTRIEBAU UND KONSTRUKTIVES ENTWERFEN

▸ Projekt	⌐ Autorin
Krankenhaus Görlitz	Myriam Didjurgeit

⌐ Betreuung

Prof. Carsten Roth
Jan Holzhausen
Wolfgang Sunder

Das schlechte Architektur krank machen kann, wissen wir. Aber kann Architektur auch heilen?
Nicht selten verkörpert die Krankenhausarchitektur den baulich-sozialen Tiefpunkt der jeweiligen Zeit. Dabei gehören Krankenhausbauten zu den komplexesten und auch interessantesten Bauaufgaben.

Auf dem Gelände des Klinikums Görlitz soll ein Erweiterungsneubau mit einer Kinder- und Frauenklink entstehen. Neben der Klärung der Fragen zur Funktionalität und dem architektonischen Ausdruck, müssen hier zeitgemäße Antworten auf die Frage nach der Präsenz des Krankenhauses in der Stadt, seiner Ästhetik und Konstruktion gefunden werden.

▸ Projekt	⌐ Autor
Therme Görlitz	Niklas Sundström

⌐ Betreuung

Prof. Carsten Roth
Jan Holzhausen
Frank Seehausen

Die Therme Görlitz soll eine neue Schnittstelle zwischen dem Städtischen Klinikum und der Bevölkerung von Görlitz darstellen. Es werden hierbei Themen wie Prävention, stationäre und ambulante Therapie, Rehabilitation, Kurwesen, Wellness und Aquafitness behandelt.
Neben der Klärung der Fragen zur Funktionalität und dem architektonischen Ausdruck, müssen bei diesem Projekt im Besonderen zeitgemäße Antworten auf die Frage nach der Verbindung von Ästhetik und Konstruktion gefunden werden.

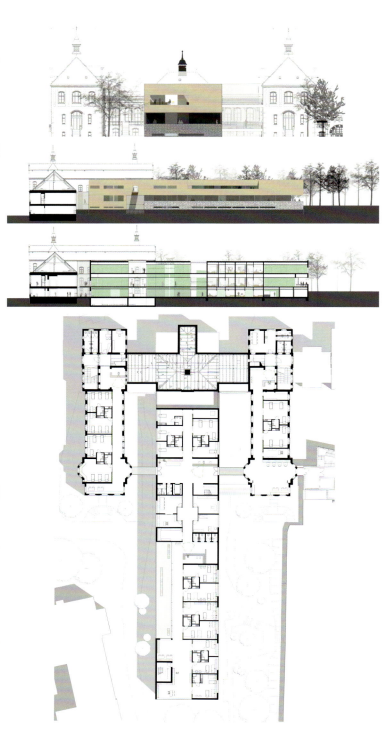

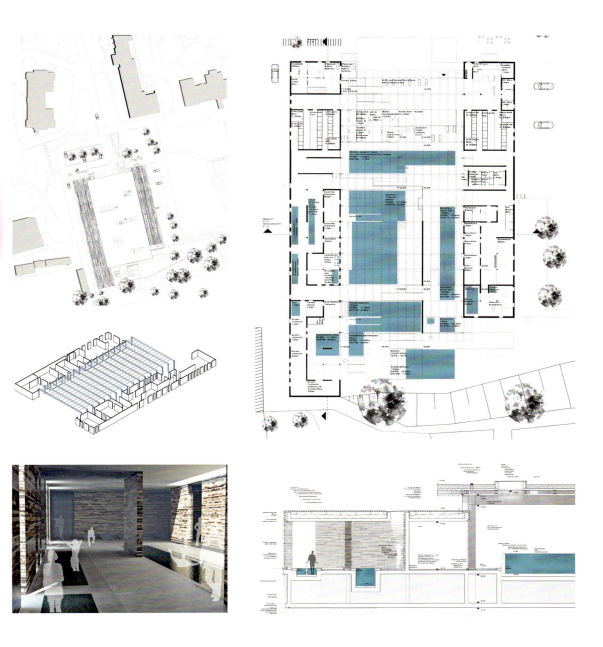
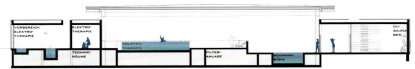

IIKE

INSTITUT FÜR INDUSTRIEBAU UND KONSTRUKTIVES ENTWERFEN

➤ Projekt   ⌐ Autor

  VW-Werk Chattanooga   Leonhard Pröttel

⌐ Betreuung

  Prof. Carsten Roth
  Jan Holzhausen
  Wolfgang Sunder

Ziel des VW-Konzerns ist es, den Verkauf im Rahmen seiner Wachstumsstrategie in den USA bis 2018 zu verdreifachen. Um zukünftig seine Marktvorteile in den USA besser nutzen zu können und vom schwachen Dollar zu profitieren, baut der Volkswagen-Konzern derzeit nahe der Stadt Chattanooga im US-Staat Tennessee eine neue Produktionsstätte. Um die Topographie, das Ökotop und die Verkehrsanlagen störungsfrei zu kreuzen, ist ein Brückenbaukörper für Erschließung des Geländes für das Personal zu entwickeln. Zu berücksichtigen sind die angrenzenden Werksbauten, wie das Bildungszentrum und das Werkstor auf der Parkplatzseite und das Eingangsgebäude in der Werksmitte.

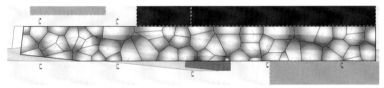

➤ Diplom   ⌐ Autor

  ESEC-Köln   Sebastian Kaus

⌐ Aufgabenstellung

  Prof. Carsten Roth
  Jan Holzhausen
  Regina Sonntag

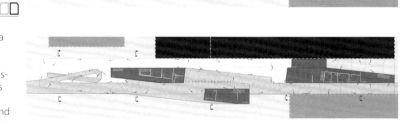

Die Europäische Raumfahrtbehörde esa plant im Zuge ihres Projektes „Aurora" bemannte Mond- und Marsmissionen. Das bereits bestehende Astronautenausbildungszentrum (European Astronauts Center - eac) in Köln muss auf diese neuen Herausforderungen reagieren und benötigt daher neue Ausbildungsstätten. Zugleich soll ein neues Besucherzentrum die Arbeit der Astronautenausbildung dem immer stärker werdenden öffentlichen Interesse gerecht werden. Ein neues Kontrollzentrum stellt den Kontakt zu den neuen Missionen sicher. Ein Verwaltungsbereich und ein Boarding-House runden das Raumprogramm ab.

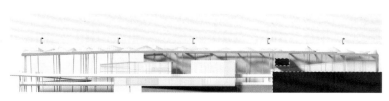

WS09|10 Wintersemester 2009|2010

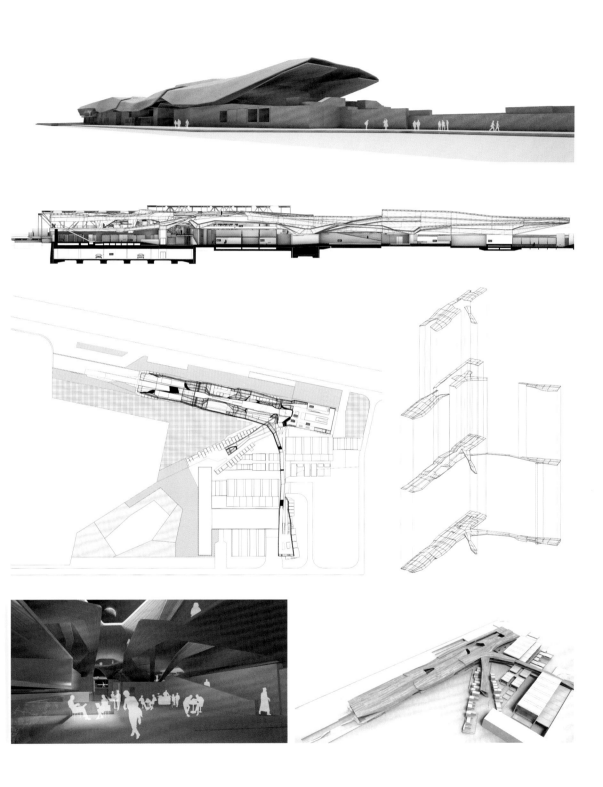

IIKE

INSTITUT FÜR INDUSTRIEBAU UND KONSTRUKTIVES ENTWERFEN

▶ Projekt   ⌐ Autorinnen

Kooperation MYKITA   01 Theresa Ebert
GmbH   02 Britta Goldenbaum
Ein Haus für MYKITA

⌐ Betreuung

Prof. Carsten Roth
Frank Seehausen
Wolfgang Sunder

„Ein Haus für MYKITA" - verfolgte zwei Ziele: den Entwurf eines nahezu emissionsfreien Produktionsbetriebs für 120 Mitarbeiter im Stadtzentrum und die Entwicklung einer identitätsstiftenden Architektur für ein mittelständisches Unternehmen im direkten Dialog mit Inhabern und Mitarbeitern.

MYKITA ist eine Brillenmanufaktur, die in den letzten Jahren ein enormes Wachstum zu verzeichnen hatte. Gestalterischer Anspruch, neuartige, schraubenlose Gelenke, elegante Formen, Funktionalität und Verarbeitungsqualität zeichnen die Produkte aus, Kreativität und Improvisationstalent die Inhaber und Mitarbeiter.

Das Unternehmen arbeitet in Bestandsgebäuden. Aufgabe war es daher, die Produktionsabläufe in einer neuen Architektur zu entwerfen, die der Unternehmenskultur und den Produkten entspricht und möglichst langfristig seine Gültigkeit behält.

Die Aufgabe war fiktiv, die Bedingungen annähernd real. Bedingung war die Analyse des Unternehmens, einschließlich der Gespräche mit Mitarbeitern, von den Packern bis zur Geschäftsleitung. Es war möglich, in einem relativ überschaubaren Rahmen die komplexen Strukturen eines mittelständischen Unternehmens kennen zu lernen, Kommunikation und Analyse mit „Bauherrn" zu trainieren.

Schließlich mussten die Parameter definiert und in Architektur übersetzt werden, die nicht nur charakteristisch, sondern auch zukunftsweisend für das Unternehmen sein sollen.

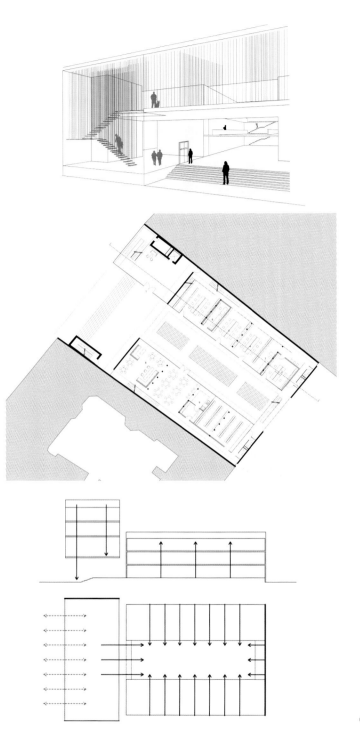

01

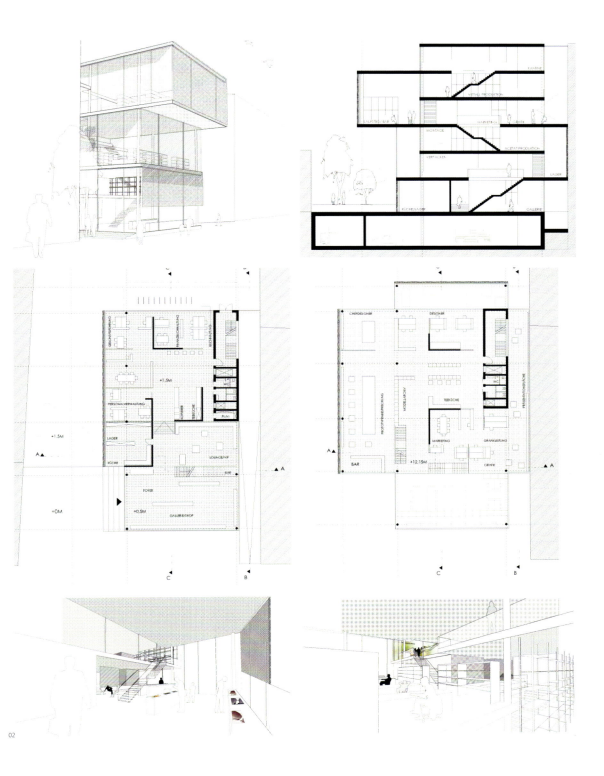

TWL

INSTITUT FÜR TRAGWERKSPLANUNG
(SEIT SS 2011: INSTITUT FÜR TRAGWERKSENTWURF, ITE)

⌐ Professur
01 Prof. Berthold Burkhardt
02 Prof. Dr.-Ing. Harald Kloft
   [seit SS 2011]

⌐ Sekretariat
03 Gabriele Mertz

◆ Wissenschaftl. Mitarbeit
04 Nicole Becker
05 Christine Degenhardt
06 Sebastian Hoyer
07 Ilka Jessen
08 Wiebke Reinhardt-
   Schlüter

◆ Lehraufträge
Olaf Dudeck
Alfred Meistermann
Wolfgang Zimpel

◆ Doktorantin
Maria Trübner

◆ Student. Mitarbeit
Rafael Castellanos
Annalena Gläß
Katharina Büsse
Lennart Melzer
Christian Düvel
Peter Harrass

⚑ Kontakt
Technische Universität Braunschweig
Institut für Tragwerksentwurf
Pockelsstraße 4
D 38106 Braunschweig

t + 49 (0) 531. 391. 35 71
f + 49 (0) 531. 391. 58 35
twl@tu-bs.de

⌕ www.twl.tu-bs.de
   twl@tu-bs.de

Die Tragwerkslehre

Jede materialisierte Form ist in der Lage, Kräfte aufzunehmen und zu übertragen. Jede gezeichnete Form wird im Gebäude zur Konstruktion, die außer ihrem Eigengewicht die Lasten aus der Nutzung und äußeren Beanspruchungen, wie Wind und Schnee, sicher in den Baugrund weiterleiten muss.

Früher hieß dieses Lehrgebiet an Architekturschulen „Statik für Architekten", inzwischen „Tragwerkslehre" oder „Tragwerksplanung", um den Anteil des

Holz, Stahl, Stahlbeton und Mauerwerk bis hin zu Herstellungsverfahren. Dass auch Glas und dünne textile Membranen Tragkonstruktionen sein können, dass auch der Baugrund zum gesamten Traggefüge zählt, findet in der Tragwerkslehre Beachtung. Damit geht das Aufgabenspektrum weit über den Nachweis der Standsicherheit hinaus. Die Tragwerkslehre sieht sich als Bindeglied zwischen Architekten und Bauingenieuren. Dies drückt sich nicht zuletzt auch darin aus, dass am Institut Bauingenieure und Architekten im

bis hin zur freien Kunst. Bei der Planung von Tragwerken gibt es seitens des Instituts keine Präferenz für bestimmte Architekturrichtungen oder –sprachen. Wichtig ist die Sinnfälligkeit der entwurfsbezogenen Tragsysteme, die Materialien und die Effizienz einer Tragkonstruktion, nicht unbedingt ihre Sichtbarkeit. Dies gilt sowohl für neue Bauten und Anlagen wie auch für die Erhaltung und Umnutzung vorhandener Bausubstanz.

Entwurfs bei der Planung und Berechnung von Konstruktionen deutlicher hervorzuheben. Die Verwendung des Institutsnamens „Tragwerksplanung" weist darauf hin, dass über den Entwurf hinaus auch die Ausführungs- und Werkplanung, die Herstellung und Montage der Konstruktionen unverzichtbare Lehrinhalte darstellen.

Das Spektrum der Tragwerksplanung reicht folglich von der Funktion und Effizienz der Konstruktion über die Gestaltung von Bauteilen und ihren Details in den bekannten Baumaterialien

Wechsel Vorlesungen und Übungen halten und gemeinsam die Studierenden bei Studienarbeiten und Entwürfen betreuen. Die Zusammenarbeit fördert die Kommunikation, Architekten sollen Vorgehensweisen der Ingenieure nachvollziehen und Fachbegriffe der Statik und Berechnung kennen lernen. Innerhalb der Architekturausbildung wird ein Kontakt zu allen Fachrichtungen angestrebt. Fragen zum Tragwerk und zur Konstruktion gibt es von der Baugeschichte, über das Entwerfen von Gebäuden, Stadt und Landschaft

Tragwerkslehre 1
(1. und 2. Semester)

Zu Beginn des Architekturstudiums werden die Grundlagen der Tragwerkslehre vermittelt. Nicht die Berechnung von Kräften steht am Anfang, sondern die Einteilung von Formen und Materialien, ihre formbildende Abhängigkeit von Verfügbarkeit, Wachstum und Herstellungsverfahren. Der zweite Schritt befasst sich mit den Beanspruchungen eines Bauwerks und seiner Bauteile. Eigengewicht, Nutzlasten, Wind und

Schnee, aber auch Erd- und Wasserdruck sind die Lasten, denen ein Bauwerk stand zu halten hat. Statik ist als ein Teilgebiet der Mechanik die Lehre vom Gleichgewicht. Äußere und innere Kräfte am Bauwerk und seinem Tragwerk gilt es zu ermitteln, zusammenzufügen und sicher in den Baugrund zu leiten.

Normal- und Querkräfte, Biegemomente, Spannungen, Widerstands- und Trägheitsmomente, Gelenke und Einspannungen, Durchbiegung und Fachwerktheorie sind Sachverhalte und Begriffe, die Architekten in der Regel nicht zu selbstständigen Berechnungen veranlassen, jedoch wird angestrebt, die inneren und äußeren Reaktionen von Bauteilen aus unterschiedlichen Formen und Materialien im Grundsatz zu kennen.

Die aus den Einwirkungen resultierenden Beanspruchungen des Tragwerks (Spannungen, Schnittgrößen, Verformungen) werden der Tragfähigkeit der gewählten Konstruktion gegenübergestellt, so dass die Studierenden die Gebrauchseigenschaften und die Dauerhaftigkeit beurteilen können. Technische Hilfsmittel sind die Anwendung von Normen, Formeln und Tabellen. Vermittelt wird

und Bogen behandelt, sind im 3. und 4. Semester komplexe Konstruktionssysteme aus unterschiedlichen Materialen Themen von Vorlesungen, Übungen und einem konstruktiven Entwurf. Im Vordergrund steht die Beziehung zwischen Spannweite, Form und Belastung. Die Studierenden werden mit den Baustoffen Stahl, Stahlbeton, Holz und Mauerwerk sowie üblichen Gründungssystemen vertraut gemacht. Wesentlicher Bestandteil der Lehrveranstaltungen ist die Einführung in die Planung von Tragsystemen einschließlich konstruktiver Details und Verbindungsmittel in den vorgenannten Materialien, sowie die fachgerechte zeichnerische Darstellung. Inhalte der Vorlesungen sind Konzeptionen, allgemeine Entwurfsgrundlagen und Beispiele von Dächern, Hallen, Skelettkonstruktionen aus Stahl, Stahlbeton, Stahlverbund, Glas, Holz und Mauerwerk. Darüber hinaus werden konstruktive Maßnahmen zum Bauteilschutz, Grundlagen der Geologie und des Baugrundes, Gründungssysteme und Schadensanalysen infolge Gründungsproblemen sowie die Analyse historischer Tragwerke gelehrt. An einer konstruktiven Entwurfs-

insgesamt zu schärfen, wählen sich die Studierenden für die Hausübung 1 eine eigene Aufgabe, mit der sie selbstständig ein Thema aus der Architektur, Natur, Technik oder Kunstgeschichte in Zusammenhang mit Konstruktionen vertiefen.

Tragwerkslehre 3
(ab 5. Semester)

Das Studium ab dem 5. Semester ist der Übung und Anwendung von Tragwerken an individuellen Entwürfen des Hochbaus gewidmet. Dabei spielt die Entwicklung von Alternativen im Entwurfsprozess eine wesentliche Rolle.

Die Studierenden erhalten die Möglichkeit, Entwürfe des Instituts für Tragwerksplanung oder anderer Entwurfsinstitute bis zu realisierungsfähigen Ausführungsplanungen im Detail zu vertiefen.

In Kompaktkursen bietet das Institut die Vertiefung von Sondergebieten der Tragwerksplanung an. Dazu zählt beispielsweise das Bauen mit Glas als tragendem Werkstoff, Leichtbau mit Seilnetzen, Membranen oder Gitterschalen für entsprechende Aufgaben aus dem Sport-, Freizeit-

dadurch der methodische Einblick in das komplexe Tragverhalten von Tragkonstruktionen aus unterschiedlichen Baustoffen. Durch einfache Experimente mit Modellen werden die Reaktionen von Bauteilen unter Last dargestellt.

Tragwerkslehre 2
(3. und 4. Semester)

Werden in den ersten beiden Semestern Bauteile von Tragwerken, wie Träger, Fachwerkträger, Stützen, Seile, Rahmen

aufgabe werden erstmals die Aspekte von Entwurf, Funktion, Tragwerk und Baukonstruktion zusammenfassend von den Studierenden bearbeitet. Gesucht werden architektonische Lösungen, von der Konzeptphase bis zum Tragwerksdetail. Das „Konstruktive Projekt" soll in Kubatur und Material durch bautechnische Details und das Tragwerkssystem hohen Ansprüchen im Innenraum und auch in der Außenwirkung gerecht werden.

Um den Blick für Konstruktion und Gestalt

und Messebereich.

Als weiteres Schwerpunktthema wird der Bereich Denkmalpflege und Bauen im Bestand angeboten. Die Analyse und Bewertung historischer Konstruktionen und ihrer Schäden führt zu Instandsetzungen auch im Zusammenhang mit Umnutzungen. Diese Vertiefungen werden in der Regel an konkreten Bauaufgaben durchgeführt.

TWL
INSTITUT FÜR TRAGWERKSPLANUNG

Projekt
KP - Segelflugzeughalle

Autoren
Christian Düvel
Malte Schmidt

Betreuung
Prof. Berthold Burkhardt
und Mitarbeiter

Das Konstruktive Projekt (KP) im
3. Semester ist eine Entwurfsaufgabe,
in der grundlegende Kenntnisse und
Fertigkeiten des Konstruierens in einem
Gebäudeentwurf anzuwenden sind.
Die Studierenden sollen Aspekte der
räumlichen Gliederung und Erschließung,
sowie den konstruktiven Aufbau
eines Gebäudes aus Primärstruktur,
Gebäudehülle und Ausbau in einem
Gebäudekonzept integrieren lernen.
Spezielles technisch-konstruktives Wissen
der Tragwerksplanung, der Baustoffkunde
und der Gebäudetechnik sind in den
Entwurfsprozess einzubeziehen.

Projekt
Bauen mit Glas

Betreuung
Olaf Duddek

AutorInnen
01 Sindy Schröder
  Britta Wingender
02 Wolfgang König
  Luis Alfredo Ziebold
03 Ivan Grgic
  Arne Diedrich

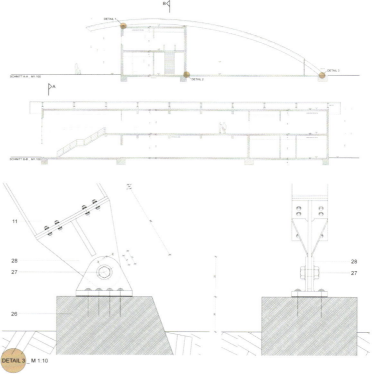

Glas als tragendes Bauteil hat im aktuellen
Baugeschehen einen festen Platz einge-
nommen. Transparenz und Licht können
durch Ganzglaskonstruktionen geschaffen werden, wobei selektiv entschieden
werden kann, welche Konstruktionsteile
bewusst gezeigt werden wollen. Das zwar
hochfeste und hochbelastbare Material
Glas ist jedoch keinesfalls gutmütig, Fehler
bei Planung und Bau verzeiht es nicht.
Das Seminar „Bauen mit Glas" zeigt neben
der historischen Entwicklung auch die
aktuellen Möglichkeiten der konstruktiven
Verwendung von Glas. Im Rahmen einer
Übung wird ein Einblick in die statische
Berechnung von Glaskonstruktionen
vermittelt. Schwerpunkt des Seminars ist
der Entwurf einer Glaskonstruktion anhand
einer konkreten Aufgabenstellung, bei
dem Glas als tragendes Bauteil eingesetzt
wird.

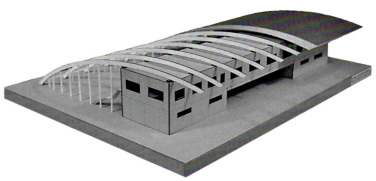

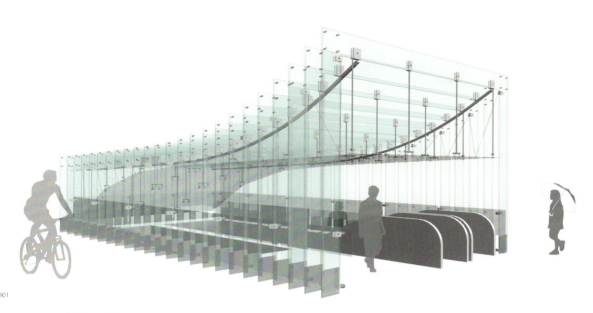

01

02

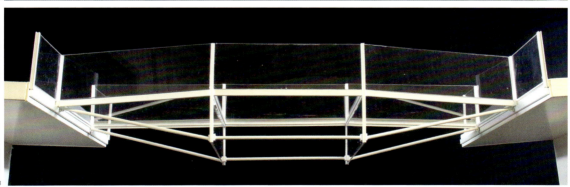

03

TWL
INSTITUT FÜR TRAGWERKSPLANUNG

Projekt
H1 - Hausübung

Betreuung
Prof. Berthold Burkhardt
und Mitarbeiter

AutorInnen
01 Alexandra Hübner
   Katharina Cielobatzki
02 Jascha Fink
   Nils Fidler
03 Anna Borgmann
   Carolin Brüggebusch
04 Nina-Antonia
   Schubert
   Natalia Reisig

Als Vorleistung zur Klausur TWL 2 wird
von den Studierenden im 3. Semester die
sogenannte HÜ 1 angefertigt. Sie führt
unter einer von den Studierenden selbst
vorgeschlagenen, eng eingegrenzten
Aufgabenstellung an wissenschaftliches
Arbeiten heran. Ihre Themen sind
weit gefächert und beziehen sich im
weitesten Sinne auf das Bauen. So werden
beispielsweise die Werke alter Baumeister
untersucht und Parallelen zwischen
natürlichen Strukturen wie Spinnennetzen
und leichten Flächentragwerken
analysiert. Ein weiterer Schwerpunkt ist
das Materialverhalten wie beispielsweise
Festigkeiten und Verformungen, wobei
auch Stoffe außerhalb des Bauwesens von
Interesse sind.

Projekt
Prüfung von Struktur
und Material

Betreuung
Nicole Becker

AutorInnen
01 Joshua Weber
   Henrike Borck
02 Wolfgang König
   Jonathan Schuster

Um die unterschiedlichen Festigkeiten von
Materialien auf Druck, Zug und Biegung zu
testen, verfügt das Institut über eine
Materialprüfmaschine der Firma Zwick
Roell. Dank dieser einfach handhabbaren
Prüfmaschine können die Studierenden
selbstständig das Prüfgerät einrichten und
ihre Versuche durchführen. Die Messergeb-
nisse können schnell mit der Prüfungssoft-
ware ermittelt und somit ein Zusammenhang von Spannungen, Dehnungen und
Festigkeiten erfahren werden.
Ein Beispiel von vielen ist die Ermittlung
der Tragfähigkeit von halbierten Eierschalen als Kuppeltragwerk. Die Studierenden bauten die Eierschalen in unterschiedlicher Menge und Anordnung in die Prüfmaschine ein.

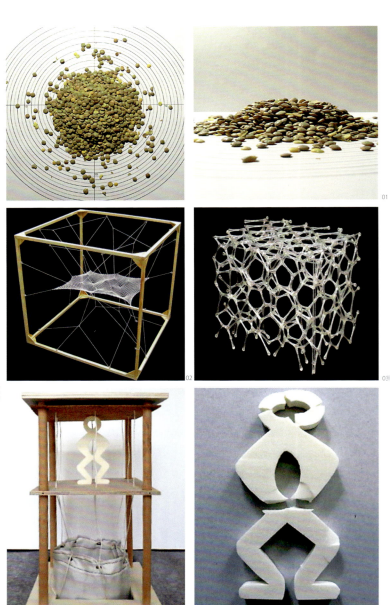

01

02

03

04

WS08|09 Wintersemester 2008|2009

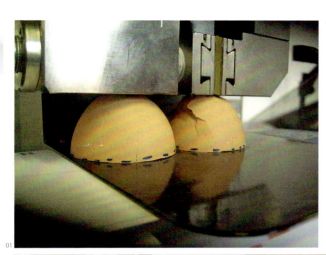

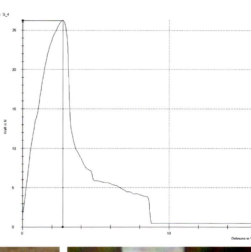

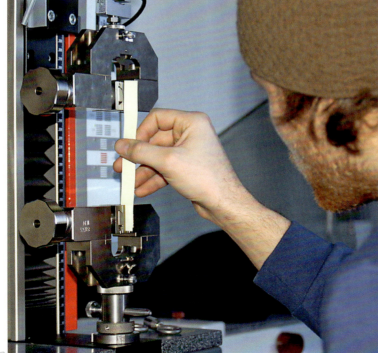

TWL

INSTITUT FÜR TRAGWERKSPLANUNG

Projekt
Seilnetze und Zelte

Betreuung
Prof. Berthold Burkhardt
Christine Degenhardt

AutorInnen
01 Andreas Heinisch
Jonathan
Kouchmeshgi
02 Clemens Schörig
Marianna Janzen
03 Maika Keil
Anissa Schlichting
04 Pablo Uriona
Cathrin Alesi

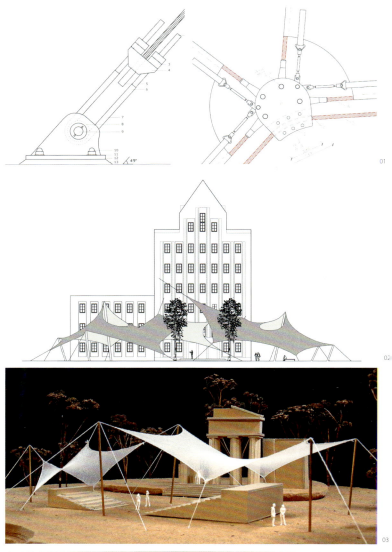

Zelte und Seilnetzkonstruktionen gehören zwar nicht zum Kerngeschäft der Architektur, für bestimmte Anwendungen als dauerhafte oder mobile Überdachungen im Freizeit- und Sportbereich sind sie jedoch ideale Konstruktionssysteme. Wie bei kaum einer anderen Bauart gibt es eine solch starke Abhängigkeit von Form und Konstruktion. Es wird an einem konkreten Entwurf gearbeitet. Seine freie Form kann am besten am Modell erfahren und beurteilt werden. Das Modell, das zugbeansprucht ähnliche Reaktionen wie der realisierte Bau zeigt, ist eine neue Erfahrung des Formfindungsprozesses für kleine wie auch weitgespannte Konstruktionen. Anwendungen, Formbildungsregeln, Materialien, Fügetechniken, überschlägige Berechnungen, sowie die geschichtliche Entwicklung der Zeltbaukunst sind Themen des Seminars.

Projekt
Zeltaufbau Berberzelt

Betreuung
Prof. Berthold Burkhardt
und Mitarbeiter

AutorInnen
Andreas Heinrich
Jonathan Kouchmeshgi
Oliver Thar
Britta Goldenbaum
Krystof Jurek
Matthäus Prochwnik

Das Zelt besteht aus braunem bis schwarzem Ziegenhaar, dazu gehören die abnehmbaren Wände zum äußeren Zeltabschluss und der Raumaufteilung im Inneren. Nicht mit aufgebaut wurden die kleinen Steinmauern, die zum Schutz vor Wind um das Zelt aufgestapelt werden. Abspannungen, Maste und das ortstypische geschnitzte Firstholz gehören als Bestandteile zum originalen Zelt, welches aus Zagora in Marokko stammt.

TWL
INSTITUT FÜR TRAGWERKSPLANUNG

➤ Projekt   ⌐ AutorInnen

Historische Tragwerke   01 Christina Maitre
                    Jana Morgen
⌐ Betreuung   02 Tim Olbrich
                    Sven Künzel
Wolfgang Zimpel   Tim Kertscher

Zielsetzung des Seminars ist die Vermittlung einer methodischen Herangehensweise bei Restaurierungs- und Sanierungsaufgaben an historischen Tragwerken. Über einen theoretischen Teil der Geschichte und Theorie der Denkmalpflege, sowie der historischen Entwicklung von Tragwerken werden anhand von praktischen Beispielen Konstruktionen bezüglich ihrer konstruktiven Fügung und ihrer werkstofftechnischen Eigenschaften analysiert, sowie typische Schadensbilder erläutert. Dabei werden die Schadensursachen und die Möglichkeiten der Sanierung unter Berücksichtigung ihrer Dauerhaftigkeit und der Kontrolle des Ergebnisses anhand eines realisierten Objektes gezeigt.
Als Leistungsumfang des Seminars werden Bestandspläne eines Handaufmaßes, der Auszug eines Raumbuches und einer Schadensaufnahme eines Teilbereiches des Untersuchungsobjekts angefertigt.

➤ Projekt   ⌐ AutorInnen

Freier E_kon   01 Markus Wilke
                 Christoph Schnelke
⌐ Betreuung   Christina Geiling
                 02 Natalia Reisig
Prof. Berthold Burkhardt
und Mitarbeiter

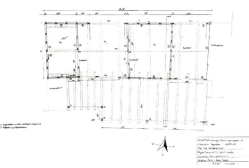

Wie kann die Einheit von Tragkonstruktion und Architektur erreicht werden? Wie können statische und funktionale Aspekte eines Bauwerkes materialisiert werden? Der freie E_kon bietet die Möglichkeit, sich mit der Wechselwirkung zwischen Tragkonstruktion und Architektur zu beschäftigen. Ziel der Arbeit ist es, einen Einklang zwischen Tragkonstruktion und Nutzung, Gesamtkonstruktion, Material und gestalterischer Idee zu erlangen.

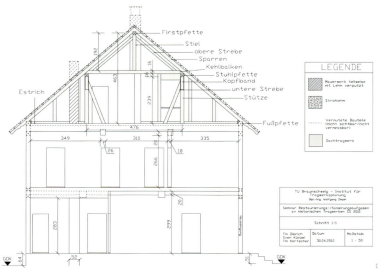

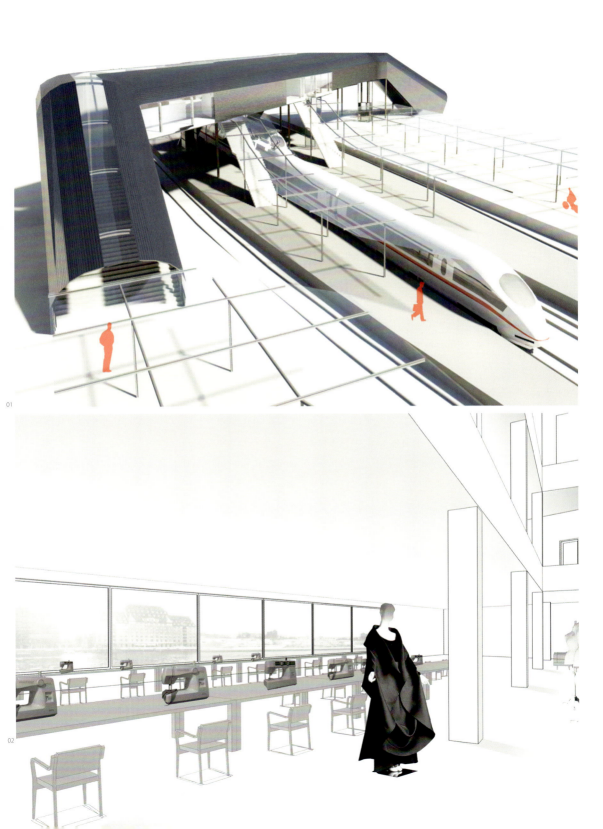

01

02

IGS

INSTITUT FÜR GEBÄUDE- UND SOLARTECHNIK

Professur
01 Prof. Dr. M. Norbert Fisch

Sekretariat
02 David Sauss
03 Gudrun Schade

Wissenschaftl. Mitarbeit
04 Nicolas Ahrens-Hein
05 Lars Altendorf
06 Tanja Beier
07 Franziska Bockelmann
08 Philipp Eickmeyer
09 Susann Gräff
10 Anatoli Hein
11 Mike Heuer
12 Volker Huckemann

Wissenschaftl. Mitarbeit
13 Herdis Kipry
14 Silke Kunisch
15 Henrik Langehein
16 Stefan Plesser
17 Hanna Soldaty
18 Mathias Schlosser
19 Thomas Wilken
20 Sandra Wöhrer
21 Mani Zargari

Kontakt
Technische Universität Braunschweig
Institut für Gebäude- und Solartechnik
Mühlenpfordtstraße 23
D 38106 Braunschweig

t + 49 (0) 531. 391. 35 55
f + 49 (0) 531. 391. 81 25
igs@tu-bs.de

www.igs.bau.tu-bs.de

Das IGS - Institut für Gebäude- und Solartechnik an der TU Braunschweig bearbeitet das gesamte Spektrum des Energie- und Klimadesigns von Hochbauten. Im Einzelnen sind es die Fachgebiete der Gebäudetechnik, der Bauphysik sowie der passiven und aktiven Solarenergienutzung für Wohn- und Nichtwohngebäude. Neben dem Neubau von Gebäuden stehen dabei der Baubestand und die Sanierung im Mittelpunkt.

Leiter des Instituts ist seit 1996 Professor Dr.-Ing. M. Norbert Fisch. Arbeitsschwerpunkt und „Philosophie" ist die integrale Planung von Gebäuden unter Berücksichtigung aller für den Energieverbrauch und den Nutzerkomfort eines Gebäudes relevanten Aspekte.
Ein Team von ca. 25 MitarbeiterInnen arbeitet an innovativen Lösungen in den Bereichen Bauphysik, Heizung, Kühlung, Lüftung und erneuerbare Energiequellen. Forschung und Entwicklung neuer Konzepte, Systeme und Komponenten innovativer Architektur werden mit Computer gestützten Simulationen, experimentellen Untersuchungen im Institutslabor sowie der Umsetzung und Validierung in der Praxis betrieben. Das IGS kooperiert dabei in vielen Projekten mit anderen Forschungseinrichtungen und Unternehmen aus der Wirtschaft und Industrie. Fördermittelgeber sind u.a. die Deutsche Bundesstiftung Umwelt, das Bundesministerium für Wirtschaft und Arbeit, das Bundesministerium für Verkehr, Bauen und Stadtentwicklung, BBR sowie weitere Einrichtungen des Bundes.

Die Ergebnisse der Arbeit finden unmittelbar Eingang in das Lehrprogramm des Instituts. Neben Vorlesungen zu Grundlagen und aktuellen Themen bietet das IGS Studierenden ein Simulationslabor, in dem sie die Möglichkeiten praxisgerechter Software für die Integrale Planung von Gebäuden unmittelbar erleben.

Stud. Mitarbeit/ TutorInnen am IGS:

Jens Spahmann, Philipp Bitter, Beatrice Benkö, Christina Stähr, Jonas Starke, Leonore Brave, Johannes Saggel, Esther Beyer, Liesa Linhorst, Lukas Kühn, Meike Guss, Marlena Wulf, Frederike Werner, Ivan Grgic, Christian Herzog

01

IGS

INSTITUT FÜR GEBÄUDE- UND SOLARTECHNIK

► Projekt   ⌐ TeilnehmerInnen

Vorlesungen und   01 StudentInnen im
Seminare   Bachelorstudiengang
                               02 StudentInnen im
                                  Masterstudiengang

01 | Vorlesung: Bauphysik

Die Grundlagen des klimagerechten und
energieeffizienten Bauens mit hoher
Behaglichkeit werden im Lehrgebiet der
Bauphysik vermittelt. Bauphysikalische
Kenntnisse sind sowohl beim Planen,
Bauen und der Nutzung von Gebäuden
sowie dem Rückbau und beim Recyceln
von Bauwerken unerlässlich geworden.
Dabei steht dieses Themengebiet nicht
isoliert, Nachbardisziplinen wie Entwerfen,
Baukonstruktion, Baustofflehre werden
genauso wie die Gebäudetechnik in den
Planungsprozess eingebunden.
Die Bauphysik ist als integraler Bestandteil
des baulichen Entwurfs zu sehen und
umfasst die Themen: Klima, Energiebilanz,
Wärme, Feuchte, Bau- und Raumakustik,
Baulicher Brandschutz sowie Kunst- und
Tageslicht.
Die Bauphysik vermittelt Grundkenntnisse
für alle Bauschaffenden und ist damit fester
Bestandteil im Bachelorstudium für Archi-
tektur, Bau- und Umweltingenieurwesen
an der TU Braunschweig.
Das Vokabular ist Grundlage für die
Kommunikation und den Austausch mit
anderen Ingenieurdisziplinen.

01 | Vorlesung: Gebäudetechnik

Gebäude sind auf eine Medienversorgung
wie z.B. Wasser, Wärme und Strom sowie
auf den Anschluss an Abwassersysteme
angewiesen. In der Vorlesung „Technische
Gebäudeausrüstung" werden die Grundlagen konventioneller wie innovativer
Gebäudetechnik vermittelt.
Wie wird geheizt, gelüftet und gekühlt?
Welche Komponenten können eingesetzt
werden und welche Auswirkung hat die
Wahl der Erzeugung auf den Energiebedarf
und auf den Ausstoß von Emissionen?
Diese und weitere Fragen werden im Kontext ganzheitlicher Versorgungskonzepte
auf Gebäudeebene oder für Quartiere
und Siedlungen behandelt.
Die Entwicklung von Varianten basiert
zunächst auf der Analyse des Standorts,
der Optimierung der Gebäudehülle
für die spezifischen Randbedingungen
und der Abstimmung der notwendigen
Gebäudetechnik unter Berücksichtigung
regenerativer Energien.
Aspekte der Nachhaltigkeit wie die Wahl
der Materialien, der Nutzerkomfort im
Sommer und Winter, der Prozess der
integralen Planung werden in den Vorlesungen und den Übungen ganzheitlich
betrachtet.

02 | Vorlesung: Energiedesign

Innovative Gebäude sollen sich durch
geringen Primärenergiebedarf, hohen
Nutzerkomfort sowie geringe Betriebs- und
Lebenszykluskosten auszeichnen. Bauma-
terialien sind nachhaltig zu wählen, um
den schädlichen Einfluss auf Umwelt und
Raumklima zu reduzieren.
Gestalterische Aspekte fordern die
Kreativität für eine optimale Lösung am
Standort. Und nicht zuletzt entscheiden
wirtschaftliche Interessen von Investoren
und Bauherrn über Umfang und Höhe der
Investitionen. Die Aufgabe ist mehrdimen-
sional und endet nicht mit der Fertigstellung, sondern erstreckt sich in den
Gebäudebetrieb.
Die Entwicklung eines Energiekonzeptes für
ein Gebäude fängt nicht erst mit der Fest-
legung des baulichen Wärmeschutzes oder
der Wahl des Verglasungsanteils an.

Neben den übergeordneten Parametern für eine Investitions- und Standortentscheidung wie Verkehrsanbindung sowie den in Abhängigkeit vom Bedarf notwendigen Einrichtungen für die Ver- und Entsorgung sind die Lage des Gebäudes im Gelände, die Verschattung durch umgebende Bäume, Hügel oder umgebende Bebauung sowie die am gewählten Standort gegebenen Bedingungen für eine regenerative Wärme- und Kälteversorgung wesentliche Eingangsgrößen zur Konzeptentwicklung. Ergänzend zu den in der Unterstufe vermittelten Kenntnissen zur Gebäudehülle und -technik werden in den Vorlesungen der Oberstufe Konzepte, Techniken und Beispiele für komplexere Bauvorhaben vermittelt.

Aktuellen Entwicklungen im Betrieb und der Versorgung von Nicht-Wohngebäuden werden anhand der Forschungsprojekte am IGS dargestellt.

02 | Vorlesung: Nutzung erneuerbarer Energien

Der weltweite Bedarf an fossilen Brennstoffen für Mobilität, Industrie und Raumheizung nimmt stetig zu. Knapper werdende Ressourcen lassen die Kosten steigen, ein Verteilungskampf um Öl und Gas hat längst begonnen.

Alternative Versorgungskonzepte für die Zukunft müssen erforscht und entwickelt werden. Im Rahmen der Vorlesung werden Komponenten und Techniken zur aktiven Nutzung von erneuerbaren Energien (wie Solarenergie, Geothermie oder Biomasse) vorgestellt. Die Integration der Konzepte in das energetische Design und den Gebäudeentwurf stehen dabei im Vordergrund.

02 | Seminar: Thermische Gebäudesimulation

Das interdisziplinäre Entwerfen ist längst Realität und notwendige Grundlage für innovative Ideen und Konzepte. Der Wunsch nach größtmöglicher Transparenz bei heutigen Gebäuden kann dem thermischen und visuellen Komfort entgegenstehen oder erfordert vermeidbare Anlagentechnik und hohen Energieaufwand.

Im Rahmen interdisziplinärer Seminare wird das Zusammenspiel aus Entwurf und Planung abgebildet. Kenntnisse der thermischen Gebäudesimulation werden vermittelt, das wissenschaftliche Vorgehen für die Erarbeitung und Präsentation von komplexen Problemstellungen erläutert.

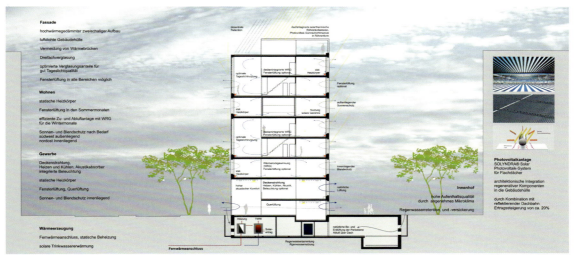

Energiekonzept Wohn- und Geschäftsgebäude Shanghaiallee HafenCity Hamburg

IGS

INSTITUT FÜR GEBÄUDE- UND SOLARTECHNIK

> Projekt
> Stegreif "Papierfliege"

> Autorin
> Maria Baudler

Die „Papierfliege" im Altgebäude der TU Braunschweig sollte als Lounge und Catering-Bereich für temporäre Veranstaltungen eine neue Funktion erhalten. An dem vorhandenen Ort war in optisch überzeugendem Design ein Platz mit hoher Aufenthaltsqualität zu entwerfen. Bei freigestelltem Umgang mit Innen- und Außenwänden konnte entwurfsabhängig zu Veranstaltungszeiten das gesamte Foyer des Altgebäudes bespielt werden. Für den Regelbetrieb war eine Abtrennung zum Flur vorzusehen. Der Entwurf sollte sich durch hochwertige Materialien und die Verwendung innovativer Systeme und Produkte (für Beleuchtung, Akustik, usw.) auszeichnen.

> Projekt
> Stegreif "UPstairs"

> AutorInnen
> 01 Dennes Janßen
> 02 Esther Beyer

Das Institut für Gebäude- und Solartechnik hat seinen Sitz in der 10. Etage des Hochhauses BS4 in der Mühlenpfordtstraße 23, die bereits vor rund 10 Jahren unter energetischen und gestalterischen Aspekten saniert worden ist. Im Rahmen eines Forschungsprojekts am IGS ist nun die 9. Etage saniert und vom Institut mit übernommen worden. Als einziges, öffentlich zugängliches Verbindungsglied zwischen den alten und neuen Räumlichkeiten des IGS dient das Fluchttreppenhaus.
Aufgabe war ein Entwurf für die innenräumliche Umgestaltung des Treppenhauses zwischen dem 9. und 10. OG des BS4 Gebäudes, mit dem Ziel, die Zusammengehörigkeit der beiden Etagen für Besucher, Studierende und MitarbeiterInnen, bereits im Treppenhaus ablesbar zu machen.
Die Gestaltung, z.B. Licht, Farbe oder Beläge, war frei wählbar.
Einzige Einschränkung war der Erhalt der Brandschutztüren in den Eingangsbereichen.

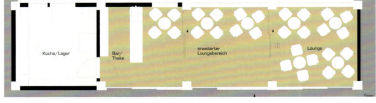
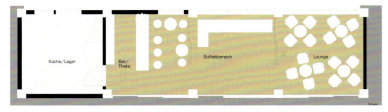
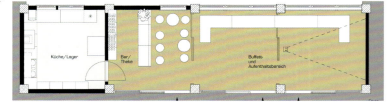

10=IGS*
*IGS=10-01

09=IGS*
*IGS=09-01

01

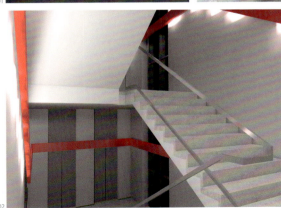

02

IGS

INSTITUT FÜR GEBÄUDE- UND SOLARTECHNIK

➤ Projekt	⌐ Autoren
Städtebauliches Projekt Lulu Island	01 Andy Schröder Lennart Schlüter
⌐ Betreuung	02 Constantin Scheidges Kim Rosebrock
Prof. Dr. M. Norbert Fisch Prof. Uwe Brederlau Mitarbeiter des ISL und des IGS	⊓⊓

Für die sehr heiße und trockene Region Abu Dhabi ist ein Stadtquartier zu entwickeln, welches sich in Struktur und Form aus den örtlichen klimatischen Bedingungen ableitet. Durch eine intelligente Verflechtung der zu entwerfenden Stadtstruktur mit Techniken zur Energiegewinnung und Verbrauchsreduzierung ist eine räumlich qualitätsvolle Stadtstruktur zu entwickeln, die weitgehend CO2-neutral und damit zukunftsweisend ist.
Der programmatische Schwerpunkt wird abhängig von dem im Workshop gemeinsam zu entwickelnden Strukturkonzept definiert. Ein möglicher Schwerpunkt ist beispielsweise ein Akademiestandort, der vernetzt mit dauerhaften und temporären Wohnnutzungen die Grundlage des neuen Stadtquartiers bildet.

Es ist ein umfassendes Konzept zu entwickeln, das den Zusammenhang der angewandten Einzelelemente herstellt. Eine prägnante Benennung des Entwurfskonzeptes definiert die Entwurfsabsicht.

Nach der abstrakten „ortlosen" Annäherung, sollen beim Entwurf des städtebaulichen Konzepts, die aus den vorangegangenen Phasen gewonnen Erkenntnisse übertragen und weiterentwickelt werden. Hierbei sollen die lokalen Besonderheiten und klimatischen Bedingungen in den Entwurfsprozess einbezogen werden.

Durch eine nachhaltige Bauweise soll einem übermäßigem Energieverbrauch entgegengewirkt werden. Des Weiteren sind Identifikationspotenziale für die Benutzer und Bewohner zu schaffen. Aus dem Areal sollen sich Synergieeffekte für die angrenzenden Gebiete entwickeln und Attraktoren für die Bewohner der Gesamtstadt entstehen.

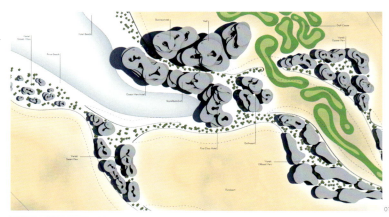

01

SS09 Sommersemester 2009

Städtebau

Institut für Städtebau
Institut für Städtebau und Entwurfsmethodik
Institut für Landschaftsarchitektur

"Bauen vollzieht sich nicht im abstrakten Raum. Immer sind es Kulturformen von Stadt und Landschaft, die den Kontext des Bauens darstellen. Wir bauen nicht Objekte, sondern gestalten Beziehungen." Prof. Walter Ackers (2009)

Städtebau und Landschaftsplanung sind also vor allem jene Bereiche der Architektur, die sich der Vernetzung, der Herstellung von Zusammenhängen und öffentlichem Raum verpflichtet fühlen. Sie schaffen die Räume für das Bauen, die Räume der Entfaltung individueller Programme und Gestaltungen. Ihre Techniken und Praktiken tragen dazu bei, dass zwischen dem Objekt und der Agglomeration der Objekte ein sinnvoller, belastbarer und gerechter Zusammenhang entsteht.

Dieser Zusammenhang ist aber längst nicht mehr "die Stadt", oder "das Land". Nicht nur, dass die Siedlungsform längst nicht mehr in jenem Maß identitätsstiftend ist, wie das einmal der Fall war, es ist auch zur Kenntnis zu nehmen, dass sich Europa in weiten Teilen als urbane Fläche konstituiert hat, und dass der Urbanisierungsprozess weltweit zu gänzlich neuen Formen des räumlichen Zusammenlebens führt.

Das Entwickeln von Kompetenz, diese Prozesse zu deuten, steht denn auch am Anfang der Ausbildung in Städtebau und Landschaftsplanung. Erst wenn es gelingt, das, was stattfindet, zu verstehen, kann man sich anmaßen, Lösungen vorzuschlagen und über den Entwurf von Nutzungsmustern, Bebauungstrukturen und Freiraumgestaltungen in die Entwicklung einzugreifen.

Kein Entwurf, keine gestalterische Maßnahme kann ohne ein Sinnsystem und ohne Abwägung zwischen Werten entstehen. So liegt es maßgeblich an der universitären Lehre, die mitgebrachten Wertesysteme in Richtung einer fachlichen Anwendung zu schärfen, zu konzeptualisieren und dabei auch zu hinterfragen. Im Idealfall entsteht aus diesem Prozess nicht nur ein kohärentes, zeitgemäßes Verständnis der gängigen Aufgabenstellungen, sondern die Fähigkeit, künftig neue, noch nicht bekannte Aufgabenstellungen zu erfassen und kompetent zu bearbeiten.

Selbstverständlich muss auch die Lehre selbst ein Sinn- und Wertesystem besitzen und dieses kontinuierlich weiter entwickeln. Heute stehen die Prinzipen der Nachhaltigkeit im Vordergrund, die Notwendigkeit, die Räume für eine post-fossile Gesellschaft zu entwickeln - und dabei nicht in einen ökologischen Funktionalismus zu verfallen, sondern Vielfalt, Offenheit und Selbstbestimmung zu ermöglichen.

Prof. Dr. Johannes Fiedler
(Institut für Städtebau , IS)

IS
INSTITUT FÜR STÄDTEBAU

◌ Professur
01 Prof. Walter Ackers
02 Prof. Dr. Johannes Fiedler
[Vertetung seit SS 2010]

◌ Sekretariat
03 Claudia Walther
04 Ursula Wüstner

◖ Wissenschaftl. Mitarbeit
05 Melanie Humann
06 Henning Kahmann
07 Sandra Pechmann
08 Volker Pietsch
09 Pierre Rey
10 Janin Walter

◖ Student. Mitarbeit
Moritz Kühl
Jens Lehmann
Martin Majewski
Niels Pflüger

◖ Kontakt
Technische Universität Braunschweig
Institut für Städtebau
Mühlenpfordtstraße 23
D 38106 Braunschweig

t + 49 (0) 531. 391. 3537/38
f + 49 (0) 531. 391. 8103

◌ www.tu-braunschweig-isl.de
isl@tu-bs.de

Die Stadt ist ein großes Labor der Ideen.
Jedes neue Projekt ist ein Experiment.
Das eigentliche Objekt unserer endlosen
Versuchsreihe Stadt sind wir selbst: Wohin
entwickeln wir uns, wenn wir unsere Um-
welt auf diese Weise oder auf jene Weise
gestalten? Schaffen wir es, unsere eigene
Natur und angeborenen Reflexe in den
Griff zu bekommen? Wir erfahren uns im
Raum, den wir selbst produzieren. Wir
können nicht anders: Wir sind die Reflexion
unserer Umwelt.

Als Architekten entwerfen wir Räume –
und damit Zusammenhänge. Wir gestalten
Beziehungen. Dies gilt im städtischen
Kontext in besonderem Maße. Städtebau ist in noch stärkerem Umfang dem
Gebrauch, der Geschichte und der Ästhetik
verpflichtet. Die Aufgabe liegt in der Abwägung. Der öffentliche Gebrauch und die
Lesbarkeit der Idee von Ort und Geschichte stellen ihre eigenen Ansprüche an die
Gestaltung des Raums.

Nicht die Ableitung allgemeingültiger
Techniken, sondern die Erarbeitung orts-
und aufgabenbezogener Methoden und
Entwürfe ist unser unverzichtbares Ziel –
die kreative und systematische Erforschung
und Fortentwicklung der Elemente und
Strukturen europäischer Städte.

Ziele unserer Lehre sind:

Erforschung und Rehabilitation morpholo-
gischer Grundprinzipien der europäischen
Stadt und ihrer stadträumlichen Wirkungs-
qualitäten sowie ihre Anwendung unter
sich rapide verändernden Bedingungen;
Arbeit an allgemein verständlichen und vi-

Interdisziplinäres Seminar mit Studenten der Hochschule für Bildende Künste in Braunschweig

suell vermittelbaren Leitvorstellungen und Begriffen für die Gestaltung öffentlicher Räume – „Stadt als gebaute Umgangsform"; bewusste und systematische Wahrnehmung und Analyse von Stadträumen und Stadtstrukturen durch eigene Anschauung, zeichnerische Erfassung und wissenschaftlich-digitale Methoden; Einordnung von Einzelprojekten in einen städtebaulichen Kontext unter Berücksichtigung der Morphologie von Stadt- und Landschaftsräumen; städtisches Wohnen als zentrale Aufgabe einer Stadtbaukultur.

Wir denken und entwickeln Architektur im Kontext und Maßstab der Stadt. Wir untersuchen Stadt als räumliches und gesellschaftliches System, als Bühne für Menschen und Architekturen. Wir entwerfen zwischen Dichte und Leere, Utopie und

Pragmatismus, Lebensträumen und Alltags-räumen, Natur und Urbanität, Identität und Anonymität.

Um das Spannungsfeld innerhalb des Städtebaus lesbar zu machen und den Studierenden Erkenntnismethoden und entwurfliches Handwerkszeug zu vermitteln, gründet die Lehre auf einer engen Verzahnung von Vorlesungen, Übungen, Seminaren und Entwürfen.

Die Grundlage der Ausbildung in unserem Institut ist die Vorlesung „Anatomie der Stadt".
Im Wintersemester wird die Struktur der Stadt auf den Ebenen Stadtgrundriss, Solitäre/Monumente, Baustrukturen und öffentlicher Raum in ihrer vielfältigen Bedingtheit analysiert. Darüber hinaus geht

es besonders auch um die Aufgaben und Möglichkeiten planerischer und gestalterischer Perspektiven und Interventionen, sowie die Erziehung zum systematischen Denken und zur präzisen sprachlichen Artikulation.

Im Sommersemester werden die allgemeinen Erkenntnisse am Beispiel Braunschweig und Umgebung illustriert und überprüft. Dabei wechseln sich Vorlesungen und kleine Exkursionen ab. Das erworbene Wissen wird durch Anschauung, Information und Diskussion vor Ort vertieft.

Seit Sommersemester 2010 vertritt Dr. Johannes Fiedler das Institut für Städtebau bis zur Berufung eines neuen ordentlichen Professors.

VorOrt-Vorlesungen: Stadtkern - Innenstadt Braunschweig
Gruppenkorrekturen zum Städtebaulichen Projekt

IS
INSTITUT FÜR STÄDTEBAU

➤ Projekt	⌐ Autor
Johannes-Göderitz-Wettbewerb 2008	Thomas Rast

⌐ Betreuung

Prof. W. Ackers
Henning Kahmann
Sandra Pechmann
Pierre Rey

PACEMAKER Impulse für die Stuttgarter City:
Das Entwurfsgebiet ist Teil der Fußgängerzone mit Marktplatz und einem System von
Gassen und Straßen. Ein Gebiet, das aufgrund der Kriegszerstörungen nahezu
vollständig wieder aufgebaut wurde.

„Das Quartier ist in die Jahre gekommen:
Die Gebäude sind nicht mehr zeitgemäß.
Verwaltungsfunktionen werden ausgelagert.
Der Einzelhandel soll eine bedeutsamere
Rolle spielen – das Kaufhaus Breuninger
grundlegend umgebaut – und das Wohnen
in der Innenstadt soll wieder attraktiver
werden! Ein neu interpretiertes lebendiges Stadtzentrum mit einer Vielfalt
unterschiedlicher Nutzungen als Beispiel
nachhaltiger Urbanität sollte entstehen."

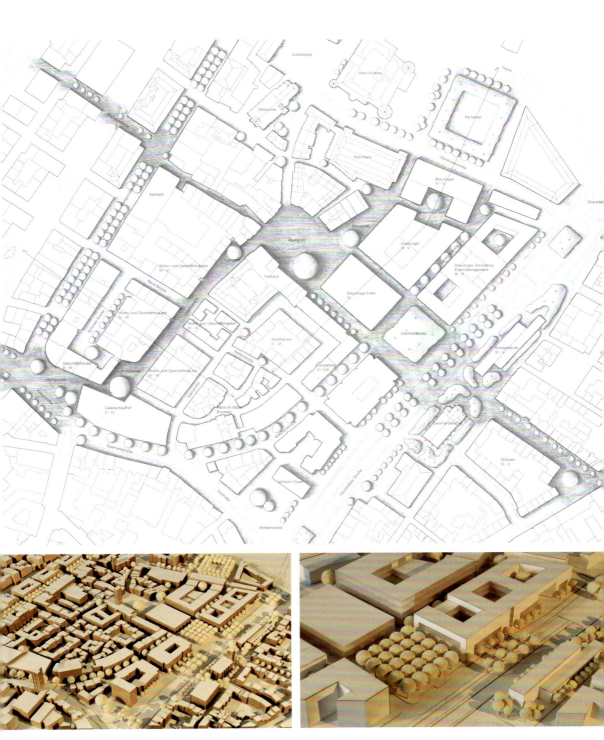

IS
INSTITUT FÜR STÄDTEBAU

- Diplom
  Tempelhofer Freiheit, Berlin

- Autorin
  Juliane Demel

- Aufgabenstellung
  Prof. W. Ackers
  Melanie Humann
  Sandra Pechmann
  Pierre Rey

Mit Ende des Flugbetriebes in Tempelhof wurde ein Areal von 386 ha im Zentrum Berlins vakant. Dieses enorme Flächenpotenzial bedeutet gleichsam Chance und Herausforderung für die Stadtentwicklung. Das Label „Tempelhofer Freiheit" beschreibt den derzeitigen Prozess, das bislang unzugängliche Gelände der Stadt und ihren Bewohnern zurückzugeben.

Das Tempelhofer Feld bietet Platz für ein neues Stück Stadt. Ob Utopie oder konkrete Stadterweiterung – das Spektrum an Möglichkeiten ist vielfältig. Die Einordnung des Areals in den urbanen Kontext, der Umgang mit der Geschichte des Ortes, die Übergänge zur Parklandschaft sowie eine strukturelle und programmatische Neuordnung bilden hierbei wichtige Bausteine.

Juliane Demel konfrontiert uns in ihrer Arbeit mit einem Konzept anderer Art. Sie stellt die Frage der zukünftigen Entwicklung der Stadt: Was soll Stadt leisten können? Welche Veränderungen sind zu erwarten? Was braucht die Stadt?

In einer eindrücklichen Auseinandersetzung zwischen Ideenfindung und Ortsanalyse, zwischen inhaltlicher Positionierung und Formfindung entwickelt Juliane Demel ihre Philosophie und ihr Thema. Und sie präsentiert eine umfangreiche, vielschichtige Arbeit – mutig, experimentell, selbstbewusst.

In Modellstudien, Skizzen und Plänen konstruiert sie eine Stadtmaschine – irgendwo zwischen Utopie und Neukölln, zwischen Architektur und Landschaft, zwischen Technik und Kultur. Sie versucht sich am alten und immer neuen Gegensatz von Stadt und Land und liefert hier ihre Vision einer Stadtmaschine, die als Form und Komposition eigene ästhetische Reize entwickelt.

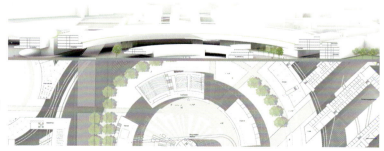

WS08|09 Wintersemester 2008|2009

Tempelhofer Feld

Info- und Presse
Kapseln

pus

Hotel

Kongresszentrum

Autofreies
Wohnquartier

Wedeland

IS

INSTITUT FÜR STÄDTEBAU

Projekt
Uni-Campus Nord,
Göttingen

Betreuung
Prof. W. Ackers
Prof. G. G. Kiefer
Mitarbeiter der drei
Fachgebiete am ISL

AutorInnen
Anike Adiro
Thomas Rast
Felix Schippmann
Almut Singer
Maike Weiser

Das Institut für Städtebau und Landschaftsplanung wurde mit zwei Studierendengrup-
pen von der Stadt Göttingen zu einem
einwöchigen kooperativen Workshop
zur Neustrukturierung des Uni Campus
Nord in Göttingen eingeladen. Parallel
zu drei konkurrierenden, professionellen
Architektur- und Planungsbüros entwickelten die Studierenden eine städtebauliche
Gesamtkonzeption mit Atmosphären und
Bildern des zukünftigen Campus.

Projekt
Johannes-Göderitz-
Wettbewerb 2009

Betreuung
Prof. W. Ackers
Melanie Humann
Sandra Pechmann

Autorinnen
Katharina Büsse
Almut Singer - 2. Preis

StadtReVision Braunschweig: Die Verfasserinnen beschreiben das Planungsziel
als »plug-in«-Modell und verfolgen dieses
Konzept sehr konsequent.
Hierbei werden die Quartiere nicht nur in
die bestehende Stadtstruktur »hinein-ge-
klickt«, sondern die Vernetzungen zu den
angrenzenden Bereichen werden vielfältig
und ortsbezogen weiterentwickelt.
Mit der zentralen grünen Achse, die
stadt-räumlich klar ausformuliert wird,
entsteht eine gut erkennbare Stadtstruktur,
die sich durch vernetzende Elemente und
das Erschließungsraster in die umgebenden Nutzungen weiterentwickelt. Die
Verfasserinnen prägen mit angemessenen
städtebaulichen Elementen interessante
Wohn- und Arbeitsbereiche sowie öffentliche Räume.

IS
INSTITUT FÜR STÄDTEBAU

➤ Projekt
WF_Manuale

⌐ AutorInnen
Studierende des Haupt-
studiums Diplom und des
Bachelorstudiengangs

⌐ Betreuung
Prof. W. Ackers
M. Humann
S. Pechmann
V. Pietsch
C. Schulte (LA)

Im Südwesten der Braunschweiger Innenstadt sollte entlang des Okerumflutgrabens
ein gemischtes Quartier für urbane Wohnwelten entwickelt werden.
In welchen Konstellationen wollen wir
künftig zusammenleben? Welche Wohnty-
pologien sind angemessen? Wie gestalten
wir Gebäude, Straßen, Freiräume und
Öffentlichkeit? Wie formen, organisieren
und entwickeln wir Stadt?
Städtebauliche Analyse- und Entwurfsmethodiken sowie geeignete digitale und
analoge Darstellungstechniken in relevanten Maßstabsebenen werden vermittelt.

➤ Projekt
Städtebauliches Projekt:
Freischwimmer

⌐ Autorinnen
Harriet Hübschmann
Katharina Mosin

⌐ Betreuung
Rainer Nötzold (LA)
Volker Pietsch
Jakob Singer

Das fünftägige "Vor-Ort-Seminar" in Wolfenbüttel hatte zum Ziel, den Stadtgrundriss
und das Stadtbild mit Zeichenstift und
Skizzenbuch zu analysieren und dokumentieren.
Unter intensiver Betreuung wurden die
Anatomie der Stadt, die verschiedenen
Epochen, räumliche Situationen und
Abfolgen erkundet. Die jeweiligen Schwerpunkte wie Stadteingänge, Straßen, Plätze,
markante Gebäude und Hauseingänge
wurden mittels Grundriss und Ansichten,
Isometrien und Perspektiven erforscht und
dokumentiert und durch die zusätzliche
Erforschung von historischem Kartenma-
terial ergänzt. Am Ende der Woche hielt
jede TeilnehmerIn eine ganz persönliche
Stadtraumanalyse in Form eines Skizzen-
buches in der Hand.

WS09|10 Wintersemester 2009|2010

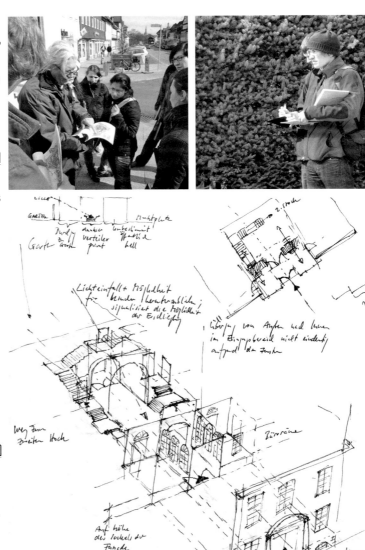

ISE

INSTITUT FÜR STÄDTEBAU UND ENTWURFSMETHODIK

- Professur
  - 01 Prof. Uwe Brederlau

- Sekretariat
  - 02 Ursula Wüstner
  - 03 Claudia Walther

- Wissenschaftl. Mitarbeit
  - 04 Florian Holik
  - 05 Anna-Cathrin Jureit
  - 06 Georg Krüger
  - 07 Silke Lubahn

- Student. Mitarbeit
  - 08 Svea Franzke
  - 09 Jonas Jelinek
  - 10 Simona Schröder
  - 11 Sven Wesuls

- Kontakt
  - Technische Universität Braunschweig
  - Institut für Städtebau und Entwurfsmethodik
  - Mühlenpfordtstraße 23
  - D 38106 Braunschweig

  - t + 49 (0) 531. 391. 3537
  - f + 49 (0) 531. 391. 8103
  - isl@tu-bs.de

- www.tu-braunschweig-isl.de/SE

Das Institut für Städtebau und Entwurfsmethodik beschäftigt sich schwerpunktmäßig mit der Erforschung und Erprobung von Strategien und Konzepten zur nachhaltigen Stadtentwicklung und der Untersuchung aktueller, themenbezogener Einzelaspekte hinsichtlich zukünftiger Stadt- und Siedlungsstrukturen.

Im Sinne eines städtebaulichen und konzeptionellen Entwerfens bildet das Generieren von zeitgemäßen, urbanen Entwicklungs- und Transformationsprozessen die Grundlagen für die potentielle Gestaltung von Stadt- und Kulturraum. Bei der gestaltenden Formgebung urbaner Räume steht das experimentelle städtebauliche Entwerfen in Verbindung mit digitalen Simulations- und Entwurfsmethoden im Vordergrund.

Städtebau wird dabei als ein dynamischer, mehrdimensionaler und vielschichtiger Gestaltungsprozess verstanden, der zukunftsweisend ist. Um diesen in analytischen Verfahren abzubilden und Synthese- sowie Entscheidungsfähigkeit anhand von aufbereitetem Datenmaterial herzustellen, wird mit computerunterstützten Methoden und Modellen gearbeitet. Die technische Infrastruktur und die Kompetenzen im Umgang mit dieser Technik an der Schnittstelle Entwurf-Modell, analog und digital, bündeln sich im Institut.

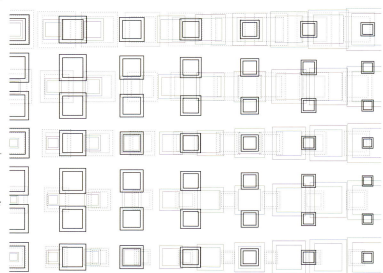

Für das Begreifen städtischer Strukturen ist die eigene Erfahrung im Stadtraum unabdingbar. Daher sind Stadtexkursionen, die Besichtigung städtebaulicher Projekte und zeitgenössischer Freiraumgestaltung einschließlich der Erkundung des jeweiligen Entwurfsareals wichtiger Bestandteil des Gestaltungsprozesses.

Das Gebiet des parametrischen Entwerfens bietet im Städtebau großes Potential. Um die Möglichkeiten dieses Arbeitsfeldes ausschöpfen und umsetzen zu können, erforschen wir innovative rechnerbasierte Entwurfsmethodiken für die Entwicklung nachhaltiger urbaner Prozesse und Strukturen.

Im Rahmen internationaler Kontakte und Kooperationen bieten wir für unsere Studierenden nach Möglichkeit übergreifende Lehrveranstaltungen an, wie z. B. internationale Workshops. Derzeit findet eine Kooperation unseres Institutes mit dem IGS der TU Braunschweig, der Tongji University of Shanghai und der Lanzhou University of Technology statt, in deren Rahmen uns im März 2010 ein gemeinsamer Workshop mit chinesischen Studierenden und Studierenden der Fachrichtung Architektur der TU Braunschweig nach Shanghai führte.

ISE

INSTITUT FÜR STÄDTEBAU UND
ENTWURFSMETHODIK

● Diplom   ⌐ Autor

København   Tobias Thiel
Redmolen + Sundmolen

⌐ Aufgabenstellung

Prof. Uwe Brederlau
Anna-Cathrin Jureit
Georg Krüger

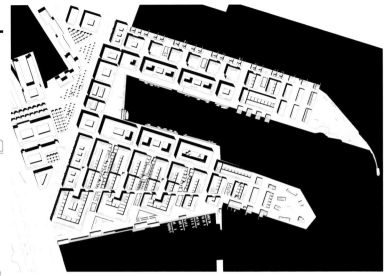

Kopenhagen als Hauptstadt Dänemarks
nimmt in der Region "Øresund" eine
Sonderrolle ein, die durch den Bau der
Verbindung über den Øresund noch
verstärkt wurde. Dank stetigem Zuzug vor
allem von AkademikerInnen, kreativen
Köpfen, Studenten und zahlreichen
Betrieben befindet sich die Stadt in einem
Wachstumsprozess. Innerhalb der urbanen
Stadtstruktur und des Nordhafenareals soll
die Rolle der beiden Molen neu definiert
werden. Es war eine intelligente Strategie
zu entwickeln, durch die ein vitaler Stadtteil mit unverwechselbarem Charakter und
starker Identität entsteht.

● Seminar   ⌐ Autor

Parametrisches   Markus Willeke
Entwerfen im Städtebau

⌐ Betreuung

Prof. Uwe Brederlau
Anna-Cathrin Jureit
Georg Krüger

Die Qualitäten von Stadträumen sind
abhängig von vielen verschiedenen
Faktoren innerhalb einer Struktur, und
diese Faktoren beeinflussen sich wiederum
untereinander. Das Arbeiten mit bestehenden Stadtstrukturen und der Entwurf
neuer Stadtmorphologien bewegt sich
stets in dieser komplexen Umgebung.
Nach dem Research wurden die gewonnen Erkenntnisse abstrahiert und in ein
parametrisches Modell übersetzt. Der
Prozess und die Ergebnisse wurden mittels
Rapid-Prototyping-Verfahren materialisiert.

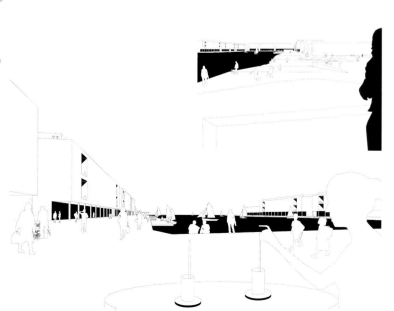

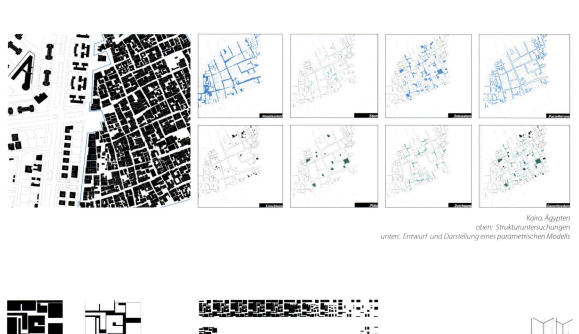

Kairo, Ägypten
oben: Strukturuntersuchungen
unten: Entwurf und Darstellung eines parametrischen Modells

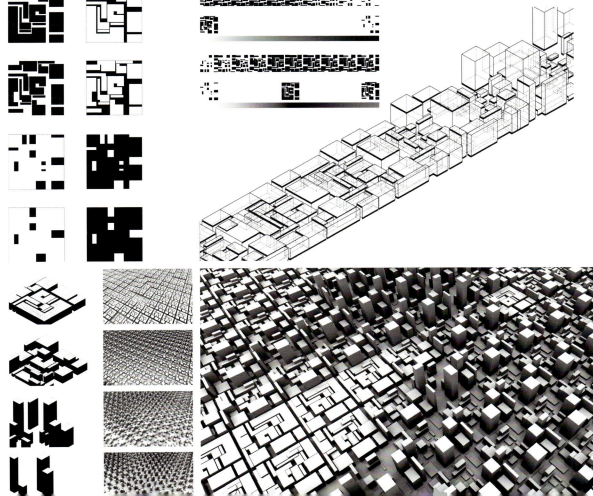

ISE

STÄDT INSTITUT FÜR STÄDTEBAU UND
ENTWURFSMETHODIK

➤ Projekt   ◝ Kooperation

  Est Lulu Island,   IGS, Prof. Dr. M. N. Fisch
  Abu Dhabi

◝ Betreuung   ◝ AutorInnen

  Prof. Uwe Brederlau   01 Gloria Gröpler
  Prof. Dr. M. N. Fisch   Anna-Lena Loest
  Anna-Cathrin Jureit   02 Christian Düvel
  Silke Kunisch   Sebastian Fünfzig
  Silke Lubahn

01

Klimawandel, Umweltverschmutzung, end-
liche Ressourcen – die Frage nach nachhaltigen, CO_2-neutralen Stadtstrukturen stellt
sich weltweit immer drängender. Es gilt
dabei, Techniken zur Energiegewinnung
und Verbrauchsreduzierung intelligent mit
einer zu entwerfenden Stadtstruktur zu
verflechten, so dass beide sich im besten
Fall gegenseitig positiv überlagern und
verstärken.
Dabei bilden für jede Klimazone und jeden
Ort andere intelligente Kombinationen
von Baustruktur und innovativer Technik
die Lösung für eine zukunftsfähige und
lebenswerte Stadt. Ort und Thema des
Entwurfs war die Insel Lulu Island vor Abu
Dhabi und damit die Entwicklung einer
Baustruktur in einer sehr heißen, sonnigen
und trockenen Region.

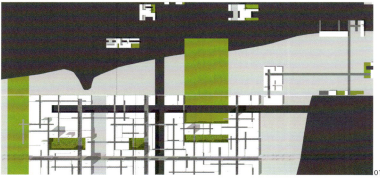

➤ Projekt   ◝ AutorInnen

  Est stadt[IMPLANTAT],   01 Lena Vaichmin
  Barcelona   Martyna Ziolkowska
                02 Fahim Mohammadi
◝ Betreuung   Markus Willeke

  Prof. Uwe Brederlau
  Florian Holik
  Anna-Cathrin Jureit

„22@" nennt die Stadt Barcelona ihr ambi-
tioniertes Projekt, die historische Industrie-
zone 22a im Südosten Barcelonas in eine
funktionell durchmischte neue kompakte
Stadt des Wissens zu verwandeln.
Innerhalb dieser offenen Entwicklung war
ein neues Stadtquartier zu entwerfen, das
sich in das bestehende Straßenraster des
Stadtbereichs „Eixample" integriert und
zugleich mit einer eigenen Identität im
Bewusstsein der Stadt verankert.

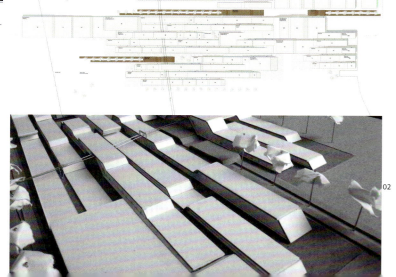

02

WS08|09 Wintersemester 2008|2009

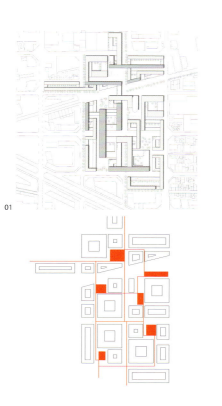

01

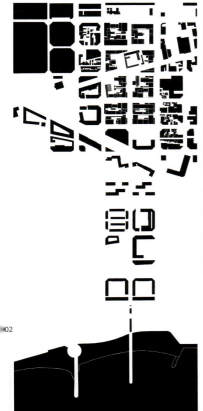

02

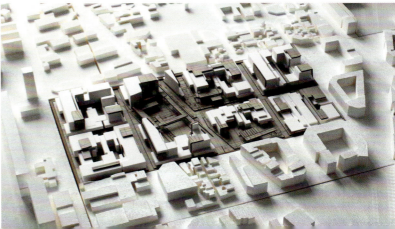

ISE

INSTITUT FÜR STÄDTEBAU UND ENTWURFSMETHODIK

- Projekt
  Low rise high density

- Autorinnen
  Charlotte Schmidt
  Anika Neubauer

- Betreuung
  Prof. Uwe Brederlau
  Florian Holik

In diesem Entwurf wurden neue städtebauliche Strukturen experimentell entwickelt und getestet. Begleitet durch kurze Seminare (Methodik und Software) wurde eine prozesshafte und regelbasierte Entwurfsmethodik, parametrisches Entwerfen im Städtebau vorgestellt.

Parametrisches Entwerfen nutzt die grundlegenden Eigenschaften des parametrischen Modells als Entwurfsmethodik. Als parametrisches Modell bezeichnet man ein erstelltes digitales Konstrukt, das durch relative Abhängigkeiten seiner Elemente zueinander definiert ist. Durch die Erstellung und Veränderung von Elementbeziehungen ergibt sich ein hohes Maß an Gestaltungspotenzial und Variabilität des Systems und damit des Modells.

In aufeinander aufbauenden Entwurfsübungen wurde zunächst ortlos ein regelbasiertes Konzept entwickelt und später auf einen konkreten Ort angewendet.

Mit dem Projekt „Stadt an den Fluss" verfolgt die Stadt Heidelberg das planerische Ziel, den Raum zwischen Fluss und angrenzender Bebauung landschaftlich, funktional und stadtgestalterisch aufzuwerten und die am Fluss liegenden Areale mit dem eindrucksvollen Landschaftsraum zu verflechten. Die Gestaltung des Freiraums an der sensiblen Schnittstelle von bebautem Campus und Flusslandschaft spielt dabei ebenso eine Rolle wie die bauliche Präsenz der Universität in Form einer einmaligen Landmarke am Fluss und ihre architektonische Gestaltung.

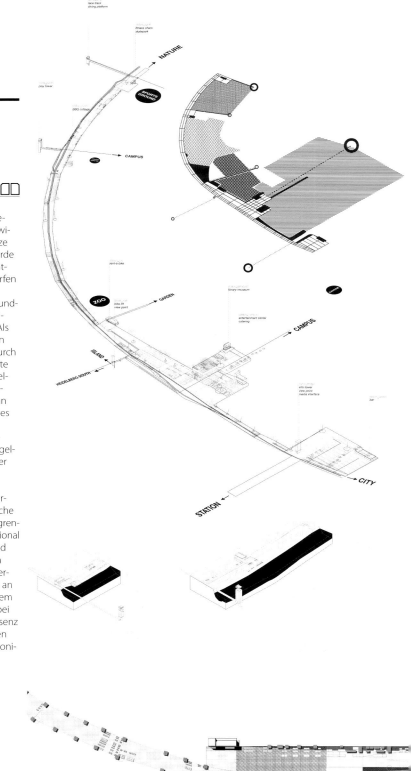

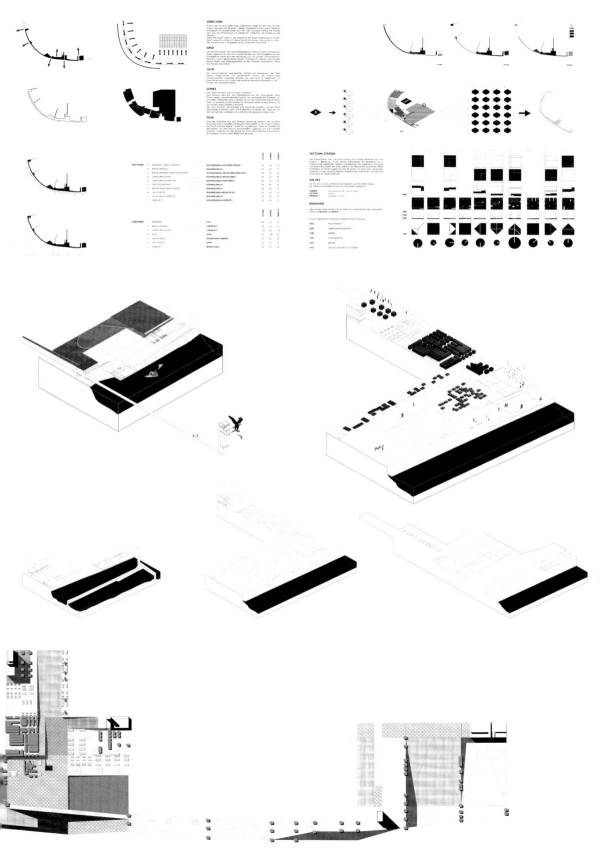

ISE

INSTITUT FÜR STÄDTEBAU UND ENTWURFSMETHODIK

Projekt

Eins+C
Braunschweig@home
Städtebauliches Projekt
smart living

Betreuung

Prof. Uwe Brederlau
Hassan Hamza
Anna-Cathrin Jureit
Georg Krüger

AutorInnen

01 A. Hillegeist,
   L.Hermbusch
02 K. Kühnel, C. Felber
03 J. Harzen,
   K. Horstmann
04 N. Fiedler, C. Lelek
05 S. Subczinski, M. Steen
06 S. Schröder, S. Wesuls
07 K. Cielobatzki,
   R. Tubbental
08 J. Lehmann, M. Kemp

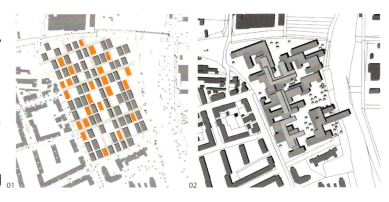

01

02

Die Grundlagen für das Entwerfen im städtebaulichen Kontext vermittelte im Grundstudium (Diplom) bisher das Fach Städtebau Eins+C, das im Bachelor-Studiengang nun durch das Städtebauliche Projekt abgelöst wird.

Der Titel Braunschweig@home stand für Lebensqualität in der eigenen Wohnwelt umgeben von einem lebendigen Stadtquartier. Hierbei wurden verschiedene urbane Aspekte unter veränderten gesellschaftlichen und politischen Rahmenbedingungen detailliert betrachtet. Der Entwurf entstand auf einem Areal am Rand der Stadt Braunschweig, das nach innovativen urbanen Wohnideen verlangte. Das Projekt setzte sich aus Vorlesungen zum Städtebau und Übungen zusammen. Fertigkeiten im Umgang mit CAD Bildbearbeitungs- und Darstellungsprogrammen wurden vertieft.

Unter dem Thema smart living sollte im Städtebaulichen Projekt eine lebendige Wohnlandschaft in unmittelbarer Nähe zur HBK entwickelt werden. Die Auseinandersetzung mit den sich ändernden Ansprüchen der Bewohner und mit der Entstehung neuer Formen des Zusammenlebens in unserer Gesellschaft war die Voraussetzung für das Generieren innovativer urbaner Wohnkonzepte. Nach dem Einstieg über eine Exkursion nach Hamburg und eine abstrakte Vorübung wurden in einer Synthese alle gewonnenen Erkenntnisse im Zusammenhang als städtebaulicher Entwurf ausgearbeitet.

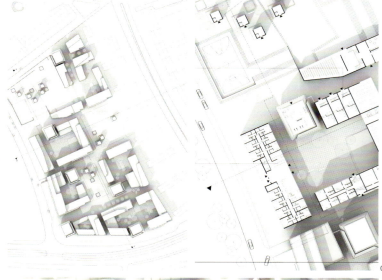

06

WS09|10 Wintersemester 2009|2010

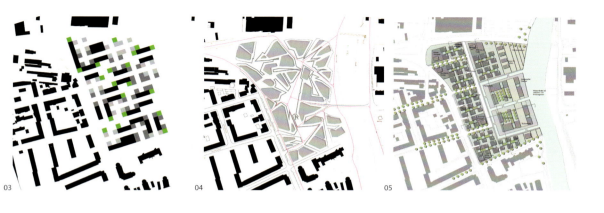

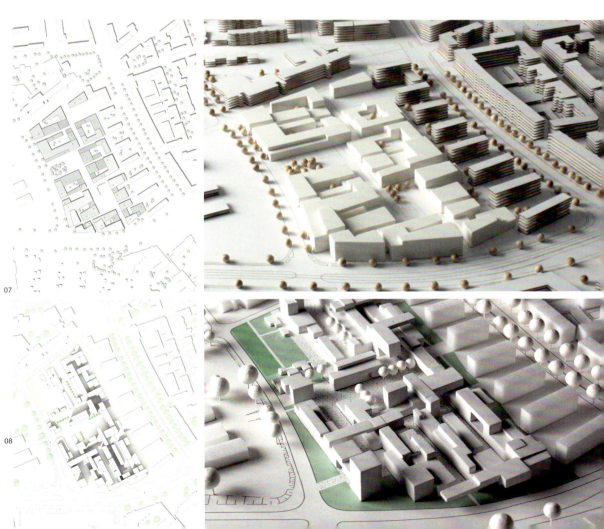

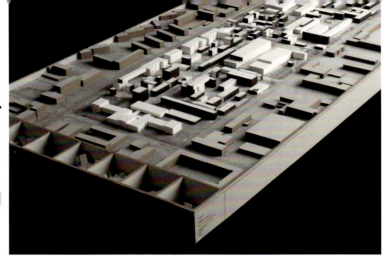

ISE

INSTITUT FÜR STÄDTEBAU UND ENTWURFSMETHODIK

▶ Projekt   ⌐ Autorinnen

STADTQUARTIER   Marie Tschentke
MÜNCHEN   Maike Weiser

⌐ Betreuung

Prof. Uwe Brederlau
Florian Holik
Anna-Cathrin Jureit
Silke Lubahn

Flexibel nutzbare Raumstrukturen, nachhaltiges Bauen, regenerative Energieversorgung sind einige der Anforderungen an die Entwicklung zeitgemäßer Stadtstrukturen. Integrativer Bestandteil für den Entwurf dieses Stadtquartiers in München bildete die Auseinandersetzung mit klimatischen Gegebenheiten, insbesondere der Maximierung der aktiven und passiven Solarnutzung sowie einer spannungsvollen Dichte-Freiraum-Beziehung.

▶ Seminar   ⌐ AutorInnen

Parametrisches   Britta Goldenbaum
Entwerfen im Städtebau   Julian Steffen

⌐ Betreuung

Prof. Uwe Brederlau
Florian Holik

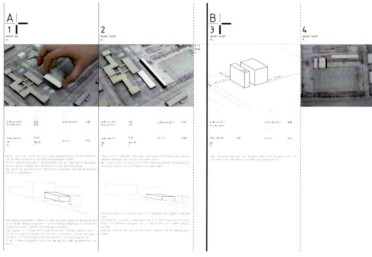

In dem Seminar Parametrisches Entwerfen im Städtebau sollten ausgehend von analysierten städtebaulichen Strukturen neue Möglichkeiten in experimenteller Weise entwickelt und getestet werden. Zur Bearbeitung des Seminars wird die Software Generative Components (GC) zur Erzeugung und Steuerung parametrischer Entwurfsprozesse eingesetzt. Parametrisches Entwerfen nutzt die grundlegenden Eigenschaften des parametrischen Modells als Entwurfsmethodik. Als parametrisches Modell bezeichnet man ein erstelltes digitales Konstrukt, das durch relative Abhängigkeiten seiner Elemente zueinander definiert ist. Durch die Erstellung und Veränderung von Elementbeziehungen ergibt sich ein hohes Maß an Gestaltungspotenzial und Variabilität des Systems und damit des Modells.

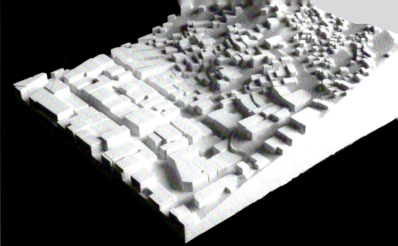

Rio de Janeiro, Brasilien
oben: Strukturuntersuchungen
unten: Entwurf und Darstellung eines parametrischen Modells

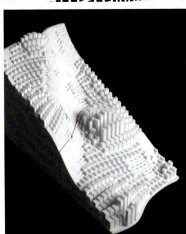
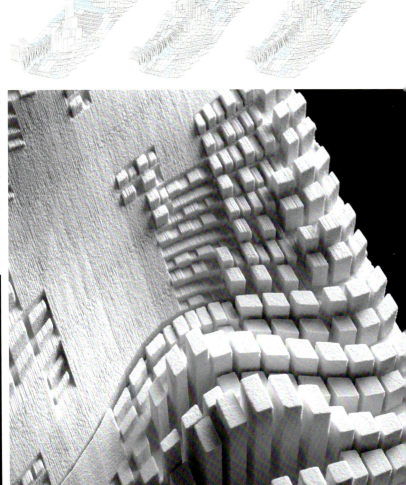

ILA

INSTITUT FÜR
LANDSCHAFTSARCHITEKTUR

Professur
01 Prof. Gabriele G. Kiefer

Sekretariat
02 Claudia Walther
03 Ursula Wüstner

Wissenschaftl. Mitarbeit
04 Andreas Westendorf
05 Charlotte Schmidt
06 Erik Ott
07 Henri Greil
08 Inga Hahn
09 Sibylle Lacheta

Student. Mitarbeit
Astrid Lissner
Mirjam Scharnofske

Kontakt
Technische Universität Braunschweig
Institut für Landschaftsarchitektur
Mühlenpfordtstraße 23
D 38106 Braunschweig

t + 49 (0) 531. 391. 3537
f + 49 (0) 531. 391. 8103
isl@tu-bs.de

www.isl.bau.tu-bs.de

Warum sollten sich Studierende der
Architektur mit Landschaftsarchitektur auseinandersetzen? Über 90 Prozent unserer
Umwelt- Landschaft und Stadt - besteht
aus freiem Raum. Freiraum prägt das Bild
und die Atmosphäre einer Stadt ebenso
stark wie ihre Hochbauten. Immer mehr
verschwimmt die klare Grenze zwischen
Gebäude und Außenraum, zwischen Innen
und Außen. Diese Verschmelzung lässt
hybride Räume entstehen; die Landschaft
ist nicht mehr nur der Raum, der das
Gebäude umgibt - wie Terrasse, Balkon
oder Garten -, sondern das Gebäude wird
zunehmend Bestandteil der Landschaft.

Die Landschaft ist das Verbindende, das
eine großmaßstäbliche Beschäftigung mit
der gesamten Umwelt erlaubt. Sie umfasst
Architektur und Städtebau genauso wie
die „überregionalen" Themen Landwirt-
schaft, Hochwasserschutz, Infrastruktur-
maßnahmen, Klima- sowie Naturschutz,
Wasser- und Ressourcenschutz bis hin zu
wirtschaftlichen Parametern. Themen wie
die Umwidmung von Konversionsstand-
orten und die Frage, wie neue Produktionsabläufe und-techniken unsere gewachsene Kulturlandschaft verändern werden,
erfordern ein umfassendes Verständnis der
Zusammenhänge der einzelnen Komponenten unserer gebauten Umwelt.

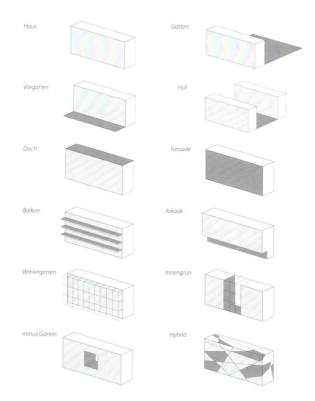

Haus   Garten

Vorgarten   Hof

Dach   Fassade

Balkon   Arkade

Wintergarten   Innengrün

minus Garten   Hybrid

In den letzten Jahren hat sich die Landschaftsarchitektur zunehmend als Motor der Stadtentwicklung erwiesen. Ohne Freiraumplanung kann heute kein architektonisches Projekt mehr durchgeführt werden. Kenntnisse über Freiraumplanung stellen deshalb einen notwendigen Baustein der Architekturlehre dar. Aufgrund dieser Anforderung ist die Landschaftsarchitektur ein notwendiges Modul der Architekturlehre, das sich in viele unterschiedliche Aspekte der Architektur integrieren lässt.

Aber auch im „klassischen" Repertoire von Straße, Platz und Park müssen die Grundlagen vermittelt werden, beispielsweise das Setzen von Einzelbäumen, Baumreihen, Baumalleen und -gruppen. Ohne tiefere Kenntnis entstehen im besten Falle dekorative „Perlenketten" von Bäumen - ohne Gefühl für Raum, Fläche und Atmosphäre.

links: Grundstücksbesichtigung_Hafenpark, Hamburg-Wilhelmsburg
rechts oben+mittig: Workshop_Valdivia, Chile
rechts unten: Exkursion_Gedenkstätte Bergen-Belsen

ILA

INSTITUT FÜR LANDSCHAFTSARCHITEKTUR

Projekt

Hafenpark
Lenné Preis

AutorInnen

01 Julia Vahldieck
02 Fahim Mohammadi

Betreuung

Prof. Gabriele G. Kiefer,
Inga Hahn, Henri Greil

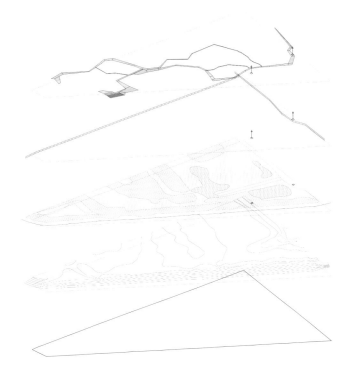

Ein Erholungs- und Freizeitpark soll auf einer 2,7 ha großen, am Rande des Hamburger Hafens gelegenen Industriebrache in Hamburg-Wilhelmsburg entwickelt werden. Ziel des Entwurfs war die Ideenfindung für eine moderne Parkanlage. Mit seiner Lage direkt am Wasser und am Hafen verfügt das Grundstück über besondere Qualitäten, stellt aber auch spezifische Anforderungen.

Der Charakter des Ortes mit möglichen Hochwasserständen war unbedingt zu berücksichtigen. Neben der großräumlichen Einbindung und einer Analyse des Ortes, sollte der Entwurf die gestalterischen und funktionellen Aspekte eines solchen Parks erarbeiten. Vertiefend darzustellen waren räumliche und landschaftliche Gestaltungselemente der Gesamtanlage.

Der hafen.park am Reiherstieg ist ein Projekt der Internationalen Gartenschau 2013 und wird eine dauerhafte Grünanlage dieses Hamburger Stadtteils werden. Wilhelmsburg ist ein von Gegensätzen und sozialen Spannungen charakterisierter Stadtteil. Die Gartenschau wird eine Reihe von Maßnahmen umsetzen, die zur Stadtteilentwicklung beitragen und gleichzeitig die Lebensqualität auf der Elbinsel verbessern.

Der 1. Preis wird im Kapitel Preise dargestellt.

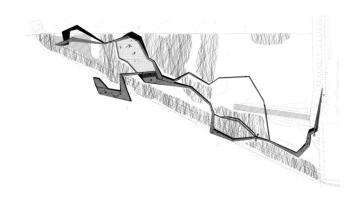

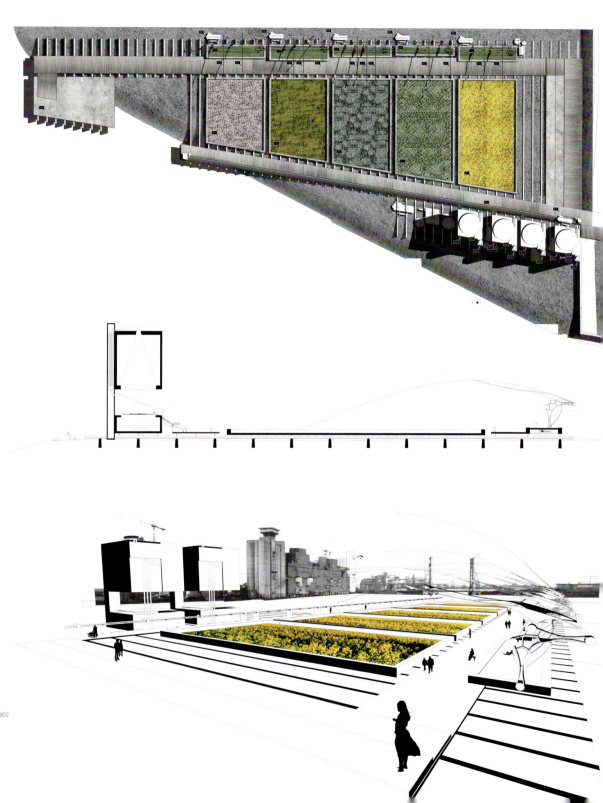

ILA

INSTITUT FÜR
LANDSCHAFTSARCHITEKTUR

▶ Projekt   ⌐ Autor

Mens World II   Dirk Terfehr

⌐ Betreuung

Prof. Gabriele G. Kiefer,
Inga Hahn, Henri Greil,
Ulrike Wrobel

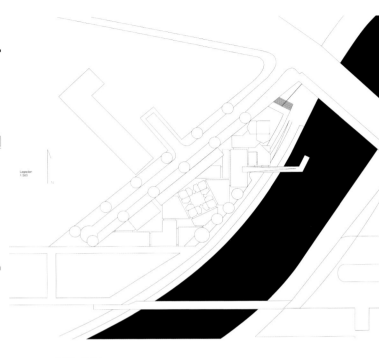

Nach dem 2. Durchgang des Seminars
„Ladies World" nahmen wir wieder interessante Männer des öffentlichen Lebens in
den Fokus. Wir setzten als gegeben, dass
im Rahmen der Genderanforderungen
auch die spezifischen Belange der Männer
zu untersuchen sind. Wir ließen uns leiten
von Fragen, die der tatsächlichen Durch-
setzung der Gleichberechtigung von Mann
und Frau förderlich sind, u.a.: Was braucht
ein Mann in seinem persönlichen Umfeld?
Wie sieht ein typischer Tagesablauf, wie
ein Raumprogramm aus? Wie viel Raum
nehmen Familie, Beruf und Hobbys ein?

▶ Projekt   ⌐ Autorin

Ladies World II   Diana Bico

⌐ Betreuung

Prof. Gabriele G. Kiefer,
Inga Hahn

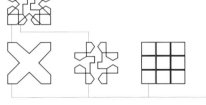

Aufbauend auf dem Forderungskatalog
der vierten UN-Weltfrauenkonferenz,
simulierte das Seminar ein Szenario, in
dem Angela Merkel eine internationale
Aktionsplattform ins Leben ruft - Codena-
me „LadiesWorld". Protagonistinnen aus
Politik, Kultur und Wirtschaft sollen sich
hier in Zukunft regelmäßig beraten und
Projekte und Netzwerke mit feministischer
Ausrichtung entwickeln. Um hochquali-
fizierte Frauen für diese Initiative zu
gewinnen, sollte jeder Lady ein optimales
Ambiente geboten werden. Die Bundes-
kanzlerin rief deshalb alle ArchitektInnen
der Welt auf, als Beitrag ein „LadyHome" zu
entwickeln, das den jeweiligen privaten
und beruflichen Anforderungen der desig-
nierten Ladies Rechnung trägt.

WS08|09 Wintersemester 2008|2009

Mens World II, Dalai Lama's Home, Yosuke Fujita

ILA

INSTITUT FÜR
LANDSCHAFTSARCHITEKTUR

▶ Projekt   ⬠ Autorin

    Sehereignisse   Charlotte Schmidt

⬠ Betreuung

    Prof. Gabriele G. Kiefer,
    Henri Greil

Das Betrachten, Beobachten und Wahrnehmen von Personen und Ereignissen der
uns umgebenden Welt, gehören zu den
grundlegenden menschlichen Bedürfnissen. Orte der kollektiven Teilnahme
an Ereignissen und Orte der Observation
sind unabdingbar für unser kulturelles
Gedächtnis und unseren Alltag. Diese
Arbeit beleuchtet das Verhältnis zwischen
Betrachter, Raum und Inhalt auf der Basis
grundlegender Sehereignisse und stellt im
Anschluss daran verschiedene Ausstellungskonzepte vor, die sich konkret mit
besagtem Verhältnis auseinandersetzen.

▶ Projekt   ⬠ Autorinnen

    Everyville   Anne Busemann
                     Charlotte Schmidt

⬠ Betreuung

    Prof. Gabriele G. Kiefer,
    Inga Hahn

Im Rahmen der 11. Architekturbiennale
in Venedig 2008, waren Studierende aller
Studienrichtungen eingeladen, an einem
Wettbewerb zur Gestaltung eines kommu-
nalen Zentrums für die fiktive Stadt Every-
Ville teilzunehmen. Dieser Beitrag geht von
der Struktur einer typischen US-ameri-
kanischen Vorstadt aus. Im ersten Schritt
überzieht ein orthogonales Gerüst die
Stadt, in dem sich Atmosphärenmodule
willkürlich bewegen und unvorhersehbare
Ereignisse über den Dächern der Stadt aus-
lösen. Das gemeinsam Wahrgenommene
bringt die Bewohner der Stadt zusammen.
Sie versammeln sich, bemerken, dass
die Module auf sie reagieren, beeinfluss-
bar sind und beginnen, die Ereignisse
kontrolliert einzusetzen. Das Bild der Stadt
ändert sich. Zuerst entstehen Freiräume für
gemeinsame Aktivitäten, dann Hügel zum
Schlittenfahren und Parks. Gemeinschaft
entsteht: aus EveryVille wird OurVille.

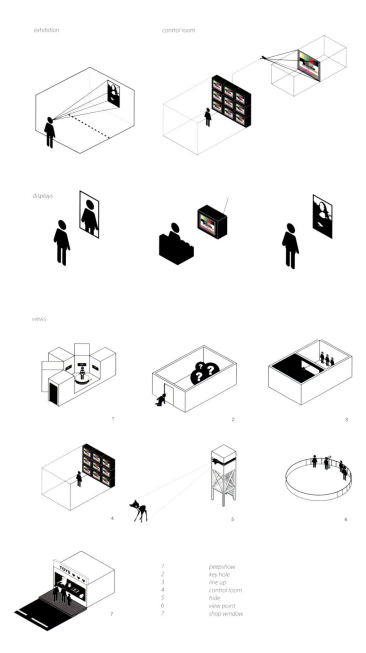

exhibition   control room

displays

views

1	peepshow
2	key hole
3	line up
4	control room
5	hide
6	view point
7	shop window

ILA

INSTITUT FÜR
LANDSCHAFTSARCHITEKTUR

➤ Projekt

Marktplatz
Schöppenstedt

⌐ AutorInnen

01 Okan Sevim
02 Florian Rüster

⌐ Aufgabenstellung

Prof. Gabriele G. Kiefer,
Henri Greil, Inga Hahn,
Sybille Lacheta

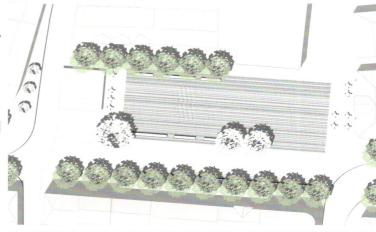

Am Rande des Höhenzugs Elm, 23 Kilometer südöstlich von Braunschweig entfernt,
liegt die Gemeinde Schöppenstedt.
Bekannt ist sie auch als Schauplatz der
Streiche Till Eulenspiegels, der in dieser Gegend geboren wurde. Die Stadt wünscht
sich eine Neugestaltung des Markts. Der
Marktplatz mit dem angrenzenden Rathaus
ist der zentrale Platz im Stadtzentrum.
Die kleinteilige Platzgestaltung entspricht
bezüglich Material und Konzept dem Zeit-
geschmack der siebziger Jahre und erfüllt
hinsichtlich seiner Gestaltungsqualität
und aufgrund eingeschränkter Nutzungs-
möglichkeiten nicht mehr die aktuellen
Anforderungen an den Mittelpunkt des
städtischen Lebens.

➤ Projekt

Ostbahnhof

⌐ Autor

Jan Müller

⌐ Betreuung

Prof. Gabriele G. Kiefer,
Inga Hahn

Der Mensch im Raum. Wie bewegt er
sich? Wie bewegen sich viele Menschen?
Wie bewegen sich Menschen, die ein
direktes Ziel ansteuern? Wie verhält sich
der Mensch in Gruppen mit vielfältigsten
Charakteren und Interessen? Was bietet
ein Ort dem Menschen? Was hilft dem
Menschen sich im Raum fortzubewegen,
sich zu orientieren, sich wohl zu fühlen?
Wir analysierten einen Ort vom Standpunkt einzelner Nutzer aus, die sich mit
unterschiedlichen Zielen, Intentionen und
Geschwindigkeiten bewegen. Unseren
räumlichen Fokus legten wir auf den
Berliner Ostbahnhof und den variierenden
Zielorten in seinem direkten Umfeld.

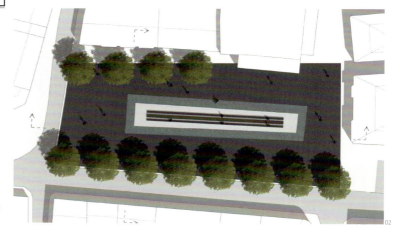

WS09|10 Wintersemester 2009|2010

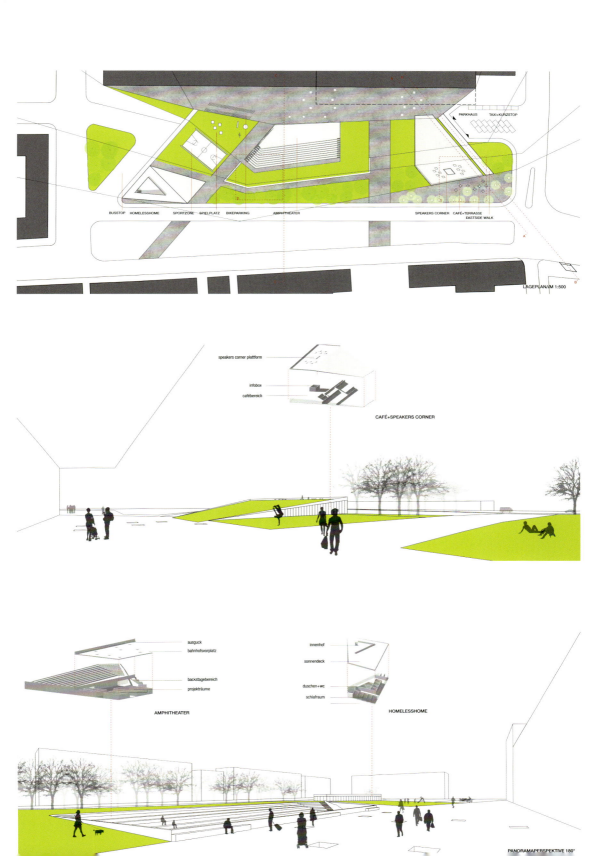

PARKHAUS   TAXI+KURZSTOP

BUSSTOP   HOMELESSHOME   SPORTZONE   SPIELPLATZ   BIKEPARKING   AMPHITHEATER   SPEAKERS CORNER   CAFÉ+TERRASSE
EASTSIDE WALK

LAGEPLAN/M 1:500

speakers corner plattform

infobox

cafébereich

CAFÉ+SPEAKERS CORNER

ausguck

bahnhofsvorplatz

backstagebereich

projekträume

AMPHITHEATER

innenhof

sonnendeck

duschen+wc

schlafraum

HOMELESSHOME

PANORAMAPERSPEKTIVE 180°

Kooperationen

Institut für Baustoffe, Massivbau und Brandschutz
- Fachgebiet Baustoffe und Stahlbetonbau
- Fachgebiet Struktur und Anwendung der Baustoffe
Institut für Bauwirtschaft und Baubetrieb
Institut für Analysis und Algebra

Im Mittelpunkt des Architekturstudiums stehen das Entwerfen und Planen von Bauwerken. Eine wesentliche Rolle bei der kreativen Gestaltung nehmen die technischen Fächer ein, denn erst das Wissen um technische Möglichkeiten und Grenzen erlaubt es den Architektinnen und Architekten ihre Entwürfe und Planungen in die Realität umzusetzen.

Das Architekturstudium an der TU Braunschweig ist durch fachübergreifende Lehre gekennzeichnet.
So werden Vorlesungen im Fach Bauingenieurwesen gemeinsam von Studierenden des Bauingenieurwesens und der Architektur besucht und tragen auf diese Weise zum interdisziplinären Austausch bei. Dieser Ansatz zeigt sich auch in vielen Einzelprojekten und Entwürfen, die im Rahmen von Arbeits- und Forschungskooperationen, zusammen mit Instituten des Bauingenieurwesens stattfinden.
Auch spiegeln diese themenbezogenen Kooperationen den zukünftigen Arbeitsalltag von Architektinnen und Architekten wider, denn dort müssen sie mit Fachplanerinnen und Fachplanern aus den unterschiedlichsten Bereichen zusammenarbeiten und sich verständigen.
Im Folgenden findet sich nicht nur ein Überblick über die eigenständigen Angebote der Fachgebiete die fest im Lehrplan integriert sind, wie Baustoffkunde, Stahlbetonbau und Darstellende Geometrie, sondern auch über die Vorlesungen und Übungen des Instituts für Bauwirtschaft und Baubetrieb. Diese sind fester Bestandteil des frei wählbaren Angebots des Masterstudiums und werden regelmäßig von Studierenden der Architektur belegt.

Darüber hinaus bestehen zahlreiche Kooperationen innerhalb der TU Braunschweig aber auch außerhalb, wie beispielweise mit der Hochschule für Bildende Künste Braunschweig, der Fachhochschule Braunschweig/ Wolfenbüttel sowie mit weiteren Hochschulen innerhalb Deutschlands und weltweit. Ausgewählte Projekte dieser Kooperationen werden unter den einzelnen Fachgebieten, den Exkursionen oder der Forschung in den entsprechenden Kapiteln dieses Jahrbuchs vorgestellt.

Ina Müller
(Geschäftsführerin der Fakultät für Architektur, Bauingenieurwesen und Umweltwissenschaften)

IBMB

FACHGEBIET BAUSTOFFE UND STAHLBETONBAU

⌐ Professur

01 Prof. Dr. Harald
Budelmann

⌐ Sekretariat

02 Susanne Harig

◼ Wissenschaftl. Mitarbeit

03 Dr. Reinhard Nothnagel
04 Dr. Heiko Twelmeier
05 Dr. Alexander Holst
06 Jens Ewert
07 Hans-Werner Krauss
08 Thorsten Leusmann
09 Wiebke Hermerschmidt
10 Lars Brahmann
11 Anne Wachsmann

◼ Techniker

12 Rolf Epperlein
13 Bernd Kraska
14 Karl-Heinz Sprenger

❚ Kontakt

Technische Universität Braunschweig
Institut für Baustoffe, Massivbau und
Brandschutz
FG Baustoffe und Stahlbetonbau
Beethovenstraße 52
38106 Braunschweig

t + 49 (0) 531. 391. 54 05
f + 49 (0) 531. 391. 45 73
h.budelmann@ibmb.tu-bs.de

⌐ www.ibmb.tu-braunschweig.de

Baustoffkunde

Die Baustoffkunde ist für das Entwerfen und Konstruieren von Bauwerken von großer Bedeutung, da diese Vorgänge nicht stofflos möglich sind. Bereits die ersten Planungsschritte erfordern das Abwägen und Auswählen von Baustoffen und deren Kombinationen, um die Anforderungen hinsichtlich Funktion, Baugestaltung, Konstruktion und Bauausführung zu erfüllen.

Die Anforderungen an die Baustoffe bzw. deren Verhalten leiten sich von den Aufgaben ab, die das Bauwerk zu erfüllen hat. Die Anforderungen umfassen die technischen Eigenschaften, die Form- und Fügbarkeit und die Wirtschaftlichkeit von Baustoffen.

Fragen und Probleme, die mit dem Herstellen, Verarbeiten und Verhalten von Baustoffen zusammenhängen, beginnen bei den naturwissenschaftlichen und technischen Grundlagen. Der rasche Wandel in der Technologie, der Herstellung und der Verfügbarkeit von Baustoffen sowie die laufende Entwicklung neuer Stoffe und Stoffkombinationen erfordern eine Vertiefung des Grundlagenwissens.

Das Studium der Baustoffkunde gliedert sich in Vorlesungen, Übungen und Seminare. In den Vorlesungen werden die Lehrinhalte behandelt und erläutert, in den Übungen werden die Inhalte an konkreten Aufgabenstellungen vertieft und in den Seminaren werden praktische Übungen in Form von Baustoffprüfungen zu den Lehrinhalten durchgeführt und

erläutert. Die Studierenden erwerben ein fundiertes, zukunftssicheres Werkzeug, mit dem auch neue Problemstellungen ingenieurmäßig beurteilt und gelöst werden können.

Neben den Pflichtveranstaltungen bietet das iBMB regelmäßig freiwillige Veranstaltungen und Wettbewerbe an, in denen die Studierenden ihr Wissen anhand interessanter Fragestellungen unter Beweis stellen und vertiefen können. So wird in jedem Sommersemester ein Portalbauwettbewerb veranstaltet, bei dem ein Portal aus Beton entworfen, konstruiert, hergestellt und hinsichtlich seiner Ästhetik und Tragfähigkeit bewertet wird. Weiterhin werden für Studierende Fachexkursionen und die Teilnahme an der bundesweiten Betonkanuregatta angeboten.

oben: Portalbauwettbewerb 2010
mitte: Betonkanuregatta 2009
unten links: Exkursion Hamburg Hafencity
unten rechts: Hamburg Predöhlkai 2009

IBMB

FACHGEBIET ORGANISCHE WERKSTOFFE UND HOLZWERKSTOFFE

⌐ Professur

01 Prof. Dr. Klaus Peter
   Grosskurth

⌐ Sekretariat

02 Ursula Olschewski

⌐ Wissenschaftl. Mitarbeit

01 Prof. Dr.-Ing. Bohumil Kasal
02 Dagmar Brammertz
03 Jürgen Hinrichsen
04 Reemt S. Heijen

⌐ Kontakt

Technische Universität Braunschweig
Institut für Baustoffe, Massivbau und
Brandschutz
FG Struktur und Anwendung der Baustoffe
Hopfengarten 20
38102 Braunschweig

t + 49 (0) 531. 220. 77 0
f + 49 (0) 531. 220. 77 44
ibmb.struktur@tu-bs.de

⌐ www.ibmb.tu-braunschweig.de

Das Fachgebiet organische Baustoffe und Holzwerkstoffe des iBMB ist im Jahre 2010 aus dem Fachgebiet Struktur und Anwendung der Baustoffe hervorgegangen. Das neue Fachgebiet entstand durch die Kooperation der Fraunhofer Gesellschaft mit der Technischen Universität Braunschweig und arbeitet eng mit dem Fraunhofer Institut für Holzforschung, dem Wilhelm-Klauditz-Institut (WKI), in Braunschweig zusammen.

Das Fachgebiet befasst sich mit aktuellen dringenden Fragen der Nachhaltigkeit organischer Baustoffe in der Architektur und im Bauingenieurwesen. Während die Fachkompetenz des Fachgebiets Struktur und Anwendung der Baustoffe hinsichtlich polymerer und anorganischer Werkstoffe, Korrosion, material- und schadensanalytischer Untersuchungen erhalten blieb, fokussiert sich das neue Fachgebiet darüber hinaus auf in Konstruktionen verwendeten organischen Werkstoffe. Hierbei wird sowohl auf konstruktive als auch auf nichtkonstruktive Anwendungen organischer Materialien abgezielt, die selbstverständlich auch die Kunststoffe umfassen.

Das Forschungsprogramm des Fachgebiets wird zur Zeit ausgebaut und Forschungsstellen werden neu besetzt. Zukünftige Aktivitäten werden auf mikroskopischer, submikroskopischer und auf atomarer Ebene stattfinden, um neue, organisch basierte Materialien für konstruktive und nichtkonstruktive Anwendungen zu entwickeln sowie klimatische Einflüsse auf die Eigenschaften und Funktionen derartiger Materialien zu untersuchen.

Eine entscheidende Grundlage für die experimentellen Untersuchungen stellt die vorwiegend analytisch ausgerichtete gerätetechnische Ausstattung des Fachgebietes dar, die ferner im Rahmen von industrieseitig initiierten Forschungs- und Entwicklungsaufträgen eingesetzt wird.

Das Fachgebiet vertritt in der Lehre den Bereich der organischen Werkstoffe und der Holzwerkstoffe.
Folgende Lehrveranstaltungen werden in Form von Vorlesungen und Übungen angeboten:

- Zustandsbeurteilung und Sanierung von Holz (Structural assessment and repair of timber) ab WS 2011/2012, Prof. Kasal
- Nachwachsende Werkstoffe und Holzwerkstoffe im Bauwesen (Organic Construction Materials: Renewable and wood-based materials in construction) ab WS 2011/2012, Prof. Kasal
- Kunststoffe in der Architektur, regelmäßig im WS, Dr. Hinrichsen
- Bautenschutz und Bauwerksanierung mit Baustoffanalytik, regelmäßig im SoSe, Dr. Hinrichsen

Forschungsgruppen und -themen

Holzwerkstoffe
- Anwendung hochfester Materialien in dynamisch belasteten Holzkonstruktionen
- Sanierung / Ertüchtigung erdbebengefährdeter historischer Bauten
- Zustandsbeurteilung und Sanierung von Holz
- Nachwachsende Werkstoffe und Holzwerkstoffe

Baustoffkorrosion
- Betonkorrosion
- Kunststoffkorrosion
- Metallkorrosion

Bauwerksanierung
- Sanierung von Schachtbauwerken in abwassertechnischen Anlagen
- kraftschlüssige Injektion von Betonrissen
- abdichtende Injektion von Betonrissen
- Oberflächenschutzsysteme

Umwelttechnik
- Nachwachsende Werkstoffe und Holzwerkstoffe
- Gewässer- und Bodenschutz durch polymere Abichtungen (LAU-, HBV-Anlagen, Deponien)

Forschungsgebiete	Untersuchungsmethoden

Strukturuntersuchungen

- Lichtmikroskopie (Durchlicht, Auflicht)
- Rasterelektronenmikroskopie
  mit Röntgenmikroanalyse
  und Mikrobereichsphasenanalyse
- Bildanalyse
- umfangreiche
  Präparationsmethoden

Chemische Analytik

- Röntgenfloureszenzanalyse
- Röntgendiffraktometrie
- Nasschemie

Physikalische Analytik

- Thermoanalyse (DSC, TG, TMA)
- Quecksilberdruckporosimetrie
- Dichte- u.a. Kennwertbestimmungen

Mechanisch-technologische Prüfungen

- Festigkeitskennwertermittlungen
  (Zugfestigkeit, Dehnung, E-Modul, etc.)
- Härteprüfung (Shore A und -D, IRHD,
- Kugeldruckhärteprüfung, Vickers)
- Schlagzugprüfung u.a.

Dauerhaftigkeitsprüfungen

- Umweltsimulation
  (Alterungsverhalten UV und Ozon)
- Medienbeständigkeitsprüfungen

Forschungsgebiete:
- Holzwerkstoffe
- Baustoffkorrosion
- Bauwerksanierung
- Umwelttechnik

2000 µm

*unten links: Detail of interface of wood reinforced with glass fiber composite
unten rechts: Beam-to-column connection test. EU SERIES Project, Prague April 2011 (Collaborative Project: TU Braunschweig / iBMB; Fraunhofer WKI, Braunschweig; Institute of Theoretical and Applied Mechanics, Prague, Czech Republic; TU Dresden; University of Bristol)*

IBB

INSTITUT FÜR BAUWIRTSCHAFT UND BAUBETRIEB

⌐ Professur

01 Prof. Dr. Rainer
Wanninger

⌐ Sekretariat

02 Elisabeth Schweigert

◂ Wissenschaftl. Mitarbeit

03 Lars Gonschorek
04 Steffen Greune
05 Dr. Frank Kumlehn
06 Stefan Hamann
07 Mario Hanusrichter
08 Daniel Schneider

◂ Lehrauftrag

07 Dr. Jörg Bartels
08 Dr. Dirk Uwe Schwaab
09 Frank Werner

◖ Kontakt

Technische Universität Braunschweig
Institut für Bauwirtschaft und Baubetrieb
Schleinitzstraße 23a
38106 Braunschweig

t + 49 (0) 531. 391. 31 74
f + 49 (0) 531. 391. 59 53
ibb@tu-bs.de

◖ www.tu-bs.de/ibb

Das Institut für Bauwirtschaft und Baube-trieb (IBB) wurde 1971 an der Technischen Universität Carolo-Wilhelmina zu Braun-schweig eingerichtet und steht seit 1998 unter der Leitung von Univ.-Prof. Dr.-Ing. Rainer Wanninger. Neben dem Instituts-leiter sind mehrere wissenschaftliche MitarbeiterInnen aus Mitteln des Landes Niedersachsen sowie aus Drittmitteln mit Institutsaufgaben in den Bereichen Lehre, Forschung und Weiterbildung betraut. In ausgewählten Bereichen wird die Lehre zudem von externen Lehrbeauftragten durchgeführt.

Das IBB ist eine Organisationseinheit der Fakultät Architektur, Bauingenieurwe-sen und Umweltwissenschaften der TU Braunschweig. Es ist in diesem Rahmen insbesondere für Lehre und Forschung in der Baubetriebswirtschaft, dem Bau-management und der Bauverfahrens-technik zuständig. Darüber hinaus sind am Institut eine Reihe weiterer fachlich benachbarter Themen wie z. B. Bauver-tragsrecht, Projektmanagement oder Sicherheits- und Gesundheitsschutz im Bauwesen angesiedelt, die zum Teil von Lehrbeauftragten betreut werden. Das IBB vermittelt den Studierenden des Bauingenieurwesens, des Wirtschafts-ingenieurwesens Studienrichtung Bau-ingenieurwesen und auch interessier-ten Studierenden der Architektur, die fachlichen Grundlagen für die Planung, Organisation, Arbeitsvorbereitung und vertragssichere Durchführung von Baumaßnahmen aller Art. Das IBB betreibt hohen Aufwand, den Studierenden Fähigkeiten und Einsichten zu vermitteln, die über die Anforderungen des späteren

Tagesgeschäfts hinausgehen und es den AbsolventInnen erlauben, sich in einem ständig verändernden beruflichen Umfeld durchzusetzen.
Während in der Vergangenheit unter "Bauen" vorwiegend das Herstellen von Bauwerken mit eigenen MitarbeiterInnen und eigener Ausstattung verstanden wurde, tritt dies heute in der Baupraxis immer mehr in den Hintergrund. In vielen Sektoren des Bauens bedeutet "Bauen" das Management der Baudurchführung mit einer Vielzahl von externen Beteiligten, sowohl auf Planungs- als auch auf Aus-führungsseite. Dem muss die universitäre Lehre Rechnung tragen. Es ist auch zu bedenken, dass Management beim Bauen sich unter vielen Aspekten vom allgemei-nen Managementbegriff unterscheidet: Baumanagement ist auch Management, allerdings immer Management mit starkem technischem Bezug. Manage-ment-ausbildung für das Bauwesen stellt daher besondere Anforderungen.

Neben dem klassischen Lehrstoff der Bauverfahrenstechnik, die zunehmend anspruchsvoller geworden ist und deren Beherrschung von den TU-Absolventen weiterhin verlangt wird, werden sehr viel deutlicher als früher, Kenntnisse in den Methoden der Termin- und Kosten-planung, der Organisation und des Vertragsmanagements gefordert. Dem hat sich die Lehre im Fach Bauwirtschaft und Baubetrieb angepasst. Hierzu zählt auch das Engagement des Instituts in der Vertiefungsrichtung „Infrastrukturplanung und -management", die auf das Planen, Finanzieren und Betreiben von Bauwerken ausgerichtet ist.

Von den Studierenden der Architektur werden insbesondere die nachfolgend kurz beschriebenen Lehrveranstaltungen aus dem Angebot des IBB belegt und in unterschiedlicher Form in ihr Studium eingebracht.

Bauleitung und Baustellen- management

Die Vorlesung bereitet auf die baustellen- spezifischen Managementaufgaben vor, insbesondere im Hinblick auf Berufs- anfänger. Die Studierenden sollen die un- terschiedlichen Sichtweisen und Aufgaben der Auftraggeber- und Auftragnehmerseite innerhalb der auftragnehmerseitigen Bauleitung bzw. auftraggeberseitigen Objektüberwachung kennen lernen.

Baurecht I + II

Die Vorlesung vermittelt die zum Verständ- nis der Bauabwicklung notwendigen Grundlagen des Bauvertragsrechts sowie des Architekten- und Ingenieurrechts.

Grundlagen der Ausschreibung/ Vergabe/Abrechung (AVA)

Die Leistungsbeschreibung ist das Binde- glied zwischen Architektur/Planung/Kons- truktion einerseits und der Bauausführung andererseits. Die Studierenden lernen, eindeutige und erschöpfende Ausschrei- bungsunterlagen zu erstellen. Der Umgang mit verschiedenen Vergabever- fahren (national und europaweit) und die Regelungen des Vergaberechtsschutzes werden vermittelt. Zur Abrechnung von Bauleistungen und freiberuflichen Leistungen werden notwendige Grund- kenntnisse vermittelt.

Schlüsselfertiges Bauen

Das schlüsselfertige Bauen als besondere Organisations- und Vertragsform wird in seinen Grundlagen vorgestellt. Es werden insbesondere auch Methoden des allgemeinen Ausbaus, der Gebäude- und Fassadentechnik behandelt.

Wirtschaftliche Aspekte des Bauens

Die Studierenden erwerben vertiefte Kenntnisse über die Organisation der Bauausführung und über das Zusammen- wirken der verschiedenen Beteiligten, insbesondere unter vertraglichen und wirtschaftlichen Aspekten. In einem eigenen Teil der Lehrveranstaltung wird die baubezogene Investitionsrechnung behandelt.

Leitbilder der Projektabwicklung

Die Studierenden lernen, aus verschiede- nen Sichten (national und international) geeignete Formen für die Projektab- wicklung beim Bauen zu identifizieren und zu werten. Es wird insbesondere auf nichttraditionelle Modelle abgehoben.

DAGEO

DARSTELLENDE GEOMETRIE IN DER AG ALGEBRA UND DISKRETE MATHEMATIK

⌐ Professur

01 Prof. Dr. Bettina Eick
02 Prof. Dr. Arnfried Kemnitz

⌐ Sekretariat

03 Barbara Kummer

⌐ Kontakt

Technische Universität Braunschweig
Carl-Friedrich-Gauß-Fakultät
Computational Mathematics
AG Algebra und Diskrete Mathematik
38023 Braunschweig

t + 49 (0) 531. 391. 74 18
f + 49 (0) 531. 391. 74 14

⌐ www.tu-bs.de/icm/algebra

—

Darstellende Geometrie

Als Gaspard Monge (1746 – 1818) die Darstellende Geometrie aus den Anfängen von Dürer u. a., zur Hochblüte entwickelte, wurde sie in Frankreich zum Staatsgeheimnis erklärt; man wollte diese für die Baukunst so wichtige Grundlage nicht mit anderen Staaten teilen.
Heute scheint sie als Arbeitswerkzeug entbehrlicher, zumal manche Konstruktionsschritte nun von Maschinen erledigt werden können.
Dennoch ist die Darstellende Geometrie für angehende ArchitektenInnen unverzichtbar, dient sie doch zur Schulung der Raumanschauung. Es findet eine wichtige Initialzündung im Gehirn statt, wenn man sich mit den typischen Fragen der Darstellenden Geometrie beschäftigt:

- Wie gelangt man, ausgehend von den Informationen, die im Grund-und Aufriß eines Gebäudes sichtbar sind, zu einem perspektivisch richtigen Bild des Gebäudes, gesehen von einem beliebig vorgegebenen Standort aus?

- Wie findet man die Stelle, an der eine gerade Linie eine Ebene (z.B. eine Dachfläche) durchdringt?

- Wie konstruiert man ein Dach mit vorgegebenen Neigungen, wenn die Unterkanten nicht horizontal liegen, und an welcher Stelle liegen die Grate zwischen den einzelnen Dachflächen?

Die gedankliche Durchdringung dieser Themen und die Ausführung der zugehörigen Konstruktionen bewirkt, dass es danach auch viel leichter fällt, einen Innenraum oder den äußeren Anblick eines Baukörpers vor dem inneren Auge entstehen zu lassen, nachdem man lediglich die Risse gesehen hat. Auch das Anfertigen von Handskizzen, in denen die wesentlichen Informationen korrekt wiedergegeben sind, sollte hiervon profitieren.

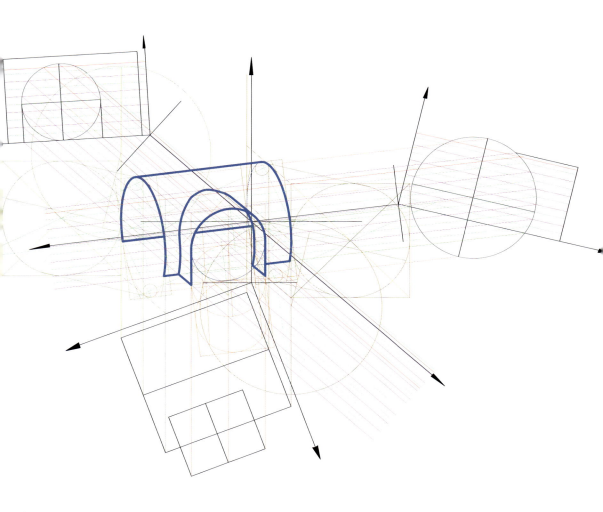

Preise

Studentenwettbewerbe

Johannes Göderitz-Preis 2010
1. Preis Anne Busemann und Christoph Peetz

Laves-Preis 2010
1. Preis Leif Buchmann und Martin Franck
Anerkennungen Jamie Queisser und Hendrik Lindemann, Cora Stenzel und Meike Guss,
Anne Schneider und Leonore Brave
Belobigung für die erfolgreichste Hochschule, gemeinsam mit der Leibnitz-Universität
Hannover.

Schinkelpreis 2010
Anerkennung Sebastian Henning

Stahlbaupreis der Salzgitter AG 2009
Preis Tim van Ackeren

Steel Student Trophy 09/10 des Österreichischen Stahlbauverbandes
Anerkennung Katharina Büsse und Tim Kertscher, Frederik Bakker, Stefan Mrosek und
Maria Hackober

Johannes Göderitz-Preis 2009
1. Preis Moritz M. Mombour und Leonhard Pröttel

Laves-Preis 2009
2. Preis Simona Schröder und Sven Wesuls
Anerkennung Beatrice Benkö und Jan Dethlefsen, Aileen Eickhoff und Julia Franzke

Jörg und Änne Hinze-Stipendium 2009
Simona Schröder und Sven Wesuls

Koller-Preis 2009
Preis Alexander Münch

Egon Eiermann Preis 2008/09
1. Preis Svea Franzke

Xella Studentenwettbewerb 2008/09
Ankauf Myriam Didjurgeit

Walter-Henn-Förderpreis 2008
Auszeichnung Jan Pingel

Peter-Joseph-Lenné-Preis 2008, Bereich A, Park am Reiherstieg, HH-Wilhelmsburg
1. Preis Judith Messing
Anerkennung Jan Pingel und Alexander Butz

Campus 2020 Wolfenbüttel – Städtebaulicher Ideenwettbewerb 2008
1. Preis Robert Seelandt und Daniel Kahl
3. Preis Katharina Büsse und Chanida Suadee
Ankauf Martin Majewski

Sich der Konkurrenz der Ideen in einem Studentenwettbewerb oder um eine Auszeichnung zu stellen, ist eine besondere Herausforderung und Erfahrung. Allein die Einreichung eines Wettbewerbsbeitrags ist ein Erfolgserlebnis und belegt schon Managementqualitäten, nämlich eine Aufgabe termingerecht und zielgerichtet bewältigt zu haben. Strategien für die Handhabung eines solchen Verfahrens zu entwickeln, ist also berufsqualifizierend und umso wichtiger, als der Architektenwettbewerb noch immer ein angesehenes und beliebtes Mittel ist, um aus alternativen Entwurfslösungen die möglichst Beste herauszufinden.

Beim Studentenwettbewerb liegt der besondere Reiz vor allem darin, sich außerhalb des Systems der Hochschule und dessen Bewertungs- und Benotungsmaßstäben zu profilieren, sich in interuniversitären, regionalen, nationalen und internationalen Konkurrenzen mit Kommilitoninnen und Kommilitonen anderer Hochschulen zu messen, besser zu sein und sich abzuheben vom Feld der Mitstreiter, um schließlich eine Auszeichnung entgegen zu nehmen, meist in Verbindung mit einer Geld- oder Sachprämie (letzteres z.B. in Form eines Reisestipendiums oder einer Praktikumsfinanzierung).

Die erfolgreiche Teilnahme, die Auszeichnung und Prämierung in Form von Preisgeldern oder Stipendien ist also die entscheidende Triebfeder. Der Erfolg ist die Bestätigung der eigenen Leistungsfähigkeit. Darüber hinaus aber ist der damit verbundene Ruhm das Salz in der Suppe: Der öffentliche Auftritt zur Preisverleihung, der Beifall des Publikums, das Foto und der Bericht in den Medien schmeicheln dem Ego. Der Gewinn erhöht die Reputation im Kreis der Mitstudierenden. Schließlich lässt er sich als besonderer Vermerk im Lebenslauf platzieren.

Braunschweiger Studierende haben sich kontinuierlich und mit großem Erfolg solchen Konkurrenzen gestellt, wie die Liste der Preise und die nachfolgende Auswahl bestätigen.

Aber nicht nur für die Studierenden ist eine Prämierung eine besondere Bestätigung. Für die Hochschule ist die erfolgreiche Wettbewerbsteilnahme ihrer Studentinnen und Studenten ein Indikator für die Qualität der Ausbildung und ihrer Position im Vergleich zu anderen Ausbildungsstätten.

Dipl.-Ing. Bernd Ax
(Institut für Gebäudelehre und Entwerfen, IGE)

E.-EIERMANN-PREIS

EGON-EIERMANN-PREIS

Projekt	Preisträgerin	Platzierung	Auslober	Betreuung
Architektur im Klimawandel	Svea Franzke	1. Preis	ETERNIT AG	Institut für Experimentelles Entwerfen und Entwerfen 1 (IEX)
Zeitraum				
2009				

Inspiriert von Theodor Storms Novelle „Der Schimmelreiter" erzählt die Arbeit der Preisträgerin Svea Franzke mit großer poetischer und zeichnerischer Kraft die Geschichte eines Forschers, den die aus dem Klimawandel resultierenden zunehmenden Naturgewalten faszinieren. Der Einsiedler lebt in einem bestehenden Natursteingebäude, dessen neu konzipiertes Dach sich bei einer Überflutung ablösen kann und unter Ausnutzung der Wasserkraft den eremitischen Forscher sowie seine Habseligkeiten, an einer Seilbahn auf ein sicheres, höheres Niveau befördert. Anstatt sich den Kräften der Natur (vergeblich) zu widersetzen, werden diese gezielt eingesetzt, um sich vor ihnen zu schützen. Geschichte, Entwurf und Präsentation führen den Betrachter in eine Welt zwischen Realem und Irrealem und kommunizieren die Botschaft, nicht gegen, sondern mit der Natur zu leben.

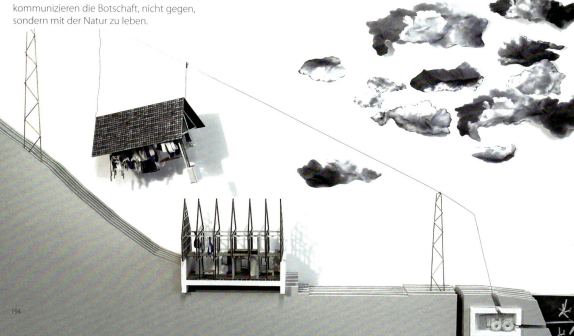

LAVES-PREIS
PREIS DER LAVES-STIFTUNG

Projekt	PreisträgerInnen	Platzierung	Auslober	Betreuung
Markthalle	01 Simona Schröder	2. Preis	Laves-Stiftung	Institut für Baukonstruktion
	Sven Wesuls			
	02 Beatrice Benkö	Anerkennung	Hochschulen	
Zeitraum	Jan Dethlefsen		National	
2009				

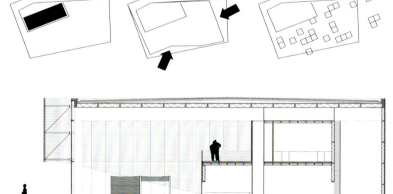

Der Entwurf der Markthalle am alten Zeughof in Braunschweig positioniert sich auf der westlichen Seite des Grundstücks. Dabei öffnet sich die Markthalle für die Kundschaft sowohl in Richtung der Bartholomeuskapelle als auch zum Bereich der Packhofpassage. Der Platz vor der nördlich des Baugrundstücks gelegenen Kirche St. Ulrici Brüdern wird städtebaulich durch den Vorplatz der Markthalle ergänzt und somit eine Erweiterung der umliegenden Freiflächen geschaffen. Dem Konzept der Markthalle liegt ein sich windender Screen zu Grunde. Dieser beginnt mit einem Sichtschutz im Bereich der Anlieferung im Außenbereich und verdichtet sich dann zu einer geschlossenen Fassade im Abschnitt des opaken Wandaufbaus. Mit Beginn des verglasten Bereichs weitet sich der Screen erneut auf und wird so um die gesamte Markthalle herumgeführt. Dabei kommt es zu Ablösungen und dadurch resultierenden Zwischenräumen im Bereich der Eingänge. Das Ende der verglasten Fassade im Bereich der Anlieferung stellt zugleich den Übergang zwischen Innen und Außen dar, wobei sich der Screen erneut verdichtet und zum Wandaufbau des inneren Versorgungsbereiches wird und diesen symbolisch umschließt. Die Verkaufsstände der Markthalle sind entlang des inneren Gebäudevolumens ausgerichtet und basieren auf einem in den Boden eingeschriebenen Raster mit den Grundmaßen 2,5 auf 2,5 Meter. Das Raster setzt sich im Außenbereich fort und überwindet so den polygonalen Grundriss der Halle. Es wird ein fließender Übergang zwischen Innen und Außen suggeriert und führt so zu einer Hervorhebung der durch die Markthalle strömenden Besucher.

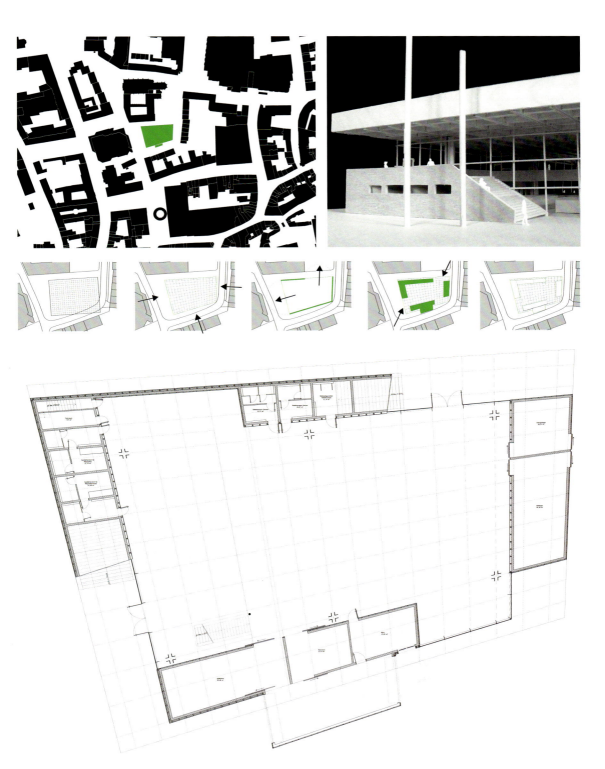

LAVES-PREIS

PREIS DER LAVES-STIFTUNG

⌐ Projekt	⌐ Preisträger	◤ Platzierung	❚ Auslober	⟨ Betreuung
Projekthaus Südsee	Leif Buchmann Martin Frank	1. Preis	Laves-Stiftung	Institut für Baukonstruktion

⌐ Zeitraum			❚ Hochschulen	
2010			National	

Am nördlichen Ufer des Südsees in Braunschweig soll ein „Projekthaus" für Jugendliche entstehen. Mit diesem Haus sollen die Aus- und Weiterbildungsmöglichkeiten für Jugendliche und junge Erwachsene in Braunschweig verbessert werden. Daneben soll es sich zu einem Ort des Handwerks und der Kultur im Braunschweiger Süden entwickeln. Kern des Konzeptes ist die Förderung junger Erwachsener, die, ausgehend von ihren Stärken, in ihrer Entwicklung unterstützt werden sollen. Insbesondere Jugendliche, die in ihrer schulischen Entwicklung wenig erfolgreich waren, sollen hier die Möglichkeit erhalten, einen Einstieg in die Berufswelt zu finden. Der Arbeit in der Bootsbauwerkstatt kommt dabei eine zentrale Rolle zu. Dort sollen Talente und Potenziale von Jugendlichen erkannt und gefördert werden. Darauf aufbauend können die Jugendlichen durch eine Vielfalt an lang- und kurzzeitigen Projekten gezielt gefördert und qualifiziert werden. Das „Projekthaus Südsee" wird darüber hinaus als Bootshaus Angebote zur Freizeitgestaltung machen. Beispielsweise sollen die Jugendlichen für den Wassersport, für Musik-, Tanz- oder Theaterprojekte begeistert werden.

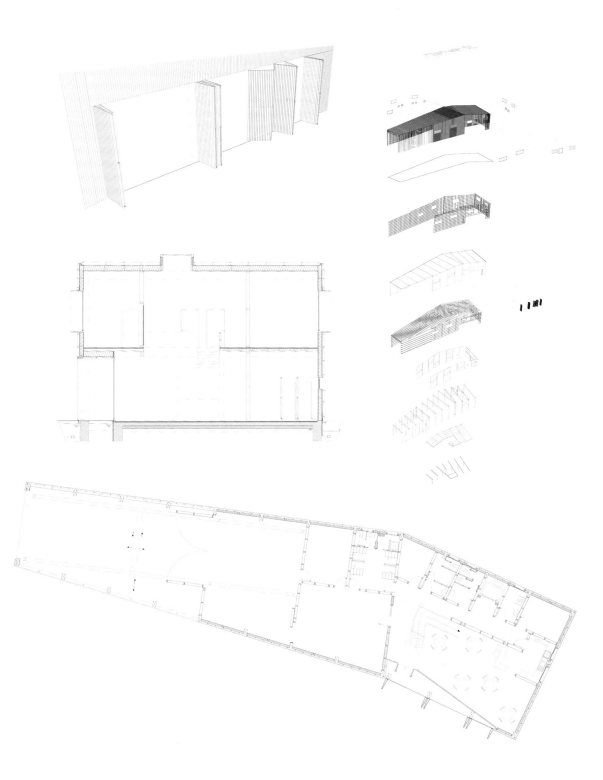

J.-GÖDERITZ-PREIS

JOHANNES GÖDERITZ WETTBEWERB

Projekt	Preisträger	Platzierung	Auslober	Betreuung
StadtReVision	Moritz Mombur Leonhard Pröttel	1. Preis	Göderitz Stiftung	Institut für Städtebau

Zeitraum			Hochschulen	
2009			TU Braunschweig LU Hannover TU Darmstadt TU Dresden Uni Stuttgart	

Nördlich der historischen Innenstadt Braunschweigs und der Technischen Hochschule Carolo Wilhelmina befindet sich ein Areal mit klassischer Gemengelage: Industriebrache, hochwertige Büronutzung, Biotop-Verdachtsflächen, Kleingärten, Gewerbebetriebe und Bruchstücke gründerzeitlicher Bebauung.
Die Schwerpunktnutzung des Grundstückes ist durch die Braunschweiger Stadtwerke gegeben.

Aufgabe ist eine kritische Revision städtebaulicher Ziele und Prämissen der Vergangenheit und die Entwicklung sowohl ortstypischer als auch prototypischer Lösungsansätze. Es bietet sich hier die Möglichkeit, neue Zusammenhänge innerhalb des Stadtraums herzustellen und eine Leerstelle innerhalb des Stadtgrundrisses zu füllen.

Ziele
- Neuordnung der Flächen der Braunschweiger Stadtwerke
- Möglichkeit zur Expansion der Braunschweiger Stadtwerke
- Realisierung hochwertigen städtischen Wohnens
- Anbindung des Quartiers an seine Umgebung
- Einbindung heterogener gewerblicher Nutzung in das Gesamtkonzept
- Vervollständigung des Quartiers durch Freizeit- und Kulturangebote
- Schaffung von Freiraumqualitäten

J.-GÖDERITZ-PREIS
JOHANNES GÖDERITZ WETTBEWERB

Projekt	PreisträgerInnen	Platzierung	Auslober	Betreuung
Campus Invasion	Anne Busemann Christoph Peetz	1. Preis	Göderitz Stiftung	Institut für Städtebau

Zeitraum			Hochschulen	
2010			TU Braunschweig	

Die gegebene Struktur funktioniert nur als reiner Arbeitsplatz, verfügt jedoch über keinerlei Aufenthaltsqualitäten. Der Mitarbeiter, Konsument, Akteur fährt lediglich zum Arbeitsplatz und von dort aus wieder nach Hause. In Gemeinschaft verbrachte Zeit beschränkt sich auf Mensabesuche. Es findet kaum Austausch zwischen Konsumenten, Mitarbeitern, Akteuren statt, da kein qualitativ hochwertiger, öffentlicher Raum vorhanden ist. Die Identifikation mit dem Lebensraum findet außerhalb des Arbeitsplatzes statt. Der Ort verfügt über einen ungewöhnlichen Charakter, speziell durch seinen thematischen Inhalt der Kernforschung (weitere Gegebenheiten: Inselcharakter, Vielfalt und Besonderheit der formalen Sprache).
Die Struktur innerhalb dieses Charakters funktioniert jedoch nicht, da das Besondere des Areals kaum als Gruppe erfahrbar ist. Das macht eine Identifikation mit dem Charakter des Ortes geradezu unmöglich. Um eben diese Identifikation zu ermöglichen, benötigt man einen gemeinschaftlichen Raum, in dem der Akteur den Charakter selbst erleben, beeinflussen und mitgestalten kann. Das äußert sich in der ausdruckslosen Atmosphäre vor Ort: „immer Sonntags-um-10.30 Uhr". Kein Mensch auf den für Autos überdimensionierten Straßen, überall wird man mit Schildern auf radioaktive Substanzen hingewiesen. Nun soll ein Campus auf dem Areal entstehen. „Campus (Plural Campus) beschreibt den Gesamtkomplex einer Hochschule, das bedeutet das Gelände einer Universität, Fachhochschule oder sonstigen Hochschule. (campus, das Feld).

XELLA

6. STUDENTENWETTBEWERB

Projekt	**Preisträgerin**	**Platzierung**	**Auslober**	**Betreuung**
Dock Magdeburg	Myriam Didjurgeit	1. Preis der Region 3 Ankauf im Bundeswettbewerb	XELLA	Institut für Industriebau und konstruktives Entwerfen
Zeitraum			**Hochschulen**	
2008/09			RWTH Aachen, TU Berlin, HS Coburg, HTW Dresden, FH Dortmund, HS Dortmund, Leibniz Uni Hannover, Uni Kassel, TU München, MSA Münster, HS Wiesbaden, HS Wismar, u.a	

Der Wettbewerb sah vor, auf einer Industriebrache des alten Zollhafengeländes in Magdeburg moderne Wohnungen mit Bezug zum Wasser zu planen. Das eigentliche Baugrundstück entstand erst in der Nachkriegszeit, durch die teilweise Verfüllung eines Hafenbeckens mit Trümmern der kriegszerstörten Magdeburger Altstadt. Myriam Didjurgeit bezieht sich auf die besondere topografische Situation und die Geschichte des Ortes. Mit einem durchgehenden, schmalen Baukörper verbindet sie das ehemalige Hafenbecken mit dem Naturraum der alten Elbe und organisiert öffentliche und private Nutzungen entlang dieser städtebaulich klar ablesbaren Figur. Mit diesem Eingriff schneidet sie durch die historischen Schichten, seziert das aufgeschüttete Material, sammelt Fragmente und macht diese in einem Parcours innerhalb des Bauwerks räumlich und atmosphärisch erlebbar. Dabei knüpft sie an historische Situationen an, indem sie am Ende des Bauwerks ein kleines Schwimmbad an der alten Elbe anlegt. Ungefähr an dieser Stelle, so ergaben ihre Recherchen,

war vor der Zerstörung Magdeburgs lange Zeit ein Flussschwimmbad. Die Wohnnutzung orientiert sie zum Hafen in einem bügelförmigen Baukörper, der mit seiner markanten Form unweigerlich Assoziationen zu alten Verladeeinrichtungen weckt. Im Inneren ermöglichen geschickte Wegeführung und Ausblicke immer wieder eine gezielte und weiträumige Blickbeziehung zu Stadt und Wasser. Die Wohnungen bieten dagegen ein hohes Maß an Intimität, indem alle Funktionen um ein Zentrum mit einem Tisch als Treffpunkt organisiert sind. Hier wird der Blick gleichsam nach Innen gerichtet. Der Entwurf überzeugte die Jury vor allem aufgrund seiner hohen inhaltlichen Durchdringung, seiner formalen Kraft und seiner subtilen Bezüge zum Ort. Bei dem Wettbewerb erhielt Myriam Didjurgeit in der Region 3 (Hochschulen aus vier Bundesländern) den ersten Preis und in dem anschließenden Wettbewerb auf Bundesebene, der nach Änderung der Wettbewerbsrichtlinien erstmals mit einer deutlich vergrößerten Zahl teilnahmeberechtigter Arbeiten stattfand, einen Ankauf.

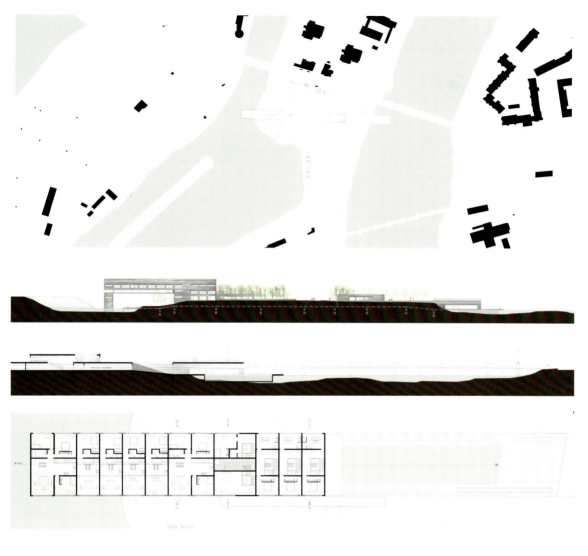

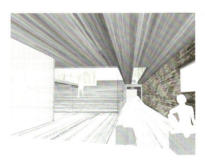

P. -J. LENNÉ PREIS
IDEENWETTBEWERB

Projekt	Preisträgerin	Platzierung	Auslober	Betreuung
HAFEN PARK HAMBURG	01 Judith Messing	1. Preis	Senatsverwaltung für Stadtentwicklung Berlin	Institut für Landschaftsarchitektur
	02 Alexander Butz Jan Pingel	Anerkennung	in Kooperation mit der Internationalen Gartenschau Hamburg	
Zeitraum				
2008/09				

Mit der Teilnahme an diesem renommierten Wettbewerb sollte den Studierenden
die Möglichkeit gegeben werden, sich mit
ihren Arbeiten auf nationaler Ebene zu
messen und - im besten Falle - ein Preis-
geld zu gewinnen. Der Entwurf wurde vom
Lehrstuhl Prof. G.G. Kiefer betreut und
hatte die Entwicklung eines Erholungs-
und Freizeitparks auf einer, am Rand des
Hamburger Hafens gelegenen Industriebrache, in Hamburg-Wilhelmsburg zur
Aufgabe. Judith Messing überzeugte die
Jury mit ihrem klaren Konzept und wurde
mit dem 3.000 Euro dotierten Lennépreis
ausgezeichnet. Alle eingereichten Arbeiten
wurden nach der feierlichen Preisverleihung in der Berliner Akademie der Künste
am Pariser Platz ausgestellt.

01

02

International

Auslandsarbeiten

Der internationale Austausch von Studierenden und Lehrenden hat eine lange Tradition an der Fakultät Architektur, Bauen und Umwelt, was sich unter anderem in einem lebendigen weltweiten Netzwerk aus Partneruniversitäten, internationalen Forschungspartnerschaften auf Institutsebene und einer multikulturellen Zusammensetzung der Studierenden widerspiegelt.

Jedoch hat sich anhand der ersten Jahrgänge im 6-semestrigen Bachelorstudiengang gezeigt, dass der straff gefasste Bachelorstudienplan nur noch bedingt den Freiraum für einen Auslandsaufenthalt zulässt. Trotz des generell großen Interesses von Seiten der Studierenden hat dies zu einem Rückgang der Bewerbungen für ein Auslandsstudium geführt.

Um diesem Trend entgegenzuwirken und das internationale Profil der TU zu stärken, entwickelt das Department Architektur neue Studienangebote auf Bachelor- und Masterebene, die durch fest verankerte internationale Bausteine im Curriculum neben einer soliden Grundausbildung auch eine internationale Perspektive auf das zukünftige Berufsfeld der Studierenden bieten. Die neuen Studiengänge vermitteln den Studierenden eine besondere fachliche, interdisziplinäre oder berufsvorbereitende Qualifikation und ermöglichen darüber hinaus die vertiefende Auseinandersetzung mit internationalen Fragestellungen, sowie eine kritische Reflexion des Berufsbildes in interkulturellen und grenzübergreifenden Zusammenhängen.

Für die neuen Studiengänge werden zurzeit Kooperationen mit renommierten Universitäten weltweit auf- und ausgebaut. Bereits im Sommer 2010 bildete ein interkultureller Entwurfsworkshop mit deutschen und chinesischen Studierenden den gelungenen Auftakt für eine neue Kooperation mit dem College of Architecture and Urban Planning an der Tongji University in Shanghai. Weitere Partneruniversitäten im europäischen Raum, in den USA, Japan, Mexiko und Brasilien werden den Studierenden zukünftig ein großes Spektrum zur Vertiefung und Spezialisierung zu bieten. Durch die Kooperationsverträge entfallen organisatorische und finanzielle Hürden weitgehend. Speziell Studierende des Bachelorstudiengangs „Architektur+" können sich zusätzlich auf vom DAAD geförderte Stipendien für ihren Auslandsaufenthalt bewerben.

Der Reiz eines Auslandsaufenthalts im Studium liegt neben dem fachlichen Zugewinn vor allem auch in einer gestärkten Persönlichkeitsentwicklung sowie dem Erwerb interkultureller und sprachlicher Kompetenz. Oft wird hier der Grundstein zum Aufbau eines dauerhaften, persönlichen und beruflichen internationalen Netzwerkes gelegt. Ein Auslandsaufenthalt ist demnach eine wertvolle und prägende Erfahrung im Studium, die häufig bewusst oder unbewusst den Auftakt zu weiteren Studien, Praktika oder sogar späteren beruflichen Tätigkeiten im Ausland bildet.

MA.arch. Sandra Wöhrer
(Auslandskoordination des Studiengangs Architektur, IGS)

INTERNATIONAL
AUSLANDSAUFENTHALTE 2006 - 2010

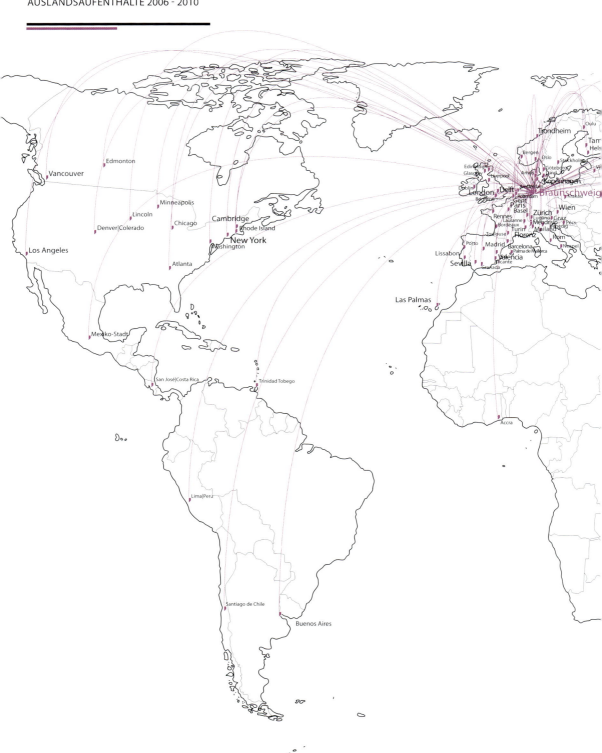

Vancouver

Edmonton

Minneapolis

Denver|Colerado

Chicago

Cambridge

Rhode Island

New York
Washington

Los Angeles

Atlanta

Mexiko-Stadt

San José|Costa Rica

Trinidad Tobego

Las Palmas

Lima|Peru

Santiago de Chile

Buenos Aires

Trondheim

Oulu

Tam
Hels

Bergen

Oslo

Stockholm

Goteborg
Lund

Edinburgh
Glasgow

Liverpool

Copenhagen

Dublin

London
Brighton

Delft
Rotterdam
Amsterdam

Braunschweig

Krakau

Gent
Paris
Basel

Wien

Zürich

Graz

Pécs

Rennes
Lausanne
Bordeaux

Lugano
Mailand
Meran
Turin

Pedig

Toulouse

Florenz

Rom

Porto

Madrid

Barcelona
Palma de Mallorca

Neapel

Lissabon

Valencia
Alicante

Sevilla

Granada

Accra

ourg
Moskau

Beijing

Tokyo

Shanghai

Taipeh|Taiwan

Ahmedabad

Hanoi|Vietnam

Kuala Lumpur|Malaysia

Brisbane

Adelaide

Sydney

Melbourne

Auckla

Wellington

LOS ANGELES
BALL NOGUES STUDIO

▶ Projekt	⌐ Praktikant
01 Glop Lamp 1	Hannes Langguth
02 Cradle	
⌐ Büro	⌐ Zeitraum
Ball Nogues Studio	2010
Los Angeles	

Während meines halbjährigen Praktikums
bei Ball-Nogues Studio in Los Angeles
lernte ich dieses und vorallem dessen
Mitarbeiter als eine starke Gemeinschaft
zwischen Menschen mit individuellsten
Ansätzen und unterschiedlichsten Visionen
kennen. Daraus entstand ein experimenteller, fast spielerischer Umgang und ein
sich ständig abwechselnder Prozess von
Entwurf und Fabrikation. Vorwiegend diese
ideelle, aber auch authentische Herangehensweise und seine meist auch improvi-
sierte Durchführung gaben mir persönlich
viel Mut und Vertrauen in eigene, zunächst
unmöglich erscheinende Aufgaben und
Visionen.
Das intensivste und mich über die gesamte
Zeit begleitende Projekt entstand aus
der Idee heraus die Fähigkeiten und den
praktischen Einsatz von recyclten Papier zu
untersuchen und in einer 1:1 Installation
im MOCA in Los Angeles umzusetzen.
Dies begann mit Materialstudien sowie
dem Bau einer eigens entwickelten
Produktionsmaschine und ging über in
die Entwicklung einer sich über die Zeit
der Ausstellung formell und ökologisch
transformierenden Raumstruktur mit
Grasshopper.
Glop Lamp V. 1.0 war die spontane Idee,
das im Research-Prozess untersuchte Material Papier in ein Lampendesign als zentrales und einziges Gestaltungselement
umzusetzen. Die so entstandene „Second
Hand" Papierlampe wurde bei einer Wohl-
tätigkeitsauktion in Los Angeles versteigert
und ging in die Weiterentwicklung und
serielle Produktion.
The Cradle - eine Installation im öffentlichen Raum - zeigte mir die Komplexität
einer solchen Bauaufgabe durch all seine
Entwicklungsprozesse. Die Installation der
hängenden Skulptur an einer von Frank'O
Gehry gestalteten Fassade in Santa Monica,
bildete den Endpunkt des Projektes.

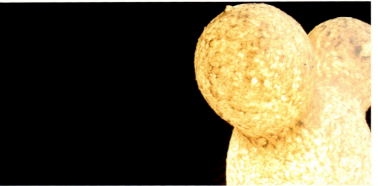

MEXICO-CITY

UNIVERSIDAD NACIONAL AUTÓNOMA DE MÉXICO

la ciudad al otro lado
cortometraje I 4'23
-
jan müller I ninon robert

ciudad de méxico I 2010

LA CIUDAD AL OTRO LADO
(Die Stadt auf der anderen Seite)

Der Doku-Kurzfilm „La ciudad al otro lado"
betrachtet ein Gebiet in Mexico-City,
das durch eine Schlucht getrennt ist. Auf
der einen Seite das ärmere, ungeplante
und informell gewachsene Viertel Jalalpa
mit selbst erbauten Wohnhäusern und
Wellblechhütten, auf der anderen Seite
das reiche, privatisierte Stadtviertel Santa
Fe mit Großkonzernen, Banken, Shopping-
Malls und Luxuswohnungen.
In beiden Stadtgebieten lesen Anwohner
aus Italo Calvinos „Die unsichtbaren Städte"
vor, teilweise die selben Textpassagen. Die
Definition von Stadt verschwimmt und
es bleibt eine Reflexion darüber wie Stadt
und öffentlicher Raum gelebt wird.

BOUNDARIES & NO MAN'S LAND

Die beiden Arbeiten sind das Ergebnis
eines Processing-Seminars an der Universidad Nacional Autónoma de México mit
dem Ziel generative, interaktive Grafiken
zu erstellen. Sie wurden im Mai 2010 in der
Ausstellung „Preludio – Arte Digital Gene-
rativo" in der Biblioteca Luis Unikel/Ciudad
Universitaria in Mexico-City gezeigt.
Die Arbeit „No man's land" ist eine Auseinandersetzung mit Zitaten Leo Tolstois
über die Definition und Aneignung von
Freiraum.
„Boundaries" ist eine Antithese dazu.
Beide Grafiken sind dynamisch und
interaktiv, da sie durch die Bewegung des
Besuchers beeinflusst werden können.

Mercury, god of the fickle, to whom the city is scared,
worked this ambiguous miracle.

The other half-city is of stone and marble and cement, with
the bank, the factories, the palaces, the slaughterhouse,

and each can find, concealed among the arabesques,

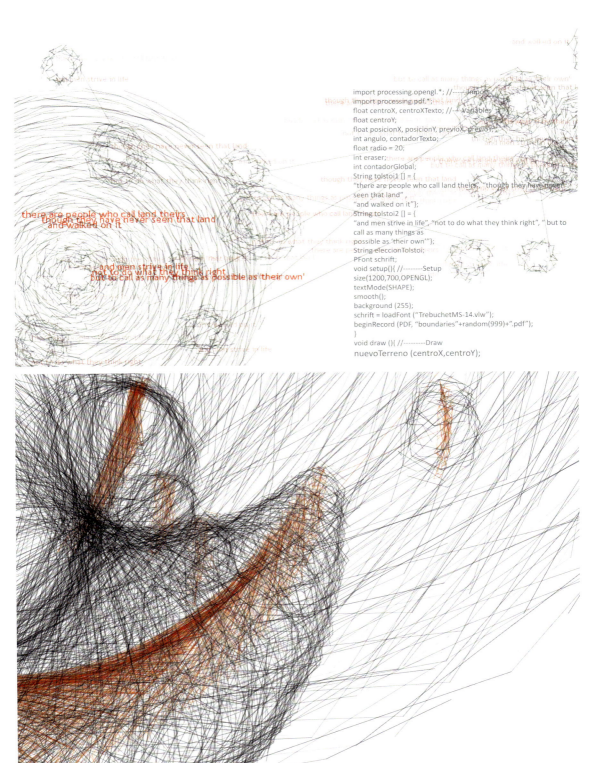

```
import processing.opengl.*; //------Import
import processing.pdf.*;
float centroX, centroXTexto; //------Variables
float centroY;
float posicionX, posicionY, prevloX, prevloY;
int angulo, contadorTexto;
float radio = 20;
int eraser;
int contadorGlobal;
String tolstoi1 [] = {
"there are people who call land theirs", "though they have never
seen that land",
"and walked on it"};
String tolstoi2 [] = {
"and men strive in life", "not to do what they think right", " but to
call as many things as
possible as 'their own'"};
String eleccionTolstoi;
PFont schrift;
void setup(){ //--------Setup
size(1200,700,OPENGL);
textMode(SHAPE);
smooth();
background (255);
schrift = loadFont ("TrebuchetMS-14.vlw");
beginRecord (PDF, "boundaries"+random(999)+".pdf");
}
void draw (){ //--------Draw
nuevoTerreno (centroX,centroY);
```

there are people who call land theirs
though they have never seen that land
and walked on it

and men strive in life
not to do what they think right
but to call as many things as possible as 'their own'

LONDON

THE BARTLETT SCHOOL OF ARCHITECTURE, UCL

➤ Projekt	⌐ Autor
Advanced Architectural Research at UCL	Julian Busch

⌐ Dozenten	⌐ Zeitraum
Neil Spiller Phil Watson	2009

Rescripting Landscapes

The project is situated as an inquiry into the spatial possibilities of reinterpreting the artefact as a field of events. The Chateau de Maulnes, a hunting castle in Burgundy built in the late 16th century is used as a location. When built it was seen as a way of transferring light and texture from parts of one space to rearticulate other spaces. This programme attempts to reobjectify this idea as an architecture of events, as a series of connections between environment and object. The inquiry begins by setting out terms for remodelling the event; hunting was the main purpose of the chateau. Its turrets surrounded by medieval hunting gargoyles setting the symbolic gestural code of the objects purpose. The deer is brought into the space as a reworking of the concept of the chateau and its functions. The kitchen, the great hall and the chandelier are developed as main components for refracting and modelling a series of events that become components of the landscape stored in the chateau. The spaces become a series of events or reconstructions of an alternative chateau stored within the existing one. A theatre of stored events operating as other interior landscapes. Hunting and kitchen are reordered by the idea of the blacksmith as an agency for refabricating sections of the deer as a chandelier. A device for refraction of light. A set of rainbow devices are triggered by lightning.
The idea is to include the natural event as part of the calendar of the environment of the chateau. The programme is evolved as a series of interiors and objects extracts and objects extracts from the building. The landscape and the climate are reworked to create a set of landscape sections that eventually are stored and repositioned in the great hall; a place where things meet

and are stored between the building and the landscape. These are moved out into the exterior as new orders of actions. These may be seen as the props of a new theatre or second order of space stored in the great hall and moved out into the landscape as a theatre of observation points reviewing the location of the deer in the environment.
The event is folded back into itself as a series of tactics reworking a new taxonomy between the object and its environment.
Method/Tactics

The project is investigated through drawing and modelling using fragments connected as other objects.
The death of the deer is reconstructed as an event in the kitchen with the red

rainbow and the thunderbolt, a moment in the natural landscape.
Sections of deer refabricate the chandelier, which is rehung by the blacksmith as toolmaker and restorer of equipment.
The recompositions are stored in the great hall.
The dining room serves as a theatre of pieces between the architecture of the space and the event. It performs as a new landscape looking for the deer in the forest.

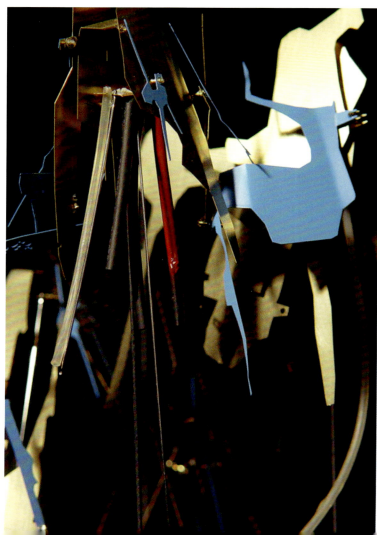

KOPENHAGEN

ROYAL DANISH ACADEMY OF FINE ARTS

▸ Projekt   ⌐ Autorin

Drawing Architecture   Merle Zadeh

⌐ Betreuung   ⌐ Zeitraum

Prof. C. R. Denisen   2009

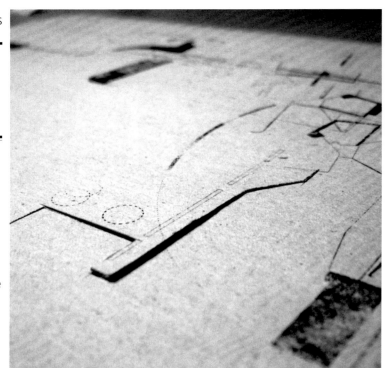

„Drawing Architecture" entstand am Department für Architektur, Raum und Form an der Royal Danish Academy of Fine Arts in Kopenhagen.
Der Fokus der Bearbeitung liegt in einer abstrakt-künstlerischen Auseinandersetzung mit dem Kontext.

Das Projekt-Grundstück befindet sich auf der Halbinsel „Refshale Øen", eine ehemalige Marinebasis in Kopenhagen, die seit ca. zehn Jahren öffentlich zugänglich ist.

In der Auseinandersetzung mit den räumlichen und wahrnehmungsspezifischen Verhältnissen des Ortes entstand ein Konglomerat von Grafiken und Modellen, das in die Konzeption einer abstrakten Siedlungsplanung mündete.

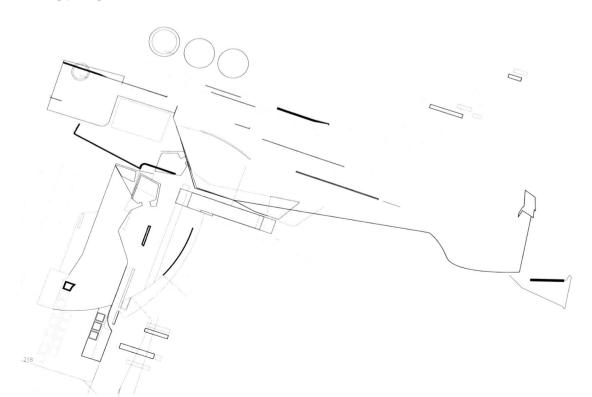

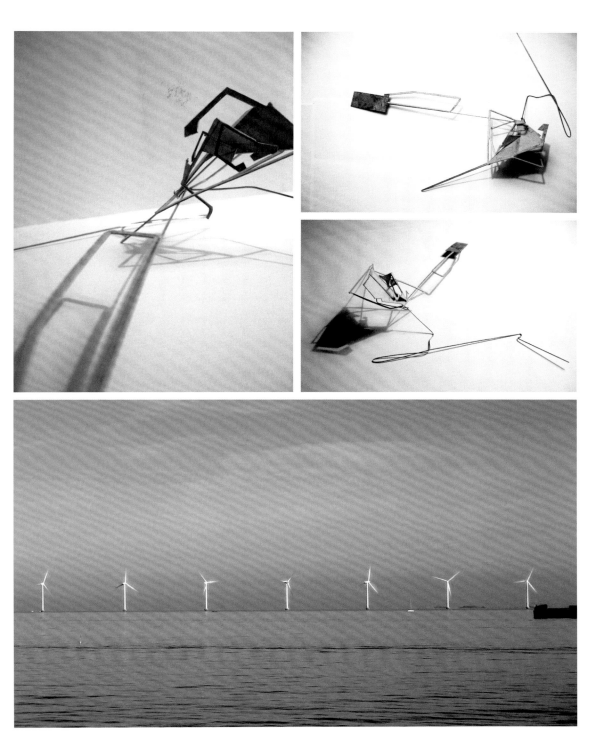

ZÜRICH
ETH ZÜRICH

▶ Projekt	⬎ Autor
01 Restructuring Tokyo	Jonathan Kischkel
02 Set Design Azincourt	

⬎ Dozenten	⬎ Zeitraum
01 Manabu Chiba	2009 - 2010
02 Gregor Eichinger	

Das Departement Architektur der ETH Zürich setzt auf herausragende Schweizer Architekten und Historiker, zudem werden hochkarätige Persönlichkeiten als Gastprofessoren an die Hochschule berufen. So entsteht eine enorme Angebotsvielfalt. Die Studierenden eines Professors nutzen, anders als in Braunschweig, einen dedizierten Pavillon oder Saal. Innerhalb dieser Entwurfsklassen erfolgt die Betreuung am Platz. Zu den im gesamten Departement parallelen und öffentlichen Abschlusspräsentationen erscheinen jeweils mehrere prominente Gastkritiker.

Im ersten Gastsemester entwarf ich gemeinsam mit Isidor Burkardt ein Filmset für den geplanten Film „Azincourt" des Regisseurs Oliver Hirschbiegel. Zur Abgabeleistung des Lehrgebiets zur Konzeption der Benutzeroberfläche, gehörten neben Plandarstellungen und Modell im Maßstab 1:50, auch eine umfassende Referenzenrecherche, Storyboards und eine Filmsequenz in einem zehn Meter großen Modell.

Semester zwei in der Entwurfsklasse des Japaners Manabu Chiba startete in Tokio und war ganz den Maßstäben und Anforderungen Japans verschrieben. In meinem Fall galt es den Stadtteil Kagurazaka zu verstehen, seinen Charakter zu akzentuieren und einen Teil neu zu strukturieren. Studien des japanischen Wohnens vor Ort, in der Literatur, mit Gastvorträgen japanischer Architekten, sowie mit Professorenkritiken im Zweiwochentakt stellten die Grundlage dar.
Ergänzt wurden die Entwürfe durch experimentell-programmatische und konstruktiv-digitale Forschungsarbeiten sowie historische Seminare am GTA.

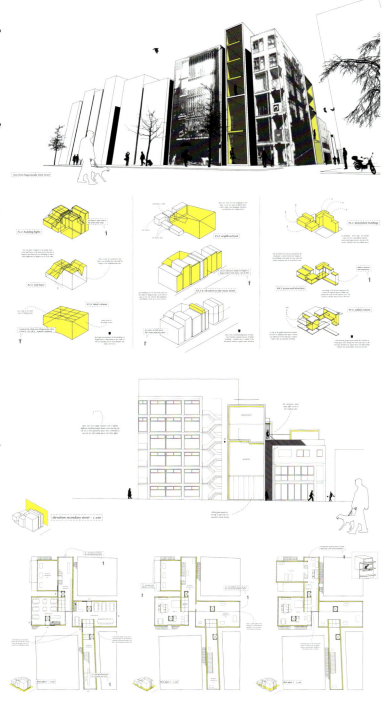

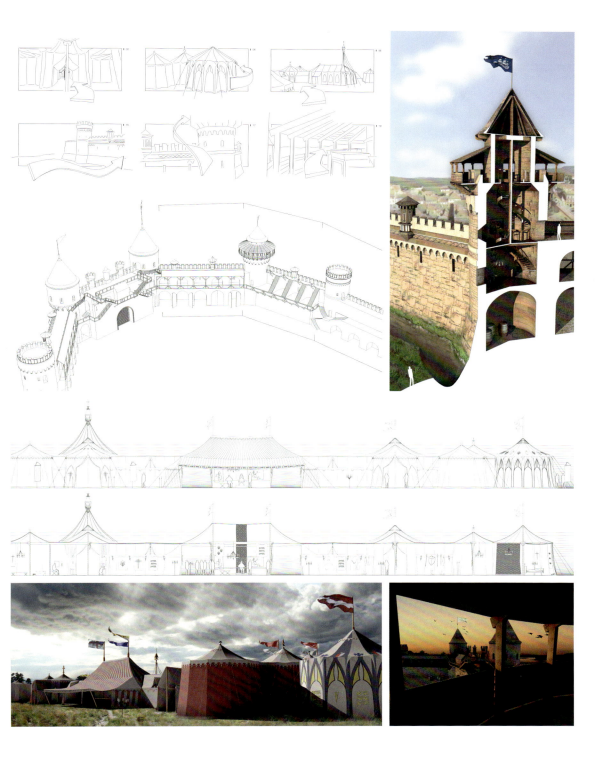

WIEN

AKADEMIE DER BILDENDEN KÜNSTE WIEN

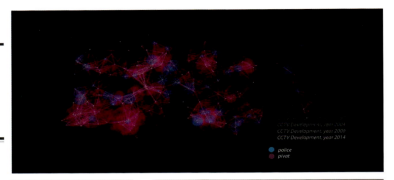

➤ Projekt	⌐ Autor
THE INVISIBLE NATURE	Hannes Langguth

⌐ DozentInnen	⌐ Zeitraum
der AkBild Wien und der TU Braunschweig	2009 - 2010

THE INVISIBLE NATURE.
an interactive live installation

Schon seit mehreren Jahren sind wir vor allem im öffentlichen Raum mit sogenannten intelligenten Kamerasystemen umgeben und konfrontiert. Ein von der Politik und privaten Interessengruppen ernanntes Ziel ist es, diese Technik, die eine integrierte Gesichtserkennung und ein automatisches Abgleichen mit Täterprofilen verspricht, in den kommenden Jahren intensiv weiterzuentwickeln und ihre Installation auszubauen. Natürlich zur Prävention von Gewalttaten und damit zum Schutz unserer Gesellschaft.
„The Invisible Nature" lässt dem Besucher in einer interaktiven Auseinandersetzung den Prozess der Überwachung in unterschiedlichen Dimensionen spüren und hinterfragt den Erfolg des totalitären Überwachungssystems.
Eine Visualisierung von GPS-Daten installierter und geplanter CCTV Kamerasysteme im Londoner Stadtteil Westminster City zeigt den dramatischen Anstieg unseres Kontrollwahns und die daraus abgeleitete Vision eines sicheren Viertels. Während die Installation durch eine vom Besucher manuell steuerbare Live-Überwachung eines anderen Ortes die Grenzen der individuellen, menschlichen Überwachungsgier abruft, wird dieser Prozess selbst überwacht, aufgezeichnet und an anderer Stelle im Raum sichtbar gemacht.
Eine Reihe von Robotik-Modulen mit integrierter, für das menschliche Auge nicht sichtbarer Infrarot Lasertechnik visualisieren dem Besucher beim betreten des Systems die Vielzahl virtueller Verknüpfungen und Datenströme über die eigene Person.

Vielen Dank an:
Andreas Tiefenthaler, Kulturdrogerie Wien, Franz Brunner, Markus Hiesleitner, Stefan Neudecker und Michael Botor

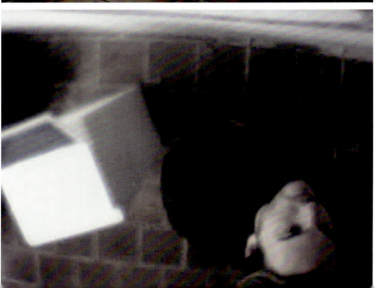

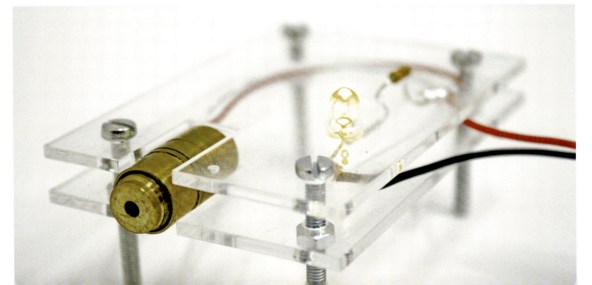

WIEN

UNIVERSITÄT FÜR ANGEWANDTE KUNST WIEN

▸ Projekt	⌐ Autor
Kinetic Expose	Markus Willeke

⌐ DozentInnen	⌐ Zeitraum
Studio Wolf D. Prix	2009 - 2010

Im Studio Prix lernen die Studenten nicht nur Ideen zu entwickeln, sondern sie auch konzeptionell zu vertreten. Sie lernen ebenso, diese Ideen in der Realität der Möglichkeiten weiterzuentwickeln und zu verfeinern. Die Dialektik zwischen dem „Begreifbaren" und dem „Abstrakten" ist das Feedback zwischen Modell und Computer als Entwurfswerkzeuge. So wird das offene System der Interaktion zur Grundlage für die Entwicklung einer neuen formalen Architektursprache.

Im Wintersemester 2009/10 war die Aufgabe im Studio Wolf D. Prix, ein neues Zentrum für Popmusik in Taipeh/Taiwan zu konzipieren. Hierfür wurde untersucht, wie Raumformen, Materialien und Oberflächen die Akustik begünstigen, wie vom öffentlichen Raum in die Architektur übergeleitet wird und wie das Verhältnis zwischen Konzertbesucher und Spektakel definiert und ausformuliert wird.

Das Raumprogramm besteht im Wesentlichen aus einer Konzerthalle für 2500 Personen, einem Außen-Performance-Bereich, einem Museum (Hall of Fame) und einer angeschlossenen Shopping-Zone. Da Live-Aufführungen von Popmusik, üblicherweise in Stadien, Konzert- oder Industriehallen stattfinden, war es das Ziel, funktions- und zeitgemäße neue Typologien hierfür zu entwickeln.

„Kinetic Expose" schafft einen vertikalen öffentlichen Raum, der sich zweihundert Meter in die Höhe schraubt. Die Form resultiert aus Analysen des Ortes und der Überlagerung der verschiedenen Programme und Funktionen, sie exponiert die Aktivität und Zirkulation der unterschiedlichen Benutzer. Der entstehende Raum wird durch eine den Kern auflösende Skelettstruktur formuliert, in deren Zentrum eine vertikal organisierte Konzerthalle Performer und Publikum in einen neuen Kontext stellt.

Die Arbeit wurde im Team mit Sille Pihlak und Florian Fend entwickelt und ausgearbeitet.

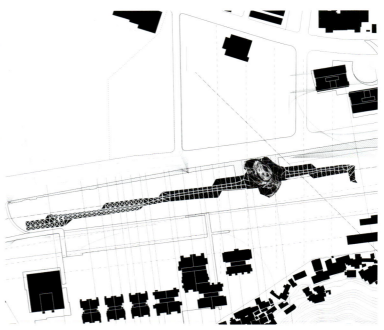

PEKING

CHINA ACADEMY OF URBAN DESIGN AND PLANNING

⌐ Projekt	⌐ Autorin
Praktikumsprojekt	Juliane Demel

⌐ Kooperation / Betreuung	⌐ Zeitraum
Institut für Städtebau u. Landschaftsarchitektur, Städtebau	2009

Im Rahmen einer Kooperation zwischen der China Academy of Urban Design and Planning (CAUPD) – ein dem chinesischen Bauministerium unterstellten Stadtplanungsbüro – und dem Institut für Städtebau und Landschaftsplanung, Fachgebiet Städtebau Prof. Walter Ackers (ISL), wird jedes Jahr ein bis zwei Studenten ein Praktikumsplatz in Peking zur Verfügung gestellt.

Erfahrungsbericht Juliane Demel: „400 neue Millionenstädte bis 2020" ist ein Ziel, das der chinesische Minister Doje Cering 2001 formulierte und das sich schwer begreifen lässt, wenn man in Deutschland mit Begriffen wie Bevölkerungsschwund und Stadtschrumpfung konfrontiert wird.

Mein sechsmonatiges Praktikum an der China Academy of Urban Design and Planning ermöglichte mir Einblicke, wie eine solche Millionenstadt auf der grünen Wiese geplant und gebaut werden kann. Der Wiederaufbau, besser Neubau, der durch das Erdbeben 2008 in Sichuan zerstörten Stadt Beichuan war eines der Projekte, an denen ich beteiligt war.

In zahlreichen Projekten, von kleinen Entwürfen für Stadtplätze, Parks und das Regierungsgebäude bis hin zu einer eigen gewählten Forschungsarbeit über Chinas nachhaltige Entwicklung im Städtebau, konnte ich umfassende Einblicke in das Arbeiten in einem chinesischen Arbeitsumfeld sammeln.

In diesem eigenen Forschungsprojekt habe ich mich mit nachhaltigem Städtebau und dem Entwurf der Idealstadt in China beschäftigt und dabei analytisch betrachtet, wie weit die neu geplante Stadt Beichuan städteplanerisch und architektonisch den Anforderungen einer solchen Zukunftsstadt gerecht wird.

Meine Aufgabe war es außerdem, als „ausländische Expertin", auf Grund meiner eigenen Themenwahl, den internationalen Vergleich für anstehende Projekte in Bezug auf das Stichwort "Sustainable Development" zu liefern, so auch bei einer Grundlagenermittlung für Macaos städtebauliche Entwicklungsstrategie.

Die Gastfreundschaft der Kollegen, mehrfache Reisen in die Provinz Sichuan, nach Macao, Hongkong und in Pekings Umland sowie geschäftliche Essen und bürointerne Unternehmungen machten den Aufenthalt zu einem einmaligen Erlebnis und einer Bereicherung meiner Ausbildung. Das unmittelbare chinesische Arbeitsumfeld der CAUPD hat mir geholfen, nach dem ersten Staunen über China, dieses Land, zumindest ansatzweise zu verstehen. Dieses Verstehen war für mich die Basis, die für jede weitere Art der Reflexion und Kritik der Prozesse in diesem Land – stellvertretend aber auch für viele andere Orte der Welt – nötig ist.

Ich konnte Kontakte und Freundschaften zu Menschen knüpfen, die der Brennpunkt China genauso fasziniert wie mich, die ihre Arbeit der Erforschung des Wandels dieses aufregenden Landes widmen. Mein Blickfeld hat sich durch den Aufenthalt geweitet: die Augen sind geöffnet für soziale, kulturelle, städtebauliche und architektonische Prozesse, die mich die nächsten Jahre weiter beschäftigen werden.

Forschung

Forschungsinstitutionen
- Bet Tfila
- SAIB
Forschungsprojekte und Dissertationen der Institute

Lehre und Forschung, die beiden Kernaufgaben der universitären Ausbildung, sind keine voneinander getrennten Bereiche, sondern bedingen sich gegenseitig. Die Mitwirkung an Forschungsprojekten ist für die Studierenden im Bachelor- und insbesondere im Master- Studiengang, eine hervorragende Möglichkeit sich für die Praxis oder eine wissenschaftliche Karriere zu qualifizieren. Eine besondere Rolle nimmt hier die Mitarbeit an interdisziplinären Forschungsarbeiten ein, an denen sich mehrere Institute des Departments sowie Forschungseinrichtungen anderer Fakultäten bzw. Hochschulen beteiligen. Die Leistungsfähigkeit einer Universität wird - neben einer guten Lehre - insbesondere an ihren Forschungsergebnissen gemessen. Das Department Architektur leistet hier einen herausragenden Beitrag im nationalen und internationalen Vergleich.

Die Architektur bietet ein breites Spektrum an Forschungsfeldern, in denen geistes-, natur- und ingenieurswissenschaftliche Ansätze gleichermaßen vertreten sind. Das qualitativ hochwertige Entwerfen und Bauen - von städtebaulichen Lösungen bis hin zu Einzelbauten - ist nur möglich auf Basis einer interdisziplinären Zusammenarbeit. Hier ein Überblick über aktuelle anwendungsorientierte Forschungsprojekte des Departments: Die interdisziplinär ausgerichteten Forschungsprojekte des Instituts für Geschichte und Theorie der Architektur und Stadt (gtas) beschäftigen sich mit der Differenzierung der architektonischen Moderne nach 1945, insbesondere dem so genannten Wiederaufbau der Bundesrepublik Deutschland und dem Beitrag der ‚Braunschweiger Schule' in diesem Zusammenhang. Im Mittelpunkt der Forschung am Institut für Baugeschichte steht die objektgebundene Baugeschichte. Die genaue Dokumentation und Analyse unter der Auswertung schriftlicher und grafischer Quellen sollen Einblicke in den Entwurfsprozess und die Genese des Bauwerks geben. Am Institut für Industriebau und Konstruktives Entwerfen (IIKE) werden praxisnahe Forschungsarbeiten in Kooperation mit der Automobilindustrie realisiert, die vor allem die Büro- und Sozialflächen als integrierten Bestandteil der gesamten Werksfunktionen untersuchen. Das Institut für Gebäude- und Solartechnik (IGS) gehört national und international zu den führenden Forschungseinrichtungen auf den Gebieten des energieeffizienten Bauens (Neubau wie Bestand) in unterschiedlichem Klima und der technischen Nutzung der Sonnenenergie. Das nachhaltige und energieeffiziente Bauen ist das Zukunftsthema schlechthin: rund 40 Prozent des Energie- und 50 Prozent des Materialverbrauchs sowie ein Drittel aller klimaschädlichen Gase entfallen auf die gebaute Umwelt. Forschungsprojekte zum energieoptimierten Planen, Bauen und Betreiben von Nichtwohngebäuden, die Evaluierung von Energieperformance und Raumklima der Gebäude in der Praxis sowie die Entwicklung von Werkzeugen zum energieeffizienten Betrieb von Immobilien sind nur einige Highlights aus dem weiten Tätigkeitsfeld des IGS.

Univ. Prof. Dr.-Ing. M. Norbert Fisch,
(Studiendekan Department Architektur seit SS 2011)

BET TFILA
FORSCHUNGSSTELLE FÜR JÜDISCHE ARCHITEKTUR IN EUROPA

⌐ Wissenschaftliche Leitung
Prof. Dr. Harmen H. Thies
Prof. Dr. Aliza Cohen-Mushlin

⌐ Geschäftsführende Leitung
Prof. Dr. Otto Richter

⌐ Sekretariat
Susanne Neugebauer

◄ MitarbeiterInnen
Ivan Ceresnjes
Ingolf Herbarth
Dr.-Ing. Katrin Keßler
Dr.-Ing. Ulrich Knufinke
Dr. Sergey Kravtsov
Dr. Vladimir Levin
Mirko Przystawik

◄ Stud. MitarbeiterInnen
Johannes Badzura
Frederik Bakker
Jonathan Kischkel
Luisa Löster
Cindy-Jane Tichatschke
Viola Rautenberg

◀ Kontakt
Technische Universität Braunschweig
Bet Tfila-Forschungsstelle
Pockelsstraße 4
D 38106 Braunschweig

t + 49 (0) 531. 391. 25 25
f + 49 (0) 531. 391. 82 05
synagogen@tu-bs.de

⌐ www.bet-tfila.org

Bet Tfila - Forschungsstelle für jüdische Architektur in Europa

Die Bet Tfila – Forschungsstelle für jüdische Architektur in Europa – hat sich die Erfassung, Dokumentation und systematische Erforschung sakraler und säkularer Architekturen jüdischer Gemeinschaften in Europa zur Aufgabe gemacht.
Diese Bauten und Einrichtungen sollen im Hinblick auf ihre Genese ebenso wie ihren historischen, kulturellen und typologischen Kontext untersucht und kritisch vergleichend in das Ganze der europäischen Architekturgeschichte eingeordnet werden.
Als eine deutsch-israelische Forschungseinrichtung arbeitet die Bet Tfila interdisziplinär, und ihre Ergebnisse werden durch wissenschaftliche Publikationen, Vorträge und Präsentationen der Öffentlichkeit zugänglich gemacht. Auf diese Weise wird sie einen Beitrag zum Schutz und zur Bewahrung jüdischen Kulturguts und zur Erweiterung eines gemeinsamen kulturhistorischen Bewusstseins leisten können. Der wissenschaftliche Nachwuchs soll an die Thematik herangeführt und in die universitäre Lehre eingebunden werden.

Die Bet Tfila – Forschungsstelle ist aus der Kooperation zwischen dem Institut für Baugeschichte und dem Center for Jewish Art an der Hebrew University of Jerusalem hervorgegangen. Seit 1994 arbeitet das deutsch-israelische Forscherteam interdisziplinär in mehreren Forschungsprojekten mit dem Ziel zusammen, baulich noch greifbare Reste ehemaliger Synagogen, jüdischer Ritualbäder und Friedhofsbauten zu erfassen, Hinweise auf die seit 1938 zerstörten Bauten zu dokumentieren und so der kritisch vergleichenden Forschung zugänglich zu machen. Im Frühjahr 2007 wurde die Bet Tfila als zentrale, eigenständige Einrichtung der Fakultät 3 gefestigt und vom Präsidium bestätigt.

Bisherige Forschungen waren ausschließlich aus Mitteln forschungsfördernder Institutionen und Stiftungen möglich. Um jedoch tatsächlich und auf Dauer unabhängig von staatlicher Förderung arbeiten zu können, wird die Forschungsstiftung Bet Tfila auf private Zustiftungen erheblichen Umfangs angewiesen sein. Sie wird bei diesen Bemühungen durch das Engagement der Mitglieder des gemeinnützigen Vereins zur Förderung der Bet Tfila – Forschungsstelle für jüdische Architektur in Europa e.V. unterstützt.

Die Gefährdung und der drohende Verlust jüdischer Bauten und Einrichtungen, vor allem in Europa, aber auch in Nordafrika, Vorderasien und anderen Regionen der Welt machen die systematische Erforschung jüdischen Kulturguts zu einer dringenden Aufgabe.
Die Ergebnisse der bisherigen Untersuchungen zeigen, dass auch in Deutschland ehemalige jüdische Ritualbauten in ihrer Substanz gefährdet sind. Ihrer ursprünglichen Funktion beraubt, sind sie durch entstellende Umbauten oder gar Abriss bedroht.

Alytus (Litauen), ehemalige Synagoge (V. Levin, 2007)

Parallel zur Erforschung der Ritualbauten und Einrichtungen jüdischer Gemeinschaften befasst sich die Bet Tfila in kritischen Vergleichen mit der Geschichte und Typologie des „Tempels", der „Kirche" und der „Moschee". Dies kommt im Namen der Forschungseinrichtung zum Ausdruck: Bet Tfila (hebr. Haus des Gebets).

Mit ihrem internationalen und zugleich interdisziplinären Ansatz soll die Bet Tfila Impulse zur Erforschung jüdischer Architektur als eines Teils der von monotheistischen Religionen geprägten Welt geben: Das Nachdenken über diesen Themenkomplex wird ebenso Gemeinsamkeiten wie Unterschiede zwischen den Kulturen und Epochen deutlich werden lassen. Kritische Vergleiche sollen Einsicht und Verständnis fördern.

Sammlung Synagogen in Europa

Seit Ende der 90er Jahre entstand zunächst am Institut für Baugeschichte und entstehen seit 2005 an der Bet Tfila Rekonstruktionsmodelle bedeutender, zerstörter Synagogenbauten in Deutschland und Europa. Synagogen waren bis zur Reichspogromnacht 1938 integraler Bestandteil des deutschen Städtebildes. In zahlreichen Studienarbeiten haben sich bisher über 400 Studierende der Architektur an der TU Braunschweig mit der Rekonstruktion dieser jüdischen Sakralbauten in Zeichnungen und Modellen gewidmet.

Die Studienarbeiten entstehen dabei in Zusammenhang mit den jeweils laufenden Forschungsprojekten der Bet Tfila, die von Seminaren der Forscher(teams) begleitet und vorbereitet werden. Durch die intensive Einbeziehung der Studierenden in die Forschungsprojekte wird bereits im Studium ein Ausblick auf eine mögliche wissenschaftliche Laufbahn gegeben.

Initiiert durch die Modellsammlung der Bet Tfila haben verschiedene renommierte Institutionen Duplikate der Synagogenmodelle in ihre Dauerausstellungen aufgenommen, u.a.:
- Jüdisches Museum Berlin
- Deutsches Historisches Museum Berlin
- Alte Synagoge Essen
- Synagoge Wörlitz

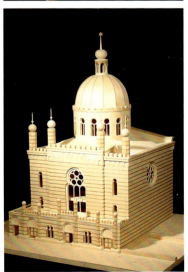

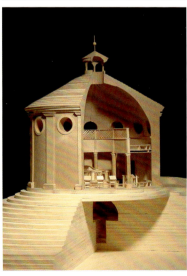

oben: Švėkšna (Litauen), Synagoge (1926-32), Ansicht von Südwesten (I. Vedekaite)
Mitte: v.l.n.r, Modell Synagoge Wilhelmshaven, Modell Synagoge Eisenach
unten: v.l.n.r, Modell Synagoge Köln, Modell Synagoge Wörlitz

BET TFILA

FORSCHUNGSSTELLE FÜR JÜDISCHE ARCHITEKTUR IN EUROPA

Projekt: Die Architekturen jüdischer Gemeinschaften in Berlin (Synagogen, Betsäle, Ritualbäder, Friedhofsbauten und andere Einrichtungen)

Das seit 2006 laufende Forschungsprojekt zu den Bauwerken, die die zeitweilig größte jüdische Gemeinde Deutschlands von ihrer Ansiedlung im Jahr 1671 bis 1945 errichtet und genutzt hat, wird im Herbst 2011 beendet werden. Ziel ist es, die Architektur jüdischer Gemeindeeinrichtungen in Berlin zu erfassen, sie kritisch zu vergleichen und im Kontext der Geschichte der Juden in dieser Stadt darzustellen. Neben den zahlreichen und größtenteils bereits bekannten Synagogen sind erstmals auch die übrigen religiösen und profanen Bauwerke und Einrichtungen (Betsäle, Friedhofsbauten, Ritualbäder, aber auch Schulen, Krankenhäuser, Altenheime, Kindergärten etc.) Gegenstand einer systematischen Untersuchung. Das Bild der „jüdischen Topographie" der Stadt soll vervollständigt und besser verständlich werden.
Auf der Grundlage unterschiedlichen Quellenmaterials und in enger interdisziplinärer Kooperation der drei beteiligten Institutionen (Bet Tfila, Braunschweig; Centrum Judaicum, Berlin; Center for Jewish Art, Jerusalem) werden die Gebäude dokumentiert und erforscht: Bislang konnten etwa 2200 Objekte erfasst werden, darunter 152 Synagogen, 166 Betsäle und 134 Feiertagsbetsäle. Letztere waren zumeist Festsäle, die von den jüdischen Gemeinschaften zu den hohen Feiertagen angemietet wurden. An Ritualbauten sind außerdem neun Mikwen (Ritualbäder) und ebenso viele Bauwerke auf den zahlreichen jüdischen Friedhöfen zu verzeichnen. Von den Profanbauten nehmen den größten Teil die Bildungseinrichtungen ein - 262 Schulen, 211 Religionsschulen, 60 Kindergärten und 30 Jugendzentren. Bald nach ihrer Gründung richtete die Gemeinde die ersten Wohlfahrtsinstitutionen ein, die vor allem im 20. Jahrhundert die Folgen der wirtschaftlichen Probleme auffangen sollten: 36 Altenheime, 23 Waisenhäuser,

63 Wohnheime sowie zahlreiche Suppenküchen und Ausgabestellen für Lebensmittel, die sich in vielen Berliner Bezirken fanden. Kulturelle Angebote, wie Theater, Bibliotheken und mehrere Lesesäle standen den jüdischen Einwohnern Berlins zur Verfügung.
Fotodokumentationen des aktuellen Zustands dieser Bauwerke, historische Bauzeichnungen und Fotos, Beschreibungen von Zeitzeugen, relevante Publikationen und andere Textquellen ermöglichen in den meisten Fällen ein neues Bild ihrer Gestalt und Geschichte. Die Zerstörung der Gemeindeeinrich-

tungen, die mit der Verfolgung und Vernichtung der Gemeinden 1933 bis 1945 einherging, wird dabei ebenso dokumentiert wie der Umgang mit den Orten und Objekten seit dem Zweiten Weltkrieg.

oben: v.l.n.r. Jüdische Gebäude in der Auguststraße: Siechenheim (1874-75), Verwaltungsbau des Krankenhauses (1858-61), Mädchenschule (1927-28), Foto M. Przystawik
unten: Jüdische Arbeiterkolonie Weißensee (1901), Wörthstraße, Hofansicht des Hauptgebäudes, Foto D. Gauding

Projekt: Jüdische Reform und
Architektur: Die „Erfindung" der
Reformsynagoge im heutigen Land
Niedersachsen und ihre weltweite
Verbreitung im 19. Jahrhundert
(Dipl.-Ing. Mirko Przystawik, Dipl.-Ing.
Ivan Ceresnjes)

Im Jahr 2010 feierten jüdische Reform-
gemeinden liberaler bzw. progressiver
Orientierung in aller Welt, vor allem in
Amerika, den 200. Jahrestag ihrer „Mother
Synagogue" – den Jahrestag des 1810 in
Seesen eingeweihten „Jacobstempels",
des ersten Baus für die Zwecke eines
reformierten Synagogen-Gottesdienstes.
Dies nahm die Bet Tfila zum Anlass, die von
Niedersachsen ausgehende Entwicklung
des Bautypus Reformsynagoge und seine
Verbreitung zu erforschen.
Die Aufklärung des 18. Jahrhunderts und
Moses Mendelssohn, der mit Lessing in
Wolfenbüttel in regem Austausch stand,
hatten diese Entwicklung vorbereitet und
begründet.
Die Verfechter der jüdischen Aufklärung
(Haskala) des 18. Jahrhunderts und ihre
Nachfolger im 19. Jahrhundert strebten
eine Reform des Judentums an, die alle Be-

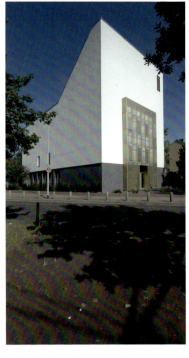

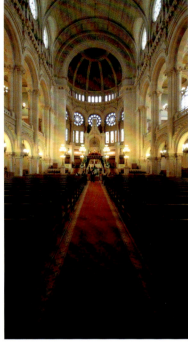

reiche jüdischen Lebens erfassen und die
Prozesse der Emanzipation, der Akkultura-
tion und der Assimilation, des Strebens
nach bürgerlicher Gleichstellung begleiten sollte. Zu Beginn des 19. Jahrhunderts
war es die Generation Israel Jacobsons
(1768-1828), des Gründers der jüdischen
Freischule und des Tempels in Seesen,
die mit einer Reform des jüdischen Got-
tesdienstes neue liturgisch-funktionelle
Voraussetzungen für den Synagogen-
bau schuf: Bestimmte architektonische
Merkmale machten eine Synagoge
zum Reformtempel. Seither liefern diese
Eigenheiten deutliche Hinweise auf die
religiös-kulturelle Haltung und Orientierung ihrer Erbauer, gleichzeitig allerdings
auch auf Beschränkungen der Darstellung
eines eigenständigen religiösen Lebens,
die jüdischen Gemeinden von der christli-
chen Mehrheit auferlegt wurden.

Vor diesem Hintergrund sind an verschiedenen Orten sowohl Wandlungen im religiösen Leben der jüdischen Gemeinden
als auch in ihrer sozialen Verfassung und
kulturellen Haltung zu beobachten: Neue

Synagogen lassen dies ebenso erkennen
wie die Reform des jüdischen Schulwesens.
Neben Seesen sind hier die Freischulen in
Hannover und Wolfenbüttel zu nennen.
Früh breiteten sich die neuen Ideen in
kleineren Orten Niedersachsens aus. Mit
einer der ersten Rabbinerversammlungen
1844 in Braunschweig gingen von hier
erneut Anregungen für jene Reform aus,
die dann in Deutschland, Europa und den
USA allgemeine Verbreitung finden sollte.
Niedersächsische Synagogen des
19. Jahrhunderts repräsentierten die
Entstehung und Entwicklung jenes Typus
einer Reformsynagoge, dessen Geschichte
und Gestalt im Rahmen einer Ausstellung
präsentiert wird.

links oben: liberale Synagoge, Hannover
rechts oben: Große Synagoge, Paris
unten: Synagoge, Bielefeld

SAIB

SAMMLUNG FÜR ARCHITEKTUR UND INGENIEURBAU DER TU BS

Zeitraum

seit 2008

Leitung

Prof. Dr. Karin Wilhelm

Kooperationen

Institut für Geschichte und
Theorie der Architektur
und Stadt
Hochschularchiv,
TU Braunschweig

MitarbeiterInnen

Helga Linnemann
Arne Herbote
Anne Schmedding

Kontakt

Technische Universität Braunschweig
Institut für Geschichte und Theorie der
Architektur und Stadt
Pockelsstraße 4
D 38106 Braunschweig

t + 49 (0) 531. 391. 23 49
f + 49 (0) 531. 391. 23 16
h.linnemann@tu-bs.de

www.saib-braunschweig.de

Die Sammlung für Architektur und Ingenieurbau der Technischen Universität Braunschweig (SAIB) wurde durch das Institut für Geschichte und Theorie der Architektur und Stadt (gtas), und das Hochschularchiv der Technischen Universität Braunschweig mit Unterstützung der Fakultät und des Präsidiums im Dezember 2008 gegründet.

Die Sammlung sichert bedeutende Materialien zur Baukultur der Region und macht sie der bauhistorischen und kulturwissenschaftlichen Forschung zugänglich. Ein Forschungsnetzwerk von Architekten, Ingenieuren, Architektur- und Kunsthistorikern wird initiiert und längerfristig gefördert.

Den Schwerpunkt der Sammlung bilden Nachlässe von Architekten, Ingenieuren sowie von Architektur- und Ingenieurbüros aus der zweiten Hälfte des 20. Jahrhunderts. Zu den Beständen gehören u.a. die Vor- bzw. Nachlässe der Architekten Friedrich Wilhelm Kraemer, Justus Herrenberger, Zdenko Strizic sowie des Bauingenieurs Heinz Duddeck. Ausstellungen und Veranstaltungen mit neu akquirierten und erschlossenen Beständen sollen die Architektur und den Ingenieurbau, die im Umfeld der TU und der Region Braunschweig entstanden sind, einer breiten Öffentlichkeit zugänglich machen.

Die Bestände der „Sammlung für Architektur und Ingenieurbau der TU Braunschweig" werden durch eine Archivarin aufgearbeitet und damit für die Fachöffentlichkeit nutzbar gemacht.
Das Institut für Geschichte und Theorie der

Architektur und Stadt (gtas), stellt die wissenschaftliche Aufarbeitung sicher.
Durch regelmäßige Veranstaltungen und Ausstellungen sollen die Bestände auch einer breiteren Öffentlichkeit zugänglich gemacht werden. Dazu strebt die Sammlung eine enge Zusammenarbeit mit anderen Institutionen und Verbänden der Region an.

links: F.W. Kraemer im Gespräch mit L. Mies van der Rohe, Chicago 1955
rechts oben: Justus Herrenberger, Öffentliche Bücherei Braunschweig 1960
rechts unten: Justus Herrenberger, Lehrmaterialien Ende 1960er Jahre

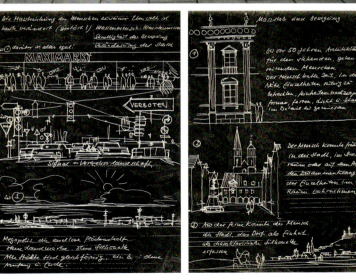

HILDESHEIMER DOM

FORSCHUNG BG

⌐ Zeitraum

01 seit 2010
02 2010

⌐ Forschungsthema

01 Der Hildesheimer Dom -
Bauarchäologische
Untersuchungen zur Bau
und Nutzungsgeschichte
von 815 - 1945
02 Stadtmodellrekonstruk-
tion "Helmstedt und die
Academia Julia um 1750"

■ Forschungsteam

01 Prof. Dr.
Karl Bernhard Kruse
02 Dr.-Ing. Simon Paulus

⌐ Kontakt

Technische Universität Braunschweig
Institut für Baugeschichte
Pockelsstraße 4
D 38106 Braunschweig

t +49 (0) 531. 391. 23 48
f +49 (0) 531. 391. 23 16
j.trezib@tu-bs.de

Am Institut für Baugeschichte wurden und werden regelmäßig Forschungsprojekte zu unterschiedlichen Themen der Architektur und ihrer Geschichte durchgeführt. Als „Drittmittelprojekte" bereichern sie die Forschungstätigkeit der TU Braunschweig. Am Institut wird besonderer Wert darauf gelegt, Studierende unmittelbar an der wissenschaftlichen, forschenden Arbeit zu beteiligen, so dass „Forschung" und „Lehre" hier in hohem Maße ineinander greifen. Die wissenschaftliche Publikation der Forschungsergebnisse und ihre öffentliche Präsentation, zum Beispiel in Ausstellungen, sind wesentliche Ziele der Vorhaben des Instituts für Baugeschichte.

Der Hildesheimer Dom

Seit Juli 2010 wird in einem von Pro Niedersachsen geförderten Forschungsprojekt die gesamte Bau- und Nutzungsgeschichte des Hildesheimer Domes von der Gründung im Jahre 815 bis zur Kriegszerstörung im Jahre 1945 wissenschaftlich untersucht. In Zusammenarbeit mit der Kirchlichen Denkmalpflege des Bistum Hildesheim, dem Landesamt für Denkmalpflege Hannover und der Fachhochschule in Hildesheim arbeitet der Fachbereich Bau- und Stadtbaugeschichte an einem völlig neuen Bild der komplizierten Baugeschichte. Die örtliche Grabungsleitung und die Betreuung der Studierenden während der Teilnahme an den verschiedenen Seminaren hat der Mittelalterarchäologe Dr. Helmut Brandorff.

Studierende im 5. und 6. Semester des Bachelorstudienganges sowie im Masterstudiengang können vor Ort im Hildesheimer Dom erste Bauforschungs- und Grabungserfahrungen sammeln. Im vertiefenden Seminar werden die praktischen Kenntnisse reflektiert und mit der umfangreichen Literatur zum Hildesheimer Dom besprochen. Danach wird die Einordnung in die Architekturgeschichte der jeweiligen Epoche bearbeitet und eine Wertung und Einordnung versucht. Am Beispiel des Hildesheimer Domes lernen die Studierenden, sich in komplexe baugeschichtliche Zusammenhänge einzuarbeiten, den Prozess von baugeschichtlicher Erkenntnis nachzuvollziehen und sich ein kritisches Urteil über die bisherige Literatur zu erarbeiten. Die gleichen Methoden können dann auch auf Gebäude jüngerer Zeitepochen bis zur Moderne angewandt werden.

Stadtmodellrekonstruktion „Helmstedt und die Academia Julia um 1750"

Im Rahmen des an der Herzog-August Bibliothek in Wolfenbüttel angesiedelten Forschungsprojektes „Wissensproduktion an der Universität Helmstedt: Die Entwicklung der philosophischen Fakultät 1576-1810" wurde vom 9. Februar bis zum 29. August 2010 in der Herzog August Bibliothek die Ausstellung „Das Athen der Welfen. Die Reformuniversität Helmstedt 1576-1810" gezeigt.

Die 1576 von Herzog Julius gegründete Universität in Helmstedt gehörte bis zu ihrer Schließung 1810 zu einem der geistigen Zentren Mitteleuropas und gilt als älteste protestantische Universität im norddeutschen Raum. Das ab 1592 unter der Leitung Paul Franckes errichtete Hauptgebäude des „Juleum Novum" bildet mit den Flügelbauten der Collegien wohl eines der bedeutendsten und eindrucksvollsten Bauensembles der späten Renaissance und ist zugleich ein beredtes Zeugnis für die intelligente Integration eines größeren repräsentativen Baukomplexes in eine gewachsene Stadtstruktur des Spätmittelalters.

Für die Ausstellung wurde dank der Unterstützung durch die Stiftung Braunschweigischer Kulturbesitz von Studierenden der Architekturfakultät ein städtebauliches Holzmodell erarbeitet, das als Exponat in der Ausstellung die Situation der Universität zum Ende ihrer Blütezeit Anfang des 18. Jahrhunderts visuell vermitteln sollte.

oben und mitte: Bauarchäologische Untersuchungen im Hildesheimer Dom
unten: Stadtmodellrekonstruktion Hildesheim

EDGAR SALIN

FORSCHUNG GTAS

⌐ Zeitraum

2008 - 2011

▲ Forschungsteam

Prof. Dr. Karin Wilhelm
Dipl. Ing. Joachim Trezib

▲ Förderung

Deutsche
Forschungsgemeinschaft

⌐ Kontakt

Technische Universität Braunschweig
Institut für Geschichte und Theorie
der Architektur und Stadt
Pockelsstraße 4
D 38106 Braunschweig

t +49 (0) 531. 391. 23 48
f +49 (0) 531. 391. 23 16
j.trezib@tu-bs.de

—

Edgar Salin und das Israelprojekt der List-Gesellschaft: Städtebau(theorie) und Raumplanung der 50er und 60er Jahre als 'Nation Building'

Die Untersuchung beleuchtet einen wesentlichen Abschnitt der Landesentwicklungs- und Strukturplanung in Israel und der Bundesrepublik Deutschland durch die Gegenüberstellung und der Untersuchung der jeweiligen Rezeption städtebaulicher, kulturpolitischer und planungswissenschaftlicher Diskurse nach 1948. Ihr analytischer Ausgangspunkt bildet das sogenannte „Israelprojekt" der List Gesellschaft, das zu Beginn der 1960er Jahre durch den in Basel wirkenden Nationalökonomen Edgar Salin ins Leben gerufen wurde. Aufgrund seiner interdisziplinären Perspektive in Einzelstudien, deren Themen sich von Währungsfragen bis zur Soziologie des Kibbuz und dem Städtebau in den "new towns" erstrecken, bietet sich das "Israelprojekt" als eine äußerst vielschichtige zeithistorische Schnittstelle an. Vor dem Hintergrund der biographischen Verflechtungen des aus einer deutsch-jüdischen Familie stammenden Salin lässt sich die Konzeption von Raum, Wirtschaft und Urbanität, wie sie im Prozess des israelischen „nation building" anschaulich wird, als Modell einer „politischen Ökonomie" verstehen, deren Grundzüge der Wirtschaftstheoretiker seit den frühen 20er Jahren im intellektuellen Milieu Alfred Webers und des Dichters Stefan George entwickelt hatte. Als „eine der letzten Utopien des 20. Jahrhunderts" (Fritz Stern) schien die Staatswerdung Israels ein ideales Studienobjekt für die durch die Rezeption Platons geprägten

Theorien eines Salin zu sein. Zugleich stellte das „Israelprojekt" einen wichtigen Baustein auf dem Weg der deutsch-israelischen Annäherung und der Anbahnung wissenschaftlicher und wirtschaftlicher Kontakte seit den frühen 50er Jahren dar. Ziel der Forschungsarbeit ist es, einzelne Entwicklungslinien des zeitgenössischen Urbanisierungsdiskurses in Israel und in der Bundesrepublik Deutschland im Spannungsfeld dieser politischen und geistesgeschichtlichen Rahmenbedingungen präzise zu verorten.

links: Edgar Salin
rechts: Entwicklungsplan für Israel, 1948-65

NETZWERK ARCHITEKTURTHEORIE

FORSCHUNG GTAS

Zeitraum

seit 2008

Forschungsthema

Netzwerk Architekturtheorie

Forschungsteam

Prof. Dr. Karin Wilhelm
Dr. Martin Peschken

Kooperation

verschiedene
Architekturfakultäten
(s.u.)

Kontakt

Technische Universität Braunschweig
Institut für Geschichte und Theorie
der Architektur und Stadt
Pockelsstraße 4
D 38106 Braunschweig

t +49 (0) 531. 391. 23 42
f +49 (0) 531. 391. 23 16
m.peschken@tu-bs.de

Das Netzwerk Architekturtheorie/Promotionskolleg dient dem Austausch im Bereich der Architekturtheorie und der Zusammenführung von Doktoranden verschiedener deutschsprachiger Architekturfakultäten. Die Teilnehmerinnen und Teilnehmer haben so Gelegenheit, unterschiedliche Positionen der aktuellen Architekturtheorie kennenzulernen, eigene Forschungsergebnisse vorzustellen und zu diskutieren. Auf diese Weise kann ein synergetisches Potenzial entstehen, das mit unterschiedlichen kulturellen, thematischen und methodischen Hintergründen, Interessen und Arbeitsweisen bekannt macht. Mittelfristig beabsichtigen die beteiligten Fachgebiete, neben dem Promotionskolleg weitere Aktivitäten zu entwickeln, etwa Symposien, Workshops, Sommerschulen oder Recherchereisen. Das Netzwerk soll so auch zum fachlichen Austausch und der Kooperation der beteiligten Hochschullehrer und ihrer Mitarbeiter dienen.

Das erste Promotionskolleg des Netzwerkes fand im Mai 2008 an der Universität der Künste Berlin statt, ein zweites am Institut für Kunst und Architektur an der Akademie der bildenden Künste in Wien im Dezember 2008. Das dritte Treffen wurde vom gtas an der TU Braunschweig im November 2009 veranstaltet und mit einer Exkursion zum Fagus-Werk in Alfeld an der Leine bereichert.

Folgende Fachgebiete und Institutionen sind derzeit am Netzwerk beteiligt:

- Prof. Dr. habil. Angelus Eisinger,
  Lehrstuhl Geschichte und Kultur der Metropole / Hafenuniversität Hamburg
- Prof. Dr.-Ing. Jörg H. Gleiter,
  Fachgebiet Ästhetik / Freie Universität Bozen
- Prof. Dr. Susanne Hauser,
  Lehrstuhl Kunst- und Kulturgeschichte / UdK Berlin
- Prof. Ir. Bart Lootsma,
  Lehrstuhl Architekturtheorie / Universität Innsbruck /
  Akademie der Bildenden Künste in Wien
- Prof. Philipp Oswalt,
  Fachgebiet Architekturtheorie und Entwerfen / Universität Kassel
- Prof. AA Dipl. Stephan Trüby / HfG Karlsruhe
- Prof. Dr. Karin Wilhelm, Fachbereich gtas, Institut für Baugeschichte und Architekturtheorie der TU Braunschweig

NACHKRIEGSMODERNE

FORSCHUNG GTAS

⌐ Zeitraum

seit 2008

◤ Forschungsteam

Prof. Dr. Karin Wilhelm
N.N.

◤ Kooperation

Teilprojekt im Rahmen
der Nachkriegsmoderne-
Forschungsgruppe mit der
TU Berlin

⌐ Kontakt

Technische Universität Braunschweig
Institut für Geschichte und Theorie
der Architektur und Stadt
Pockelsstraße 4
D 38106 Braunschweig

t +49 (0) 531. 391. 23 48
f +49 (0) 531. 391. 23 16
a.schmedding@tu-bs.de

—

Moderne und Traditionen in der Architektur der „Braunschweiger Schule" (1946-1973)

Als die beiden Pole, an denen sich die Architekturentwicklung nach 1945 in der BRD orientiert hat, sind die an den USA ausgerichtete klassische Moderne des „International Style" einerseits und die Suche nach spezifisch deutschen oder regional definierten Traditionen andererseits zu bezeichnen. Dieses Verhältnis von internationaler Moderne und nationaler/regionaler Tradition hat die Architektur, die sich im Umfeld der so genannten „Braunschweiger Schule" der Nachkriegszeit (Johannes Göderitz, Walter Henn, Friedrich Wilhelm Kraemer, Manfred Lehmbruck, Dieter Oesterlen, Zdenko Strizic) entwickelte, auf besondere Weise geprägt. Im Spannungsfeld zwischen Modernisierung und Bestandswahrung stehend, entfalteten die an der TH Braunschweig lehrenden Architekten unterschiedliche Synthesekonzepte, die jedoch im Duktus der Angleichung zwischen Neu- und Altbestand vergleichbar sind und die in dieser Eigenart die typischen räumlichen Identifikationsbilder des bundesdeutschen Wiederaufbaus geliefert haben.

Eine zentrale Frage des Forschungsprojektes ist, auf welche Traditionslinien und Vorbilder bei dem Umgang mit dem Altbaubestand zurückgegriffen und wie der Anspruch eines „zeitgemäßen Bauens" (Dieter Oesterlen) darin verarbeitet wurde. Dieser Komplex soll im Rahmen der umfangreich vorliegenden, jedoch unaufgearbeiteten Vorlesungsmitschriften nachvollzogen und an repräsentativen

Beispielen auf konzeptionelle Strategien des Entwerfens überprüft werden.
In diesem Kontext geht es sowohl um die Klassifizierung der im Wiederaufbau historischer Bauten eingebetteten „abendländischen" Ideengeschichte wie auch um eine am Bestand aufzubereitende Motivgeschichte.

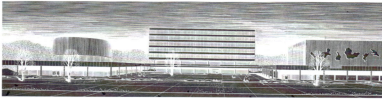

oben: Friedrich W. Kraemer, Hochschulforum Braunschweig, 1957-71, (1. Entwurf, Bibliothek verändert ausgeführt.)
unten: Walter Henn, Osram-Werke, 1963-65

DOKTORANDENKOLLOQUIUM
INSTITUT FÜR GESCHICHTE + THEORIE
DER ARCHITEKTUR UND STADT

Leitung

Prof. Dr. Karin Wilhelm

Kontakt

Technische Universität Braunschweig
Institut für Geschichte und Theorie
der Architektur und Stadt
Pockelsstraße 4
D 38106 Braunschweig

t +49 (0) 531. 391. 23 42
f +49 (0) 531. 391. 23 16
e.kusidlo@tu-bs.de

Als Forum des wissenschaftlichen Austausches und des akademischen Disputes
ist das Doktorandenkolloquium integraler
Bestandteil der Forschung am Institut gtas.
Mehrfach im Semester stattfindend, bilden
die jeweils ganztägigen Veranstaltungen
einen curricularen Rahmen für die post-
graduale Weiterbildung der Doktoranden.
Wie üblich werden Thesen und Zwischen-
ergebnisse einzelner Arbeiten der Diskussion ausgesetzt, grundlegende fachliche
und methodische Fragen und Positionen
referiert und erörtert. Das
Kolloquium ist auch für interessierte Studierende höherer Semester zugänglich,
die sich mit aktuellen Themen und
Methoden wissenschaftlichen Arbeitens
vertraut machen wollen.

Die grundsätzlich trans- und interdisziplinäre Ausrichtung des Institutes,
die sich in den Ansätzen der Forschungsarbeiten im einzelnen und in der Summe
widerspiegelt, prägt wesentlich den
Diskurs im Kolloquium, der unterschiedlichste kulturwissenschaftliche
Felder berührt.

DISSERTATIONEN
AM INSTITUT FÜR BAUGESCHICHTE

Thema	Verfasser/in	Betreuer/in	Stand
Tradition des Ortes. Ein formbestimmendes Moment in der deutschen Sakralarchitektur des Mittelalters	Dipl.-Ing. Hauke Horn M.A	Prof. Dr. Karl Bernhard Kruse	in Arbeit
Qualitative Stadtentwicklungen im Kontext europäischer Baukultur (Arbeitstitel)	Dipl.-Ing. Valeska Kuntermann	Prof. Dr. Karl Bernhard Kruse	in Arbeit
Die Westend-Synagoge in Frankfurt am Main	Henryk Isenberg	Prof. Dr. Harmen H. Thies	in Arbeit
Zur Genese der „Stütz-Bima" im frühneuzeitlichen Synagogenbau am Beispiel der Synagoge in Przemysl	Tobias Lamey	Prof. Dr. Harmen H. Thies	abgeschlossen 2010
Bauhistorische Studien zu den Synagogen in Mecklenburg	Heidi Vormann	Prof. Dr. Harmen H. Thies	abgeschlossen 2010
Der barocke Claustro von Lima. Proportion und Gliederung barocker Architektur im Vizekönigreich Perú, 1570-1815 am Beispiel des klösterlichen Arkadenhofes in der Stadt Lima, Perú	David Christian Rohr	Prof. Dr. Harmen H. Thies	abgeschlossen 2009
Die Architektur der Villa Chigi alle Volte von Baldassarre Peruzzi. Zur Darstellung des Systems der Ordnung	Margret Weber-Reich	Prof. Dr. Harmen H. Thies	abgeschlossen 2009
Christoph Hehl (1847-1911) – Ein Kirchenbaumeister zwischen Dogmatismus und Emanzipation	Dr.-Ing. Andrea Giersbeck	Prof. Dr. Karl Bernhard Kruse	abgeschlossen
Die Brücke des Baumeisters Lacer und sein Baustil. Ein Beitrag zur Baugeschichte römischer Keilsteinbrücken in der Provinz Lusitania	Dr.-Ing. des. Hans Richter	Prof. Dr. Karl Bernhard Kruse	abgeschlossen

DISSERTATIONEN

AM INSTITUT FÜR GESCHICHTE +
THEORIE DER ARCHITEKTUR UND STADT

Thema	Verfasser/in	Betreuer/in	Stand
Erinnerungspolitik an Orten ehemaliger Sowjetischer Speziallager	Martin Bennis	Prof. Dr. Karin Wilhelm	in Arbeit
Analyse und Methode zur Stadterneue-rung in Villa El Salvador, Lima - Peru	Marcia Canales	Prof. Dr. Karin Wilhelm	in Arbeit
Bewertungsverfahren für marktwert-erhöhende Gestaltungskriterien von Industriebauten	Susanne Gundlach	Prof. Dr. Karin Wilhelm	in Arbeit
Bauen für die Alfelder Schuhleisten-industrie - Carl Benscheidt (1858 - 1947)	Arne Herbote	Prof. Dr. Karin Wilhelm	in Arbeit
Architekturkritik als Kulturkritik: Werner Hegemanns Beitrag zu Architekturtheo-rie und Publizistik der Weimarer Republik 1924 - 1933	Detlef Jessen-Klingenberg	Prof. Dr. Karin Wilhelm	in Arbeit
Weekend Utopia - Strandhausarchitektur nach 1945 an der Ostküste der USA	Regine Lührs	Prof. Dr. Karin Wilhelm	in Arbeit
Dieter Oesterlen (1911 - 1994): Der zeitgemäße Raum	Anne Schmedding M. A.	Prof. Dr. Karin Wilhelm	in Arbeit
Architektur von Wirtschaftsunternehmen als Ausdruck der unternehmerischen Innenwelten	Marianne Schütz-Dragomir	Prof. Dr. Karin Wilhelm	in Arbeit
Funktionalismus. Makel oder Vermächtnis der Moderne?	Wolfgang Thoener	Prof. Dr. Karin Wilhelm	in Arbeit
Toleranz und Städtebau. Die Bedeutung des Fremden in frühneuzeitlichen Stadt-gründungen am Beispiel der Exulanten-städte Glückstadt und Friedrichstadt	Ivalu Vesely	Prof. Dr. Karin Wilhelm	abgeschlossen 2011
„Raumtendenzen" - Eine sequenzielle Darstellung räumlicher und gesellschaft-licher Veränderungen am Beispiel der Stadt Graz	Marion Starzacher	Prof. Dr. Karin Wilhelm Prof. Dr. Elisabeth List (TU Graz)	abgeschlossen 2009
Die Architekturen der Deutschen Arbeits-front (1933 - 1945). Eine nationalsozialis-tische Kontrollorganisation als Planungs-instrument	Michael Flagmeyer	Prof. Dr. Karin Wilhelm Prof. Dr. Werner Durth	abgeschlossen 2009

CNC-TOPOLOGIES

FORSCHUNG IME

⌐ Zeitraum

seit 2008

⌐ Forschungsprofil

Parametrische, generative,
zeitbasierte Entwurfs- und
Darstellungsprozesse
Materialisierung des
Digitalen

▶ Forschungsteam

Prof. Matthias Karch
Renke Abels
Thilo Aschmutat
Carolin Höfler
Norbert Linda
Matthias Richter

▶ AutorInnen

Moritz Mombour
Christoph Peetz
Mathias Scheuren
und das studentische Team
der HAWK-Hildesheim

▶ Kooperationen

HAWK-Hildesheim, CNC-Labor,
  Leitung: Norbert Linda
alphacam, Schorndorf
Stratasys, USA
ticket01, Braunschweig
CNC-Multitool, Ilmenau
Hagemann, Bremen

❦ Kontakt

Technische Universität Braunschweig
Institut für Mediales Entwerfen
Zimmerstraße 24
D 38106 Braunschweig

t + 49 (0) 531. 391. 3559
f + 49 (0) 531. 391. 3566
www.emd.tu-bs.de

Struktur als Funktion von Bewegung

Im Kontext der diagrammatischen und
auf Notationen zeitlicher Vorgänge
beruhenden Entwurfsverfahren zu dem
Projekt „Frankfurt Haus Hoch" erforschen
die Studierenden des Instituts EMD und
der HAWK-Hildesheim disziplinenüber-
greifend die Potentiale des Fünf-Achs-CNC-
Fräsverfahrens. Dieses subtraktive Verfahren erlaubt eine plastische, skulpturale
und haptische Materialisierung der digital
erzeugten, architektonischen Modelle.
Erstmals werden Strategien und Verfahren
erprobt, die es erlauben, nicht-serielle
Fassaden- und Tragstrukturen, wie etwa
Voronoi- oder Honeycomb-Strukturen, in
komplexe, dynamisch verformte Körper
einzufräsen. In Arbeitsmodellen werden
die Fragen des fehlerfreien Dateiaus-
tauschs zwischen der 3D/4D-Animations-
software der Entwerfer und der Soft- und
Hardware der CNC-Fräse erkundet. Eigens
programmierte und ständig aktualisierte
Programm-Plug-Ins erlauben eine sukzessive Annäherung an das gewünschte
Ergebnis. Aufgrund der Möglichkeiten der
CNC-Fräse, auch größere Objekte präzise
zu segmentieren, die dann manuell zusammen gebaut werden, entstehen physisch
präsente, zwei Meter hohe Turmobjekte,
welche die Möglichkeiten des bis dahin
Herstellbaren erweitern. Hierbei wird
deutlich, dass jede formale Fixierung nur
einen möglichen Zustand innerhalb eines
sich seriell organisierenden, generativen
Entwurfsprozesses darstellt.

Linke Spalte: Fünf-Achs-CNC-Fräse der HAWK-Hildesheim
Mitte: Turmobjekte zum Projekt „Frankfurt Haus Hoch"
Rechte Spalte: CNC-Workflow

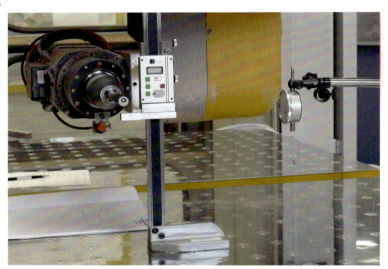

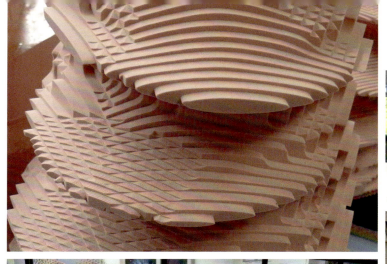

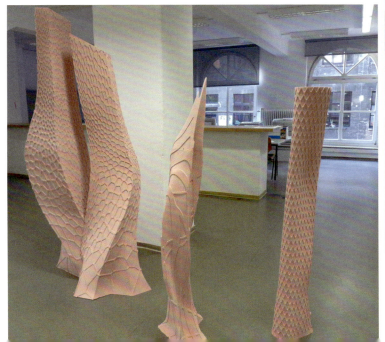

RESPONSIVE_STRUCTURES

FORSCHUNG IME + KON

Zeitraum

seit 2008

Forschungsprofil

Generative, zeitbasierte
Entwurfsprozesse,
Kinetisch, aktive Form- und
Materialsysteme,
Struktur- und
Materialforschung,
Fertigungstechnologien

Leitung

Stefan Neudecker (IME)
Florian Steinbächer (KON)
mit Manfred Hermann
(Universität für Angewandte
Kunst, Wien)

AutorInnen

Anna Allenstein
Julia Franzke
Justin Gibbons
Steven Hahnemann
Boris Hoffmann
Anna-Lena Loest
Jan Stallmann

Kooperationen

TU Braunschweig
- Institut für Mediales
  Entwerfen, IME
- Institut für Baukonstruktion, KON
FH Wolfenbüttel
- Institut für Mechatronik
Mattersync, Wien
CNC-Multitool, Ilmenau
Hagemann, Bremen

Dynamische Transformationen

Neben dem Aspekt des nachhaltigen
Ressourceneinsatzes spielen Regenerati-
onsfähigkeit, aktives Formanpassungsver-
mögen, sensorische Reaktion und mediale
Kommunikation eine immer bedeutendere
Rolle bei der Entwicklung von Architek-
tursystemen. Mensch, Architektur und
Umwelt befinden sich in ständiger, beding-
ter Transformation zueinander und fordern
einen Möglichkeitsraum dynamischer
Formausbildung.

Virtuelle Simulationsverfahren in Wechselwirkung mit manuellem Modellbau
und integrativen Fertigungstechnologien
ermöglichen die Erforschung dieser
anpassungsfähigen Materialsysteme. Es
überlagern sich dynamische Einflussfak-
toren, die als statische Variantenbildung
in modulare Strukturen einbeschrieben
werden und Netzwerke von technischen
Komponenten, die der Architektur die Fähigkeit verleihen, aktiv auf äußere Einflüsse
zu reagieren.

In dem interdisziplinären Projekt „Responsi-
ve_Structures" werden reaktive
Systeme als Antwort auf konkrete Um-
weltparameter entwickelt. Ausgehend von
Struktur- und Materialuntersuchungen
sowie Erkenntnissen aus der Bionik und
Mechatronik materialisieren die Studierenden funktionsfähige Prototypen. In den
einzelnen Projekten werden entweder
CNC-gefertigte Großmodelle oder kinetische und reagible Systeme erarbeitet.

Linke Spalte: Julia Franzke _aktive, tragfähige Struktur
Mitte: Justin Gibbons, Jan Stallmann _lichtmodulierende Wand
Rechte Spalte: Anna Allenstein _kinetisch steuerbare Membran

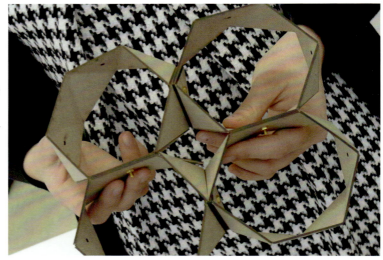

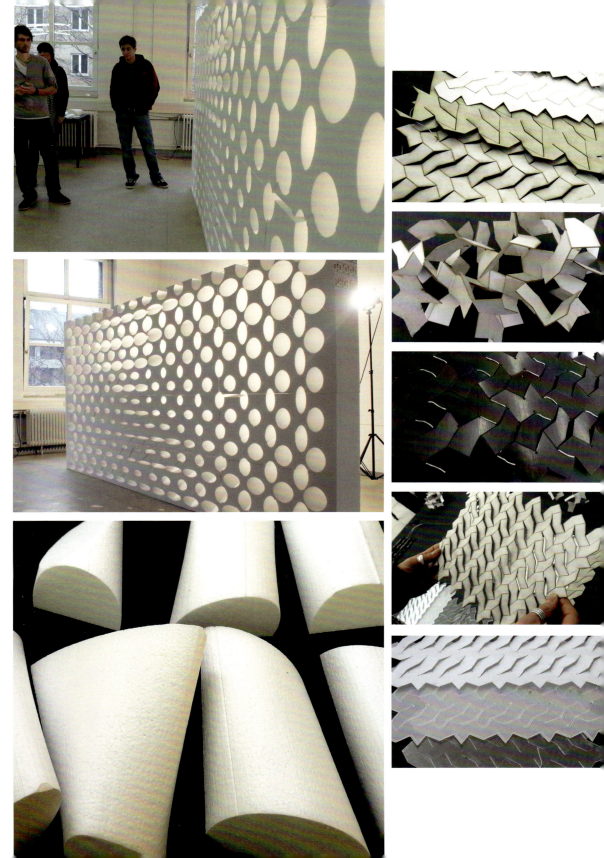

DEZENTRALE & MODULARE GEBÄUDETECHNIK

FORSCHUNG IGS

⌐ Zeitraum

2009 - 2012

⌐ Forschungsthema

Dezentrale & modulare
Gebäudetechnik
zur Steigerung von
Energieeffizienz und
Nutzerkomfort

◤ Forschungsteam

Prof. Dr. M. Norbert Fisch
Dipl. Ing. Architekt Philipp
Eickmeyer
Techniker HKL Nicolas
Ahrens-Hein

◤ Partner

energydesign braunschweig
GmbH, Pysall Stahrenberg
und Partner PSP, Ingeni-
eurbüro Sprysch & Partner,
Braunschweig, TU Braun-
schweig - Geschäftsbereich
Gebäudemanagement,
Staatliches Baumanagement
Braunschweig, Institut für
Verkehrssicherheit und Au-

tomatisierungstechnik (IVA),
Institut für Datentechnik
und Kommunikationsnetze
(IDA), 70 Unternehmen aus
Wirtschaft und Industrie

◤ Förderung

Bundesministerium für Wirtschaft und Technologie BMWi)

⌐ Kontakt

Technische Universität Braunschweig
Institut für Gebäude- und
Solartechnik
Mühlenpfordtstraße 23
D 38106 Braunschweig

t + 49 (0) 531. 391. 35 55
f + 49 (0) 531. 391. 81 25
www.igs.bau.tu-bs.de

Im 9. Obergeschoss des Architekturhoch-
hauses der TU Braunschweig wird im
Zuge des Forschungsprojekts DeMo ein
Teil der Bestandsfassade durch eine
neue multifunktionale Elementfassade
ersetzt. Zum Einsatz kommt die
Schüco E²-Fassade, die als modulares
energieeffizientes Gesamtsystem aus
verschiedenen Funktionsmodulen besteht.
Neben dem integrierten Sonnenschutz
und den motorisch zu bedienenden
Öffnungselementen, steht dem System
eine dezentrale Gebäudetechnik mit den
Funktionen Heizen, Kühlen und Lüften zur
Verfügung. Hinter der neuen E²-Fassade
entstehen drei Büroräume und ein Be-
sprechungsraum, in dem dezentrale und
modulare Gebäudetechnikkomponenten
der Energieversorgung und der Energieerzeugung im Zusammenspiel mit der mul-
tifunktionalen Elementfassade über einen
Zeitraum von 3 Jahren in ihrer Anwendung
erprobt werden. Der Einfluss verschiedener
Komponenten auf die Behaglichkeit, den
Nutzerkomfort und die Energieeffizienz
steht im Fokus der Untersuchung.

Kurze Zusammenfassung des Projekts:

- Konzeptentwicklung und Auswahl der
  Komponenten einer energieeffizienten
  Fassade mit hohem Nutzerkomfort
- Planung der Fassade und der dezentralen
  Versorgungstechnik
- Entwicklung eines Regelungs- und
  Monitoringskonzepts für die Räume
  hinter der Fassade
- Inbetriebnahme der Fassade
- Langzeitmonitoring und Evaluierung

Foto oben: Hans Georg Esch, fotografiert für Saint-Gobain, Ecophon GmbH
unten: IGS

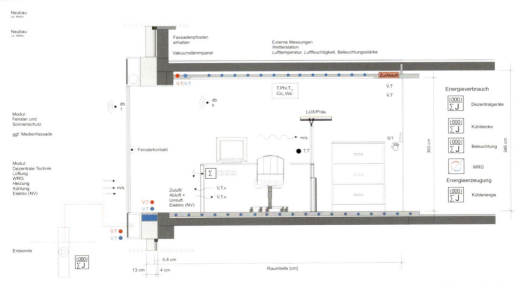

Neubau
(ca. Maße)

Neubau
(ca. Maße)

Fassadenpfosten
erhalten

Vakuumdämmpanel

Externe Messungen
Wetterstation
Lufttemperatur, Luftfeuchtigkeit, Beleuchtungsstärke

$\dot{V}$,T;$\dot{V}$,T

Zu/Abluft

$\dot{V}$,T
$\dot{V}$,T

T,Ph;T$_w$,
Co$_2$,Voc

db
1

db
s

LUX/Präs.

m/s

0/1

Modul:
Fenster und
Sonnenschutz

ggf. Medienfassade

Fensterkontakt

T,T

300 cm

346 cm

Modul:
Dezentrale Technik
Lüftung
WRG
Heizung
Kühlung
Elektro (NV)

m/s

Σ

$\dot{V}$,T
$\dot{V}$,T,v

Zuluft/
Abluft +
Umluft
Elektro (NV)

$\dot{V}$,T
$\dot{V}$,T

Erdsonde

13 cm   4 cm

5,8 cm

Raumtiefe [cm]

Energieverbrauch

⌊000⌋
ΣJ   Dezentralgeräte

⌊000⌋
ΣJ   Kühldecke

⌊000⌋
ΣJ   Beleuchtung

WRG

Energieerzeugung

⌊000⌋
ΣJ   Kühlenergie

⌊000⌋
ΣJ

Fotos oben: Hans Georg Esch, fotografiert für Saint-Gobain, Ecophon GmbH
unten: DEMO_Messkonzept worklab

EnBop - Energetische Betriebsoptimierung

FORSCHUNG IGS

⌐ Zeitraum

2010 - 2014

⌐ Forschungsthema

Fachkoordination und
wissenschaftliche Begleitung
des Forschungsfeldes
EnBop - Energetische
Betriebsoptimierung

◖ Forschungsteam

Prof. Dr. M. Norbert Fisch
Dipl.- Ing. Architekt Stefan
Plesser (Projektleitung)
Dipl.- Ing. Susann Gräff
Dipl.- Ing. Arne Diedrich

◖ Partner

BKI-Baukosteninformations-
zentrum der Deutschen
Architektenkammern, Prof.
Georg Wiesinger
GEFMA - German Facility
Management Association,
Prof. Uwe Rotermund
Architekturbüro Dr. Matthias
Rozynski

◗ Förderung

Bundesministerium für
Wirtschaft und Technologie
(BMWi)

⌐ Kontakt

Technische Universität Braunschweig
Institut für Gebäude- und
Solartechnik
Mühlenpfordtstraße 23
D 38106 Braunschweig

t + 49 (0) 531. 391. 35 55
f + 49 (0) 531. 391. 81 25
www.igs.bau.tu-bs.de

EnBop - Energetische Betriebsopti-mierung

EnBop - Energetische Betriebsoptimierung
ist das neue Forschungsfeld im Förder-
schwerpunkt EnOB-Energieoptimiertes
Bauen des BMWi. Es ergänzt die bestehenden Forschungsfelder in den Bereichen
der laborexperimentellen Forschung mit
Schwerpunkten wie Vakuumisolierung und
Niedertemperaturheizsystemen sowie der
Demonstrationsgebäude. In den letzten
Jahren haben zahlreiche Forschungsprojekte gezeigt, dass eine erhebliche
Differenz besteht zwischen der erfolgrei-
chen Anwendung innovativer Technologi-
en in Forschung und Entwicklung sowie in
Demonstrationsprojekten und der daraus
erwarteten Multiplikation in die Bau- und
Betriebspraxis. Einsparpotenziale beim
Energieverbrauch mit nicht- oder gering-
investiven Mitteln liegen bei 5-30%.
Um die Klimaschutzziele der Bundesregie-
rung zu erreichen ist eine schnelle und optimale Nutzung innovativer Technologien
in der Breite erforderlich. Gebäude ver-
fehlen jedoch ihre technischen Potenziale
in Bezug auf Energieeffizienz und Nutzerkomfort im Betrieb. Die Ursachen reichen
von Planungsfehlern über mangelhafte
Ausführung bis hin zur unpräzisen Einre-
gulierung, fehlender Betriebsoptimierung
oder unangepasstem Nutzerverhalten.
Ziel ist es, durch feldexperimentelle
Forschung in der Praxis zu überprüfen, wie
erfolgreich (oder auch nicht) innovative
Technologien in der Praxis sind, und auf
dieser Grundlage Methoden und Werkzeuge zur Verbesserung der Performance von
Gebäuden und Anlagen in der Praxis zu
entwickeln.

Evaluierung in der Praxis

In den letzen Jahren wurden bereits
zahlreiche innovative Technologien in der
Praxis evaluiert:

EVA
Evaluierung von Energiekonzepten für
Bürogebäude
WKSP
Oberflächennahe Geothermie zur saiso-
nalen Wärme- und Kältespeicherung
DeAL
Dezentrale Außenwandintegrierte Lüf-
tungsgeräte

Werkzeuge und Methoden zur Be-triebsoptimierung

Ergebnis von EnBop- Projekten sind Methoden und Werkzeuge zur Verbesserung
des Einsatzes innovativer Technologien in
der Praxis.

Abgeschlossene und laufende Projekte sind unter anderem:

OASE
Optimierung der Automationsfunktionen
betriebstechnischer Anlagen mit Hilfe
der dynamischen Simulation als Energie-
Management-System, Ebert-Ingenieure
München
EnSim
Rationelle Gebäudeenergienutzung durch
simulationsgestützte Automation, Hoch-
schule für Technik, Stuttgart
ModBen
Verfahren zur modellbasierten Betriebs-
analyse, Fraunhofer Institut für Solare
Energiesysteme (ISE), Freiburg
Energie-Navigator
Teilautomatisiertes Werkzeug zur Be-
triebsführung, Institut für Gebäude- und
Solartechnik (IGS), TU Braunschweig mit
dem Lehrstuhl Software Engineering (SE),
RWTH Aachen

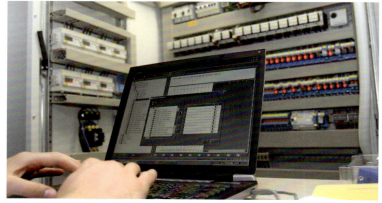

Chance und Risiko für den Betrieb: Die Gebäudeautomation

Querschnittsanalysen zu Wirtschaftlichkeit & Dauerhaftigkeit

Ziel von Evaluierungen im Feld und der Entwicklung von Methoden zur funktionalen Qualitätsverbesserung ist eine verbesserte Performance der Gebäude im Betrieb.

Hier stehen im Gegensatz zur rein technischen Konzeption umsetzungsspezifische Aspekte im Mittelpunkt, also die Untersuchung der Ursachen von Defiziten bei der Umsetzung und der Effektivität von Verbesserungsmaßnahmen bei Neubauten und Bestandsgebäuden. Die begleitende Forschung des IGS erarbeitet in Querschnittsanalysen projektübergreifend eine Synopse und Analyse der Wirtschaftlichkeit der Maßnahmen zur Betriebsoptimierung. Dabei werden neben dem Einsparpotenzial und den erreichten Verbesserungen auch die Qualität von Einsparprognosen sowie die Dauerhaftigkeit von Optimierungsmaßnahmen evaluiert.

Zusammenarbeit von Wissenschaft und Wirtschaft

Projekte im Forschungsfeld EnBop untersuchen Gebäude in der Praxis. Deshalb ist die Zusammenarbeit von Forschungseinrichtungen mit Partnern aus der Wirtschaft von besonderer Bedeutung. In EnBop werden Forschungsprojekte gefördert, die gezielt evaluieren, ob und wie innovative Technologien in der Praxis ankommen.

Auf dieser Grundlage werden häufig in interdisziplinären Forschungsprojekten von Architekten und Ingenieuren mit Ökonomen, Psychologen und Informatikern Leitfäden, Arbeitsprozesse, Software und andere Werkzeuge und Methoden entwickelt, die eine effektive Anwendung innovativer Technologien sicherstellen. Gleichzeitig haben Städte und Gemeinden, Gebäudeeigentümer und Hersteller innovativer Technologien die Chance, ein aktuelles Feedback zu ihren Gebäuden und Produkten zu gewinnen, die unmittelbare Ansätze für Optimierungsmaßnahmen bieten. Partner aus der Wirtschaft oder der öffentlichen Hand sind eingeladen, sich in Forschungsprojekten zu engagieren.

oben: Herausforderung für die Wissenschaft: Der Prozess der Qualitätssicherung muss ökonomisch bewertet werden
Mitte: EnBop-Projekt Energie-Navigator: Internetplattform für Qualitätssicherung von der Planung bis in den Betrieb
unten: EnBop-Projekt EnergieForum Berlin: Das innovative Energiekonzept wurde in der Praxis evaluiert

Atrien II
FORSCHUNG IGS

⌐ Zeitraum
2007 - 2010

⌐ Forschungsthema
Evaluierung von Atrien
im Betrieb - Erhöhung der
Energieeffizienz durch
verbesserte Integration in
die Gebäude, Verbesserung
der Prognosegüte der
Planungswerkzeuge

◄ Forschungsteam
Prof. Dr. M. Norbert Fisch
Dipl. Ing. Mani Zargari

◄ Partner
LBS Nord
Institut für rechnergestützte
Modellierung, Prof. Krafcyk
Bundesanstalt für Immobi-
lienaufgaben

◄ Förderung
Forschungsinitiative Zukunft/
Bau des Bundesministerium
für Verkehr, Bau- und Stadtentwicklung (BMVBS)

⌐ Kontakt
Technische Universität Braunschweig
Institut für Gebäude- und
Solartechnik
Mühlenpfordtstraße 23
D 38106 Braunschweig

t + 49 (0) 531. 391. 35 55
f + 49 (0) 531. 391. 81 25
www.igs.bau.tu-bs.de

Große, verglaste Lufträume werden im
zunehmenden Maße in Verwaltungsbau-
ten integriert, mit dem Ziel der Schaffung
eines repräsentativen Erscheinungsbildes
oder auch als sichtbarer Beleg für die Energieeffizienz des Gebäudes. In der Praxis
überwiegen trotz sorgfältiger Planung
oftmals die Nachteile eines Atriums:
Die solaren Wärmegewinne in der
Heizphase führen nicht zu der erwarteten
Einsparung an Wärmeenergie, wohinge-
gen in der Kühlperiode das Atrium zur
Überhitzung des Gebäudes beiträgt. Im
Planungsprozess besteht bislang keine all-
gemein anerkannte Methode zur Prognose
des thermischen Verhaltens eines Atriums
und daraus resultierende Vorgaben für die
Konstruktion und der Betriebsführung.
Das Forschungsprojekt ATRIEN hat zum
Ziel, Ursachen für die insuffiziente Planung
und Betriebsführung von Atriengebäu-
den aufzuzeigen und letztendlich einen
Planungsleitfaden für Architekten und
Planer zu erstellen. Hierzu erfolgte eine
Querschnittsstudie anhand einer Reihe von
Gebäuden und eine vertiefte Analyse einer
Auswahl von Gebäuden. Derzeitig erfolgt
in Kooperation und mit Unterstützung
der LBS Nord die detaillierte Untersuchung und exemplarische Optimierung
der Hauptverwaltung in Hannover. Das
optimierte Gebäude unterliegt weiterhin
einem messtechnischen Monitoring mit
Erfassung raumklimatischer Parameter und
des Energieverbrauchs zur Erfolgskontrolle
der gewählten Optimierungsmaßnahmen.
Erwartet wird eine Halbierung des Wärme-
verbrauchs und eine deutliche Reduzierung der Überhitzungsstunden während
der Kühlperiode.

Norddeutsche Landessparkasse, Atrium, Hannover

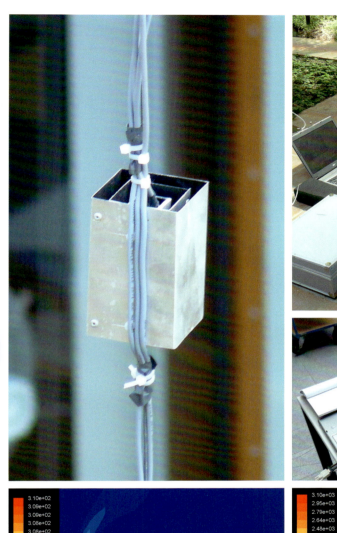

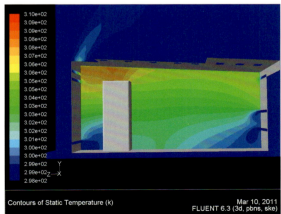

Contours of Static Temperature (k)

Mar 10, 2011
FLUENT 6.3 (3d, pbns, ske)

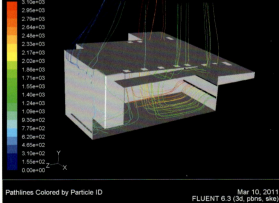

Pathlines Colored by Particle ID

Mar 10, 2011
FLUENT 6.3 (3d, pbns, ske)

Norddeutsche Landessparkasse, Druckmessung

GeoTabs
FORSCHUNG IGS

⌐ Zeitraum

10.2010 – 01.2013

⌐ Forschungsthema

Optimale Umsetzung
und Steuerung von
erdgekoppelten
Wärmepumpen in
Kombination mit thermisch
aktivierten Bauteilen
in energieeffizienten
Bürogebäuden

► Forschungsteam

Prof. Dr. M. Norbert Fisch
Dipl.-Ing. Franziska
Bockelmann (Projektleitung)
M. Sc. Hanna Soldaty
Dipl.-Ing. Architekt
Stefan Plesser

► Partner

Georg-Simon-Ohm
Hochschule Nürnberg,
energydesign braunsch-
weig GmbH, SolarNext AG,
Heimann Ingenieure GmbH,
6 weitere Universitäten und
15 weitere Unternehmen
aus Belgien, Dänemark, den
Niederlanden und der
Tschechischen Republik

▌ Förderung

Bundesministerium für
Wirtschaft und Technologie
(BMWi)

⌐ Kontakt

Technische Universität Braunschweig
Institut für Gebäude- und
Solartechnik
Mühlenpfordtstraße 23
D 38106 Braunschweig

t + 49 (0) 531. 391. 35 55
f + 49 (0) 531. 391. 81 25
www.igs.bau.tu-bs.de

In modernen Bürogebäuden kommt es
durch den Wunsch nach einem hohen
Raumkomfort (insbesondere im Kühlfall)
und der Minderung des Energieverbrauchs immer häufiger zum Bau und zur
Weiterentwicklung von eco-innovativen
Gebäuden und einer entsprechenden
Anlagentechnologie. Eine mögliche Umsetzung besteht in der Kombination von
erdgekoppelten Wärmepumpen (GCHP)
mit thermisch aktivierten Bauteilen (TABS).

Die Umsetzung von GCHP und TABS
unterscheidet sich vollkommen von
den bisherigen herkömmlichen flinken
Heiz- und Kühlsystemen. Eine effiziente
Kontrolle der Systeme ist meist durch ihr
träges Verhalten äußerst schwierig umzusetzen. Eine sorgfältige Planung und eine
anschließende Kontrolle des Temperatur-
niveaus im Erdreich sind für einen dauerhaft effizienten Betrieb unumgänglich.

Das übergeordnete Ziel von GeoTabs ist es,
die Planungsgrundlagen und die Betriebs-
kontrolle von Systemen mit Geothermie-
nutzung, Wärmepumpen und Betonkern-
aktivierung in Bürogebäuden mit Hilfe von
Monitoring- und Simulationsdaten sowie
von Komfort-Umfragen zu verbessern. Die
Verbesserung soll darin bestehen, eine
erhöhte Energieeffizienz der Gebäude und
Anlagen zu erzielen sowie geeignete Inbe-
triebnahmemethoden für künftige Gebäude zu definieren. Der Komfort soll dabei
jederzeit garantiert werden. Des Weiteren
wird das Ziel des Forschungsvorhabens auf
eine energieeffiziente und CO2-reduzieren-
de Umsetzung und Betriebsweise dieser
Anlagen gerichtet. Die Umsetzung wird

durch die Untersuchung von europaweit
bis zu zwanzig entsprechenden Anlagen
bzw. Bürogebäuden geschehen.
Bei der Ausführung der Anlagen ist von
entscheidender Bedeutung, dass die
verschiedenen Bestandteile (TABS, GCHP
und herkömmliche Heiz- und Kühlsyste-
me) im Gesamtsystem richtig aufeinander
abgestimmt und umgesetzt werden.
Meist stellen daher allgemeine Bemes-
sungs- und Planungsverfahren sowie
Kontrollstrategien nicht die optimale
Lösung für diese individuellen System-
bestandteile dar. Neben den Richtlinien
sollen auch Empfehlungen bezüglich der
richtigen Umsetzung von Messungen und
Methoden vorgestellt werden, um die
Performance von GCHP-TABS-Systemen
im Betrieb richtig bewerten zu können.

Workpackages:
WP1: Projektkoordination
WP2: Literaturstudie zum „State-of-the-art"
WP3: Erarbeitung eines Bestandskataloges
WP4: Monitoring bestehender Gebäude
WP5: Modellsimulation
WP6: Entwicklung von Regelalgorithmen
und Controllern
WP7: Komfort-Umfrage
WP8: Erarbeitung und Entwicklung von
Richtlinien

Weitere Informationen zu den Inhalten,
Zielen und dem Stand der Arbeit können
der Internetseite des Projektes entnom-
men werden: www.geotabs.eu.

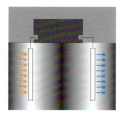

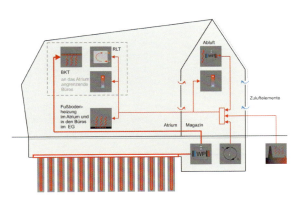

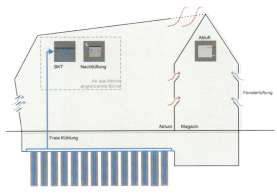

Museen

FORSCHUNG IGS

⌐ Zeitraum

10.2008 - 09.2012

⌐ Forschungsthema

Nachhaltige Sanierung von
Museumsgebäuden

◤ Forschungsteam

Prof. Dr.-Ing. M.N. Fisch
Dipl.Ing. Architekt Volker
Huckemann

◀ Partner

Prof. Dr.-Ing. M.N. Fisch,
TU Braunschweig
Prof. Dr.-Ing. G. Hauser,
TU München
Prof. Dr.-Ing. K. Sedlbauer,
Universität Stuttgart
Prof. Dr.-Ing. W. Richter,
TU Dresden
Prof. Dr.-Ing. K. Kießl,
Bauhaus-Universität Weimar

◀ Förderung

Bundesministerium für
Wirtschaft und Technologie
(BMWi)

⌞ Kontakt

Technische Universität Braunschweig
Institut für Gebäude- und
Solartechnik
Mühlenpfordtstraße 23
D 38106 Braunschweig

t + 49 (0) 531. 391. 35 55
f + 49 (0) 531. 391. 81 25
www.igs.bau.tu-bs.de

Museen bewahren und erforschen das kulturelle Erbe der Menschheit, machen dieses bekannt und stellen es aus. Sie sind damit Spiegel gesellschaftlicher Entwicklung. Dies gilt sowohl für die einzelnen Exponate und Sammlungen, als auch für die Mehrzahl der Museumsgebäude, die oftmals selbst bedeutende Kulturdenkmäler darstellen. Werden die Museen zum Sanierungsfall, so besteht die Komplexität dieser Sanierungsvorhaben darin, restauratorische Anforderungen an das Raumklima mit den Anforderungen des Denkmalschutzes und energetischen Vorgaben zu vereinbaren. Vor diesem Hintergrund ist an der TU Braunschweig, in Kooperation mit sechs weiteren Institutionen, ein Forschungsvorhaben zur nachhaltigen Sanierung von Museumsbauten ins Leben gerufen worden.

Seit Oktober 2008 forschen deshalb Wissenschaftler von fünf namhaften Universitäten (s. „Partner") in einem Verbundforschungsvorhaben zur „Nachhaltigen Sanierung von Museumsgebäuden". Das Projekt ist Teil des Förderschwerpunkts „Energetische Verbesserung der Bausubstanz (EnSan)" des Bundesministeriums für Wirtschaft und Technologie (BMWi). Damit leistet es einen Beitrag zur Akzeptanz und Verbreitung nachhaltiger und energieeffizienter Gebäude- und Technikkonzepte in öffentlichen Gebäuden, hier speziell Museumsbauten.

Die Aufgabenstellung umfasst die Analyse bereits erfolgter Sanierungen, sowie die Entwicklung, Umsetzung und Optimierung ganzheitlicher Sanierungskonzepte. Die Ergebnisse der Untersuchungen werden in Form eines Leitfadens veröffentlicht und erhöhen die Planungssicherheit für zukünftige Sanierungsmaßnahmen im Museumsbereich.

Neben dem Erhalt der Gebäude stellt die Sicherung der Ausstellungsobjekte eine wichtige Aufgabe und Investition in die Zukunft dar. Auch der wirtschaftliche Betrieb der Museen rückt vor dem Hintergrund steigender Energiepreise und sinkender Kulturetats immer mehr ins Blickfeld der Museumsbetreiber. Das Ziel einer integralen Planung muss in diesem Zusammenhang die Gewährleistung der hohen funktionalen und klimatischen Anforderungen bei gleichzeitiger Reduktion der Investitions- und Betriebskosten sein. Energieeinsparung ist dabei aufgrund der steigenden Energiekosten ein zunehmend wichtiger Faktor. Die Durchführung entsprechender Maßnahmen ist die Voraussetzung für einen energetisch und ökologisch sinnvollen Betrieb der Gebäude in der Zukunft. Die Planung der Sanierung eines Museumsgebäudes erfordert bei Museumsbetreibern, Architekten und Ingenieuren einen hohen Informationsstand. Über die Komfortbedingungen für Besucher und Personal hinaus, werden in der Regel erhöhte Anforderungen an ein außentemperaturunabhängiges, zeitlich konstantes und definiertes Raumklima gestellt. In Museen können sich durch unterschiedliche Ausstellungskonzepte und Nutzungsprofile Bereiche mit verschiedenen konservatorischen Anforderungsprofilen ergeben (Dauer-, Wechselausstellungen, Depots, Restaurierungsateliers etc.). Der Energieverbrauch von Museumsgebäuden ist im Allgemeinen sehr hoch, da aus konservatorischen Gründen enge Korridore für das Innenraumklima definiert werden. Die Ausstellungsräume werden beheizt, gekühlt, mechanisch belüftet, be- und entfeuchtet. Da aber auch Museen den aktuellen Sparzwängen unterliegen und trotz knapper Ressourcen die ihnen anvertrauten Kunstwerke langfristig pflegen, bewahren und präsentieren müssen, sind es gerade energieeffiziente Lösungen die eine nachhaltige Zukunftsstrategie darstellen. Der Schlüssel für ein erfolgreiches Museum ist ein funktionierender Bau und der wird maßgeblich im Zuge einer Sanierungsmaßnahme geformt: hier werden die Weichen gestellt, ob ein Museum in Zukunft als aktives „Haus der Kunst" oder nur als „Bilderbewahranstalt" auftritt. Im Rahmen des Forschungsprojektes sollen hier, gemeinsam mit den Museumspartnern, neue Wege zu konservatorisch sicheren, energetisch und wirtschaftlich tragbaren Konzepten eingeschlagen werden.

Ein besonderes Ziel des Forschungsverbundes ist es, das ein oder andere Museum als separates Demonstrationsvorhaben zu realisieren. Anhand dieser Realisierungsprojekte sollen sowohl innovative Sanierungskonzepte als auch der Piloteinsatz neuer Baumaterialien erforscht und gefördert werden. Die hohe Öffentlichkeitswirkung der Projekte lässt eine weite Verbreitung der erzielten Ergebnisse und damit auch der entwickelten Nachhaltigkeitskonzepte erwarten.

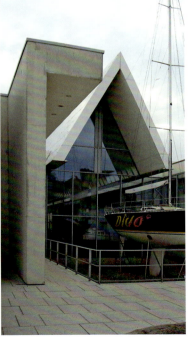

oben links: Blower-Door-Messung
oben rechts: Städtisches Museum Braunschweig
unten links: Kunsthalle Mannheim
unten rechts: Deutsches Schiffahrtsmuseum Bremerhaven

Solare KWKK

FORSCHUNG IGS

Zeitraum	Forschungsteam	Partner	Förderung	Kontakt
2010	Prof. Dr. M. Norbert Fisch Dipl. Ing. Mathias Schlosser	Ostfalia Hochschule - Fakultät Versorgungstech- nik, Wolfenbüttel, Institut für Luft- und Kältetechnik, Dresden, Mithras Holding GmbH & Co. KG, Dersum, Wegra Anlagenbau GmbH, Westenfeld	Bundesministerium für Umwelt, Naturschutz und Reaktorsicherheit (BMU)	Technische Universität Braunschweig Institut für Gebäude- und Solartechnik Mühlenpfordtstraße 23 D 38106 Braunschweig t + 49 (0) 531. 391. 35 55 f + 49 (0) 531. 391. 81 25 www.igs.bau.tu-bs.de

Forschungsthema

Komponentenentwicklung
für eine hocheffiziente
dezentrale solarunterstützte
Kraft-Wärme-Kälte-Kopplung

Innerhalb des Verbundforschungsvorhabens „Komponentenentwicklung für eine hocheffiziente dezentrale solarunterstützte Kraft-Wärme-Kälte-Kopplung" soll ein Anlagensystem der Kraft-Wärme-Kälte-Kopplung zur Nutzung solarer Prozesswärme, welche über einen Parabolrinnenkollektor auf einem Temperaturniveau von 250°C bereitgestellt wird, entwickelt werden. Die lastorientierte Abstimmung der Komponenten untereinander in einem integralen Anlagensystem ist die Voraussetzung zur effizienten und wirtschaftlichen Nutzung der Energie. Die zukunftsfähige Technologie steht am Anfang ihrer Entwicklung.

Die einzelnen Anlagenteile sind prinzipiell am Markt verfügbar. Ein integrales System zur solaren Kraft-Wärme-Kälte-Kopplung in einem für den dezentralen Einsatz geeigneten Leistungsgrößenbereich steht derzeit noch nicht zur Verfügung. Im Unterschied zu den bestehenden Solarthermischen Kraftwerken (>50 MW$_{el}$) zielt die Entwicklung auf Anlagengrößen von 500 kW$_{el}$ bis 5 MW$_{el}$ und besetzt damit einen Markt, der die Umsetzung dezentraler Versorgungssysteme ermöglicht.

Die Projektpartner TU Braunschweig, Hochschule Ostfalia und die Mithras Holding GmbH & Co. KG aus Dersum bearbeiten den Entwicklungsteil der Solarthermie und der solarthermischen Stromerzeugung. Das Institut für Luft- und Kältetechnik aus Dresden und die Wegra Anlagenbau GmbH aus Westenfeld den Entwicklungsteil der hocheffizienten thermischen Kälteerzeugung.

Die Laufzeit dieses Forschungsvorhabens beträgt 2,5 Jahre. Mit den Arbeiten wurde im Juli 2010 begonnen. Das Verbundvorhaben wird vom Bundesministerium für Umwelt, Naturschutz und Reaktorsicherheit (BMU) mit einer Zuwendung von ca. 1,07 Mio. € gefördert (FKZ 0325963A und 0325963B).

Zwischenergebnisse

Innerhalb von Teilprojekt 1 dokumentierte das IGS im Rahmen einer Literaturrecherche den Stand der Technik. Im Anschluss konnten gemeinsam mit den Projektpartnern die Zielkennwerte der jeweiligen Anlagensysteme festgelegt werden.

Weiterhin erfolgte eine Simulationsstudie zum Potenzial der Solarstrahlung in anderen Ländern. Der neu zu entwickelnde kleine Parabolrinnenkollektor konnte durch Mithras auf seine Material- und Gestaltungsmöglichkeiten untersucht werden.

Derzeit werden Systemkonzepte zur Verschaltung der Einzelkomponenten entwickelt. Für eine Simulationsuntersuchung müssen in einem nächsten Schritt die Anforderungsprofile der Wärme,- Kälte, und Strombereitstellung erarbeitet werden.

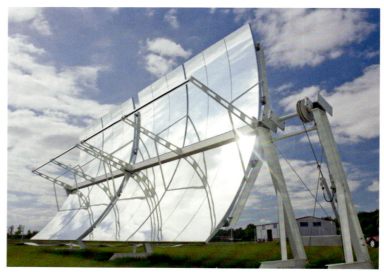

„Großer Parabolrinnen-Kollektor" der zweiten Generation mit Glasspiegel auf dem Testgelände in Dersum / Emsland

Entwicklungsziel Parabolrinnenkollektor

Der zu entwickelnde Solarkollektor zur Prozesswärmeerzeugung (Parabolrinne) liefert Wärme auf höherem Temperaturniveau von etwa 250°C für eine dezentrale Stromerzeugung und eine thermische Kälteerzeugung. Dabei werden neue Materialien und Konstruktionslösungen angewandt, die eine signifikante Kostensenkung ermöglichen. Der aufwändige Produktionsprozess von thermisch gebogenem Glas sowie das Problem der Restwelligkeit sollen vermieden werden. Für die Spiegelproduktion wird angestrebt, kaltgebogenes Sicherheitsglas sowie Aluminiumfolie einzusetzen.

Eine Möglichkeit ist die Integration von Tragkonstruktion und Solarspiegel. Dabei kann die Spiegelkonstruktion aus einer verspiegelten, mehrschichtigen Aluminiumfolie, einer GFK-Sandwich-Konstruktion und einer einfachen Aufhängung für das Receiverrohr bestehen. Bei kleinen Spannweiten der Spiegel von 2,3 m werden eine deutliche Gewichts- und Kostenreduktion des Spiegels erwartet. Für den Parabolrinnenkollektor soll ein Receiverrohr ohne Glashülle eingesetzt werden.

Eine Prototypenanlage aus 12 Modulen mit einer Gesamtgröße von 138 m² Spiegelfläche soll innerhalb des Vorhabens gebaut und für Messungen auf dem Versuchsstand in Dersum zur Verfügung stehen. Dabei besteht ein Parabolrinnenmodul aus vier Spiegeln mit einer Gesamtfläche von 11,5 m², wobei ein Spiegel eine Fläche von 2,875 m² aufweisen soll (Höhe 2,3 m, Breite 1,25 m).

Oben: erste Modellzeichnung Prototyp „kleine Parabolrinne"
Mitte: Receiverrohr des großen Parabolrinnenkollektors
Unten: Versuchsstand auf dem Testgelände

Schulsanierung

FORSCHUNG IGS

Zeitraum	Forschungsteam	Partner	Förderung	Kontakt
2010	Prof. Dr. M. Norbert Fisch Dipl.-Ing. Lars Altendorf Dipl.-Ing. Architekt Thomas Wilken Dipl.-Ing. Jennifer König	Landkreis Goslar	Deutsche Bundesstiftung Umwelt (DBU)	Technische Universität Braunschweig Institut für Gebäude- und Solartechnik Mühlenpfordtstraße 23 D 38106 Braunschweig
Forschungsthema				
Schulsanierung im Landkreis Goslar				t + 49 (0) 531. 391. 35 55 f + 49 (0) 531. 391. 81 25 www.igs.bau.tu-bs.de

—

In den Bildungsgebäuden der Bundesrepublik Deutschland hat sich ein erheblicher Sanierungsbedarf aufgestaut, der Länder und Kommunen zum Handeln zwingt. Zum einen steigen die Betriebskosten dieser Gebäude, zum anderen sollen die pädagogischen Rahmenbedingungen ein motivierendes Lernumfeld schaffen. Im Rahmen von Forschungsprojekten werden am IGS mit Unterstützung von interdisziplinären Partnern nutzerorientierte Ansätze zur Verbesserung der gestalterischen, funktionalen, pädagogischen und raumklimatischen Bedingungen mit der energetischen Optimierung kombiniert. Ziel ist eine Verbesserung der Lehr- und Lernbedingungen sowie eine Reduzierung der Betriebskosten.
Durch Langzeitmessungen in vier Schulen wurden die Raumtemperatur, Luftqualität und Raumluftfeuchte erfasst.
Die Messungen ergaben unzureichende Luftqualitäten im Winter und in Teilen der Übergangszeit, sie zeigten einen klaren Zusammenhang zwischen Außentemperatur und Lüftungsverhalten.
Eine mechanische Lüftung kann wesentlich zur Verbesserung des Lernkomforts und zur Reduzierung der Lüftungswärmeverluste beitragen und wird als Sanierungsmaßnahme empfohlen. Studien belegen zudem eine Steigerung der Leistungsfähigkeit durch verbesserte Luftqualität.

Wesentliche Einschränkungen der thermischen Behaglichkeit im Sommer wurden nicht gemessen, die thermischen Simulationen zeigten aber eine verstärkte sommerliche Überhitzung im Ganztagsbetrieb.

Empfohlen werden daher der Einbau einer Sonnenschutzverglasung, einer Außenjalousie mit Lichtlenkung oder die Aktivierung der thermischen Speichermassen durch Nachtlüftung.

Die im Bestand festgestellte starke Einschränkung der thermischen Behaglichkeit im Winter ist begründet durch Auskühlung über Fensterlüftung bzw.

Nachtabsenkung bei allgemein schlechter Qualität der Gebäudehülle.
Wichtigste Sanierungsmaßnahmen sind die Gebäudehüllen bauphysikalisch auf den Stand der Technik zu bringen. Das endenergetische Einsparpotenzial für die Heizung liegt im Vergleich zum Bestand bei allen vier untersuchten Schulen über 60 Prozent.

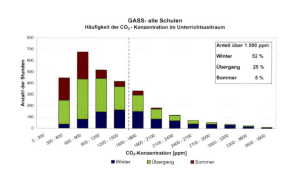

Schulsanierung im Landkreis Goslar

Das IGS ist 2009 durch den Landkreis Goslar beauftragt worden, ein Konzept für die Fassadensanierung der Haupt- und Realschule Seesen zu erarbeiten. Ende 2010 konnte die Umsetzung an der Schule aus dem Jahr 1976 mit einer Nutzfläche von ca. 10.000 m² abgeschlossen werden.

Zu den realisierten Sanierungsmaßnahmen zählen die Erneuerung aller Fenster in den Obergeschossen und das Verfüllen der Luftschicht zwischen der zweischaligen Waschbetonfassade mit Einblasdämmung. Das energetische Einsparpotenzial für den Endenergiebedarf Heizung ist gegenüber dem Bestand mit über 40 % berechnet worden (s. Abb 4). Die verbesserte Luftdichtheit der Fassade wurde über baubegleitende Blower-Door Tests und Thermografieuntersuchungen gesichert.

Zur Vermeidung sommerlicher Überhitzung ist eine 3-Scheiben Wärmeschutzverglasung mit einem Energiedurchlassgrad von 45 % in Verbindung mit einem außen liegendem Sonnenschutz realisiert worden.

Aus den Ergebnissen einer thermischen Simulation hat sich zudem die Notwendigkeit einer Nachtlüftung zur Dämpfung von Temperaturspitzen durch aktivierte Speichermassen ergeben. Als Besonderheit des umgesetzten Konzepts wird diese Nachtlüftung in den Klassenräumen über motorisch gesteuerte Lüftungsflügel praktiziert. Durch Lamellen vor diesen Öffnungsflügeln wird ein Schutz vor Einbruch und Witterung gewährleistet.

Um den Tageslichtquotienten zu erhöhen, ist eine Tageslichtlenkung mit einem der Sonne nachgeführten Lamellenbehang umgesetzt worden.

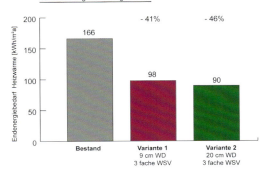

Oben: Schule vor der Sanierung
Mitte: Schule nach der Sanierung
Unten: Variantenvergleich Endenergiebedarf Heizwärme

FORSCHUNGSKOOPERATION AUDI AG INGOLSTADT

FORSCHUNG IIKE

⌐ Zeitraum

08/2008 bis 06/2010

⌐ Forschungsthema

Strukturkonzept
Büro- und Sozialfunktionen

➤ Forschungsteam

Antje Voigt

➤ Auftraggeber

AUDI AG I/PG 42

⌐ Kontakt

Technische Universität Braunschweig
Institut für Industriebau und
konstruktives Entwerfen
Pockelsstraße 3
D 38106 Braunschweig

t + 49(0)531 391 2544
f + 49(0)531 391 5948
www.iike.tu-bs.de

Kooperation

Im Jahr 2006 entstand, aufbauend auf
einer Seminarveranstaltung zum Thema
„Die Postfordistische Fabrik: Produktionsstätten der Automobilindustrie", eine
kontinuierliche Kooperation zwischen der
Werkstrukturplanungsabteilung der AUDI
AG in Ingolstadt und dem IIKE. Im Rahmen
dieser Kooperation werden seitdem
regelmäßig studentische Entwürfe und
Forschungsarbeiten durchgeführt sowie
Praktikanten an die AUDI AG vermittelt.

Ziel eines Forschungsprojektes im Auftrag
der AUDI AG war die Entwicklung eines
ganzheitlichen Strukturkonzepts für Büro-
und Sozialfunktionen.

Ganzheitliche Betrachtung

Büro- und Sozialfunktionen haben in
Automobilwerken eine strukturelle Bedeutung. Sie sollen den Bedürfnissen der
MitarbeiterInnen entsprechen und ihre
Gestaltung ist Ausdruck der Unternehmenskultur. Gleichzeitig müssen sie die
Leistungsfähigkeit der Produktionspro-
zesse unterstützen und den Unterneh-
menszielen Rechnung tragen.
Trotz der Diversität der Einzelflächen und
Anforderungsprofile ist die zusammen-
hängende Betrachtung der Büro- und
Sozialfunktionen sinnvoll, um Integra-
tionspotenziale für das gesamte Werk
zu entfalten und so dessen Teilbereiche
vernetzen zu können.

Gemeinsam ist den Büro- und Sozialfunktionen:

· Die Eigenschaft als Querschnittfunktion,
  die in allen Kernprozessen eine Rolle
  spielen: Sie sind wiederkehrendes oder
  gemeinsam genutztes Element aller
  Gewerke und Organisationseinheiten.
  Sie bergen damit in sich ein Potenzial zur
  Integration.
· Die Übernahme von Service- und
  Dienstleistungsaufgaben. Die Funktionen haben in der Regel keinen direkten
  Einfluss auf die primären Produktions-
  prozesse, sondern dienen nachgeordne-
  ten Prozessen.
· Die Fokussierung auf Prozesse, die von
  Menschen dominiert werden. Während
  in der Produktion je nach Automati-
  sierungsgrad MitarbeiterInnen und
  technische Anforderungen integriert
  betrachtet werden, sind die Funktionen weitgehend frei von technischen
  Anlagen. In ihrer inneren Gestaltung
  entwickeln sie sich daher mit einem
  originären Fokus auf den Menschen und
  besitzen so eine hohe Bedeutung für soziale Prozesse und das Wohlbefinden der
  MitarbeiterInnen. Sie übernehmen auf
  der einen Seite elementare funktionale
  Aufgaben und haben auf der anderen
  Seite eine Auswirkung auf unterneh-
  menskulturelle Belange wie Wissens-
  pflege, Kommunikation und Identitätsbildung aber auch auf die Lebens- und
  Arbeitsqualität der MitarbeiterInnen.

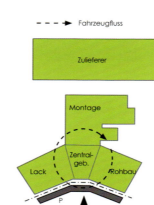

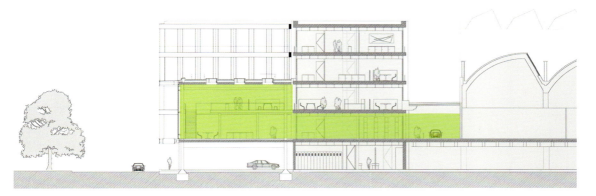

Forschungsziele

Die Forschungsarbeit verfolgt auf der Ebene der Masterplanung die folgenden Ziele:

- Integrative Planung aller Funktionen: Die Büro- und Sozialflächen werden als integrierter Bestandteil der gesamten Werksfunktionen entwickelt.
- Optimierung Funktionszusammenhänge: Die Büro- und Sozialflächen sollen in ihrer Beziehung zueinander und zu anderen Werksfunktionen die Werksprozesse optimal unterstützen.
- Flexibilität und Wachstumsstrategien: Um die Zukunftsfähigkeit zu gewährleisten, werden Entwicklungsszenarien erarbeitet, die die Anpassungsfähigkeit der Strukturkonzepte an zukünftige geplante oder ungeplante Veränderungen gewährleisten.

Ergebnisse

Im Rahmen der Forschungsarbeit wurde Folgendes erarbeitet:

- Zielvorgaben und Bewertungskriterien der Flächenentwicklung
- Analysen von Referenzprojekten
- Grundlagen, Bedarfsanalysen, Flächenkennzahlen, Raumprogramme
- strukturelle Lösungen und Planungsalternativen
- konkrete Layoutvorschläge und Konzeptstudien als Grundlage für weitere Planungsschritte

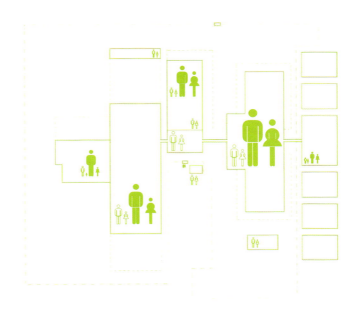

KOOPERATION AUDI INGOLSTADT

FORSCHUNG IIKE

◌ Zeitraum

2009

◌ Projekt

Kooperation Audi
Ingolstadt

▸ Betreuung

Prof. Carsten Roth
Antje Voigt
Wolfgang Sunder

▸ Autoren

Attila Horvarth
Christian Thomas

◟ Kontakt

Technische Universität Braunschweig
Institut für Industriebau und
konstruktives Entwerfen
Pockelsstraße 3
D 38106 Braunschweig

t + 49(0)531 391 2544
f + 49(0)531 391 5948
www.iike.tu-bs.de

Kooperation Audi

Das Werk der Audi AG in Ingolstadt durch-
läuft derzeit umfassende Umstrukturie-
rungsprozesse, ausgelöst durch veränderte
Anforderungen an den internen Betriebs-
ablauf. Die Umstrukturierungen werden
auch Auswirkungen auf die bauliche
Entwicklung des Werksgeländes haben.

Die Forschungskooperation verfolgt das
Ziel, eine aktive langfristige Planung zu
unterstützen. Konkrete bauliche und
strukturelle Probleme auf dem Werksgelände sollen untersucht werden mit dem
Ziel, Planungsspielräume und Varianten zu
erfassen und Entscheidungen vorzube-
reiten.

Parallel zur Forschung veranstalten das IIKE
und die Audi AG gemeinsame studentische Entwurfsprojekte und Theoriearbeiten. Hier werden in experimenteller Form
konzeptionelle, strukturelle, städtebauliche
und architektonische Ideen für das Audi-
Werksgelände in Ingolstadt entwickelt. Die
Arbeiten basieren auf intensiven Analysen
des Werkes, lösen sich aber in der Projekt-
entwicklung von den konkreten Anforderungen, um neue Potenziale und Visionen
aufzuzeigen. Ziel der Kooperation ist es,
der Audi AG und den Studierenden einen
Experimentierraum mit realem Bezug zu
schaffen und über den persönlichen Kontakt und anschließende Praktika berufliche
Perspektiven zu eröffnen.

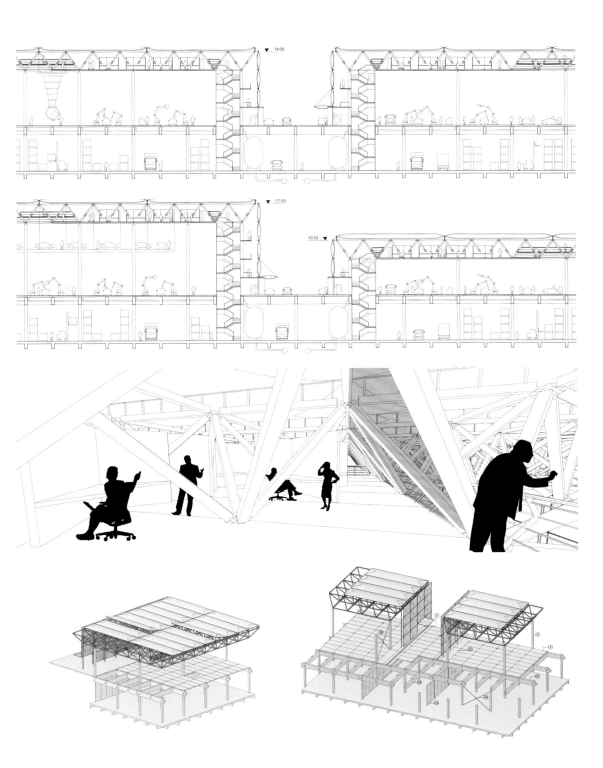

ZUKUNFT INDUSTRIEBAU

FORSCHUNG IIKE + KON

⌐ Zeitraum

04/ 2008 bis 01/ 2010

⌐ Forschungsthema

Ganzheitliche Integration
und Optimierung
des Planungs- und
Realisierungsprozesses
für zukunftweisende
und nachhaltige
Industriegebäude

◀ Forschungsteam

Prof. Werner Kaag
Prof. Carsten Roth
Christian Laviola
Sima Rustom
Regina Sonntag
Antje Voigt

◀ Forschungsteam

Institut für
Fabrikbetriebslehre und
Unternehmensforschung,
TU BS
Prof. Uwe Dombrowski
Sibylle Hennersdorf

⌐ Förderung

Bundesamt für Bauordnung
und Raumwesen (BBR)

◀ Kooperation

Bauen mit Stahl e.V.
Forschungsvereinigung der deutschen
Beton- und Fertigteilindustrie e.V.
Gesamtverband Dämmstoffindustrie
Hochtief Construction AG
Holzabsatzfonds
M+W Zander FE GmbH

⌐ Kontakt

Technische Universität Braunschweig
Institut für Industriebau und
konstruktives Entwerfen
Pockelsstraße 3
D 38106 Braunschweig

t + 49 (0) 531. 391. 25 44
f + 49 (0) 531. 391. 59 48
www.iike.tu-bs.de

Das Forschungsprojekt „Planungsleitfaden
Zukunft Industriebau" wurde von Mai 2008
bis Mai 2010 in Kooperation mit dem Institut für Baukonstruktion (KON) und dem
Institut für Fabrikplanung und Unternehmensforschung (IFU) durchgeführt. Gefördert wurde das Projekt vom Bundesamt für
Bauwesen und Raumordnung (BBR) und
Forschungspartnern aus der Industrie.

Planungssystematik (IIKE)

Im Rahmen dieser Forschungsgruppe entwickelte das IIKE eine „Planungssystematik"
zur Betrachtung der Planungs- und Erstellungsprozesse von Industriegebäuden.
Ausgangssituation bildet die Analyse der
bestehenden Defizite und zukünftigen Anforderungen an die Planung und Erstellung
von Industriegebäuden.

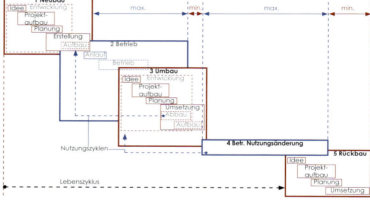

Die intensive Einbindung von Experten in
die Entwicklung der Systematik über Interviews, Workshops und Umfragen sowie
umfangreiche Quellenrecherchen belegen
den Bedarf, aber auch die Potenziale und
Lösungsansätze für neue Handlungsstra-
tegien.

So zwingt der aktuelle Strukturwandel
sowohl im produzierenden Gewerbe als
auch im Baugewerbe dazu, neue Wege
und Strategien zu entwickeln. Insbesondere die fehlende Einbeziehung der
Lebens-zyklusphasen, die mangelnde
Wandlungsfähigkeit der Strukturen und die
einseitige Definition von Qualitätskriterien
zugunsten der Erstellungskosteneffizienz
schränken die Zukunftsfähigkeit von
Industriege- bäuden häufig massiv ein.
Gleichzeitig führen die Fragmentierung der

beteiligten Fachdisziplinen und mangelnde Sachkenntnis der Entscheidungsträger
zu erheblichen Reibungsverlusten im
Planungs- und Erstellungsprozess.
Zentrale inhaltliche Zielvorgabe für die
Entwicklung der Systematik ist, neben der
Steigerung der Zukunftsfähigkeit der zu
planenden Gebäude, daher die Verbesserung der Prozessqualität während der
Planung und Erstellung. In diesem Sinne
verfolgt die Systematik den Anspruch,
einen ganzheitlichen, anwendungsori-
tierten und praxisnahen Handlungsleit-
faden für Bauherren, Planer und Ersteller
zu entwickeln. Sie bietet (aufgrund der
Einzigartigkeit und Komplexität des
Planungsgegenstandes sowie der hohen
Prozessdynamik im Industriebau) aber

keinen starren Prozessfahrplan, sondern
eröffnet den beteiligten Personen im Rahmen des spezifischen Projektkontextes und
ihrer persönlichen und fachlichen Anforderungen neue Handlungsspielräume.

Um diese Ziele zu erreichen wurde auf
der Basis eines systematikbezogenen
Lebenszyklusphasenmodells eine Struktur
von industriebauspezifischen Handlungs-
und Themenfeldern entwickelt. Vollständig
betrachtet sollen die Handlungs- und
Themenfelder einen Überblick über die bei
der Entwicklung eines Industriegebäudes
zentralen Aspekte geben. Der Aufbau der
Systematik erlaubt gleichzeitig die selektive
Leseart von Einzelaspekten, die im Anwen-
dungsfall von Bedeutung sein können.

Die Handlungsfelder befassen sich mit den Fragen, WAS geplant wird (Planungsgegenstand Industriegebäude) und WIE es geplant werden soll (Planungs- und Erstellungsprozesse).

Das Handlungsfeld WAS wird beschrieben über das Kräftedreieck der Themenfelder Qualität, Kosten und Zeit, vor dem Hintergrund der gegebenen Normen, Gesetze und Richtlinien.

Das Themenfeld Qualität wird seinerseits in die Faktoren Bedarf, Wandlungsfähigkeit, Ressourcen und soziokulturelle Aspekte untergliedert. Das Handlungsfeld WIE entwickelt sich aus der Beziehung zwischen den Themenfeldern Kompetenzen, Konstellationen, Kommunikation und Flexibilität. Neben grundsätzlichen Informationen in Textform enthalten die Themenfelder Checklisten zu ihren jeweiligen Kernaufgaben, die im Planungs- und Erstellungsprozess zu erfüllen sind.

Aufbauend auf der Struktur der Themenfelder werden dem Anwender insgesamt 27 Methoden, Hilfsmittel und Werkzeuge angeboten, die die Erfüllung der Kernaufgaben unterstützen können.

Die Ergebnisse dieser Forschungsarbeit werden umfassend veröffentlicht und dienen auf diese Weise einem detaillierten Wissenstransfer und -aufbau zwischen Hochschule und Industrie.

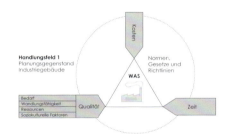

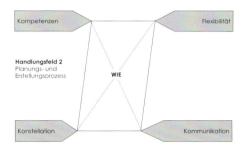

PRAXIS KRANKENHAUSBAU

FORSCHUNG IIKE, IGS + IFU

⌐ Zeitraum

geplant 2011 - 2013

⌐ Forschungsthema

Optimierung und
Entwicklung nachhaltiger
und wandlungsfähiger
Krankenhausbauten

◄ Forschungsteam

Prof. Carsten Roth
Prof. Dr.-Ing. M. Norbert
Fisch
Wolfgang Sunder
Regina Sonntag
Silke Kunisch

Institut für
Fabrikbetriebslehre und
Unternehmensforschung,
TU BS
Prof. Uwe Dombrowski
Christoph Riechel

↑ Kooperation

Klinikum Braunschweig
Schön Kliniken
Wolff und Müller
Miele
Schweitzer und Partner

⌐ Kontakt

Institut für Industriebau und
konstruktives Entwerfen
Prof. Carsten Roth

t + 49 (0) 531. 391. 25 44
f + 49 (0) 531. 391. 59 48
www.iike.tu-bs.de

Das Forschungsteam vereint die drei Disziplinen Gebäudestruktur/ -gestaltung, ener-
getisches/ökologisches/ökonomisches
Gebäudekonzept und Prozessplanung,
vertreten durch das Institut für Industriebau und Konstruktives Entwerfen (IIKE),
das Institut für Gebäude- und Solartechnik
(IGS) und das Institut für Fabrikbetriebslehre und Unternehmensforschung (IFU).
Erste Forschungsergebnisse werden über
eine forschungsorientierte Lehre in
Seminaren und Entwurfsprojekten mit
den Studierenden erarbeitet (z.B. Entwurf
Klinikum Görlitz, 2009/Seminar Kranken-
hausbau Klinikum Braunschweig, 2010).

Problemstellung

Eine aktuelle Studie von Ernst & Young
zeigt auf, dass sich die deutsche Kranken-
hauslandschaft im Umbruch befindet.
Im Zeitraum von 2000 bis 2008 war eine
Gesamtkostenerhöhung von 21 Prozent zu
verzeichnen, die Personalkosten machen
hiervon rund 60 Prozent aus.
Gleichzeitig sinken die Steuereinnahmen
der Länder und Gemeinden und somit
auch deren Investitionsfähigkeit. Viele

Krankenhäuser setzen deshalb ihren Fokus
auf die Deckung der Betriebskosten und
nicht auf die Investitionsfähigkeit und, in
direkter Folge, auf die Weiterentwicklung
im Sinne einer optimalen Patientenversorgung. Konsequenzen dieser Entwicklung
sind z.B. veraltete medizinische Geräte,
überlastete Mitarbeiter und im schlimms-
ten Fall eine nicht den Ansprüchen des
Patienten entsprechende medizinische
Versorgung. Um die bestehenden Potenziale auszubauen und die benötigten
Ressourcen zur Erhöhung der Qualität
der Patientenversorgung freizusetzen,
ist es notwendig, die Betriebskosten zu
reduzieren.
Dies kann durch eine effiziente Planung
und Umsetzung der Prozesse, der Gebäu-
destrukturen und des Energiekonzeptes
erfolgen. Hierdurch kann der Patient und
dessen Versorgung wieder in den Mittelpunkt der Betrachtung gestellt werden.
Das Krankenhaus muss als eine vertrau-
enerweckende und effiziente Einheit
aus Gebäude, Organisation, Technik und
Mensch vom Patienten wahrgenommen
werden, um im Wettbewerb bestehen zu
können.

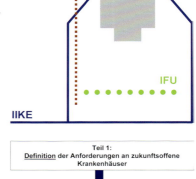

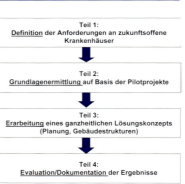

Zielsetzungen

Ziel des Forschungsvorhabens ist die Optimierung der Planung und Umsetzung nachhaltiger und wandlungsfähiger Krankenhausbauten. Neben Neubauten werden bestehende Strukturen laufend erweitert, um das hohe Patientenaufkommen bewältigen zu können. Zwar sinken die Belegungstage seit 1991 kontinuierlich, doch auch die Anzahl der Krankenhäuser nimmt sukzessive ab. Folge ist ein erhöhtes Patientenaufkommen pro Krankenhaus. Zur Reduktion der Kosten und Erhöhung der Effizienz soll in dem Forschungsprojekt, basierend auf den Ergebnissen einer Untersuchung existierender Krankenhausbauten, ein anwendungsbezogener Planungsleitfaden zur Neuplanung, aber auch zur Umplanung bestehender Strukturen entwickelt werden. Der Patient als wichtigster Faktor im Gesundheitswesen steht bei allen Betrachtungen im Vordergrund und prägt den zu entwickelnden Planungsleitfaden. Dieser soll neben Handlungsempfehlungen zur Planung auch Kennzahlen zur Bewertung der Planungsphasen unter gebäude-, energie- und prozessspezifischen Gesichtspunkten bieten. Zielgruppe des Forschungsprojekts sind alle Akteure des Planungs-, Erstellungs- und Betriebsprozesses von Krankenhausbauten in Deutschland.

Durch die enge Zusammenarbeit des interdisziplinären Forschungsteams mit den teilnehmenden Akteuren des Krankenhausbaus werden die Ergebnisse aus den einzelnen Arbeitspaketen direkt in die Planungs- und Bauprozesse und somit in die Praxis transferiert und validiert.

Durch die umfangreiche Dokumentation und Veröffentlichung der Ergebnisse wird der Wissenstransfer in die Praxis sichergestellt. Der entwickelte Planungsleitfaden hat hohes Potenzial zur Optimierung des Krankenhausbaus in Deutschland und verschafft der deutschen Bauindustrie erhebliche Wettbewerbsvorteile im internationalen Vergleich.

Informationen:
http://www.zukunftkrankenhaus.de

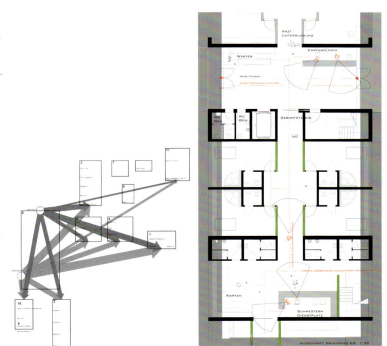

LEICHTBAU + BAUTECHNIKGESCHICHTE
FORSCHUNG TWL

Zeitraum

fortlaufend

Forschungsthema

Leichtbau, Geschichte der
Zelte, mobile Architektur

Forschungsteam

Prof. Berthold Burkhardt
Wissenschaftliche Mitarbeiter-
Innen und Studierende

Kontakt

Technische Universität Braunschweig
Institut für Tragwerksentwurf
Pockelsstraße 4
D 38106 Braunschweig

t + 49 (0) 531. 391. 35 71
f + 49 (0) 531. 391. 58 35
www.twl.tu-bs.de

Im 19. und frühen 20. Jahrhundert erfuhr
der Zeltbau umwälzende Veränderungen.
Bis zur beginnenden Industrialisierung
waren Zelte in Mitteleuropa überwiegend
in militärischer und höfischer Nutzung.
Der Wandel zur bürgerlichen Gesellschaft
ergab einen Bedarf an großen Räumen für
Veranstaltungen wie Sänger- oder Schüt-
zenfeste. Das Gewerbe und die Industrie
benötigten große Hallen für die Ausstellung ihrer neuen Produkte. Für keine dieser
Nutzungen gab es Gebäude entsprechender Größe in der mitteleuropäischen Stadt.
Für Weltausstellungen und Messen wurden
Weltstädten wie London, Paris oder Frankfurt Ausstellungshallen, meist in Eisen und
Glas, die Kristallpaläste, errichtet. Kleinere
Städte behalfen sich mit temporären
Leihhallen - Gerüstzelte - überwiegend
aus Holz, mit Baumwolltuch bespannt.
Landwirtschaftliche Hauptfeste entwickelten sich seit Anfang des 19. Jahrhunderts
zu den bekannten Volksfesten wie in
München oder Stuttgart.
Voraussetzung für die Deckung dieses
Bedarfs an Großzelten war der geradezu
industrielle Anbau von Baumwolle, die
Erfindung der Webmaschine und nicht
zuletzt die Gründung von Firmen, die sich
auf den Großzeltbau spezialisierten.
Sondergebiete in diesem Zusammenhang
sind die Circuszelte, Markisen und nicht
zuletzt, gestaltete Fassaden vor den Zelten,
die heute als temporäre Werbeflächen
oder Gebäudeattrappen wieder aktuell
geworden sind.

oben: Schlossattrappe, Berlin (1993)
mitte: Cirkus Grock, Stuttgart (1951)
unten: Festhalle des 14. Deutschen Bundesschiessens, Hannover (1903)

DISSERTATIONEN
AM INSTITUT FÜR
TRAGWERKSPLANUNG

Hängedächer - Tragverhalten und historische Betrachtung
(Ilka Jessen - in Arbeit)

Hängedächer sind leichte Dachkonstruktionen, die weite Spannweiten stützenfrei überdecken können und sich durch ihre besondere Wirtschaftlichkeit auszeichnen. Bei Hängedächern stellt die Dachkonstruktion gleichzeitig die Dachhaut dar und die Haupttragelemente werden im Wesentlichen nur auf Zug beansprucht. Bedingt durch das geringe Eigengewicht und die Geometrie der Konstruktionen stellt die Gewährleistung der Stabilität einen wichtigen Aspekt in der Planung dar.

In der Forschungsarbeit wird zunächst anhand von Beispielen ein Überblick über die Entwicklungsgeschichte der verschiedenen Konstruktionsarten unter Berücksichtigung der verwendeten Baustoffe und der erreichten Spannweiten erstellt.

In einem zweiten Schritt folgt eine theoretische Studie verschiedener Dachformen von Hängedächern unter den Aspekten Geometrie und Tragmechanismus. Dazu gehört ebenfalls die Betrachtung der Kraftverläufe durch die Stütz- und Abspannelemente und deren konstruktive Ausbildung. Weiterhin werden neben den statischmechanischen Aspekten bauphysikalische, konstruktive und baupraktische Gesichtspunkte betrachtet und bewertet.

Unter Nutzung der theoretischen Untersuchungen und Einbeziehung der Erfahrungen an bestehenden Hängedächern wird abschließend eine Typologie erarbeitet. Diese soll neben wichtigen Planungshilfen auch einen Konstruktionskatalog enthalten und damit einen nützlichen Beitrag zur Planung von Neubauten und Sanierungen liefern.
(Bild 01 u. 02)

BAND I.

DIE KONSTRUKTIONEN UND DIE
KUNSTFORMEN

IHRE GESCHICHTLICHE SYSTEMATISCHE
ENTWICKELUNG, BEGRÜNDET DURCH
MATERIAL UND TECHNIK

VON

CONSTANTIN UHDE.

VERLEGT BEI ERNST WASMUTH,
BERLIN W., MARKGRAFENSTRASSE 35.
1902

03

04

Constantin Uhde. Bauen in Braunschweig
(Christina Krafczyk - in Arbeit)

Für die Zeit des ausgehenden 19. Jahrhundert fehlt ein differenzierter Blick auf eine Architektengeneration, die mit großer Verankerung in bauhistorischer Tradition durch Ausbildung und Anschauung, also mit einem tradierten Instrumentarium komplexe Anforderungen an neue Bauaufgaben und Bautechniken erfüllen soll.

Die Arbeiten Constantin Uhdes (1836-1905) als Baubeamter und als freischaffender Architekt, sein publizistisches Werk und seine Lehre an der Hochschule sollen in diesem Zusammenhang gewürdigt werden.

Das architektonische Werk Constantin Uhdes in Braunschweig bildet den Schwerpunkt dieser Arbeit. Dabei soll die Untersuchung einzelner Bauten in Hinblick auf Materialverwendung, Konstruktion und Bautechnik klären, inwieweit seine architekturtheoretische Arbeit, sein Wissen über historische Konstruktionen Eingang findet in das eigene bauliche Schaffen.

Gerade durch Uhdes enge Zusammenarbeit mit der regional tätigen Bauunternehmung Fröhlich & Baumkauff stellt sich die Frage, inwieweit seine Bauten Unikate oder Musterbauten der Bauindustrie sind.
(Bild 03 u. 04)

Fritz Leonhardt " Leichtbau - eine Forderung unserer Zeit. Anregungen für den Hoch- und Brückenbau"
Zur Einführung baukonstruktiver Prinzipien in den 1930er und 1940er Jahren
(Christiane Weber - Karlsruhe, abgeschlossen)

Fritz Leonhardt (1909-1999) ist einer der bekanntesten Konstrukteure des 20. Jahrhunderts. Er hat einen wesentlichen Beitrag zum Ingenieurbau geleistet, im Besonderen im Brückenbau. Fritz Leonhardt war Praktiker mit dem starken Willen zur Verbesserung von Systemen. Eine seiner wesentlichen Optimierungsstrategien war der Leichtbau.
Die Arbeit ist dem bisher wenig beachteten Leichtbauansatz in Fritz Leonhardts Werk gewidmet, der sich als einer der ersten Ingenieure auf einer theoretischen Ebene mit dem Leichtbau, der nach dem 2. Weltkrieg die Bautechnik und Architektur der »Zweiten Stuttgarter Schule« prägen sollte, auseinander gesetzt hat.
Die Beschäftigung mit diesem Aspekt ergab sich aus Recherchen zu Leichtkonstruktionen der Zwischenkriegszeit. Die Realisierbarkeit der von Architekten in utopischen Entwürfen angedachten Konstruktionen ist abhängig vom jeweiligen Stand der Bautechnik. Um die Entwicklung wesentlicher bautechnischer Innovationen im Bereich des Leichtbaus in den 1930er und 1940er Jahren nachzuvollziehen, wird das Bauschaffen und die Forschungstätigkeit des Ingenieurs Fritz Leonhardt unter architektur- und bautechnikhistorischen Gesichtspunkten untersucht.
In biographischer Hinsicht ist die Dissertationsschrift ein Beitrag zum Selbstverständnis eines jungen Bauingenieurs innerhalb des Nationalsozialismus sowie zu den personellen und ideellen Kontinuitäten zwischen der Weimarer Republik und der jungen Bundesrepublik Deutschland.
(Bild 01 u. 02)

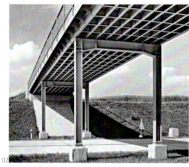

Wadi Al-Nadara - Erforschung und Erhalt traditioneller Elemente in den Bergdörfern Nordwest-Syriens
(Juliane Jäger - Damaskus, in Arbeit)

Im Schatten des Krak des Chevaliers, der größten erhaltenen Kreuzritterburg im Westen Syriens, sind lokale Bautraditionen der Dörfer bislang weitgehend unbeachtet und unerforscht geblieben. Bauwerke aus Beton verdrängen zusehends die Steinhausarchitektur aus den lokal vorhandenen Baustoffen Basalt und Kalkstein. Die an den Berghängen angelagerten Hallenhäuser mit eingefriedetem Wirtschaftshof entwickelten sich in differenzierte Hausformen: geschlossene Rechteck-, Liwān-, Hof-, Riwāq- und Mittelhallenhäuser mit abgegrenzten Funktionsbereichen, auch in repräsentative Gestaltung. Ziel der Arbeit ist es, den noch vorhandenen Baubestand der Bergregion des Wādī An-Nadāras zu dokumentieren, Bautypologien und baukonstruktive Details und Merkmale aufzunehmen. Weiter sollen Konzepte erarbeitet werden, die nicht nur den denkmalpflegerischen Erhalt, d.h. Sanierung und Rekonstruktion von Einzelbauwerken, sondern auch Umbau, Anbau, Ruinenergänzung und Baulückenschließung, durchaus unter Verwendung heutiger Baustoffe und – techniken, einschließen. Die Arbeit spannt damit den Bogen zwischen städtebaulichen Fragen der Dorfentwicklung bis hin zum Umgang mit traditionell baulichem Erbe. Es sollen Alternativen aufgezeigt werden, um dem weitgehend unreglementierten und oft touristisch bedingten Bauboom der letzten Jahre und der einhergehenden räumlichen Zersiedelung der Kulturlandschaft entgegenzuwirken und die Verbindung zwischen modernem Leben und traditionellem Erbe in aktiven Dorfkernen zu fördern.
(Bild 03 u. 04)

Not- und Behelfskonstruktionen in
der Nachkriegszeit (1945 – 1960)
am Beispiel der Braunschweiger
Innenstadt
(Wiebke Reinhardt-Schlüter - in
Arbeit)

Nach dem schweren Luftangriff im
Oktober 1944 lag der Zerstörungsgrad der
Gebäude der Innenstadt Braunschweigs
bei annähernd 90%. Die anschließenden
Wiederaufbaumaßnahmen wurden er-
schwert durch den vorherrschenden
Mangel an Material und Arbeitskräften.
Herkömmliche Dachkonstruktionen
konnten oftmals nicht wieder aufgebaut
werden, so dass verstärkt Notdächer zum
Einsatz kamen. Diese Behelfskonstruktionen stellten eine schnelle und kosten-
günstige Alternative für den Schutz der
erhaltenen Gebäudebestandteile dar.
Das Altstadtrathaus der Stadt Braunschweig wurde im 2. Weltkrieg durch
zahlreiche Bombenangriffe stark zerstört.
Das Gebäude brannte vollständig aus,
die Fassaden blieben jedoch nahezu
unbeschädigt. Aufgrund des Holzmangels
wurde ein Notdach errichtet, das sparsam
dimensioniert war und dessen Sparren aus
kurzen Hölzern konstruiert wurde.
Die meisten Behelfskonstruktionen
nach dem Zweiten Weltkrieg sind längst
durch dauerhafte Dachkonstruktionen
ersetzt worden. Und doch sind teilweise
noch „Notlösungen" in Deutschland zu
finden, die - entgegen ihres temporären
Charakters - bis heute erhalten blieben.
Die Analyse der damaligen Konstruktionen,
deren Entwicklung im Laufe der Zeit
und eine Untersuchung der heute noch
vorhandenen Dachkonstruktionen werden
im Rahmen dieser Forschungsarbeit
diskutiert.
*(Bild 01 u. 02: Altstadtrathaus Braunschweig
nach 1945)*

01

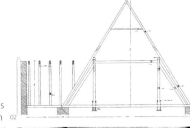

02

03

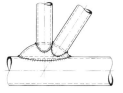

04

Stahlrohrkonstruktionen –
technologische und gestalterische
Entwicklungen
(Sebastian Hoyer - in Arbeit)

Tragwerkskonstruktionen aus Röhren findet
man an architektonisch herausragenden
Gebäuden und bei anspruchsvollen
Ingenieurbauwerken.
Mit dem Patent für das nahtlose Stahlrohr
der Brüder Mannesmann stand vor gut
hundert Jahren das vielseitige Konstruk-
tionselement Stahlrohr als Massenware zur
Verfügung.
Seine Geometrie und die Qualität des
duktilen Werkstoffes Stahl waren die
Grundlage für eine neue Qualität in ökonomischer und ästhetischer Hinsicht für
den Tragwerksentwurf.
Mit der Entwicklung der Schweißtechnik
und des Stahlgusses ab den 20er Jahren
stand dem Konstrukteur auch eine
materialgerechte, dauerfeste Fügetechnik
zur Verfügung, die vielseitige Anschlüsse
für Rohr mit Rohr und anderen Stahl-
profilen ermöglichte.
Max Mengeringhausen ergänzte mit
seinem System MERO ab den 40er Jahren
das Spektrum um das geschraubte Verbindung für temporäre und mobile
Tragwerke.
Die Arbeit beschäftigt sich auf Grundlage
der historischen Entwicklung mit der
Fragestellung nach dem aktuellen
Potenzial von Stahlrohrkonstruktionen in
Hinblick auf ihre Effizienz und gestalterischen Möglichkeiten vor dem Hintergrund der neuen Qualität in Planung und
Ausführung von Tragwerken.
*(Bild 03: Standardknotenpunkt nach
Konrad Wachsmann
Bild 04: geschweißter Rohrfachwerkknoten,
ohne negativen Fehlhebel)*

STADT UND ARCHITEKTONISCHER RAUM

FORSCHUNG ISE

⌐ Zeitraum

ab Winter 2008/09

⌐ Forschungsthema

Parametrische
Entwurfsstrategien im
Städtebau - Strategien und
Konzepte zur nachhaltigen
Stadtentwicklung

▪ Konzept

Prof. Uwe Brederlau
Florian Holik
Anna-Cathrin Jureit
Silke Lubahn

▪ Darstellungen

Prof. Uwe Brederlau
Florian Holik

⌐ Kontakt

Technische Universität Braunschweig
Institut für Städtebau und
Entwurfsmethodik
Mühlenpfordstraße 23
D 38106 Braunschweig

t + 49 (0) 531. 391. 35 37
f + 49 (0) 531. 391. 81 03
www.tu-braunschweig-isl.de/SE

Das Institut für Städtebau und Entwurfsmethodik befasst sich mit der Erforschung
und Erprobung von Strategien und Konzepten zur nachhaltigen Stadtentwicklung
in Verbindung mit digitalen Simulations-
und Entwurfsmethoden. Weitere Schwerpunkte sind die Erforschung von zeitgemäßen, urbanen Entwicklungs- und
Transformationsprozessen als Grundlage
potentieller Gestaltung von Stadt- und
Kulturraum.

Städtebau wird dabei als vielschichtiger,
mehrdimensionaler und dynamischer
Gestaltungsprozess verstanden, der auf
die Zukunft projektiert ist. Um diesen in
analytischen Verfahren abzubilden und
Synthesefähigkeit sowie Entscheidungen
anhand von aufbereitetem Datenmaterial
herzustellen, wird mit digitalen Methoden
und Modellen gearbeitet.

Vorrangiges Ziel des Forschungsvorhabens
ist die Analyse, Nutzung, Anwendung und
Weiterentwicklung innovativer, computer-
basierter Entwurfsmethoden zur Entwicklung nachhaltiger urbaner Agglomeratio-
nen und Stadtstrukturen.

Besonderes Interesse gilt dabei program-
mierbaren Raumstrukturen, die im Hinblick
auf ihre Eignung für die (Ressourcen-)
Optimierung im städtebaulichen Entwurf
untersucht werden sollen. Analog zum
Drei-Säulen-Modell der Nachhaltigkeit
sollen dabei für den urbanen Raum die
Themenfelder der ökonomischen, der ökologischen und der sozialen Nachhaltigkeit
betrachtet werden.

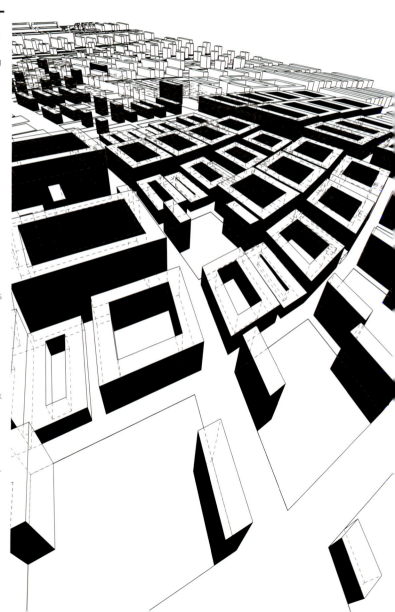

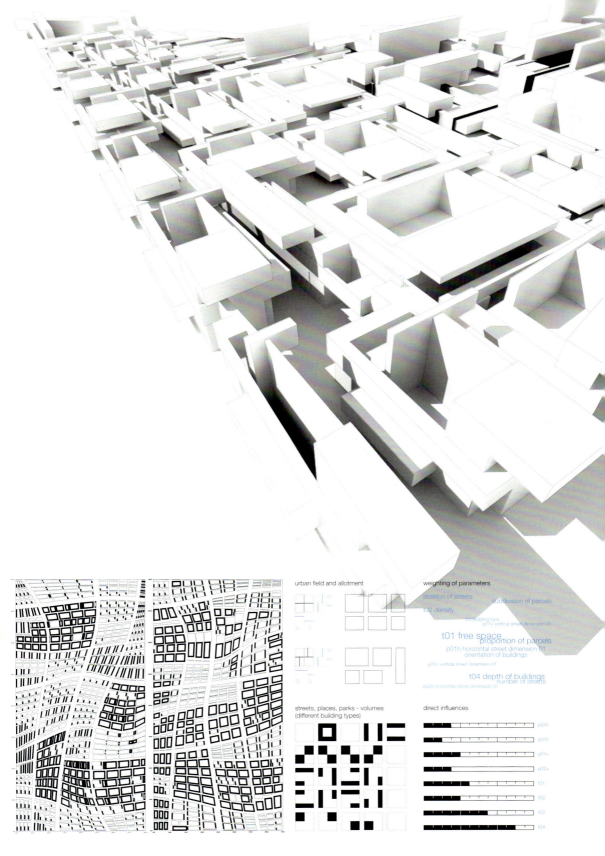

urban field and allotment

weighting of parameters

position of streets   subdivision of parcels

t02 density

t01 building types
p01v vertical street dimension 01

t01 free space
proportion of parcels
p01h horizontal street dimension 01
orientation of buildings

p01v vertical street dimension 01

t04 depth of buildings
number of streets

p02h horizontal street dimension 02

streets, places, parks - volumes
(different building types)

direct influences

p01h

p02h

p01v

p02v

t01

t02

t03

t04

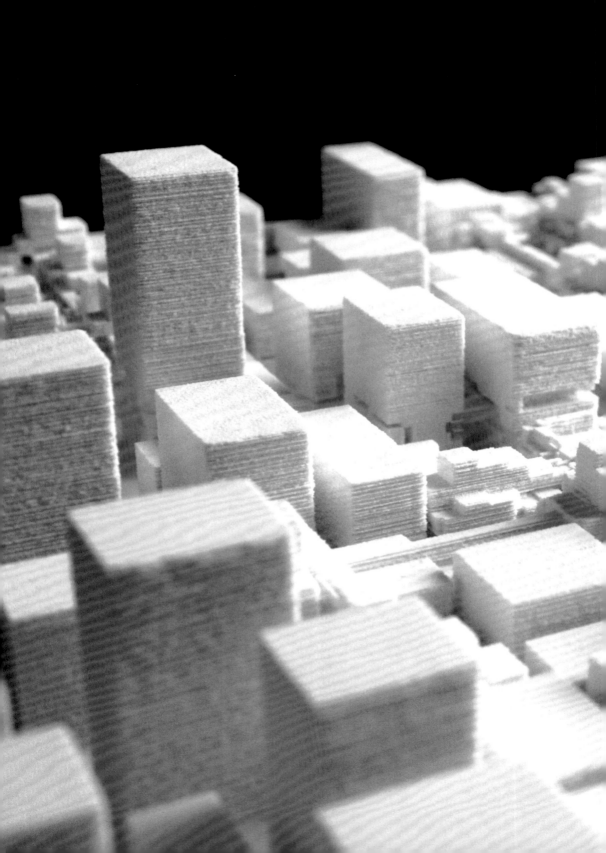

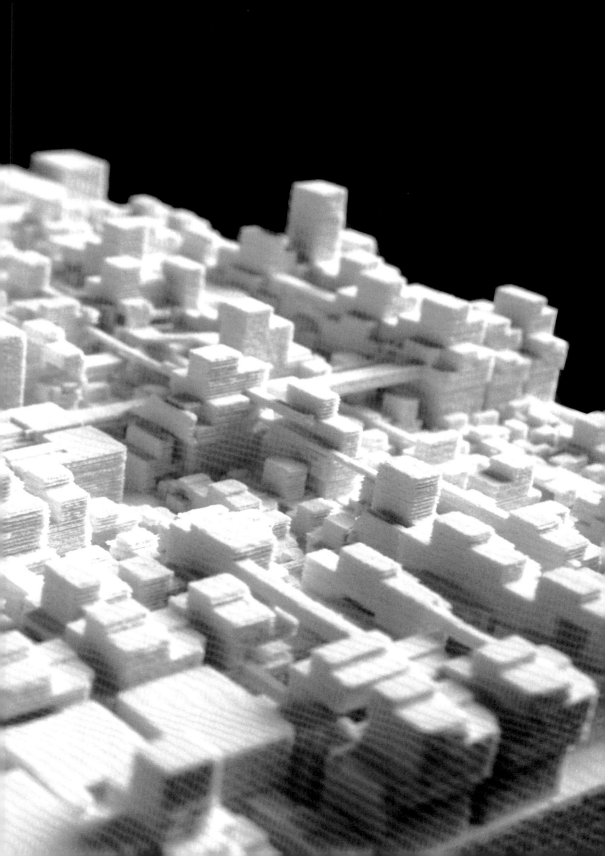

PUBLIKATIONEN
DER INSTITUTE DES DEPARTMENT
ARCHITEKTUR

Institut für Baugeschichte

Giersbeck, Andrea: Reproduktionen und Interpretationen des Hildesheimer Hezilo-Leuchters im Zeitalter des Historismus. In: Kruse, Karl Bernhard: Die Restaurierung des Hildesheimer Hezilo-Radleuchters (in Vorbereitung)

Giersbeck, Andrea: Christoph Hehl (1847-1911) - Ein Kirchenbaumeister zwischen Dogmatismus und Emanzipation. Diss. Basel 2010 (Verlagsveröffentlichung in Vorbereitung)

Gisbertz, Olaf; Detlef Jessen-Klingenberg: Schinkels Berlin. iGuide (Audioführung) durch Berlins Mitte. Im Auftrag von itour-City GmbH, Leipzig. Leipzig 2009

Gisbertz, Olaf: Streitobjekte zwischen Bauch und Kopf. Echt und Unecht in der Architektur. In: Tagungsband Internationales Symposium „Ethik und Architektur / Ethic and Architecture". Kunsthistorisches Institut in Florenz – Max-Planck-Institut, Firenze 2010 (in Vorbereitung)

Gisbertz, Olaf: Optionen der Wirklichkeit: Neubau - Wiederaufbau - Rekonstruktion? Geschichte der Rekonstruktion - Konstruktion der Geschichte. Hg. v. Winfried Nerdinger in Zusammenarbeit mit Markus Eisen und Hilde Strobl, München 2010; Das Prinzip Rekonstruktion. Hg. v. Uta Hassler und Winfried Nerdinger, Zürich 2010. In: kunsttexte, Nr. 4, 2010

Gisbertz, Olaf: Alles nur Illusion? Original und Fälschung in der Architektur. In: Tagungsband Symposium Authentizität / Wiederholung. Künstlerische und kulturelle Manifestationen eines Paradoxes. Freie Universität Berlin. Internationales Graduiertenkolleg „Inter Art" 2010 (in Vorbereitung)

Gisbertz, Olaf: Idee und Aufgabe. Zum Werk von Friedrich Wilhelm Kraemer an Rhein und Ruhr. In: INSITU. Zeitschrift für Architekturgeschichte. 3. Jg. 2011, H. 1. S. 119-132

Gisbertz, Olaf: Nachkriegsmoderne kontrovers. Erweiterter Tagungsband zum gleichnamigen Symposium an der TU Braunschweig, veranstaltet vom Netzwerk Braunschweiger Schule in Kooperation mit der Fakultät Architektur, Bauingenieurwesen und Umweltwissenschaften, Fachrichtung Architektur. 2010. Herausgeberschaft für das Netzwerk Braunschweiger Schule (in Vorbereitung)

Gisbertz, Olaf: Nachkriegsmoderne und Architekturkritik. In: Nachkriegsmoderne kontrovers. Erweiterter Tagungsband zum gleichnamigen Symposium an der TU Braunschweig, 2010. Hg. v. Olaf Gisbertz für das Netzwerk Braunschweiger Schule (in Vorbereitung)

Kruse, Karl Bernhard: Baugeschichte des Hildesheimer Domes. In: Claudia Höhl, Michael Brandt, Karl Bernhard Kruse, Thomas Scharf-Werde: Welterbe – Der Hildesheimer Dom und seine Schätze. Hildesheim 2007 S. 22-39

Kruse, Karl Bernhard: Zum Phantom der Westhalle mit dem Standort der Bronzetüren in St. Michaelis. In: St. Michaelis in Hildesheim. Forschungsergebnisse zur bauarchäologischen Untersuchung im Jahr 2006. In: Arbeitshefte zur Denkmalpflege 34. 2008. S. 144-160

Kruse, Karl Bernhard: Die Domburg Hildesheim vom 9. und 11. Jahrhundert - Erste Ergebnisse der Grabung im Hildesheimer Dom. In: Berichte zur Denkmalpflege in Niedersachsen 1/2011, S. 17-24

Kruse, Karl Bernhard: Die Restaurierung des Hildesheimer Hezilo-Radleuchters. (in Vorbereitung)

Paulus, Simon: Hermann Korb (1656-1735) - Der Baumeister Herzog Anton Ulrichs von Braunschweig-Lüneburg, in: Architekt und/versus Baumeister – die Frage nach dem Metier. Akten des 7. Internationalen Barocksommerkurses der Stiftung Bibliothek Werner Oechslin 2006. Hg. v. Werner Oechslin. Zürich 2009, S. 152-161

Paulus, Simon: Bauholzbeschaffung und -verwertung im Fürstentum Braunschweig-Wolfenbüttel im Spiegel der Verwaltungsakten des 17. und 18. Jahrhunderts, in: Dachkonstruktionen der Barockzeit in Norddeutschland und im benachbarten Ausland; internationale Tagung, 14.-16. Dezember 2007. Leibniz-Universität Hannover. Hg. v. Paul Zalewski. Petersberg 2009. S. 55-71

Paulus, Simon:‚L'Architecture dansante' - Von der Bewegung(sfreiheit) in geordneten Systemen. In: Barock und Bewegung. Akten des 9. Internationalen Barocksommerkurses der Stiftung Bibliothek Werner Oechslin 2008 (in Vorbereitung)

Paulus, Simon: From Amsterdam to Berlin - Some Reflections on baroque Synagogues and their environment in protestant lands. In: Jewish Architecture. Tagungsband. Hg. v. Aliza Cohen-Mushlin und Harmen H. Thies, Petersberg 2010, S. 257-274

Paulus, Simon: Rezension, Die Alte Synagoge (Die Mittelalterliche jüdische Kultur in Erfurt, Bd. 4). Hg. von Sven Ostritz. Weimar 2009. In: Mitteilungen des Vereins für die Geschichte und Altertumskunde von Erfurt (MVGAE), Bd. 72, Erfurt 2011

Paulus, Simon: Deutsche Architektenreisen - Zwischen Renaissance und Moderne. Petersberg 2011

Paulus, Simon: Architektur sammeln - Fürstliche Ambitionen zwischen Musenberg und Salztal. In: Residenz der Musen. Das barocke Schloss als Wissensraum. Tagungsband Schloss Hundisburg. Hg. von H. Rössler, H. Blanke und B. Heinecke (in Vorbereitung)

Paulus, Simon: Barockes Bauen um 1700. Das Sickter Herrenhaus und die Architektur seiner Zeit. In: 300 Jahre Herrenhaus Sickte. Hg. von der Samtgemeinde Sickte (in Vorbereitung), S. 69-84

Paulus, Simon: Stadt - Land - Universität: Anmerkungen zu einer Anatomie der Stadt Helmstedt im 18. Jahrhundert. In: Bericht über die 46. Tagung für Ausgrabungswissenschaft und Bauforschung, Koldewey-Gesellschaft. Konstanz, 12.-16. Mai 2010 (in Vorbereitung)

■ Institut für Geschichte und Theorie der Architektur und Stadt

Herbote, Arne: Ein Baudenkmal im fortwährenden Wandel, in: Horst Berndt (Hg.). Die Lateinschule in Alfeld, Petersberg 2010. (in Vorbereitung)

Langenbrinck, Gregor: Attraktive Stadtquartiere für Jung und Alt. Das ExWoSt-Forschungsfeld „Innovationen für familien- und altengerechte Stadtquartiere" (Abschlusspublikation). Bearbeitet im Auftrag des BMVBS und des BBSR, April 2010

Langenbrinck, Gregor: Neue Freiräume für den urbanen Alltag. Modellprojekte im ExWoSt-Forschungsfeld „Innovationen für fa-milien- und altengerechte Stadtquartiere". Bearbeitet im Auftrag Bearbeitet im Auftrag des BMVBS und des BBSR, Juni 2009

Langenbrinck, Gregor: Die Stadt ist keine Bühne, in: Yolanta Bielanska / Torsten Birne / Frank Eckhardt / Hildegard Frau-eneder / Rita Kalman / Christiane Mennicke (Hg.): Urban Potentials: Konzepte und Handlungen. Rotterdam u.a.: Berlin 2009, S. 202-205

Langenbrinck, Gregor: Ideenwettbewerbe. Mittel der Kommu-nikation von Stadtumbaukultur, in: Christa Reicher u.a. (Hg.): StadtPerspektiven. Positionen und Projekte zur Zukunft von Stadt und Raum, Stuttgart / Zürich 2008, S. 112-118

Langenbrinck, Gregor: Städtisches Taktgerüst und subjektiver Zeitrhythmus, in: Jürg Sulzer / Anne Pfeil (Hg.): Stadt Raum Zeit - Stadtentwicklung zwischen Kontinuität und Wandel: Berlin 2008

Peschken, Martin: World Stages for Lady Justice. Some Notes on the Architectural Representation of International Criminal Courts, in: Bauhaus-Universität Weimar (Hg.): Architecture in the Age of Empire (in Vorbereitung), S. 420-437

Peschken, Martin: Wir bauen eine neue Stadt. Leitbilder und Selbstbilder der Industriestadt Marl, in: der architekt Nr. 2, 2010, S. 52-57

Peschken, Martin: Trainingspfad des Sehens - Interventionen als Instrumente zur Wahrnehmung des Stadtraumes, in: IBA-Büro GbR (Hg.): Interventionen. Die anderen Städte. IBA Stadtumbau 2010, Band 7, Dessau 2008, S. 116-133

Peschken, Martin: Blühende Steintäler, ausgetrocknete Fluss-läufe. Überlegungen zu Atmosphären städtischer Straßen, in: Sandra Maria Geschke (Hg.): Straße als kultureller Aktionsraum. Interdisziplinäre Betrachtungen des Straßenraumes an der Schnittstelle zwischen Theorie und Praxis, Wiesbaden 2008, S. 239-256

Trezib, Joachim: Planning in Palestine, in: Zeithistorische For-schungen (in Vorbereitung)

Wilhelm, Karin: Territorialität und International Style. Architektoni-sche Wunschbilder einer fröhlichen Weltgesellschaft, in: Bauhaus-Universität Weimar (Hg.): Architecture in the Age of Empire (in Vorbereitung), S. 136-149

Wilhelm, Karin: Utopische Theaterideen, in: Eva Bajkai/Annema-rie Jaeggi (Bauhaus Archiv Berlin, Hg.): Von Kunst zu Leben. Die Ungarn am Bauhaus, Pecs/Berlin 2010/11 (auch auf Ungarisch), S. 266-277

Wilhelm, Karin: Denkbilder unter Einfluss - Das Bauhaus und die Versprechen des Amerikanismus, in: Annett Zinsmeister (Hg.): Update!: 90 Jahre Bauhaus – und nun?, Berlin 2010

Wilhelm, Karin: Bauhausarchitektur und die Internationalisierung moderner Lebensstile, in: bauhaus global, Neue Bauhausbücher Bd. 3, (Hg.) Bauhaus-Archiv Berlin, Berlin 2010, S. 247-253

Wilhelm, Karin: Camillo Sitte, in: Neue Deutsche Biographie, (Hg.) Historische Kommission bei der Bayrischen Akademie der Wissen-schaften, 24. Bd., München 2010, S. 477 ff.

Wilhelm, Karin: Zurück in die Zukunft. Die arbeitsgruppe 4 im inter-nationalen Kontext, in: Architektur Zentrum Wien (Hg.): arbeits-gruppe 4. Wilhelm Holzbauer ... 1950-1970, Wien 2010, S. 160 ff.

Wilhelm, Karin: „The Earth, a Good Domicile": Ambivalences of the Modern City, in: Katrin Klingan/Kerstin Gust (Ed.): A Utopia of Modernity. Revisting Bata´s Functional City: Zlín, Berlin 2009/10, p. 225 ff.

Wilhelm, Karin: Typing and Standardization for a Modern Atrium House, in: Bauhaus Archiv Berlin (Ed.): bauhaus a conceptual mo-del, Berlin 2009/10, S. 149-152

Wilhelm, Karin: Die Protestbewegung und die Folgen für die Architektur. Zur politischen Symbolik von Architektur, in: Zeitschrift für Kritische Theorie, H. 28/29 (Oktober 2009)

Wilhelm, Karin: „Alles ist politisch." Zeitgeist und Architektur-Den-ken um 1968, in: Architektur Denken. 40 Jahre kritische Architek-turtheorie - Wolkenkuckucksheim. Internationale Zeitschrift für Architektur, Jg. 13, Heft 2, März 2009

Wilhelm, Karin: Geteilte (T)Räume. Zur Kartographie der Erinne-rungen in Berlin und anderswo, in: Adelheid Pichler / Gertraud Marinelli-König. (Hg.): Kultur - Erbe - Stadt. Stadtentwicklung und UNESCO-Mandat in spät- und postsozialistischen Städten, Inns-bruck/Wien/Bozen 2008, S. 279-295

Wilhelm, Karin: Deutsche Architekten reisen nach Amerika. Auf-bauarbeit in der BRD nach 1954. Amerika in Bildern, in: Anke Köth / Kai Krauskopf / Andreas Schwarting (Hg.): Building America – eine große Erzählung, Bd. 3, Dresden 2008, S. 115-137

PUBLIKATIONEN
DER INSTITUTE DES DEPARTMENT
ARCHITEKTUR

Institut für Tragwerksplanung
(seit SS 2011: Institut für Tragwerksentwurf)

Bollinger, K., Kloft, H. et al.:„Freie Formen in: tragfähige Gebäude verwandeln"in Dynaform + Cube – Architektur als Markenkommunikation, Birkhäuser Verlag 2002

Burkhardt, Berthold: Historie der temporären Architektur in: Hartmut Starke und Roland Ondra: Handbuch fliegende Bauten, Berlin 2010

Burkhardt, Berthold: Instandsetzung und Moderne in: Rainer Barthel (Hrsg.): Erhalten historisch bedeutsamer Bauwerke (Festschrift Fritz Wenzel), München 2010

Burkhardt, Berthold: Das Panorama in Innsbruck, Zwischen Fachgutachten und politischer Entscheidung in: Juliane Mayer (Hrsg.), Festschrift für Rainer Graefe: Forschen, Lehren und Erhalten, Innsbruck 2009

Burkhardt, Berthold: Bauwerkserhalt und Denkmalpflege in: Detail, Heft 11, München 2009

Burkhardt, Berthold (Hrsg.): Frei Otto – Occupying and Connecting, Stuttgart/London 2009

Burkhardt, Berthold: Der Umgang mit zerstörten Kirchen, in: Ruinen der Sakraldenkmäler, Gubin 2008

Burkhardt, Berthold: Jahrhunderthalle in Frankfurt- Höchst, in: Wilhelm K. u. a.: Gesetz und Freiheit - der Architekt Friedrich Wilhelm Kraemer (1907-1990), Berlin 2007

Burkhardt, Berthold: Aufbau historischer Türkenzelte in Museen, in: Rüstkammer Dresden (Hrsg.) Restaurieren für die Zukunft, Berlin 2006

Burkhardt, Berthold: Erhaltung von Bauten der Moderne, in: Tagungsband 22. internationales WTA Kolloquium 2006

Burkhardt, Berthold: Das Institut für leichte Flächentragwerke, Universitätsinstitut und Spinnerzentrum in: Winfried Nerdinger(Hrsg.), Frei Otto - das Gesamtwerk Leicht bauen natürlich gestalten, Birkhäuser, Basel Berlin Bosten 2005

Burkhardt, Berthold: Methoden zur Erhaltung und Instandsetzung von Bauten der Moderne in: Arbeitshefte zur Denkmalpflege in Niedersachsen Band 31, Hannover 2004

Burkhardt, Berthold (Hrsg.): Haus Schminke – Hans Scharoun, Geschichte einer Instandsetzung, Stuttgart 2002

Grohmann, M., Kloft, H.:„Load-bearing Structures of High Rise Buildings" in: High-Rise Manual: Typology and Design, Construction and Technology, Callwey Verlag 2003

Grohmann, M., Kloft, H.:„Tragwerke von Hochhausbauten" in: Hochhausatlas – ein Planungshandbuch, Callwey Verlag 2002

Henerichs, Nicole: Raising Preparedness by Risk Analysis of Post-disaster Homelessness and Improvement of Emergency Shelters, in: Proceedings of BEAR (Building Education and Research) 2008, S. 576-581 Kandalama, Sri Lanka 11.-15.2.2008

Henerichs, Nicole; Islam, Kamrul: Winterised Emergency Shelters for Disaster Preparedness in Times of Climatic and Social Change, in: Proceedings of 8. Forum DKKV/CEDIM: Disaster Reduction in a Changing Climate Karlsruhe 15./16.10.2007

Kokol, J.:„Mass Customization" - Harald Kloft im Interview, in: Graz Architecture Magazine (GAM) 06, Nonstandard Structures, Springer Wien New York 2009

Kloft, H., Fäth, K. und Wilhelm, V.:„Entwerfen von leichten Dach-tragwerken aus Glas und Stahl", in: StahlbauSupplement: Glasbau / Glass in Building, Volume 80 Issue Supplement 1, pages 7–12, March 2011, Ernst & Sohn Verlag für Architektur und technische Wissenschaften GmbH & Co. KG, Berlin

Kloft, H.:„Digital Manufacturing and Sustainability", in: Digital Manufacturing in Design and Architecture by Asterios Agkathidis, BIS Publishers 2010

Kloft, H.:„Engineering of Freeform Architecture", in: Fabricating Architecture : Selected Readings in Digital Design and Manufacturing by Robert Corser, Princeton Architectural Press 2010

Kloft, H.:„Ressource Bauwerk – Aspekte nachhaltigen Bauens" , in: db 04/10, Konradin Verlag 2010

Kloft, H. :„Pier Luigi Nervi: Von den ersten Patenten bis zur Ausstellungshalle in Turin 1917 – 1948" Eine Rezension zum Buch von Claudio Greco, in: db 06/09, Konradin Verlag 2009

Kloft, H.:„Logic or Form", Beitrag im Graz Architecture Magazine (GAM) 06: Nonstandard Structures, Springer Wien New York 2009

Kloft, H.; Mähl, F.:„Ressource Hochhaus", in: greenbuilding 02/08, Verlag Schiele & Schön 2008

Kloft, H.; Kling, S.; Mähl, F.; Scholte-Wassink, J.; Schroth, M.:„Anschaulich: Tragwerkslehre experimentell 2002 - 2007" Eigenverlag TU Kaiserslautern 2007

Kloft, H.:„Structural Design of Contemporary Free-Form-Architecture" in: Proceedings of IASS - APCS 2006 Conference, Beijing 2006

Kloft, H.„Tragwerk, Material, Form" in: Proceedings zum 5. Interdisziplinären Symposium Reichweiten/Leichte Konstruktionen, Universität Duisburg-Essen 2006

Kloft, H.:„The Logic of Form?" in: Proceedings of International Colloquium of Free Form Design, Delft 2006

Kloft, H.:„Engineering Form" in: Blurring the Lines: CAD/CAM in Contemporary Architecture, Engineering and Construction, John Wiley & Sons, London 2006

Kloft, H.:„Structural Design of Form" in Game, Set and Match II, Episode Publishers, Rotterdam 2006

Kloft, H.:„Engineering Free Form" in: Architektur Rausch: Eine Position zum Entwerfen, Jovis Verlag 2005

Kloft, H.:"Non-Standard Structural Design for Non-Standard Architecture" in: Performative Architecture: Beyond Instrumentality, Spon Press 2004

Kloft, H.:„Engineering of Freeform Architecture" in: New Technologies in Architecture, Design and Technology Report, Harvard Design School, Cambridge 2003

Kloft, H.:„Structural Engineering in Digital Workflow" in: Byggekunst – The Norwegian Review of Architecture, 2002.7, Oslo 2002

Kloft, H.:„Tragwerksplanung im digitalen Workflow" in: Blobmeister – erste gebaute Projekte, Ausstellungskatalog zur Ausstellung digital real im DAM, Birkhäuser Verlag 2001

Mähl, F., Kloft, H.:„Transluzent Sandwich Panels with Polymere Core: Structural Potential for New Architectural Applications" in: Proceedings of CDS07 - 4th International Conference on The Conceptual Approach to Structural Design, Venice 2007

Mähl, F., Kloft, H.:„Tragwerk - Material - Form", in: Tagungsband zum 5. Interdisziplinären
Symposium „Reichweiten – Leichte Konstruktionen", Universität Duisburg Essen 2007

Meistermann, Alfred: Basics – Loadbearing Systems Birkhäuser, Basel Boston Berlin 2007

Schroth, M., Kloft, H.:„Generative Design for Geometrical Stiffness of Folding Structures" in: Proceedings of CDS07 - 4th International Conference on The Conceptual Approach to Structural Design, Venice 2007

Institut für Gebäude- und Solartechnik

Altendorf, L. : GASS – ganzheitliche Sanierung von Schulen, Abschlussbericht Eigenverlag IGS, TU Braunschweig 2009

Bockelmann, F.; Kypri, H.: WKSP - Wärme- und Kältespeicherung im Gründungsbereich energieeffizienter Bürogebäude, Abschlussbericht Eigenverlag IGS, TU Braunschweig 2010

Bockelmann, F.; Kypri, H.: Wärme- und Kältespeicherung im Gründungsbereich energieeffizienter Bürogebäude - Evaluierung, Optimierung, Anlagensimulation, in: Tagungsband zum 10. Anwenderforum Oberflächennahe Geothermie (Veranstalter OTTI), 2010

Bockelmann, F.; Kypri, H.: Oberflächennahe Erdwärme und Kältespeicherung - Evaluierung von realisierten geothermischen Anlagen in Bürogebäuden, in: Tagungsband zum GIZeF: Innovationsforum – Thermische Energiespeicherung, 2010

Bockelmann, F.; Kypri, H.: Thermische Speicherung in der Gebäudegründung - Evaluierung von realisierten geothermischen Anlagen in Bürogebäuden, in: Tagungsband zur 13. Fachtagung Gebäude energetisch optimieren, 2010

Bockelmann, F.; Kypri, H.: Hauptverwaltung GELSENWASSER AG: Heizen und Kühlen mit Erdwärme , in: Tagungsband 11/2009 des EnergieKongress Ruhr

Bockelmann, F.; Kypri, H.: Evaluierung und Betriebsoptimierung von Systemen zur saisonalen Wärme- und Kältespeicherung im Gründungsbereich von Bürogebäuden, in: Tagungsband proKlima und energie + umwelt zentrum: EffizienzTagung, Bauen und Modernisieren, 2009

Bockelmann, F.; Kypri, H.: WKSP - Investigation of Underground Thermal Energy Storage Systems (UTES), in: Tagungsband des Eurosolar und WCRE: 4. IRES, Berlin 2009

Bockelmann, F.; Kypri, H.: Auf dem Prüfstand XVI" – Verwaltungsgebäude VGH Regionaldirektion Lüneburg, in: XIA – Intelligente Architektur, 2009

Bockelmann, F.; Kypri, H.: Evaluierung und Betriebsoptimierung von Systemen zur saisonalen Wärme- und Kältespeicherung im Gründungsbereich von Bürogebäuden, in: Tagungsband des PTJ: EnOB-Statusseminars FuE, 2009

Bockelmann, F.; Kypri, H.: Evaluation and optimization of UTES systems of Energy Efficient office Buildings (WKSP), in: Tagungsband der IEA ECES: Effstock, Schweden 2009

Bockelmann, F.; Kypri, H.: Evaluierung und Betriebsoptimierung von Systemen zur saisonalen Wärme- und Kältespeicherung im Gründungsbereich von Bürogebäuden, in: Tagungsband des 9. Anwenderforums – Oberflächennahe Geothermie (Veranstalter OTTI), 2009

PUBLIKATIONEN
DER INSTITUTE DES DEPARTMENT
ARCHITEKTUR

Eickmeyer, P.: future: workspace Arbeitswelten von morgen, in: Energietechnologie aktuell Solarenergie, Ausgabe Mai 2010

Eickmeyer, P.: Das Forschungsprojekt future: workspace an der TU Braunschweig, in: TAB Technik am Bau, Fachzeitschrift für technische Gebäudeausrüstung, Ausgabe 04/2010

Eickmeyer, P.: Systemair – Beteiligung am Forschungsprojekt future: workspace / DeMo des Instituts für Gebäude- und Solartechnik der TU Braunschweig, in: Pressemitteilung Fa. Systemair GmbH, 2010

Eickmeyer, P.: Alles Fassade, in: Technology Review, S. 68-69, 2010

Eickmeyer, P.: Systemair Beteiligung am Forschungsprojekt future: workspace, in: HLH Lüftung/Klima/ Heizung/Sanitär/ Gebäudetec., Ausgabe 4/2010

Huckemann, V.: Verbundforschungsvorhaben nachhaltige Sanierung von Museumsbauten, in: Museum aktuell, Die Zeitschrift für Austellungspraxis und Museologie im deutschsprachigen Raum, Ausgabe Mai 2009, Nr. 158

Huckemann, V.: Museumsinhalte neu verpackt, in: Bine Informationsdienst, Ausgabe 04/2009

König, J.: Lüftungskonzepte in Bildungsstätten – Analyse und Optimierungsansätze, in: Tagungsband des ift-Forschungstages, Rosenheim 2010

Kühl, L.; Schlosser, M.; Eickmeyer, P.; Wilken, T.: Integrale Technikkonzepte für energieeffiziente Gebäude – Energieeffizienz in der Praxis, in: Deutsche BauZeitschrift, Ausgabe 1/2009, S.68-70

Plesser, Stefan; Pinkernell, C.; Fisch, M.N.; Rumpe, B.: Virtueller Prüfstand für Gebäude: Der Energie Navigator, in: XIA Intelligente Architektur, Ausgabe Oktober 2010, Vol. 73, 2010

Plesser, Stefan; Pinkernell, C.; Fisch, M.N.; Rumpe, B.: Software für die energieoptimierte Betriebsführung von Gebäuden, in: BINE Informationsdienst, FIZ-Karlsruhe, 2010

Schlosser, M.; Krüger, K.: SolTri-Components - Komponenten- und Systementwicklung für solar unterstützte dezentrale Kraft-Wärme-Kälte-Kopplung, in: BMU Newsletter, Ausgabe 03/2010

Schlosser, M.; Solar unterstützte Nahwärmeversorgung mit Langzeitwärmespeicher - Wissenschaftlich-technische Begleitung der Pilotanlagen Hamburg-Bramfeld, Hannover-Kronsberg und Steinfurt Borghorst, Abschlussbericht Eigenverlag IGS, TU Braunschweig 2010

Schlosser, M.; Energy Power House - Sanierung zum Plusenergie-Bürogebäude; in: Tagungsband zum 20. Symposium Thermische Solarenergie, (Veranstalter OTTI), 2010

Schlosser, M.; Wissenschaftliche Begleitung und Sonderuntersuchungen der solar unterstützten Nahwärmeversorgung Hamburg-Bramfeld, Hannover-Kronsberg und Steinfurt-Borghorst, in: PTJ Forschungsjahrbuch 2009

Schlosser, M.: CO_2- neutrale Wärmeversorgung für Wohnsiedlungen, in: Tagungsband des 19. Symposiums Thermische Solarenergie (Veranstalter OTTI), 2009

Schlosser, M.: CO_2- neutrale Wärmeversorgung für Wohnsiedlungen, Abschlussbericht Eigenverlag IGS, TU Braunschweig 2009

Schlosser, M.: CO_2- neutrale Wärmeversorgung Hannover – Magdeburger Straße 2 und 4, in: Tagungsband des 18.Symposiums Thermische Solarenergie (Veranstalter OTTI), 2008

Zargari, M.; Fisch, M.N.: Verbesserung der Randbedingungen für die CFD-Simulation großer Lufträume, in: Tagungsband der BAUSIM 2008

Zargari, M.; Fisch, M.N.: Evaluierung der Energieeffizienz und der Integration von Atrien in Nichtwohngebäuden, in: Zukunft Bauen – Magazin der Forschungsinitiative Zukunft Bau 2008, S.58.

Institut für Experimentelles Entwerfen und Entwerfen I

Gill, Julia: Individualisierung als Standard - Über das Unbehagen an der Fertighausarchitektur, transcript Verlag 2010

Institut für Baugestaltung B
(seit SS 2011: Institut für Entwerfen und Gebäudelehre)

Feireiss, K. (Hg.): „Grüntuch Ernst Architects - Points of Access", Prestel, 2004

Grüntuch, Armand und Grüntuch-Ernst, Almut (Hg.), imAuftrag des Bundesministeriums für Verkehr, Bau und Stadtentwicklung: „Convertible City" – Gastredaktion archplus 180, Ausstellungskatalog des Deutschen Pavillons auf der Internationalen Architektur Biennale Venedig 2006, ARCH+ Verlag, September 2006

„Urban Upgrade", Katalog zur Einzelausstellung, Aedes Berlin, Juni 2006

Wagner, Gerhard: „Diplom 2005-10", Braunschweig 2010

Wagner, Gerhard: „Fort Langlütjen II. Besetzung einer künstlichen Wattenmeerinsel", Bremen, Kulturdenkmal Langlütjen 2010

Institut für Mediales Entwerfen

Höfler, Carolin: Drawing without knowing. Von der Zeichnung zum Diagramm, in: Diagrammatik der Architektur (Hg.: Julian Jachmann), Paderborn, Fink, 2012 (in Vorbereitung)

Höfler, Carolin: „Whirls and Eddies". Charles Jencks' Bubble-Diagramme zur Architekturgeschichte des 20. Jahrhunderts, in: Stil-Linien diagrammatischer Kunstgeschichtsschreibung (Hg.: Wolfgang Cortjaens und Karsten Heck), Berlin 2012 (in Vorbereitung)

Höfler, Carolin: D'Arcy Thompson – Struktur in Wissenschaft und Architektur, in: Bildwelten des Wissens. Kunsthistorisches Jahrbuch für Bildkritik (Hg.: Horst Bredekamp, Matthias Bruhn und Gabriele Werner), Band 9,1: Morphologie, Berlin, Akademie, 2011 (in Vorbereitung)

Höfler, Carolin: Digitale Architekturvisionen der sich selbst erzeugenden Form, in: Produktionen von Evidenz. Biologische Metaphern und Geschlechterkonstruktion zwischen Kunst und Wissenschaft in Neuzeit und Moderne (Hg.: Ulrike Gehring und Anja Zimmermann), Berlin, Akademie, 2011 (in Vorbereitung)

Höfler, Carolin: „Seeing by doing". Josef Albers und die Materialisierung des Digitalen, in: kunsttexte.de. E-Journal für Kunst- und Bildgeschichte, Themenheft 1: Kunst und Design (Hg.: Gora Jain), Berlin 2010 (12 Seiten), www.kunsttexte.de/index.php?id=701

Höfler, Carolin: Performanz der Form. Prozessorientiertes Entwerfen in der Architektur, in: Raum in den Künsten. Konstruktion – Bewegung – Politik (Hg.: Armen Avanessian und Franck Hoffmann), Paderborn, Fink, 2010, S. 195–206

Höfler, Carolin: Form und Feld, in: Bildwelten des Wissens. Kunsthistorisches Jahrbuch für Bildkritik (Hg.: Horst Bredekamp, Matthias Bruhn und Gabriele Werner), Band 3,2: Digitale Form, Berlin, Akademie, 2005, S. 64–73

Reinfeld, Philipp: Locationtown, Onlinemagazin des Lehrstuhls für Architekturtheorie, Prof. Bart Lootsma, Leopold Franzens Universität Innsbruck, 2011, www.architekturtheorie.eu

Reinfeld, Philipp mit Brandlhuber, Arno und Ebersbach, Bruno (a42.org): Zelluläre Landschaften, in: StadtPerspektiven. Positionen und Projekte zur Zukunft von Stadt und Raum (Hg.: Christa Reicher, Silke Edelhoff, Päivi Kataikko, Lars Niemann, Thorsten Schauz, Angela Uttke), Stuttgart und Zürich, Krämer, 2008

Reinfeld, Philipp mit Brandlhuber, Arno und Ebersbach, Bruno (a42.org): Kimilsungia, in: Die Planung - A Terv (Hg.: Sandra Bartoli, Martin Conrads, Silvan Linden, Levente Polyák und Katarina Ševiæ), Berlin und Budapest, 2007, S. 74–79

Reinfeld, Philipp: Disko 3 – Sanierungskonzept Potsdamer Platz (Hg.: Arno Brandlhuber/a42.org), Nürnberg, Akademie der Bildenden Künste, 2006

Reinfeld, Philipp mit Brandlhuber, Arno und Ebersbach, Bruno (a42.org): Zelluläre Landschaften – kontinuierliche Differenz. Eine oberflächliche Betrachtung des Ruhrgebiets, in: Mikrolandschaften. Landscape Culture on the Move (Hg.: Brigitte Franzen und Stefanie Krebs), Münster, 2006

Institut für Architekturbezogene Kunst

Köker, Azade: Institut für Bildende Kunst 2003 - 2009, Braunschweig 2009

Köker, Azade: Licht und Schatten

Institut für Entwerfen und Baugestaltung

Müller, Maximilian; Bruun Yde, Marie: The non-ideological city, New Towns on the Cold War Frontier, NAi Publishers, 2011 (in Vorbereitung)

Müller, Maximilian; Bruun Yde, Marie: Velkommen I Min Baghave, in: ArkitekturM, August 2009

Müller, Maximilian; Bruun Yde, Marie: Mindre er fremtid! IBA Sachsen-Anhalt, in: Arkitekten #9, 2010

Schmidt, Marika: Die Rolle der Zeichnung – Schmale und sehr schmale Linien bei SANAA, in: Bauwelt 33.10, Von Tokyo nach Venedig, 27. August 2010, Jahrgang 101, S.18

Schmidt, Marika: Essential Books – Über die Funktion der Lektüre beim Entwerfen von Varianten, in: Bauwelt 33.10, Von Tokyo nach Venedig, 27. August 2010, Jahrgang 101, S. 19

Schmidt, Marika: Horizontale und vertikale Übergänge – Raumschichten im Haus A, in: Bauwelt 33.10, Von Tokyo nach Venedig, 27. August 2010, Jahrgang 101, S. 24

Schmidt, Marika: Nachkriegsentwicklung Tokyos – Interview mit Yoshiharu Tsukamoto, in: Bauwelt 33.10, Von Tokyo nach Venedig, 27. August 2010, Jahrgang 101, S.34

Schmidt, Marika mit Diana Bico, Moritz Caesar Kühl, Anika Neubauer, Dirk Terfehr: Japanische Architektur und Globalisierung, in: Bauwelt 33.10, Von Tokyo nach Venedig, 27. August 2010, Jahrgang 101, S. 40-41

PUBLIKATIONEN

DER INSTITUTE DES DEPARTMENT
ARCHITEKTUR

Institut für Landschaftsarchitektur

Kiefer, Gabriele G.: Die Kehrseite der Schönheit – Die Vorstadt Salzburgs ist einer Kulturstadt nicht würdig, in: Amt für Stadtplanung und Verkehr, Magistrat Stadt Salzburg (Hrsg.): Frei Raum Szene Salzburg, Tagungsband, Salzburg 2010

Kiefer, Gabriele G.: Baukultur als Kunst des Planens, Kommentar zu Jens Dangschat: Freiraumverantwortung - Wer nutzt den öffentlichen Raum? Wem nutzt der öffentliche Raum? in: Michael Braum und Thies Schröder (Hrsg.): Wie findet Freiraum Stadt? Fakten, Positionen, Beispiele, S. 32, Birkhäuser Basel 2010

Kiefer, Gabriele G.: Wie Phönix aus der Asche, in: Lehrstuhl für Landschaftsarchitektur und industrielle Landschaft, Udo Weilacher (Hrsg.): Learning from Duisburg Nord, München 2009

Kiefer, Gabriele G.: Stilisierte Leere und Möglichkeiten, in: Architekturforum Zürich (Hrsg.): Garten des Poeten G59/2009, Zürich 2009

Kiefer, Gabriele G.: Die Grafik in Wettbewerben, in: Garten + Landschaft, Heft 03/2008, S.10-13, Callwey München 2008

Kiefer, Gabriele G.: Digital Presentations for Landscape Architecture Competitions, in: Erich Buhmann u.a. (Hrsg.): Digital Design in Landscape Architecture 2008: Proceedings at Anhalt University of Applied Sciences, Verlag Wichmann, Berlin/Offenbach am Main 2008

Kiefer, Gabriele G.: 79 KW. Opfikerpark bauen, in: Kristin Freireiss, Hans-Jürgen Comerell (Hrsg.): Katalog zur Ausstellung Aedes Land, Berlin 2007

Kiefer, Gabriele G.: Ist weniger mehr? Gestaltung durch Reduktion, in: Initiative StadtBauKultur NRW, Europäisches Haus der Stadtkultur e.V. (Hrsg.): Stadt macht Platz - NRW macht Plätze, Dokumentation Landeswettbewerb 2004/2005, Gelsenkirchen 2006

Kiefer, Gabriele G.: Het structurelle Minimalisme, in: De Tuinen van Eden, Heft 25, Schoten 2006

Institut für Städtebau und Entwurfsmethodik

Brederlau, Uwe; Florian Holik: „Parametric Design Processes in Urban Design", Beitrag in „Structuralism Reloaded: Rule-Based Design in Architecture & Urbanism", Publisher: Edition Axel Menges, März 2011

Brederlau, Uwe; Florian Holik: Ausstellungs- und Publikationsbeitrag „Parametric Urbanism", Realstadt.Wünsche als Wirklichkeit / Wishes Knocking on Reality's Doors, (Hrsg.) Angelika Fitz, Martin Heller

Brederlau, Uwe; Florian Holik: STRUCTURALISM in Architecture & Urbanism RELOADED, Vortrag und Projektbeitrag, Internationales Symposium, München November 2009

Schmid, André und Nestler, Jonathan (1.Preis): Futures of Cities – Principles Congress Competition, IFHP Ranko Radović Student Competition 2007, (Hrsg.) The Royal Danish Academy of Fine Arts School of Architecture Publishers, September 2008

Brederlau, Uwe; Hamza, Hassan; Jureit, Anna Cathrin: URBAN LIFE LAB, producing the city of the future, (Hrsg.)Institut für Städtebau und Landschaftsplanung, Entwurfsdokumentation, 2007

Brederlau, Uwe :„Dream City oder Städtebau und konzeptionelles Entwerfen" in Landschaft – Architektur- Kunst – Design (Hrsg.) Eberhard Eckerle u. Joachim Wolschke-Bulmahn, 2006

Brederlau, Uwe; Hamza, Hassan; Jureit, Anna Cathrin: RiverSideLiving, Moskau, (Hrsg.) Institut für Städtebau und Landschaftsplanung, Entwurfsdokumentation, 2006

Brederlau, Uwe; Hamza, Hassan: urban velocity, Hannover (Hrsg.) Institut für Städtebau und Landschaftsplanung, Entwurfsdokumentation, 2005

Brederlau, Uwe; Hamza, Hassan; Wollenberg, Petra: Hochhäuser für Wien, Wien
(Hrsg.) Institut für Städtebau und Landschaftsplanung, Entwurfsdokumentation, 2004

Brederlau, Uwe; Hamza, Hassan; Wollenberg, Petra: [hap]16, Entwurfshypothesen Bremen Hohentorshafen, (Hrsg.) Institut für Städtebau und Landschaftsplanung, 2002

Studiengang Architektur

Department Architektur: Jahrbuch Architektur 2009, (Hrsg.) Öffentlichkeitsarbeit Department Architektur, Braunschweig, 2009

Diplomanten des SS 2010 und WS 2010/2011: M 28:X: Dokumentationen der Diplomarbeiten des Fachbereiches Architektur im Sommer- und Wintersemester 2010/2011, Braunschweig, 2011

Diplomanten des WS 2009/2010: M 27:X: Dokumentationen der Diplomarbeiten des Fachbereiches Architektur im Wintersemester 2009/2010, Braunschweig, 2010

Diplomanten des SS 2009: M 26:X: Dokumentationen der Diplomarbeiten des Fachbereiches Architektur im Sommersemester 2009, Braunschweig, 2009

Diplomanten des WS 2008/2009: M 25:X: Dokumentationen der Diplomarbeiten des Fachbereiches Architektur im Wintersemester 2008/2009, Braunschweig, 2009

Diplomanten des SS 2008: M 24:X: Dokumentationen der Diplomarbeiten des Fachbereiches Architektur im Sommersemester 2008, Braunschweig, 2008

Diplomanten des WS 2007/2008: M 23:X: Dokumentationen der Diplomarbeiten des Fachbereiches Architektur im Wintersemester 2007/2008, Braunschweig, 2008

Diplomanten des SS 2007: M 22:X: Dokumentationen der Diplomarbeiten des Fachbereiches Architektur im Sommersemester 2007, Braunschweig, 2007

Diplomanten des WS 2006/2007: M 21:X: Dokumentationen der Diplomarbeiten des Fachbereiches Architektur im Wintersemester 2006/2007, Braunschweig, 2007

Diplomanten des SS 2006: M 20:X: Dokumentationen der Diplomarbeiten des Fachbereiches Architektur im Sommersemester 2006, Braunschweig, 2006

Diplomanten des WS 2005/2006: M 19:X: Dokumentationen der Diplomarbeiten des Fachbereiches Architektur im Wintersemester 2005/2006, Braunschweig, 2006

Diplomanten des SS 2005: M 18:X: Dokumentationen der Diplomarbeiten des Fachbereiches Architektur im Sommersemester 2005, Braunschweig, 2005

Diplomanten des WS 2005/2005: M 17:X: Dokumentationen der Diplomarbeiten des Fachbereiches Architektur im Wintersemester 2004/2005, Braunschweig, 2005

Diplomanten des SS 2004: M 16:X: Dokumentationen der Diplomarbeiten des Fachbereiches Architektur im Sommersemester 2004, Braunschweig, 2004

Diplomanten des WS 2003/2004: M 15:X: Dokumentationen der Diplomarbeiten des Fachbereiches Architektur im Wintersemester 2003/2004, Braunschweig, 2004

Diplomanten des SS 2003: M 14:X: Dokumentationen der Diplomarbeiten des Fachbereiches Architektur im Sommersemester 2003, Braunschweig, 2003

Diplomanten des WS 2002/2003: M 13:X: Dokumentationen der Diplomarbeiten des Fachbereiches Architektur im Wintersemester 2002/2003, Braunschweig, 2003

Diplomanten des SS 2002: M 12:X: Dokumentationen der Diplomarbeiten des Fachbereiches Architektur im Sommersemester 2002, Braunschweig, 2002

Diplomanten des WS 2001/2002: M 11:X: Dokumentationen der Diplomarbeiten des Fachbereiches Architektur im Wintersemester 2001/2002, Braunschweig, 2002

Diplomanten des SS 2001: M 10:X: Dokumentationen der Diplomarbeiten des Fachbereiches Architektur im Sommersemester 2001, Braunschweig, 2001

Diplomanten des WS 2000/2001: M 9:X: Dokumentationen der Diplomarbeiten des Fachbereiches Architektur im Wintersemester 2001, Braunschweig, 2001

Diplomanten des SS 2000: M 8:X: Dokumentationen der Diplomarbeiten des Fachbereiches Architektur im Sommersemester 2000, Braunschweig, 2000

Diplomanten des WS 1999/2000: M 7:X: Dokumentationen der Diplomarbeiten des Fachbereiches Architektur im Wintersemester 1999/2000, Braunschweig, 2000

Diplomanten des SS 1999: M 6:X: Dokumentationen der Diplomarbeiten des Fachbereiches Architektur im Sommersemester 1999, Braunschweig, 1999

Diplomanten des WS 1998/1999: M 5:X: Dokumentationen der Diplomarbeiten des Fachbereiches Architektur im Wintersemester 1998/1999, Braunschweig, 1999

Diplomanten des SS 1998: M 4:X: Dokumentationen der Diplomarbeiten des Fachbereiches Architektur im Sommersemester 1998, Braunschweig, 1998

Diplomanten des WS 1997/1998: M 3:X: Dokumentationen der Diplomarbeiten des Fachbereiches Architektur im Wintersemester 1997/1998, Braunschweig, 1998

Diplomanten des SS 1997: M 2:X: Dokumentationen der Diplomarbeiten des Fachbereiches Architektur im Sommersemester 1997, Braunschweig, 1997

Aktivitäten

Vorträge
Ausstellungen
Exkursionen
Zeichensäle, CloudClub, fs_arch, TU DAY, Arch.Live
Verabschiedungen

Neben den Vorlesungen sind Impulse in Form von wöchentlichen Werkvorträgen bedeutender internationaler ArchitektInnen wesentlicher Bestandteil der Ausbildung.
Diese Vorträge finden in der Reihe „Architekturpositionen" des Departments Architektur, unter Leitung des Instituts für Gebäudelehre und Entwerfen, statt. Die TU Braunschweig nimmt damit aktiv Teil am internationalen Architekturdiskurs. Zahlreiche themengebundene Gastvorträge und Korrekturen an den einzelnen Instituten ergänzen das Angebot.

Der Architekturpavillon, entworfen von dem Braunschweiger Absolventen und ehemaligen Professor Meinhard von Gerkan, ist zentraler Ort für die unterschiedlichsten Veranstaltungen des Studiengangs: von der Begrüßung der Studierenden bei Semesteranfang über die Diplomfeiern, bis hin zu Ausstellungen - hier treffen sich regelmäßig alle Studierenden und Lehrenden zum regen Austausch. Ausgestellt werden im Pavillon sowohl Arbeiten der Studierenden, als auch Beiträge interuniversitärer Wettbewerbe - z.B. des Xella- oder Goederitz-Wettbewerbs. Daneben werden auch Ausstellungen zu unterschiedlichen Themen aus dem außeruniversitären Kontext gezeigt.

Des Weiteren werden regelmäßige Exkursionen, von Tagesexkursionen innerhalb Deutschlands bis hin zu mehrwöchigen Auslandsexkursionen nach Japan oder Brasilien angeboten. Mit ihren anspruchsvollen Besichtigungs-programmen, Kompaktentwürfen oder Kooperationen mit Universitäten vor Ort, sind sie ein weiterer wesentlicher Baustein der Ausbildung. Ein großer Teil der Studienbeitragsmittel fließt in Form von Exkursionszuschüssen an die Studierenden zurück. Über die Verteilung der Studienbeitragsmittel, Neu-berufungen und ähnliches entscheidet die Fachschaft im Sinne aller Studierenden als Vertretung der Studierenden in den verschiedenen Gremien des Studiengangs.

Auch nach Abschluss des Studiums bleiben viele Braunschweiger Absolventen nicht nur miteinander in Kontakt, es existieren sogar regel-rechte Netzwerke. Diese Kräfte zu bündeln und damit auch die derzeitige Ausbildung zu unterstützen, hat sich der Alumniverein „Cloud Club" zur Aufgabe gemacht.
Neben den von Mitarbeiterinnen und Mitarbeitern organisierten Lehrveranstaltungen finden zahlreiche Aktivitäten der Studierenden statt: von Turnieren unter den Zeichensälen über Exkursionspartys bis hin zum Sommerkino. Neben der engen Zusammenarbeit in den Zeichensälen, tragen diese Aktivitäten maßgeblich zur Bildung des ausgeprägten Gemeinschaftssinns bei, der unserem Studiengang charakterisiert.

Dipl.-Ing. Henri Greil
(Öffentlichkeitsarbeit Department Architektur)

ARCHITEKTURPOSITIONEN

VORTRAGSREIHE DES STUDIENGANGS
ARCHITEKTUR DER TU BRAUNSCHWEIG

1. Günther Domenig, Graz
2. Roger Riewe (Riegler & Riewe), Graz
3. Goncalo Byrne, Lissabon
4. Wolf D. Prix (Coop Himmelb(l)au), Wien
5. Frank Werner, Wuppertal
6. Peter Salter, London
7. Julia Bolles - Wilson, Münster
8. Ivan Reimann, (Müller & Reimann), Prag / Berlin
9. Johann Winter (BKK-3), Wien
10. Margit Ulama, Linz
11. Bettina Götz (Artec), Bludenz
12. Hubert Riess, Weimar
13. Michael Wilkens, Kassel
14. Thomas Jocher (Fink & Jocher), München
15. Leen Kooman (Mecanoo), Delft
16. Günter Zamp Kelp, Düsseldorf
17. Ben van Berkel (UN Studio), Amsterdam
18. Rainer Mahlamäki, Helsinki
19. Kjetil Thorsen / Christoph Kapeller, Oslo
20. Alvaro Soto / Javier Maroto (Soto & Maroto), Madrid
21. Glauco Gresleri, Bologna
22. Richard Goodwin, Sydney
23. Ingeborg Kuhler, Berlin
24. Farshid Moussavi (FOA), London/Yokohama
25. Andre Poitiers, Hamburg
26. Herwig Spiegl (AllesWirdGut), Wien
27. Stephen Varady, Sydney
28. J. J. Khurana, Chandigarh
29. kabru (propeller z), Wien
30. Helmut Strobl, Graz
31. Colin Fournier / Peter Cook, London
32. Dagmar Richter, Stuttgart
33. Tom Wiscombe, Los Angeles
34. ag 4, Köln / Realities United, Berlin
35. Mylk, Hamburg
36. Ivan Tschuvelev / Yuri Grigoryan, Moskau
37. Helena Njiric, Zagreb
38. Jan Störmer, Hamburg
39. Günther Domenig, Graz
40. Markus Allmann (Allmann Sattler Wappner), München
41. Ulrich Königs, Köln
42. Andreas Hild (Hild & K.), München
43. CJ Lim, London
44. Marcosandmarjan, London
45. Heinz Tesar, Wien
46. Sasa Begovic (3lhd), Zagreb
47. Vasa J. Perovic (Bevk & Perovic), Ljubljana
48. Markus Brüderlin, Wolfsburg
49. Bart Lootsma, Basel / Wien
50. Daniel Niggli / Matthias Müller (em2n), Zürich
51. Lorenz Dexler (topotek 1), Berlin
52. Hemma Fasch (Fasch & Fuchs), Wien
53. Karla Kowalski, Graz
54. Hadi Teherani (BRT), Hamburg
55. Claudia Meixner / Florian Schlüter, Frankfurt
56. Florian Hoyer (HSH), Berlin
57. Marta Schreieck (Henke & Schreieck), Wien
58. Klaus Fäth / Harald Kloft (osd), Frankfurt
59. Markus Schwieger (netzwerkarchitekten), Darmstadt
60. Hansjörg Göritz, Hannover
61. Markus Pernthaler, Graz
62. Lars Krückeberg / Thomas Willemeit (graft), Berlin
63. Branimir Rajcic, Zagreb
64. Günter Katherl (caramel), Wien
65. Klaus Kada, Aachen / Graz
66. Elmar Schossig (Gatermann & Schossig), Köln
67. Kristin Feireiss, Berlin
68. Roman Delugan (Delugan Meissl), Wien
69. Klaus Jungk (Schlossmacher & Jungk), Schwinkenrade
70. Annett Zinsmeister, Stuttgart
71. Jakob Dunkl (querkraft), Wien
72. Ulrich Müller, Berlin
73. Pedro Moreira, Berlin
74. Nick Clear, London
75. Massoud Godemann, Hamburg
76. Achim Menges, London
77. Mads Möller (mapt), Kopenhagen
78. Tino Schaedler, Los Angeles
79. Johannes Fiedler, Graz
80. Kim H. Nielsen (3xn), Kopenhagen

81. Falk Kagelmacher, Peking
82. Ryue Nishizawa, Tokio
83. Michael Mönninger, Berlin / HBK Braunschweig
84. Florian Mausbach, Berlin
85. Jürgen Mayer H., Berlin
86. Hans Gangoly, Graz
87. Titus Bernhard, Augsburg
88. Matthias Sauerbruch - Sauerbruch Hutton, Berlin
89. Johannes Kuehn- Kuehn Malvezzi, Berlin
90. Hermann Czech , Wie
91. Yoshiharu Tsukamoto, Tokio
92. Meinhard von Gerkan, gmp Hamburg
93. Günther Pfeifer, Darmstadt
94. feld72, Wien
95. Wolfgang Pehnt, Köln
96. Joachim Krausse, Berlin
97. Holger Kehne, London
98. Manfred Hegger, HHS, Kassel / Darmstadt
99. Thomas Kröger, Berlin
100. Jörn Walter, Hamburg
101. Gregor + Johanna Sunder-Plassmann, Kappeln/Schlei
102. Stephanie Brandt, Spacepilots, London/ Cologne
103. Markus Sporer, Benthem + Crouwel, Amsterdam/Aachen
104. Nieto Sobejano, Madrid
105. Manfred Grohmann, Frankfurt

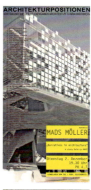

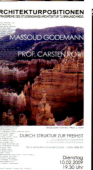

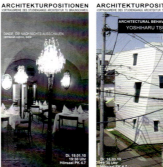

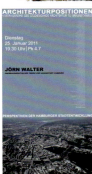

SCHMALE LINIEN

INTERPRETATION DER BEDEUTUNG DER ZEICHNUNG FÜR DIE ARCHITEKTUR VON SANAA

⌐ Zeitraum

27.08.2010

⌐ Sekretariat

Angelika Blum

▲ AutorInnen

Marika Schmidt,
Wissentschaftl. Mitarbeiterin
am Institut für Entwerfen
und Baugestaltung,
Prof. Rolf Schuster

◢ Veröffentlichung

"Kapitel 1: Die Rolle der
Zeichnung, Schmale und
sehr schmale Linien bei
SANAA"
(erschienen in der Bauwelt
33.10)

❚ Kontakt

Technische Universität Braunschweig
Institut für Entwerfen und Baugestaltung
Pockelsstraße 3
D 38106 Braunschweig

t + 49 (0) 531. 391. 25 23
f + 49 (0) 531. 391. 81 29
baugestaltung-a@tu-bs.de

⌐ www.ibg.tu-bs.de/ifba

Abb. 1

Das architektonische Zeichnen von räumlichen Zusammenhängen mit dünnen Linien wie auch die Darstellung von Entwürfen in komplexen Bildgeschichten wird von vielen japanischen Büros praktiziert. Beides hat in Japan Tradition und ist fester Bestandteil des kulturellen Selbstverständnisses. Überwiegend gezeichnete Erzählungen auf bis zu zehn Meter langen Rollbildern[Abb.1] transportieren seit dem 8. Jahrhundert[1] das zeitliche Erfahren einer Geschichte. In der religiösen Übung der Kalligrafie[2] emanzipiert sich das Schriftbild als grafisches Kunstwerk von seinem textlichen Inhalt und bleibt in der Verfeinerung der Linie[3] als Sinnbild eines nie endenden Prozesses unendlich wiederholbar. Die Darstellung von Städten[Abb.2] und Gebäuden[Abb.3, Abb.4] erfolgt im hierarchielosen Kartieren der Räume in Umrisslinien als Dokumentation von Gegebenheiten und ist zugleich Ausdruck der traditionell ephemeren Gliederung des Gebäudeinnern[4]. Die Reduktion der Raumbegrenzung auf eine Linie im zweidimensionalen Grundriss hat das Hervorheben des wesentlichen Charakters des Raumes zur Folge: der Form der Oberfläche und das Wesen der Öffnungen.
SANAA haben – bewusst oder unbewusst – über die Jahre das Prinzip der zeichnerischen Darstellung mittels der Linie perfektioniert. Die Zeichnung ist ständiger Begleiter des Entwerfens in Modellen[5]. Im entwurflichen Prozess werden zum Ausdruck des jeweiligen Gedankens, der eine Variante trägt, Modell und Zeichnung präzise formuliert. Die Zeichnung optimiert die kompositorische Ordnung des gesehenen Modells und ist zugleich Ausgang für eine neue Überlegung. Gemäß des Maßstabs und der Gewohnheit des Zeichnens bleibt die Raumbegrenzung einfache Linie. Teilweise erlangen diese Entwurfszeichnungen in ihrem grafischen Ausdruck eine solche künstlerische Vollkommenheit, dass die eigentliche Abbildung des Raumes nebensächlich wird und die Grafik als eigenes Werk besteht[Abb.5] .
Die Optimierung von Zeichnung und Raum führt mit der Zeit zur Minimierung stilistischer Mittel, so dass kein anderes Raum bildendes Element als die Linie als Abbild der glatten Fläche übrig bleibt. Die Vereinfachung auf die Linie ist grafisch reizvoll wie entwurflich Programm und Krux zugleich.
Programm, da mit wenigen Elementen eine Räumlichkeit beschrieben wird, die aus eben diesen wenigen Elementen besteht. In der gegenseitigen kompositorischen Verfeinerung von Zeichnung und Modell sind entrückte Architekturen wie der Glas-Pavillon in Toledo[Abb.6] entstanden, in der selbst technische Zeichnungen auf verblüffende Weise Raum und Idee widerspiegeln. Die berühmte räumliche Handzeichnung zum Kunsthaus in Almere[Abb.7] ist von vielen als der Inbegriff

"Diagrammatischer Architektur"[6], wie Toyo Ito einst die Architektur SANAAs beschrieb, verstanden worden – sie bringt in einer Zeichnung die Kongruenz von räumlicher Absicht, Programm und Benutzung überein.
Krux, da wie am Beispiel der EFPL in Lausanne[Abb.8], wo idealisierte Linien wenig von der Körperlichkeit des Projektes transportieren, im Falle der Realisierung in die Materialisierung zurückgeführt werden müssen. Wie kein anderes Projekt zuvor verdeutlicht diese unheimlich schöne Raumentdeckung die grafische Qualität der Architektur einerseits und den Konflikt zwischen Zeichnung, räumlichem Modell und der mühsamen Übereinstimmung mit Funktionalität und Schwerkraft anderseits. Krux auch, da in einigen Entwürfen programmatisch wenig komplexer Projekte schmale Linien scheinbar Selbstzweck werden und die Architektur dominieren. Die Linie bekommt wie in den Entwurfszeichnungen des Emona Hotels[Abb.9] in ihrer absoluten Ausbildung eine Überpräsenz und wird so zum eigentlichen Programm des Baulichen.
Hat die Vollendung der Linie in ihrer Minimierung der Mittel zwangsläufig das Verschwinden der Architektur – des kompositorisch, funktional und konstruktiv gefügten Raumes - zur Folge? Nicht unbedingt, doch man darf gespannt sein, wie dieser Widerspruch die Architektur von SANAA verändern wird.

Bildnachweis

Abb. 1 - Rollbild „Ishiyamadera-engi" Haus des Herren Fujiwara, 13.Jh; in „The Art and Architecture of Japan", Yale University Press1958, S.410+497

Abb. 2 - MU, die Leere; in „Das Reich der Zeichen" Roland Barthes, Edition Suhrkamp1077, Suhrkamp Verlag 1981, S.15+152

Abb. 3 - Lageplan Kaiserpalast Kyoto; in „History of Japanese Architecture", Fujita Masaya, Koga Shusaku, Showado 1998, S. 121

Abb. 4 - Lageplan Ninomaru Palast, Kyoto; in „History of Japanese Architecture", Fujita Masaya, Koga Shusaku, Showado 1998, S. 157

Abb. 5 - Grundriss (Ausschnitt) Ninomaru Palast, Kyoto; in „History of Japanese Architecture", Fujita Masaya, Koga Shusaku, Showado 1998, S. 158

Abb. 6 - Geometrieplan, Toledo Glas Pavillon, SANAA; in El Croquis 139 „SANAA Kazuyo Sejima, Ryue Nishizawa 2004-2008" El Croquis Editorial 2008, S. 90

Abb. 7 - Zeichnung Stadstheater Almere, SANAA; in „SANAA Kazuyo Sejima + Ryue Nishizawa, Recent Projects" Aedes Galerie Berlin, Aedes 2000, S.37

Abb. 8 - Grundriss EFPL Learning Center Lausanne, SANAA; in GA Architect 18 „Kazuyo Sejima, Ryue Nishizawa 1987-2006" A.D.A.EDITA Tokyo, 2005

Abb. 9 - Schnittansicht Emona Hotel, Office of R. Nishizawa; in El Croquis 139 „SANAA Kazuyo Sejima, Ryue Nishizawa 2004-2008" El Croquis Editorial 2008, S. 333

Quellennachweis

[1] Robert Treat Paine „The Yamanot-e Tradition of Narrative Scrolls" in „The Art and Architecture of Japan", Yale University Press1958, S. 133

[2] „Das Kopieren, vor allem das schöne Kopieren (auch ohne Verständnis des chinesischen Textes) unter der Beachtung genau festgelegter formaler Regeln gilt als wichtige religiöse Übung..." Florian Coulmas; in „ Die Kultur Japans" Florian Coulmas, Verlag C.H.Beck 2003, S. 273

[3] „Ungeachtet vieler Traditionen verkörpert sie (die Kalligraphie) viele Prinzipien der japanischen Ästhetik, die Bedeutung von Balance und Proportion; die Dominanz der Form, die die ganzheitliche Betrachtung des Zeichens gegenüber der linearen Entzifferung des Textes favorisiert; ..." Florian Coulmas; in „ Die Kultur Japans" Florian Coulmas, Verlag C.H.Beck, 1. Auflage 2005, S. 277

[4] „...der Elastizität des Grundrisses, d.h. der leichten Veränderlichkeit der Raumteilung und der vielseitigen Verwendbarkeit der Räume" Tetsuro Yoshida; in „Das japanische Wohnhaus", Tetsuro Yoshida, Verlag Ernst Wasmuth Tübingen, 4. Auflage 1969, S. 9

[5] „I like the debris that results from making studies – drawings, rough models, sketches and so on – as they have an elusive charm that differs from that of completed obbjects" Kazuyo Sejima S. 23
„The reason why we like hand drawings is because the abstraction it allows is more personal than that of a computer." Ryue Nishizawa S. 56
"Computers create very flat drawings and automatically decide the level of abstraction. They're too real. When someone makes a model, they decide what is important and where the emphasis lies in the design. His helps to make the intention clear to us and effects the design process." Kazuyo Sejima S. 56; alles in "SANAA Serpentine Gallery Pavillon 2009" Serpentine Gallery London, SANAA, Koenig Books London 2009

[6] Toyo Ito „Diagram Architecture"; in El Croquis 99 „SANAA Kazuyo Sejima, Ryue Nishizawa 1984-2000" El Croquis Editorial 2001

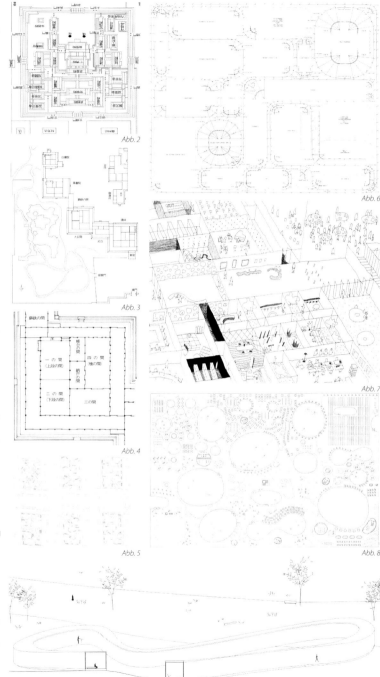

Abb. 2

Abb. 3

Abb. 4

Abb. 5

Abb. 6

Abb. 7

Abb. 8

Abb. 9

URBANE INTELLIGENZ

EIN GESPRÄCH MIT DEM ARCHITEKTEN YOSHIHARU TSUKAMOTO, ATELIER BOW-WOW, TOKYO

⌐ Zeitraum	► AutorInnen	► Veröffentlichung	❧ Kontakt	⌐ www.ibg.tu-bs.de/ifba
2010	Marika Schmidt, Wissentschaftl. Mitarbeiterin am Institut für Entwerfen und Baugestaltung, Prof. Rolf Schuster	"Kapitel 12: Nachkriegs- entwicklung Tokyos, Interview mit Yoshiharu Tsukamoto (erschienen in der Bauwelt 33.10)	Technische Universität Braunschweig Institut für Entwerfen und Baugestaltung Pockelsstraße 3 D 38106 Braunschweig	
⌐ Sekretariat				
Angelika Blum			t + 49 (0) 531. 391. 25 23 f + 49 (0) 531. 391. 81 29 baugestaltung-a@tu-bs.de	

—

Das Buch "The Architectures of Atelier Bow-Wow: Behaviorolgy" gibt einen Überblick, wie sich in den vergangenen 60 Jahren im Stadtgebiet Tokyos das freistehende Wohnhaus mit Garten zu einer intro- vertierten Schlafbehausung auf kleiner Grundfläche entwickelt hat, deren Bezug zur Nachbarschaft gänzlich verlorengegan- gen ist. Drei Generationen von Häusern werden hier ausgemacht. Es werden auch kleine Wohnhäuser des Ateliers Bow-Wow vorgestellt, die durch programmatische Verlagerung und räumliche Organisation versuchen, den verbliebenen undefinier- ten Außenraum wieder als Lebensraum zu artikulieren. Die Architekten bezeichnen dies als Void-Metabolism – Metabolismus des undefinierten Raumes - und Haus der 4. Generation.

Herr Tsukamoto, in Ihrem neuen Buch "Behaviorology" schreiben Sie: „Ironi- scherweise gelangt Tokyo erst jetzt in einen Zustand von Kindheit, das seine eigene Intelligenz entdeckt" – was meinen Sie damit?

Für lange Zeit dachte ich, meine Architek- tengeneration sei zu spät gekommen, um die Stadt zu bauen. Als wir unsere Karriere begannen, war die Stadt schon gebaut, alt und erwachsen. Später begriff ich: Tokyo ist gebaut, aber ohne Intelligenz, also nur gebaut. Seine urbane Intelligenz ist nicht wirklich entdeckt und entwickelt. Wie haben Bautechniken weiterentwickelt und können präziser Bauen, aber die Bezie- hung zwischen Gebäuden, dem Haus und der Straße ist komplett vergessen worden. Und dann dachte ich, ok, vielleicht beginnt Tokyo gerade das Laufen zu erlernen. Nach

dem 2. Weltkrieg war die Stadt komplett zerstört, der Wiederaufbau begann; Tokyo ist nun wie ein Kind, es kann auf eigenen Füßen stehen, aber noch ohne ausrei- chende Intelligenz. Was meine Generation tun kann, ist nicht nur die Grundfläche der Stadt mit Gebäuden aufzufüllen, sondern die Beziehung zwischen den Gebäuden, Haus und Straße sowie öffentlichem Raum zu erneuern und neu zu definieren. Deshalb bezeichne ich den momentanen Zustand Tokyos als Kindheit.

Die Entwicklung von Gebäuden ist in Japan sehr anspruchsvoll, da gibt es viel Wissen und Sensibilität für jede Art von Raum, und gleichzeitig be- steht keine wirkliche Tradition in der Stadtplanung, wie beispielsweise in Europa. Was könnte der Grund dafür sein?

Grundsätzlich gibt es viele Gründe. Ich denke, die Kriegszerstörung wiegt sehr schwer und ist wesentlich für die Diskus- sion des öffentlichen Raumes. Die Stadt ist ein gemeinschaftlicher Ausdruck der dort lebenden Menschen. Doch als sie zerstört war, haben die Menschen die natürliche und geistige Beziehung zur Stadt verloren, viele Dinge waren plötzlich verschwunden. Der bürgerliche Stolz Tokyos war tief verletzt, die Verbindung zur Vergangenheit fehlte. Das ist vielleicht der wichtigste Grund, warum besonders Tokyo bis heute nicht genug städtische Intelligenz entfalten konnte. In Kanazawa oder Kyoto beispielsweise spürt man noch immer eine gewisse Souveränität im Umgang mit öffentlichem Raum oder der Beziehung von Haus und Straße. Diese

Souveränität ist nicht wirklich zeitgemäß, aber sie ist auch nicht verloren gegangen. In Tokyo hat man versucht, den Verlust durch Zerstörung zu kompensieren, indem man Gebäude ansammelte, die wie Stadt aussehen. Ich denke, es ist wirklich an der Zeit, die Intelligenz des Städtischen wieder in Betracht zu ziehen. In den vergangenen 60 Jahren konnten wir ohne Zerstörung leben. Nachdem 1945 die Menschen alles Vertrauen in die Stadt verloren hatten, fühlen sie diese Sicherheit wieder, das ist sicher eine gute Tendenz. In Tokyo gibt es inzwischen viele interessante Gebiete wie Nakameguro, Yanaka, Shimo-Kitazawa, Kichijoji, oder Daikanyama. Der spezifische Charakter dieser Viertel ist nicht auf Grund- lage von Stadtplanungen entstanden, sondern wurde von den Menschen ent- deckt und hat sich nach und nach heraus- gebildet, eine Art spontane Markenbildung (spontaneous branding), die nicht nach den Mechanismen des Marktes entstand.

Paradoxerweise ist Tokyo heute für viele eine der interessantesten Städte der Welt, gerade aufgrund der Stadt- struktur, gerade weil es ein Gewachse- nes ist…

…weil es immer in Veränderung ist. Mein Interesse besteht darin, herauszufinden, wie wir den Charakter der Stadt prägen können, bei gleichzeitiger Bewahrung seiner Natur der stetigen Veränderung. Es ist neu für eine Großstadt, sich mit dieser Art von offenem Ausgang zu vollenden. Städte wie New York, Paris oder Amster- dam haben jeweils in einer bestimmten Epoche Charakter angenommen, und hatten sie ihn einmal, haben sie diesen behalten. Tokyo kann sich nie dauerhaft vollenden, da es immer in Veränderung ist. Doch mir scheint dieser Umstand passender für die heutige globalisierte Welt, diese Offenheit ist für die Menschen interessant. Das fasziniert mich als Architekt und treibt mich an bei der Entwicklung kleiner Häuser. Das Haus ist ein sehr kleines Element der Stadt, das auf das große Ganze wenig Auswirkung hat. Wir brauchen eine Idee, wie wir dieses kleine Element besser in einen übergeordneten Zusammenhang integrieren können. Zum Beispiel durch das Schaffen von Raumzusammenhängen oder dem Definieren von Räumen zwischen Gebäuden, unterschiedlichen Ereignissen usw. Um das zu erreichen, müssen wir durch den Prozess der urbanen Intelligenz gehen. In diesem Sinne ist das Haus der 4. Generation – ich spreche über den Metabolismus des unbestimmten Raumes – also der Natur der Stadt Tokyo – der Versuch, die Stadt in eine bestimmte Richtung zu verändern.

Yoshiharu Tsukamoto, vielen Dank für dieses Gespräch.

Abb. Yoshiharu Tsukamoto auf dem Dach seines Hauses im Zentrum Tokyos; Foto: Marika Schmidt

DIE KUNST DER FUGE

DISKUSSIONSVERANSTALTUNG MIT
MEINHARD VON GERKAN

⌐ Datum

03.02.2010

◂ Einführung und Moderation

Dr. Olaf Gisbertz, Institut für
Baugeschichte

◂ Idee und Planung

Dr. Olaf Gisbertz
Dipl.-Ing. Marika Schmidt
Dipl.-Ing. Gunnar Schulz

⌐ Initiative

„AG / Netzwerk
Braunschweiger Schule"

—

Die Kunst der Fuge

Die Braunschweiger Schule und das
Hochschulforum. Diskussionsveranstaltung mit Meinhard von Gerkan, Mittwoch,
03.02.2010, 19. Uhr, Raum 19.1, TU Braunschweig. Eine Initiative der „AG / Netzwerk
Braunschweiger Schule"

Im September 2009 haben sich wissenschaftliche MitarbeiterInnen des Department Architektur der TU Braunschweig
zu einer „AG / Netzwerk Braunschweiger
Schule" zusammengefunden, um im
Zuge der begonnenen Sanierung der
Hochschulbauten – allesamt Hauptwerke
ehemaliger Architektur-Professoren der
Fakultät – auf deren außerordentlichen
Qualitäten hinzuweisen. Nach einem Auf-
ruf zur Unterstützung konnte die Initiative
im Februar 2010 zu einer Diskussionsveranstaltung mit Meinhard von Gerkan
einladen.

Nach kurzen Statements zum Planungs-
stand der mit der Sanierung betrauten
Architekturbüros (Vahjen & Partner, OM
Architekten, Tjarks/Wiethüchter Architekten, alle aus Braunschweig) referierte Meinhard von Gerkan, Schüler und Lehrer der
Brauschweiger Schule in einer Person, über
Entwurfsprinzipien der Braunschweiger
Hochschullehrer nach 1945. Im Mittelpunkt
stand die persönliche Auseinandersetzung
von Gerkans mit dem Okerhochhaus,
einem Hauptwerk Dieter Oesterlens, früher
entworfen als das berühmtere Dreischei-
benhochhaus von Hentrich, Petschnigg &
Partner oder das Mannesmann-Hochhaus
von Schneider-Esleben in Düsseldorf.

Die Veranstaltung fand vor Ort und in den
Medien breite Resonanz: „Die Initiative
stößt eine öffentliche Diskussion über
den Umgang mit diesen Bauten der
Nachkriegsmoderne an, die einerseits als
exemplarische Schulungsobjekte einer
ausgeklügelt gestalteten Spätmoderne
gelesen werden können und andererseits
natürlich nach 50 Jahren Nutzung (und
Abnutzung) sanierungsbedürftig sind
und heutigen energetischen Anforderungen nicht mehr genügen." (Baunetz,
04.02.2009)

DAS BRAUNSCHWEIGER HOCHS

VORTRAG VON **MEINHARD VON G**

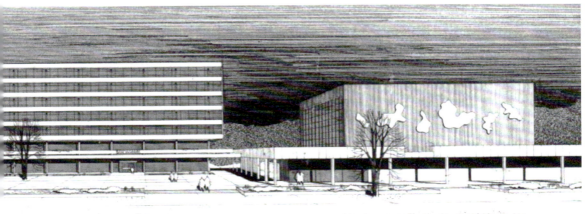

ULFORUM UND DIE BRAUNSCHWEIGER SCHULE

KAN MITTWOCH, 03.02.2010, 19.00 UHR RAUM SN19.1

EHRENPROMOTION

EHRENPROMOTION PROF. EM. THOMAS
SIEVERTS

Datum	Begrüßung	Laudatio	Festvortrag	Schlusswort
13.07.2010	Prodekan Prof. Dr. Ing. habil. Wolfgang Niemeier	Prof. Dipl.-Ing. Walter Ackers	Prof. em. Thomas Sieverts	Präsident Prof. Dr.-Ing. Dr. h. c. Jürgen Hesselbach

Aufführungsort

Aula der TU

Pockelsstraße 11
38106 Braunschweig

„Mit der Verleihung der Ehrendoktorwürde
an Thomas Sieverts wird eine Persönlichkeit geehrt, die die Grenzen der eigenen
Disziplin immer wieder neu auslotet, dabei
ganz selbstverständlich die Europäische
Stadtbaukultur in ihren aktuellen wider-
sprüchlichen Ausformungen annimmt und
interpretierend im globalen Urbanisierungsprozess verortet. Sein Wissen um
die Lage der Stadt in unterschiedlichen
kulturellen Kontexten wird weltweit
geschätzt. Davon zeugt seine Beratertätigkeit, seine ungebrochene Vorlesungs- und
Seminaraktivität an Gastuniversitäten von
Berkeley bis Wien, die zahllosen Rundfunk-
und Fernsehinterviews und Publikationen.
Thomas Sieverts hat mehr als 20 Doktoranden betreut. 24 wissenschaftliche
Mitarbeiterinnen und Mitarbeiter der
Fachgruppe Stadt wurden seit 1971 auf
Lehrstühle im In- und Ausland berufen. In
seiner Einschätzung des Werkes von Kevin
Lynch und Christopher Alexander kommt
Thomas Sieverts zu einer Schlussfolgerung,
die ich gern auch als Motto seiner Arbeit
zitieren möchte: Beide „stellen diejenigen
Qualitäten von Raum und Stadt an oberste
Stelle, die die Freude, die Selbstentfaltung,
den Anstoß zu Kreativität, Gespräch und
Zusammenarbeit der Menschen fördern.
Beide versuchen, auf ganz unterschiedli-
che Weise, diese Qualitäten so genau wie
möglich zu benennen, wohl wissend, dass
es sich immer nur um eine Annäherung
handeln kann, deren letztes Geheimnis der
rationalen Analyse nicht zugänglich ist."
So beschreibt Wolfgang Christ prägnant
die herausragenden Leistungen Thomas
Sieverts. "
(Auszug aus der Laudatio von Prof. Walter
Ackers)

Prof. Thomas Sieverts

**Festvortrag
im Rahmen seiner Ehrenpromotion**

Von der unmöglichen Ordnung zu einer möglichen Unordnung

Überlegungen zur Qualifizierung der Zwischenstadt

16.00 Musikalische Einstimmung
16.10 Begrüßung Prodekan Prof. Dr.-Ing. Wolfgang Niemeier
16.20 Laudatio Prof. Walter Ackers
16.45 Ehrung - Überreichung der Urkunde
16.55 Festvortrag Prof. em. Thomas Sieverts
17.35 Schlusswort Präsident Prof. Dr.-Ing. Dr. h.c. Jürgen Hesselbach
18.45 Musikalischer Ausklang

**Dienstag, 13. Juli 2010, 16 Uhr
in der Aula der TU, Pockelstraße 11**

EHRENPROMOTION

EHRENPROMOTION PROF. EM. THOMAS
SIEVERTS

Festvortrag Prof. em. Thomas Sieverts

Die anarchischen, ungeplanten Teile der Stadt und Probleme ihrer Qualifizierung

Mein Interesse an den anarchischen Seiten der Stadt wurde zum ersten Mal geweckt, als ich 1967 meine erste Professur an der Hochschule der bildenden Künste in West-Berlin bekam und 1968 - kaum älter als meine Studenten - als junger Hochschullehrer in die Wirren der ‚Studenten-Revolution' geriet: An einen geordneten, konventionellen Unterricht war nicht zu denken, so schlug ich vor - auf die politischen Neigungen der Studierenden eingehend – in West-Berlin nach einem herrschaftsfreien, unmittelbar vom Volk ausgehenden Bauen zu suchen und seine Entstehungsbedingungen und Ausdrucksformen zu analysieren. Wir wurden reichlich fündig, beispielsweise in den alten Schrebergarten-Kolonien, auf den Dauercampingplätzen oder in den improvisierten Aus- und Umbauten der Kriegsruinen. Dieses Interesse am Ungeplanten wuchs kontinuierlich und führte mit der Zeit zur Erforschung dieser chaotischen Stadtformen, die weder „Stadt" noch „Land" sind.

Im Folgenden werde ich von Versuchen der Qualifizierung dieser viel kritisierten Stadtform berichten. Vor nahezu anderthalb Jahrzehnten bezeichnete ich sie im Titel einer Publikation als „Zwischenstadt - zwischen Ort und Welt, Raum und Zeit, Stadt und Land". Diese Stadtform wird landläufig abschätzig auch als „Siedlungsbrei" oder „Vorstadtwüste" charakterisiert. Allen negativen Bezeichnungen zum Trotz wohnen und arbeiten in Mitteleuropa inzwischen aber drei Viertel aller Menschen in dieser "urbanen Landschaft". Sie ist zur dominanten Stadtform des 21. Jahrhunderts geworden.

Ungeachtet ihrer quantitativen Dominanz ist die urbane Landschaft, insbesondere in Deutschland, kein Gegenstand öffentlicher Kulturdebatten geworden. Sie hat auch keine politische Vertretung. Sie wird - wenn überhaupt - nur im engeren Sinne funktional-instrumentell wahrgenommen. In diesem Sinne ist sie „anästhetisch". Wo aber etwas nicht wahrgenommen wird, entsteht keine Erinnerung und keine Zuwendung, keine Sorge und keine Verantwortung. In diesem Zusammenhang, gehört die Ästhetik als Aísthesis (Wahr-Nehmung) zu den Grundvoraussetzungen einer systematischen, kontinuierlichen Stadterneuerung: Ohne eine Verwandlung von Anästhetik in eine bewusste, auch emotional besetzte Wahrnehmung (Aísthesis) wird die urbane Landschaft niemals zu einem „topic" öffentlichen Interesses werden.

Die Zwischenstadt muss aber dringend qualifiziert werden: Die Erneuerung und Modernisierung eines riesigen Bauvolumens, das größer ist als alles in den letzten 500 Jahren Gebaute und eine Qualifizierung der zwischenstädtischen Lebenswelt zu einer Stadt neuen Typs, die den Anforderungen und Bedürfnissen einer alternden Wissensgesellschaft Rechnung trägt steht an. Und nicht zuletzt muss gerade diese Stadtform für ein nachfossiles Zeitalter umgestaltet werden. Für einen solchen Umbau steht aber kein Wachstum mehr zur Verfügung, im Gegenteil: Einer schrumpfenden Bevölkerung steht vielerorts schon heute zu viel Bauvolumen gegenüber. Eine Qualifizierung kann deswegen nur durch Umbau als Transformation der Bestände erreicht werden.

Die emerging urban landscape, chaotisch im Einzelnen, geordnet in fraktalen Formen im Ganzen

Die urbane Landschaft, die Zwischenstadt, ist eine als Ganzes ungeplante Stadtform, sie ist eine „emerging City", das unbeabsichtigte Produkt unzähliger Einzelentscheidungen von Haushalten und Unternehmen ebenso wie von Infrastrukturträgern und Politik. Ihre heutige Form verdankt sie einem in der Geschichte nie dagewesenen Wohlstand, der im letzten halben Jahrhundert u. a. in wachsender Wohnfläche (Verdreifachung), in frei verfügbarer Zeit (Verdopplung) und in Automobilität (zwei Personen auf ein Auto) angelegt wurde. So chaotisch ungeordnet die Zwischenstadt im Einzelnen erscheint - als Großform zeigt sie auf der ganzen Welt Verwandtschaften mit ähnlichen Eigenschaften: sie ist fraktal, zerklüftet, durchdrungen von offenem Land, so dass kein Punkt weiter als 2-3 Kilometer vom offenen Land entfernt ist.

So gesehen ist die Zwischenstadt als urbane Landschaft eine Gartenstadt. Je weiter eine Stadtgesellschaft ökonomisch und technisch entwickelt ist, desto mehr wird die Randlänge zur offenen Landschaft maximiert. Hierfür gibt es eine einfache Erklärung: Haushalte und Unternehmen suchen im Rahmen ihres Budgets drei Faktoren zu optimieren: Nähe zur Landschaft, kurze Wege zu den Einrichtungen der täglichen Versorgung und nicht zuletzt Anbindung an die regionalen Verkehrsnetze zur Erschließung des regionalen Arbeitsmarktes. Das Ergebnis ist eine fraktale Form, die Selbstähnlichkeit auf allen Maßstabsebenen aufweist.

In Mitteleuropa ist die urbane Landschaft vor allem das Resultat einer Vorortbildung, gewachsen aus den dichten, eng reglementierten Städten, die fast alle im Mittelalter gegründet wurden. Die Vororte haben eine lange Geschichte, sie sind so alt wie die Städte selbst: Die Villen zur Römerzeit vor den Stadtmauern; die aus der Stadt Verdrängten oder Flüchtenden des Mittelalters; die Industriekomplexe der Industriellen Revolution, die in der engeren Stadt keinen Platz mehr fanden und dort mit ihren Emissionen auch nicht gelitten waren; die Kasernen, Zuchthäuser, Hospitäler, die Klärwerke der neuesten Zeit – jede dieser Phasen hat typische, bis heute wirksame Spuren hinterlassen, bis hin zu den heutigen Shopping-Centern. Aber es gibt auch die Spuren der „kleinen Freiheiten" gelockerter Regeln: Zwischenstadt ist auch immer die „new frontier", der Raum für Experimente und neue Lebensformen.

Es gab die urbane Landschaft aber auch als autochthone Urform der Stadt: In Deutschland beispielsweise als Form des Ruhrgebiets, in Japan als Stadt ohne Wall und Graben, von alters her durchzogen mit Reisfeldern oder in der nordamerikanischen Prärie mit den großen, dicht bebauten Indianersiedlungen. Inzwischen haben sich die Unterschiede zwischen den „Vororten" und den „Autochthonen" vermischt: Die „Vororte" haben sich von der „Mutterstadt" emanzipiert und bilden eigene Zentren mit Wechselwirkungen zur Kernstadt heraus, die ursprünglichen, autochthonen Städte entwickeln sich zu Feldern polyzentrischer urbaner Landschaften. Beide Formen erleben und erleiden eine Transformation in Richtung einer eher vertikalhierarchischen Ordnung zwischen Kern und Rand, hin zu einer tendenziell lateralen Ordnung im Raum verteilter, spezialisierter Zentren mit einer Tendenz zur polyzentrischen „Netzstadt".

Transformation nach einfachen Regeln einerseits, Arbeit am Bewusstsein andererseits: Die Metapher als Brücke

Die Qualifizierung der Zwischenstadt ist eine neuartige Aufgabe: Unsere Städte sind ja, sozusagen, schon gebaut. Mit einem geringen, aber stetigem Schrumpfen oder auch mit einem - im Verhältnis zum Bestand - stetigen, aber prozentual sehr geringen Wachstum können unsere Städte strukturell nicht mehr umgebaut werden. Struktureller Umbau kann nur durch Transformation des Bestands eingeleitet werden. Qualitativ sind die Potenziale gar nicht so gering: Bei einer durchschnittlichen Umbaurate von 2-3 Prozent pro Jahr ließe sich in einer Generation viel erreichen. Dies würde aber voraussetzen, dass jede Umbaumaßnahme einen durch plausible Regeln definierten strategischen Schritt zu systematischer Qualifizierung leisten müsste. Solche Regeln sollten einfach und einleuchtend sein, wie z.B.:
1. Jede bauliche Maßnahme muss zur Verbesserung des öffentlichen Raums beitragen.

2. Jede bauliche Maßnahme muss einen Beitrag zur „Connectivity" leisten, um Teil eines größeren Ganzen zu werden.
3. Jede bauliche Maßnahme muss die Zugänglichkeit und die Durchlässigkeit für den nichtmotorisierten Langsamverkehr verbessern.
4. Jede bauliche Maßnahme sollte durch gemischte Nutzungen und öffentlich zugängliche Räume die Begegnung unterschiedlicher Menschen fördern.
5. Die bauliche Entwicklung sollte über die Sicherung und Gestaltung der Freiflächen und insbesondere über die Gestaltung der Ränder zwischen Bebauung und Freiflächen kontrolliert und gestaltet werden.

Größer aber als die materiellen Probleme sind die Probleme, die durch fehlendes Bewusstsein entstehen. Jede Qualifizierungsaufgabe muss deswegen auf zwei Feldern gleichzeitig bearbeitet werden: Auf dem Feld der Bewusstmachung durch Kommunikation einerseits und auf dem Feld der Qualifizierung der „Dinge" durch Urban Design andererseits. Die Ebene der Kommunikation, des „Augenöffnens" tritt gleichwertig neben die des Urban Design. Als Brücke, als Verknüpfung von Arbeit am Bewusstsein und Umweltentwurf tritt immer häufiger die Metapher als eine Deutung, die mit der Übersetzung und Übertragung der überkomplexen Realität auf eine bildhafte bzw. sprachlich emotionale Ebene eine neue bildhafte und sprachliche Verständigungsbasis bietet.

Die gedankliche Arbeit an diesen Methoden und die Planungsbeispiele sind in verschiedenen Projekt-Arbeitsgruppen bei unterschiedlichen Gelegenheiten entwickelt worden. Diese Arbeit verdankt sich besonders Hille von Seggern und dem von ihr gegründeten „Studio Urbane Landschaften", Henrik Schutz, Ursula Stein, Sabine Raabe, Anke Schmitt, Wolfgang Christ und Michael Koch, sowie meinen alten Büropartnern Ines Knye und Jens Trautmann. Allen sei schon an dieser Stelle ein herzlicher Dank ausgesprochen für über die Jahre intensiv geführte Gespräche.

Beispiele

Das Projekt „Regionalplanung Süd-Luxemburg" hat das Ziel, Grundlagen einer neu einzuführenden Regionalplanung zu entwickeln. Eine maßgebliche Schwierigkeit besteht in der überkomplexen, von ehemaliger Bergbauindustrie geprägten Situation, die sich jeglicher Vorstellungskraft entzieht. Deshalb wurde der Versuch unternommen, diesen Zustand als Metapher neu zu deuten, in Form einer Interpretation als Meereslandschaft. Auf diese Weise konnte ein neues, kraftvolles Bild und ein neues, anschauliches Vokabular geschaffen werden, das sowohl auf Deutsch wie auf Französisch fasziniert. Damit wurde eine breite, konzeptionelle Verständigung über alle politischen Gemeindegrenzen und über die Alltagspolitik hinweg möglich.

In der Projektwerkstatt zur konzeptionellen Entwicklung der Rheinlandschaft zwischen Bonn und Köln, ging es wesentlich um Antworten auf die mit dem Klimawandel wachsenden und sich häufenden Hochwässer, die mit Deichen und Kanalisierungen in Zukunft nicht mehr zu bewältigen sein werden. Als ein wichtiger Schritt wurde vorgeschlagen, den Rhein, der 150 Jahre lang als „technischer Transportkanal" behandelt worden war, wieder als „Vater Rhein" zu personifizieren - in Römischer Zeit war „Rhenus" sogar ein Gott -, um ihm mit gehörigem Respekt aber auf Augenhöhe zu begegnen. Mit dieser Übersetzung in eine Respektsperson war es nur noch ein kleiner Schritt, dem Rhein wieder einen Teil seines alten Ausbreitungsraums als „Spielraum" zurückzugeben und damit zugleich der reizlos gewordenen Landschaft eine neue Qualität zu verleihen.

In der Studie zu IKEA in Wallau ging es darum, einem typischen, isolierten System einen Beitrag zur Bereicherung des öffentlichen Raums abzugewinnen. IKEA plant eine deutliche Vergrößerung dieses Standorts und stößt dabei auf heftigen politischen Widerstand. Wir haben vorgeschlagen, dass IKEA „als guter Nachbar" - wie im weltweit gültigen IKEA-Manual postuliert - als Gegenleistung für die Erweiterungsgenehmigung - dem Regionalverband einen Beitrag zur Vervollständigung der Regionalpark-Routen leistet, unter Einbeziehung des umzugestaltenden Parkplatzes als öffentlichen Raum für eine Wochenendnutzung.

Beim „Westpark Bochum" ging es um die Umwandlung eines alten, ausgedienten Stahlwerkgeländes in einen Park, der sowohl die Aufgaben einer Deponie als auch die Regenwasser-Rückhaltung übernehmen muss. Das Gelände war während der letzten rund 130 Jahre als „verbotene Stadt" von einer Mauer umgeben und sollte - nach dem Willen des Stadtrats - ursprünglich wieder gewerblich genutzt werden, was allerdings an mangelnder Nachfrage scheiterte. Das „Image" des von der Schwerindustrie tief verwundeten Geländes war schlecht. Die Kommunikation zur Wandlung des Images lief zuerst über die allmähliche, leicht illegale Aneignung des Gebietes, durch so genannte „Stadtstreicher" und Jugendliche. Der Bewertungsumschwung begann unter Leitung von Werner Durth, mit der „Besetzung" durch junge Künstlerinnen und Künstler, die die Ausstellung ihrer Werke im alten Industriegehäuse der „Jahrhunderthalle" organisierten, gefolgt von den Bochumer Symphonikern mit pathetisch-romantischer Musik und von großem Tanztheater.

Das „Urban Design" des Parks entstand aus einem tiefen sich Einlassen auf die Situation, um deren Qualität einer „schlafenden Schönheit" zum Sprechen zu bringen. Hierzu gehörte auch der Versuch einer Mythologisierung: Vulkan, der Gott des Feuers und der Schmiede, war gegangen, das Gelände schien von allen guten Göttern verlassen - aber siehe: erste Waldnymphen waren schon eingezogen, auch Pan, der Waldgott, kam bald dazu. Neue Götter - Thalia, Göttin des Theaters und Apollon, Gott des Lichts und der Bogenschützen - sollten angelockt werden. So wurde die ‚schlafende Schönheit' allmählich geweckt und mit den Kleinodien der Treppen, Brücken und des Lichts geschmückt.
Die Übersetzung in eine Metapher war bei drei der vier Projekte ein wichtiger Entwurfsschritt: Bei Süd-Luxemburg war die „Übersetzungstechnik" eine Art der „Poetisierung", beim Rhein eine Art von personifizierter „Beseelung" und beim Westpark eine Form der „Mythologisierung."

Von der unmöglichen Ordnung zu einer möglichen Unordnung

In jedem der Beispiele ging es nicht um eine herkömmliche ‚Ordnung', dies ist heute, in der mehrfachen Bedeutung des Wortes ‚unmöglich'. Vielmehr geht es um eine mögliche Unordnung mit menschlichem Gesicht, die noch offen ist für Unvorhergesehenes. Die beiden afrikanischen Teppiche, die mich seit fünfzig Jahren begleiten, verkörpern für mich ein lebendiges Gleichgewicht zwischen geschlossener Ordnung und einer möglichen Unordnung, die dem Leben gegenüber offen ist.
Ein Zitat aus der biologischen Systemforschung, wobei ‚System' von mir durch ‚Stadt' ersetzt wurde, fasst das zusammen: „Der Rand zwischen Ordnung und Chaos ist dort, wo die Stadt genügend Stabilität besitzt, sich zu erhalten, und genügend Kreativität und Veränderlichkeit, um sich die Auszeichnung zu verdienen ‚lebendig zu sein.'"

EHRENPROMOTION

EHRENPROMOTION KRISTIN FEIREISS

Datum	Begrüßung	Laudatio	Festvortrag	Musik
26.10.2007	Prof. Dr. rer. nat. Otto Richter Dekan der Fakultät Architektur, Bauingenieurwesen und Umweltwissenschaften	Prof. Dr. Karin Wilhem Univ. Prof. Arch. DI, Dr. hc. Wolf D. Prix Prof. Dr. Barbara Jürgens	Dr. E. h. Kristin Feireiss	jazzensemble christopher dell d.r.a.

Aufführungsort

Neuer Senatssaal, Architekturpavillon

Pockelsstraße 4
38106 Braunschweig

Sehr geehrte Frau Vizepräsidentin Barbara Jürgens,
Sehr geehrter Herr Dekan Otto Richter,
liebe Karin Willhelm, lieber Wolf, liebe Familie und Freunde, meine Damen und Herren,

Dass ich heute hier stehen darf macht mich glücklich und ich möchte mich bei meinen Vorrednern herzlich für ihre Ausführungen bedanken - und bei allen Anwesenden dafür, dass sie gekommen sind. Und dass Karin Wilhelm so schöne und kluge Worte gefunden hat und Wolf Prix so liebevolle, mit ein bisschen Wiener Schmäh, macht mich stolz, weil sie es sind, die das gesagt haben. Ich bin hier unter Menschen, die sich über die gleichen Dinge Gedanken machen wie ich, die Antworten auf Fragen suchen, die auch mich beschäftigen, deren Ansichten ich teile oder deren Meinungen ich kennen lernen möchte. Menschen, mit denen es Spaß macht zu streiten und mit denen ich gemeinsam etwas bewegen kann - und damit meine ich nicht nur meinen Partner und wunderbaren Mann Hans-Jürgen Commerell, der ebenso spontan, als ich 1996 das Direktorium des Niederländischen Architekturmuseums übernommen habe, unsere beiden Aedes Standorte mit großer Dynamik weitergeführt und neue Themenfelder aufgebaut hat. Und auch nicht nur unser engagiertes und robustes Aedes Team, das einige existenzielle Stürme mit uns überstanden hat, sondern auch Freunde, Kollegen und Partner, die unsere Arbeit inhaltlich wie finanziell unterstützt haben. Menschen also, deren Gedanken um die selbe Sache kreisen, und diese Sache ist Architektur.
Und Architektur, das werden viele von ihnen am eigenen Leib erfahren haben, hat ein einnehmendes, gelegentlich sogar Besitz ergreifendes Wesen.
Kurz: Architektur ist für mich eine der großen, der wichtigsten Disziplinen, wenn nicht gar die Königsdisziplin. So weit wie Giovanni Battista Piranesi, der seiner Zunft sogar göttliche Eigenschaften bescheinigt, will ich gar nicht gehen, wenn er sagt: „Ich glaube, wenn man mich mit dem Plan für ein neues Universum beauftragen würde, ich wäre verrückt genug mich daran zu machen." Bleiben wir auf der Erde!
Architektur verbindet, auf unterschiedlichsten Ebenen, in unterschiedlichsten Maßstäben, die großen Fragen des alltäglichen Lebens mit denen der Ästhetik, des Sozialen, des Politischen. Mit der Gründung und Leitung des Aedes-Architekturforums, der ersten privaten Institution, die Architektur selbst zum Thema der Ausstellungspraxis gemacht hat, habe ich den wichtigsten Teil meines bisherigen beruflichen Lebens der Vermittlung von Architektur gewidmet. Genauer gesagt, ich habe mir mit der Gründung von Aedes meinen eigenen Beruf geschaffen.
Und nun auch noch für etwas geehrt zu werden, was man - Höhen und Tiefen inbegriffen - immer mit Begeisterung getan hat, bei dem man seine Neugierde, seine Freude am Austausch mit anderen, seine Kreativität und gelegentlich auch seinen Kampfgeist einbringen konnte, das könnte man fast schon als Luxus bezeichnen.
Es ist aber viel, viel mehr. Diese Ehrung ist die Anerkennung für eine Aufgabenstellung - mit dem Begriff „Architekturkommunikation oder Moderation" lässt sie sich am besten umschreiben - der man sich über mehr als ein Vierteljahrhundert hartnäckig und

hinterfragend verschrieben hat: Kommunikation über das Medium der Ausstellung, des Workshops, des Symposiums, der Diskussion, des Aedes-Katalogs, der Verlagspublikation.

Kommunikation zwischen unterschiedlichen Disziplinen und mit Partnern aus allen Teilen der Welt, Kommunikation zwischen Experten und der Öffentlichkeit, und schließlich - immer im Blick: Kommunikation zwischen Lehrenden und Lernenden.

Und weil ich davon überzeugt bin, dass das Thema Kommunikation immer wichtiger wird bei gleichzeitigem weit verbreiteten Unvermögen, sie zu beherrschen, weil ich in Jurysitzungen oft trübsinnig werde, wenn es einem Architekten oder einer Architektin wieder einmal nicht gelingt - seinen, ihren, guten Entwurf - von den anderen rede ich gar nicht - mit Kompetenz und Haltung und damit überzeugend zu präsentieren, und weil ich durch mein Engagement für die heranwachsende Architektengeneration beobachte, dass die jungen Architekten auf die Auseinandersetzung mit dem sich wandelnden Berufsbild und den sich für sie daraus ergebenden neuen Herausforderungen im Studium nur marginal, wenn überhaupt, vorbereitet werden, weil das alles so ist, möchte ich die Frage stellen: Wie viel Kommunikation braucht Architektur?

Das Interesse an Architektur jedenfalls ist groß. Fest steht, dass sich in Deutschland zur Zeit mehr Abiturienten für Architektur begeistern als je zuvor. Jedes Jahr machen hierzulande mehr Studenten ihr Architekturdiplom als in irgend einem anderen Land der Welt. Und es gibt tatsächlich eine neue Architektengeneration, die in einem unkonventionellen und experimentellen Wirkungsfeld, Arbeit und Lebensalltag miteinander verbindet.

Die Aedes Ausstellung zum 25jährigen Jubiläum 2005: "find the gap - neue Köpfe und Wege in der Architektur", hat gezeigt, dass die Veränderungen in der Berufspraxis weniger die alten Modalitäten im Planungs -und Bauprozess betreffen, als die grundlegende Frage der Arbeitsorganisation in neuen interdisziplinären Netzwerken und die Bereitschaft, sich selber Aufgaben zu stellen, Lösungsvorschläge zu entwickeln und geeignete Partner für deren Umsetzung zu finden. Solche Eigeninitiativen sind aber noch immer die Ausnahme und nicht die Regel.

Dagegen steht: Die akademische Arbeitslosigkeit ist in Deutschland unter Architekten die höchste. Gut ein Drittel der Architekturbüros stehen nach Schätzungen des BDA vor dem Aus. Was ist passiert - und ich spreche jetzt von der Regel und nicht von der Ausnahme - in der Zeit zwischen dem Beginn des Studiums und den ersten Berufsjahren, die aus den einst motivierten, begeisterungsfähigen Studienanfängern mutlose Angestellte in Großbüros gemacht hat und aus denen, die die Selbständigkeit gewagt haben, immer häufiger Empfänger staatlicher Transferleistungen?

Nadin Heinrich - deren aus der Studenteninitiative "plan a" heraus entstandenes interdisziplinäres Ausstellungs- und Publikationsprojekt "Überfunktion" wir im November bei Aedes zeigen - beschreibt in ihrem Vorwort zum Katalog zwei Szenen aus dem Studentenalltag:

1. Szene / Architekturfakultät, TU Berlin: In der ersten Veranstaltung zum Grundseminar "Architekturtheorie" sitzen rund 50 Personen - und eine Assistentin, leicht genervt. Als erstes bittet sie darum, dass einige Studenten wieder gehen. Architektursoziologie handhabt es so: Zu Beginn des Semesters hält der betreuende Assistent einen Vortrag, die restlichen Seminare haben die Studenten selber zu gestalten. Bei Fragen kann man sich an die Sprechstunde wenden. Immer mittwochs von 9.30 bis 10.30 Uhr. Fast immer.

2. Szene / Noch einmal: Architekturfakultät, TU Berlin, Entwurfsseminar. Die wissenschaftliche Mitarbeiterin zur Studentin: " Ihr werdet hier so ausgebildet, das ihr später im Büro gut funktioniert". Das war ernst gemeint.

Einzelfälle? Oder gar nur an dieser Universität? Wir wissen alle, dass das nicht so ist! Erklärungsversuche! Eine Ursache liegt sicher in den veränderten Rahmenbedingungen. Zermürbt und aufgerieben im Kampf zwischen Zahlen, Bürokratie und Provinzpolitik, mit der die Hochschullehrer eigentlich nichts zu tun haben wollen, bleibt kaum noch Energie für das Wesentliche: die Studenten, die Inhalte.

Eine andere Ursache: Der Mangel an Kommunikation. In der Süddeutschen Zeitung vom 21.09.2007 war zu lesen: „Wer je eine Vorstellung von Diplomarbeiten und das damit oft einhergehende hilflose, nichts erklärende Gebrabbel angehender Architekten - und die luftigen Kommentare der Prüfer - erlebt hat, der weiß, warum Gesellschaft und Architekten so oft aneinander vorbei reden."

Fragen: Liegt es an den Diplomanten? Oder liegt es an der Ausbildung? Von letzterem können wir ausgehen. Ich bin davon überzeugt: Die Vermittlung einer professionellen Kommunikationsfähigkeit wird an Universitäten in Zukunft nicht mehr auszuklammern sein.

Das aber setzt ein wachsendes Interesse und Grundkenntnisse der anderen Disziplinen voraus, basierend auf der Überzeugung, dass komplexe Entwurfs- und Bauprozesse nur in interdisziplinärer Partnerschaft bewältigt werden können. Der gerade verstorbene Architekt und engagierte Hochschullehrer Konrad Wohlhage nennt einen weiteren Bereich, der an Universitäten fast völlig ausgespart wird: Die Entwicklung und Förderung einer "konzeptuellen Intelligenz". Er vertritt die Ansicht, dass bei der Auseinandersetzung mit der Aufgabenstellung nicht die Erfüllung des Raumprogramms in den Mittelpunkt gestellt werden sollte, sondern ein Hinterfragen unter theoretischen, gesellschaftspolitischen, philosophischen, soziologischen und weiteren relevanten Aspekten. Das "konzeptuelle Denken", das zu Experimenten und Innovationen führt, zu unkonventionellen Lösungen ist immer ein Risiko. So wie es im Berufsalltag jedes Architekten Situationen geben wird, in denen Risikobereitschaft gefragt ist, will man seine Überzeugungen und Vorstellungen umsetzen.

Gründe genug, die Stärkung der Persönlichkeit in der universitären Ausbildung zu fördern, ebenso wie den Willen zur eigenen Identität, zur klaren Positionierung. Dazu braucht es nicht nur eine eigene formale und geistige Handschrift, sondern auch Mut, seine Ideen und Konzepte gegenüber Bauherren und Politikern zu vertreten. Der Architekt kann aber nur dann Verantwortung übernehmen, wenn er ein Bewusstsein für seine Rolle in der Gesellschaft entwickelt.

Meiner Ansicht nach ist das eine der ganz großen Herausforderungen an die Architekturausbildung der Zukunft. Diese meine Zukunftshoffnung würde ich im Sinne des von mir hoch verehrten Gründungsdirektors des Deutschen Architekturmuseums in Frankfurt, Heinrich Klotz, als eine „realistische Utopie" bezeichnen. Eine realistische Utopie ist, so Klotz, eine Vision, die den Keim zur Verwirklichung in sich trägt. Ich bin und bleibe Optimistin.

Natürlich, dieses Manko der universitären Ausbildung beheben, das können wir - Aedes - nicht. Wir können nur darauf hinweisen und mit unseren Mitteln und Medien die heranwachsende Architektengeneration motivieren und ihr Mut machen. Und das nicht von einem isolierten Standpunkt aus, sondern aus der Analyse der aktuellen Lage der Architektur.

Die Aufgabenbereiche von Aedes haben sich in den vergangenen Jahrzehnten kontinuierlich erweitert: Das reicht von der Organisation von Vorträgen und Symposien, der Teilnahme an Jurys, wie der in Bejing für den Masterplan der Olympischen Spiele 2008, der Konzeption eines internationalen Awards für „Sustainability and Humanity in the Build Environment", bis zur Beratertätigkeit für die Kulturstiftung des Bundes in ihrer Gründungsphase, bei der es um die Frage ging, ob Architektur der "Kultur" zuzuordnen und damit durch die Stiftung zu fördern sei. Abgesehen von einem klaren „ja" war das Fazit meiner Analyse, dass in keiner Organisationsform die dynamische Veränderung von Zeit und Raum durch die sich wandelnden kulturellen und sozialen Prozesse so deutlich ablesbar ist, wie im urbanen Kontext. Die Sichtbarmachung kultureller Strömungen, die in und durch städtische Strukturen entstehen und die sich daraus ergebende Auseinandersetzung mit diesen Phänomenen in einem internationalen und interdisziplinären Dialog, definiert für mich „Urbane Kultur".

Richard Sennett umschreibt es soziologisch-poetisch: „Das, was gemeinhin städtisches Leben oder Urbanität genannt wird, ist ein markanter historischer Ausdruck des

Selbstverständnisses und der Erfahrungsbestände einer Kultur. In den großen Städten verdichten sich nicht nur die Krisen und Konflikte einer Gesellschaft - sie sind auch der Schauplatz ihrer Erfindungskraft, ihres organisatorischen Vermögens, ihrer Toleranz , ihres Gestaltungswillens."

Die weltweite Verschaltung von Aedes hat uns gelehrt, dass das Vertiefen von Themen in Architektur und Städtebau, Architektur zum einen als zentralen Bestandteil der Kultur einer Gesellschaft und ihrer Identitätsbildung identifiziert, zum anderen aber auch aufzeigt, dass sich im globalen Maßstab Fragestellungen wiederholen, begegnen. So zeigt zum Beispiel die Podiumsdiskussion zur Aedes- Ausstellung "Interdisciplinary Creativ Arts from China" im vergangenen Monat mit chinesischen Protagonisten wie dem Architekten Yung Ho Chang, dass die Problematik, Architektur von der Objektbezogenheit zu befreien und sie als Prozess kommunizierbar zu machen in China ebenso schwierig ist wie in Deutschland oder jedem anderen Land der Welt.

Was hat man nun von solchen Podiumsdiskusssionen oder Architektur-Ausstellungen? Zum Beispiel: Man kann Brücken bauen zwischen Experten untereinander genauso wie zu einer breiten Öffentlichkeit. Und/oder: Man kann sich auf den aktuellen Stand der Architekturdebatte bringen und sich mit neuen Tendenzen auseinandersetzen.

Dazu gehört auch: Die Erweiterung des Designbegriffs, weg von der Gestaltung reiner Objekte und Formen, hin zur Gestaltung von Prozessen, Raumentwicklungen und politischen Fragestellungen. Es geht darum, einen kritischen Raum zu eröffnen, der Design als Teil der Komplexität aktueller gesellschaftlicher Prozesse versteht. Die ästhetische Realisierung, aber auch die Kommunikation sowie die didaktische Vermittlung für eine breite Öffentlichkeit bilden die Schlüsselkomponenten. Dabei wird auch die Frage nach der Wahrnehmung von Architektur durch die Öffentlichkeit neu gestellt.

Als Institut, das für die Öffentlichkeit arbeitet aber privat organisiert ist, sind wir uns der ökonomischen und sozialen Entwicklungen, die auf den Charakter von Design einwirken, sehr bewusst und auch darüber, wie Design - durch Handeln - den gesellschaftlichen Raum mitgestaltet. Gerade deswegen halte ich es für besonders wichtig, in einer Zeit global agierender Unternehmen und einer auf Konsum, Gewinnmaximierung und Individualismus ausgerichteten Gesellschaftsordnung, die Fragen nach der Definition der Wechselwirkung von Politik und Architektur, immer wieder neu zu thematisieren.

Diesen Fragen müssen sich auch Architekten im Bezug auf die Ausrichtung und Entwicklung ihrer zukünftigen Arbeit stellen:

Wie kann sich Architektur innerhalb der Komplexität heutigen sozialen Lebens verorten? Wie können Architekten im Feld gesellschaftlicher Transformation eine aktive Rolle einnehmen? Und: Wie können sich Architekten von der Formenhörigkeit, hin zu einer Haltung, einer Ethik entwickeln?

In diesem Kontext deutet sich eine neue Rolle des Architekten vornehmlich, als Initiator und Moderator von Prozessen, Intervention und Organisation, an.

Wenn ich Stadt als heterogenen, offenen Prozess begreife, kann es nicht mehr um Grundrisse aus den Norm-Schubladen der üblichen Wohnregal-Banalitäten gehen. Vielmehr muss es darum gehen, offene Konzepte mit situationsspezifisch entwickelten Strukturen zur Regulierung des Prozesses zu erarbeiten: strukturelle Partituren, die urban verdichtete, kommunikativ-heterogene Stadtgebilde ermöglichen, mit öffentlichem Leben ebenso wie ökologischer Nachhaltigkeit. Der Architekt ist hier sowohl struktureller Ideengeber wie auch Moderator.

Was aber bedeutet der Begriff "Moderator" für den Architekten? Bedeutet er einen Freibrief für einen gefälligen Opportunismus? Wohl kaum. Eher stelle ich mir Moderation als Werkzeug vor, das hilft, ideologisch verhärtete Dichotomien zu überwinden oder auch dem beliebigen Pragmatismus zu Tiefe zu verhelfen.

Dann aber ist Moderation immer Teil der Herstellung eines sensus communis, eines gesellschaftlichen Raums politischer Auseinandersetzung, statt anti-reflexiver Schönrednerei. Moderation kann gerade das Politische strukturieren helfen - im Sinne von Hannah Arendt, als Freiheit des Austragens von Differenz in Gemeinschaft.

Eine Moderation aber, die sich nicht nur Herrschenden andient, sondern, schlimmer noch, verwirrt, in dem sie das Verhältnis von oben und unten umzudrehen vorgibt, stärkt nur den Affekt und schwächt die Urteilskraft. Moderation ist also eine zutiefst kantische Angelegenheit: Sie ist inhaltsleer und formoffen. Moderation kann Offenheit gestalten helfen, indem sie konstruktiv Situationen kreiert, Mitspieler gewinnt und dabei Zielkorridore bis zu einem gewissen Grade unbestimmt lässt. Moderation kann sich jedoch nicht darauf berufen, dass ihre Form bereits ihr Sinn sei. Und für den Architekten als Moderator bedeutet dies: Er kann nur ethisch sein, in dem er nicht auf Haltung verzichtet, sondern diese offenlegt, einbringt, als Möglichkeit der eigenen Transformation: sich an dem offenen Prozess erprobt, verändert und Profil zeigt.

Wolf Prix ist für mich über Jahrzehnte hin ein überzeugendes, ich fürchte fast unnachahmliches Beispiel für all das, was ich gerade angesprochen habe und dies vom Beginn seiner zunächst heftig attackierten Berufslaufbahn an, und nicht erst als Stararchitekt, dem man wohl oder übel einige Eigenheiten nachsehen muss - ein intellektuelles Urgestein mit der Dynamik eines Hurrikans, der Kompromisslosigkeit eines Kamikazefliegers, der Unbeugsamkeit einer hundertjährigen Eiche und dem revolutionären Potenzial eines Che Guevara, dessen Lebensmotto er sich zu eigen gemacht hat: " Seien wir Realisten - Machen wir das Unmögliche".

So ist auch sein konzeptioneller Ansatz. Zum Beispiel beim Thema Stadt. Wolf Prix, für den Worte wie Stadtplanung und Städtebau ins Archiv eines Antiquariats gehören, vergleicht Städte mit Wolken: Sie sind Symbole für sich rasch verändernde Zustände. Sie entstehen und verändern sich durch komplexes Zusammenspiel von wechselnden Bedingungen. Für Prix gibt es im herkömmlichen Sinne keinen Städtebau mehr. Er sagt: "Stadt baut sich selbst".

Auch Rem Koolhaas hat bereits 1993 bemerkt: "Wir haben heute die Möglichkeit verloren, eine Stadt in ihrer dreidimensionalen Substanz zu planen, sie als Vision zu betrachten, als Modell. Diese Zeit ist für immer vorbei."

Dagegen steht: Die Mehrzahl der Architekten und Stadtplaner, aber auch Politik und Gesellschaft ignorieren diese Entwicklung beharrlich. Die Vorstellung bleibt nach wie vor weit verbreitet: Städte könnten mit Hilfe von Leitbildern „finit" beschrieben und gestaltet werden. Wir kennen das aus Berlin.

Für ein anderes Denken und Arbeiten steht zum Beispiel auch Christopher Dell, der mit seinem Ensemble DRA - DRA steht für Christopher Dell, Christian Ramon, Felix Astor - diese Feierstunde so wunderbar eröffnet hat und der an der UdK in Berlin Architekturtheorie lehrt. Seine Ausgangsthese ist, dass Improvisation den konstruktiven Umgang mit Unordnung erforderlich macht. Als Unordnung sieht er dabei den Umstand an, dass die zunehmende Komplexität und Unvorhersehbarkeit von Situationen - oder wie es Gilles Deleuze ausdrückt, die „permanente Modulation", zum Charakteristikum zeitgenössischen Arbeitens im Allgemeinen aber auch im Besonderen der Architekten geworden ist. Architektur wird hier als Medium begriffen, das nachhaltiger auf Inhalt als auf Materie beruht.

Ich hoffe, es ist deutlich geworden: Ich verstehe Kommunikation nicht als instrumentalisiertes Verkaufstool. Vor dem Hintergrund zunehmender Depolitisierung, als eine der Hauptcharakteristika heutiger Gesellschaft und damit auch der Kunst, ist Kommunikation vielmehr eine der Schlüsselfragen auf der Suche nach neuen Wegen des Austausches sowie der Schaffung politischer Bühnen des öffentlichen Diskurses.

Globalisierung, Instabilität lokaler Märkte, Intoleranz gegenüber Differenz und Probleme abstrakter Arbeit haben neue ontologische Fragen der Architektur als Designdisziplin aufgeworfen: Was kann das Ziel heutiger Architektur sein und was definiert sie als ethisch?

In diesem Kontext erscheint es mir wichtig, einen genaueren Blick auf die praktische Ethik aktueller Architektur zu werfen und ebenso auf die Codes des professionellen Umgangs miteinander. Es ist mir bewusst, dass ich mich hier auf vermintem Terrain bewege, möchte es aber dennoch tun, weil ich glaube, das die Zukunft der Architektur mit dieser Frage aufs Engste verknüpft ist.

Die Beziehung zwischen Ethik und Design wird herkömmlich auf individuelle Verant-
wortung reduziert, mit keiner oder wenig Beachtung der Umstände, der spezifischen
Situation, unter der Architektur als Design arbeitet. Meiner Ansicht nach könnte die
Komplexität von Ethik im Bezug auf die Theorie Alain Badious untersucht werden.
Badiou erinnert uns daran, dass Ethik, die einst auf die Beziehung zwischen Menschen
limitiert war, heute - hervorgerufen durch ökologische Krisen - auf die Umwelt des
Menschen ausgedehnt wird. Hier können wir bereits Linien zwischen Entwurf und
umweltpolitischen Themen erkennen, Linien von Design zu Fragen der Nachhaltigkeit
und neuen Codes des Verhaltens. Es dreht sich alles um die Frage: Wie kann eine Ethik
dasjenige kritisieren, dessen Teil sie ist?

Badiou gibt uns einen Hinweis. Er interpretiert Ethik nicht als äußerlichen Standpunkt,
sondern als integralen Bestandteil kapitalistischer Ökonomie. So kann Ethik als eine
Kritik des Systems fungieren. Im Falle des Designs ist Design dann gezwungen, selbst
politisch zu werden, sich von der reinen Form zu verabschieden und Haltung zu
entwickeln. Erst dann wirkt ein ethisches Designkonzept als Meta-Zensor der eigenen
Lebenswelt. Das ist der Moment, an dem ich den Gedanken von Moholy-Nagy aufnehmen und reaktualisieren möchte: Das Design keine Profession ist, sondern eine Haltung
gegenüber der Welt in der wir leben.

Ganz sicher geht es dabei immer auch um das "Mehr", wie es Theodor W. Adorno - mein
Professor an der Johann Wolfgang Goethe Universität in Frankfurt vor mehr als 40
Jahren - nennt. Das "Mehr," das , so Adorno, über den Gebrauchswert eines Gebäudes
hinausgeht und das Künstlerische, das Unverwechselbare, meint.

Was würden Sie den Studenten des Berlage Instituts gerne vermitteln? Diese Frage
hat van Toorn mir - damals noch Vorstandsmitglied dieses Instituts - und anderen Kul-
turschaffenden gestellt. Meine Antwort war damals und ist es heute noch: „Ich würde
sie ermutigen, offen, tolerant, neugierig, experimentierfreudig, risikobereit, verantwor-
tungsbewusst und kämpferisch den Beruf des Architekten auszuüben, ihre Position zu
finden und ihr mit dem Gewicht der eigenen Persönlichkeit Nachdruck zu verleihen."
Oft gelingt es ja gerade in Zeiten des Umbruchs, bei sich und anderen, neue Kräfte zu
mobilisieren.

Angesichts der Tatsache, dass wir in einem Land leben, in dem neue, zukunftsorientier-
te Konzepte bei der Gestaltung der Umwelt nicht gerade auf fruchtbaren Boden fallen,
einem Land, in dem der Wiederaufbau des Berliner Stadtschlosses nicht nur von einem
Großteil der Bevölkerung in nostalgischer Verzückung gewollt, sondern auch von den
politisch Verantwortlichen mit einer zynischen, die Zukunftsangst schürenden "Lasst
uns zu den alten Werten zurückkehren Mentalität" vorangetrieben wird, erfordert es
von der heranwachsenden Architektengeneration mehr den je, eine eigenständige
gesellschaftspolitische Haltung, um sich nicht von dem schwer verdaulichen Allerwelts-
brei aus der Küche reaktionärer Besserwisserei den Appetit auf die Zukunft verderben
zu lassen, sondern sich den neuen Herausforderungen zu stellen.

Das gilt auch für alle, die versuchen, die Umwelt etwas lebenswerter zu gestalten. Auch
für uns: Aedes wird Ende 2008 - mitgetragen von unserer Freundin und Partnerin Ursula
Schulz-Dornburg - direkt neben den Ausstellungsräumen am Pfefferberg einen Ort des
internationalen und interdisziplinären Dialogs eröffnen, den „Aedes-Micro -Campus":
Ein Netzwerkknoten im Kontext unserer universitären Partner im Ausland sowie Labor-
Schnittstelle inhaltlich übergreifender Disziplinen. Dort wollen wir noch intensiver als
es uns bisher möglich war, die angesprochenen Themen zur Diskussion stellen und in
Sommerakademien, Workshops und Symposien vertiefen.

Für alle, ganz besonders aber für die heranwachsende Architektengeneration gilt der
Satz des französischen Philosophen Vladimir Jankelewich :„Am Anfang steht immer das
Abenteuer".

Danke

EHRENPROMOTIONEN
EHRENDOKTORWÜRDEN AUF VORSCHLAG
DES DEPARTMENT ARCHITEKTUR

Sieverts, Thomas (*1934)
Architekt und Stadtplaner
Mitglied der Sektion Baukunst der Akademie der Künste Berlin
Dr.-Ing. E.h.: 2010

Feireiss, Kristin (*1942)
Kunsthistorikerin und Architekturkritikerin
Direktorin Galerie Aedes, Berlin
Dr.-Ing. E.h.: 2007

Conrads, Ulrich (*1923)
Herausgeber und Fachjournalist
Dr.-Ing. E.h.: 1990

Schupp, Fritz (1896–1974)
freischaffender Architekt im Industriebau
Dr.-Ing. E.h.: 15.7.1967

Schweitzer, Albert (1875–1965)
Dr. Dr. h.c. mult., Arzt, Philosoph, Friedensnobelpreis 1953
Begründer der Lepra-Station in Lambarene, Zentral-Afrika
Dr.-Ing. E.h.: 17.5.1961

Mies van der Rohe, Ludwig (1886–1969)
Architekt
Dr.-Ing. E.h.: 20.2.1955

Lotz, Erich-Walter (1895–1967)
Oberstadtdirektor, Braunschweig
Dr.-Ing. E.h.: 3.7.1954, (Ehrensenator: 2.7.1950)

Härter, Wilhelm (1880–1963)
Professor, Ingenieur/Architekt bei MAN
Dr.-Ing. E.h.: 3.1.1953

Riphahn, Wilhelm (1889-1963)
Architekt, Köln
Dr.-Ing. E.h.: 6.10.1950

Kämper, Otto, Dr. (*1882)
Direktor der Deutschen Bau- und Bodenbank AG, Berlin
Dr.-Ing. E.h.: 22.2.1932

Narjes, Hermann (1892-1972)
Generaldirektor, Essen-Kupferdreh
Dr.-Ing. E.h.: 8.12.1931

Schallenberger, Paul Jacob (1882–1955)
Magistratsbaurat, Berlin
Dr.-Ing. E.h.: 19.2.1930

Schnur, David (*1882)
Generaldirektor der Reemtsma AG, Berlin
Dr.-Ing. E.h.: 22.7.1929

Sichler, Richard (1876-1952)
Kommerzienrat, Generaldirektor der Lingnerwerke, Dresden
Dr.-Ing E.h.: 24.10.1928

Endriss, Paul
Regierungsbaumeister
Generaldirektor/Vorstandsmitglied der Basalt-AG, Linz/Rhein
Dr.-Ing. E.h.: 22.2.1928

Reichel, Hans
Verlagsbuchhändler
Inhaber des Georg Westermann Verlages, Braunschweig
Dr.-Ing. E.h.: 18.1.1928

Fix, Friedrich (1878–1934)
Aufsichtsratsmitglied des deutschen Baukonsortiums, Berlin
Dr.-Ing. E.h.: 27.10.1926

Koerfer, Jakob (1875–1930)
Architekt
Dr.-Ing E.h.: 18.1.1926

Schimpf, Johann (†1937)
Fabrikdirektor der Förderstedter Kalk- und Zementwerke
Schenk & Vogel
Dr.-Ing. E.h.: 18.1.1926

Bühring, Karl James (†1936)
Stadtbaurat in Leipzig
Dr.-Ing. E.h.: 19.11.1920

Mebes, Paul (1871–1938)
Regierungsbaumeister a.D.
Professor an der Technischen Hochschule Berlin
Dr.-Ing. E.h.: 19.11.1920

Stiehl, Otto (1860–1940)
Professor, Magistratsoberbaurat a.D.
Mitglied der Akademie des Bauwesens, Berlin
Dr.-Ing. E.h.: 19.11.1920

Rüdell, Alexander (†1920)
Vortragender Rat im Ministerium der öffentlichen Arbeiten/ Berlin
Dr.-Ing. E.h.: 7.7.1919

Schumacher, Fritz
Baudirektor des Hamburgischen Staates
Dr.-Ing. E.h.: 31.7.1917

AUGMENTED GENIUS LOCI
AUFFÜHRUNG DES INSTITUTS FÜR MEDIALES ENTWERFEN

⌐ Zeitraum

15.03. bis 19.03.2010

⌐ Aufführungsort

Medialab des IME

Zimmerstr. 24
38106 Braunschweig

⌐ Konzeption und Leitung

Philipp Reinfeld

⌐ Kooperation

Gauß-IT-Zentrum

⌐ Projektbeteiligte

Studierende des ersten
Studienjahres des Bachelor-
Studiengangs Architektur

Von der Zeichenebene in die Tiefe

Wurde der digitale Raum bislang als
Gegenmodell zum real-physischen Raum
wahrgenommen, so stehen gegenwärtig
die wechselseitigen Beeinflussungen und
Beziehungen zwischen virtuell-digitalen
und real-analogen Systemen im Mittelpunkt medialer Raumforschung. Verschiedene Bereiche der heutigen Lebenswelt
werden durch eine zunehmende Ver-
schränkung digitaler und realer Rauminfor-
mationen bestimmt, wodurch die Realitäts-
wahrnehmung eine computergestützte
Erweiterung erfährt. Das Projekt „Augmented Genius Loci" erkundet die Potenziale
für die Produktion von Architektur, die aus
der Überlagerung von digitalem Bild und
realem Raum hervorgerufen werden: Vier
Videoprojektoren werden im Medialab
des IME so platziert, dass ihre Lichtbilder
jeweils einen Teil der Oberflächen des
Raumes bespielen. Hierbei treffen die Pro-
jektionsstrahlen nicht senkrecht, sondern
schräg auf die Bildebene, die weniger eine
plane Wand als ein Gefüge hintereinander
gestaffelter Raumflächen darstellt. Die Ränder der jeweiligen Projektionsflächen grenzen aneinander oder überlappen sich, so
dass ein 270 Grad-Bildpanorama entsteht,
welches sich über die raumbildenden
Flächen des Aufführungsortes erstreckt.
Als Projektionsbilder dienen Architektur-
fotografien, die von den Studierenden
zunächst aufgenommen und dann mit der
Raumstruktur des Medialabs überlagert
wurden. Durch die Verschneidung von
Fotografie und Raum entstehen dreidimensionale Bildflächen, die zeichnerisch
interpretiert werden.

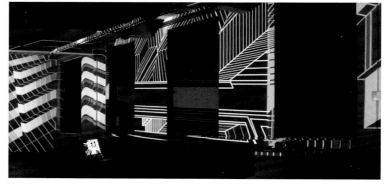

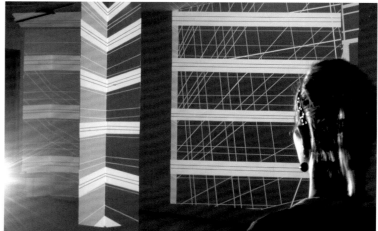

AUGMENTED GENIUS LOCI _ Aufführung des IME im Medialab des Instituts _ Zeitraum: 15.03. bis 19.03.2010

TAPE DECK

AUSSTELLUNG DES INSTITUTS FÜR
MEDIALES ENTWERFEN

◁ Zeitraum

15.03. bis 02.04.2010

◁ Ausstellungsort

Atrium Center

Kurt-Schumacher-Straße 8
38102 Braunschweig

◤ Leitung

Katharina Puhle

◤ Kooperation

Munte Immobilien,
Braunschweig
Klebeland, Berlin

⌐ Projektbeteiligte

Studierende des ersten
Studienjahres des Bachelor-
Studiengangs Architektur

2000 Meter Tape

In einem leerstehenden Ladenlokal im
Atrium Center gegenüber des Haupt-
bahnhofes Braunschweig untersuchten
die Studierenden das Zusammenspiel
von Zeichnung und Raum. Die Passage ist
Teil eines von Friedrich Wilhelm Kraemer
in den 1970er Jahren geplanten Gebäu-
dekomplexes, zu dem drei Hochhäuser
und ein Hotel gehören. Die raumhohen
Fensterfronten sind ein wichtiges ge-
staltgebendes Element innerhalb dieser
Geschäftszeile. Neben ihrer Bedeutung als
Raumabschluss fungieren sie als Vermittler
zwischen Innen und Außen. Dabei changieren sie in ihrer Bedeutung zwischen
trennendem und verbindendem Element.
Ihre Transparenz erlaubt Durchblicke, die
durch die Spiegelungen wiederum verun-
klärt werden. Strukturen des Außenraumes
scheinen sich im Inneren wieder zu finden.
Spiegelungen und reale Raumelemente
verschmelzen zu neuen Konstellationen.
Erst aus der Bewegung des Betrachters heraus, durch Perspektivwechsel, verschieben
sich die Fluchten, und es gelingt, realen
und virtuellen Raum zu entflechten. Dieses
Phänomen wurde untersucht und grafisch
umgesetzt. Durch das Zusammenspiel
räumlicher und zeitlicher Komponenten
entstanden rhythmische Zeichnungen, die
eine neue Interpretation der Architektur
zulassen. Mit Hilfe von Tapes wurden die
Grafiken als Raumzeichnungen in den Ort
implantiert. Die Schaufensterscheiben
wurden zu Projektionsflächen, auf denen
sich Innen- und Außenraum abbilden.
Erneut fusionierten Raum und zweidimensionale Information.

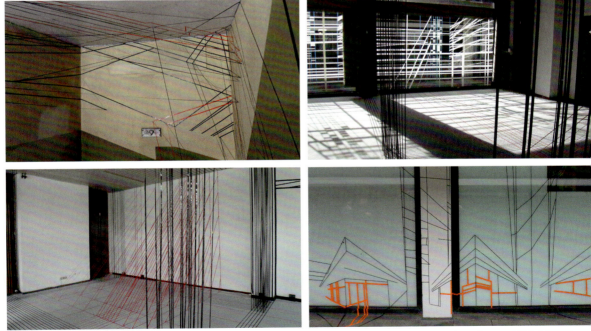

TAPE DECK _ Ausstellung des IME im Atrium Center Braunschweig _ Zeitraum: 15.03. bis 02.04.2010

EXPLOSÉE

AUSSTELLUNG DES INSTITUTS FÜR MEDIALES ENTWERFEN

Zeitraum
15.03. bis 06.04.2010

Leitung
Fabian Busse
Nico Schlapps

Kooperation
nowo Immobilien

Aufführungsort
Leerstehende Apotheke

Kennedyplatz
38102 Braunschweig

Gebaute Explosionszeichnungen

Der Workshop mit anschließender Ausstellung in einem leerstehenden Ladengeschäft in Braunschweig befasst sich mit der architektonischen Explosionszeichnung als räumliche Entwurfs- und Darstellungsmethode. Ausgehend von Fotografien der Hochhäuser des Iduna-Zentrums in Braunschweig (1966–72) von Friedrich Wilhelm Kraemer, entstanden abstrakte grafisch Collagen und räumliche Interpretationen.

Zur Bearbeitung der Raummodelle wurde die Explosionszeichnung als Entwurfstechnik eingeführt. Eine Explosionszeichnung ist eine Darstellung, die einen komplexen Gegenstand perspektivisch und in seine Einzelteile zerlegt zeigt. Bei dieser Darstellungsweise wird das Wechselverhältnis des Ganzen zu seinen Teilen verdeutlicht. Diese Art der Darstellung wurde ins Dreidimensionale überführt und Explosionsmodelle entwickelt, welche die Zeit als vierte Dimension integrierten. Diese Modelle gehen über die übliche Funktion einer Explosionszeichnung im Sinne einer Gebrauchsanweisung für den Zusammenbau der Einzelteile hinaus und geben Aufschluss über entwurfliche Strategien und strukturelle Überlegungen des Architekten. Die geometrisch komplexen, zeitbasierten Explosionsobjekte betonen den prozesshaften Charakter des architektonischen Entwerfens und changieren zwischen Aufdeckung und Verdeckung der Verhältnisse von Linie, Fläche, Körper und Raum.

EXPLOSÉE _Ausstellung des IME in der Apotheke am Kennedyplatz _Zeitraum: 15.03. bis 06.04.2010

RAUMBILDER UND BILDRÄUME

AUFFÜHRUNG DES INSTITUTS FÜR
MEDIALES ENTWERFEN

Zeitraum
22.03. bis 29.03.2010

Ausstellungsort
Fernmeldeamt Braunschweig

Katreppeln 19-22, 38100
Braunschweig

Konzeption und Leitung
Philipp Reinfeld
mit Philipp Geist

Technische Organisation
Hendrik Lindemann

Kooperation
brain GmbH
Gauß-IT-Zentrum
Garage Cube
Kanada Bau GmbH & Co.

Projektbeteiligte
Laura Achmetoff
Martin Franck
Fatima Ghazi
Kyra Görlich
Daniel Hahn
Dhana Josel

Hendrik Lindemann
Chrisnanto Setyono
Robert-Christopher
Tubbenthal
Marie Kristin Tzschentke
Maike Weiser

VideoReProjektionen

In nahezu allen Bereichen des urbanen
Lebens lässt sich eine steigende Relevanz
medial vermittelter Raumbilder ausmachen. Alles wird mit Kameras festgehal-
ten und einiges – so scheint es – wird
überhaupt erst wesentlich aufgrund seiner
bildlich-medialen Wiedergabe. Durch
die allgemeine Verfügbarkeit von Foto-
und Videotechnik und die zunehmende
Verbreitung der hiermit aufgenomme-
nen Ortsbilder via Internet, gewinnt der
„individuelle Blick" auf die Welt stark an
Bedeutung. Im Seminar „Raumbilder und
Bildräume" wurde die Interdependenz
von Ort und Bild in experimenteller Weise
erkundet: Mit Video aufgezeichnete Aus-
schnitte eines Ortes verbleiben nicht im
zweidimensionalen Fenster des klassischen
Wiedergabemediums Monitor, sondern
wurden im Maßstab 1:1 in den Raum der
Aufnahme zurückprojiziert. Durch die
Überlagerung des Ortes mit Aufnahmen
des Ortes entstand ein komplexes System
aus miteinander verschränkten Raumbil-
dern und Bildräumen. Die Differenzen zwischen Aufnahme- und Projektionsort sowie
der individuelle Blickwinkel des Betrachters
im Raum, ermöglichten eine andere, multi-
ple Wahrnehmung des Ortes. Als integraler
Bestandteil des Projektes standen den
TeilnehmerInnen die außergewöhnlichen
Räume des ehemaligen Braunschweiger
Fernmeldeamtes zur Verfügung. Die während des Semesters erarbeiteten Projekte
wurden in einem einwöchigen Workshop,
in Kooperation mit dem Berliner Video-
künstler Philipp Geist, vor Ort realisiert und
anschließend öffentlich präsentiert.

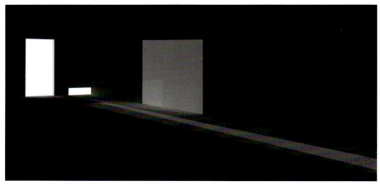

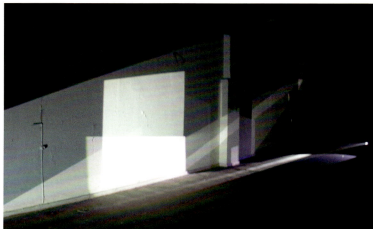

RAUMBILDER UND BILDRÄUME _Aufführung des IME im Fernmeldeamt Braunschweig _Zeitraum: 22.03. bis 29.03.2010

PERFORMATIVE BODIES
AUSSTELLUNG DES IEX

Zeitraum

21.05. bis 28.05.2010

Ausstellungsort

Werkbund-Galerie
Berlin

Goethestr. 13
10623 Berlin

Leitung

Prof. Berthold Penkhues
Dr. Julia Gill
Gabi Schillig

Kooperation

Braunschweiger Zentrum
für Gender Studies,
Deutscher Werkbund
Berlin e.V.

Projektbeteiligte

Anna Allenstein
Diana Bico
Claudia Drevenstedt
Aleksandra Dziekan
Caroline Gebhardt
Anika Neubauer

Artur Platt
Kira Soltani Schirazi
Olga Stepien
Rafael Wiglenda
Merle Woköck

In dieser Entwurfsaufgabe ging es um die intensive Beschäftigung mit der Bedeutung des menschlichen Körpers für das Erleben und Erfinden von Architektur.

Während eines fünftägigen Workshops in Kooperation mit dem Deutschen Werkbund Berlin, dem Braunschweiger Büro für Gender Studies und Gabi Schillig (UdK Berlin) wurden von einer kleinen Gruppe von Studierenden, in Auseinandersetzung mit prominenten Beispielen aus der Performance-Kunst veränderbare, temporäre Räume oder Raumsysteme entwickelt, die einerseits raumgreifend den menschlichen Körper erweitern und gleichzeitig auf eine spezifische Situation im Stadtraum zugeschnitten sind. Bewegung und Präsenz des menschlichen Körpers im (öffentlichen) Raum sollten mit allen Sinnen erfahrbar gemacht werden, um den Performern (die nicht unbedingt allein die Entwerfer selbst sind) wie auch den Betrachtern verschiedene Benutzungs- und Aneignungsspielräume zu bieten. Auf diese Weise fand eine Auseinandersetzung mit grundlegenden Fragestellungen der Architektur statt: die Relation von Innen und Außen, das Verhältnis von uns und unserem Körper zur Welt, die Bedeutung unserer Sinne für die Produktion und Rezeption von Raum. Die entworfenen Apparate wurden als Prototypen im Maßstab 1:1 mit besonderem Augenmerk auf Auswahl und Fügung der Materialien realisiert und im Stadtraum installiert. Eine abschließende Ausstellung in der Werkbund-Galerie Berlin dokumentierte neben den Objekten selbst auch deren Herstellungs- und Aneignungsprozesse.

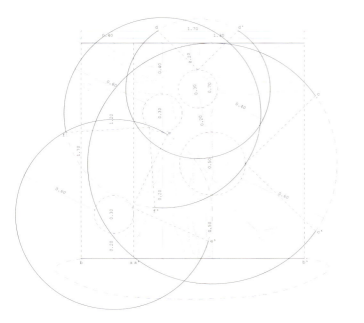

LANGLÜTJEN II

AUSSTELLUNG DES INSTITUTS FÜR BAUGESTALTUNG B

⌐ Zeitraum

19.04.2010 - 24.04.2010

⌐ Ausstellungsort

Altes Rathaus
Nordenham

Poststraße 4
26954 Nordenham

◤ Konzeption

Prof. Gerhard Wagner
Gunnar Schulz

◤ Realisierung

Gunnar Schulz

◤ Katalog

Prof. Gerhard Wagner
Jens Torsten Bausch
Klaus Richter
Gunnar Schulz
Sindy Schröder

⌐ Projektbeteiligte

Mareike Barton
Johannes Dickmann
Felix Franke
Barbara Gnusowska
Britta Goldenbaum
Xiaolong Hao
Sindy Schröder
Stefanie Subczinski
Alexandra Tietz

Die exzellente Lage der Insel Langlütjen II
im Wattenmeer bietet bei Ebbe und Flut
ein Naturerlebnis in einem einzigartigen
Landschaftsraum.

Die strategischen Erwägungen, die zur
Entstehung der künstlichen Insel führten,
sind längst obsolet. Die Bedrohlichkeit
einstiger militärischer Präsenz ist noch
heute spürbar. Wind und Wetter milderten
zwar diese Wirkung und erzeugten in fast
sechs Jahrzehnten einen Ort mit dem
Charme des Zerfalls. Die Authentizität des
Ortes lässt jedoch weiterhin die Geschichte
erfahrbar werden.
Ein Entwurf unter diesen Voraussetzungen entsprach in besonderem Maß den
Schwerpunkten unserer Lehre: Genius Loci
– Die Bedeutung des Ortes für den Entwurf
und Alt & Neu – Weiterbauen.
Es war unser Ziel mit den Studentinnen
und Studenten den Umgang mit dem
aufregenden Element Wasser/Wattenmeer,
dem vorgefundenen Bestand vor der
industriellen Silhouette am Horizont, aber
auch dem Thema Museum/Hotel/Wellness
zu üben und mit dem hoch engagierten
Bauherrn zu diskutieren.

Studentische Entwürfe sollen und wollen
kein Spiegel der entwurflichen Praxis sein.
Das Ziel ist nicht der direkt umsetzbare
Plan, sondern das Ausloten von Grenzen,
das Aufzeigen von Folgen, mit Phantasie
über das Ziel hinausschießen. In diesem
Sinne sind äußerst interessante Entwürfe
entstanden, die zur Diskussion anregen.

STADT[IMPLANTAT]

AUSSTELLUNG DES INSTITUTS FÜR STÄDTEBAU UND ENTWURFSMETHODIK

⌐ Zeitraum

07.04.2009-21.04.2009

⌐ Ausstellungsort

BDA Galerie im Torhaus
Braunschweig

Am Wendetor 3
38100 Braunschweig

↖ Konzeption und Organisation

Prof. Uwe Brederlau
Florian Holik
Anna-Cathrin Jureit
Silke Lubahn

⌐ Projektbeteiligte

Mareike Barton
André-Pascal Bethmann
Jenny Dersch
Anneke Ebeling
Annalena Gläß
Britta Goldenbaum
Sabine Grebe

Daniel Hahn
Sarah Hufenbeck
Maika Keil
Jonathan Kischkel
Janice Knörrchen
Said Fahim Mohammadi
Birte Olschewski

Nele Otto
Chrisnanto Setyono
Niklas Sundström
Lina Varchmin
Markus Willeke
Johanna Ziegenbein
Martyna Ziolkowska

Architektur lässt sich in all ihrer Komplexität weder aus der Anschauung noch im Alleingang erlernen. Die Kommunikation über Architektur und Arbeiten im Team sind besonders wichtige Bestandteile der Lehre und darüber hinaus Grundvoraussetzungen für das spätere Berufsleben des Architekten.

Die Firma maxit hat im August 2007 Studierende der TU Braunschweig zu einem Workshop an ihren Firmenstandort in Merdingen geladen. Ein experimenteller Ansatz im Umgang mit den Materialien sollte im viertägigen Workshop ein erweitertes Einsatzgebiet und neue Anwendungsmöglichkeiten aufzeigen. Der Kontakt zur Universität bedeutet einerseits die Vermittlung bekannter, bereits vorhandener Gestaltungsmittel an eine zukünftige Architektengeneration, die so das Spektrum der Marke maxit kennen lernen. Andererseits stellen die Studierenden unvoreingenommene Ansprüche, entwickeln frische Methoden und regen so zu neuen Ansätzen in Produktverwendung und -entwicklung an. Das Arbeiten in einem Workshop ist eine besonders spannende Art einen Entwurf zu erstellen, Zusammen in einem Kreativkokon am Ort des Entwurfs, werden die Studierenden unmittelbar inspiriert und können die Arbeit an vorhandenen Maßgaben prüfen. Die konzentrierte Auseinandersetzung im Workshop entwickelt eine Eigendynamik, und führt häufig zu interessanten Initiallösungen.

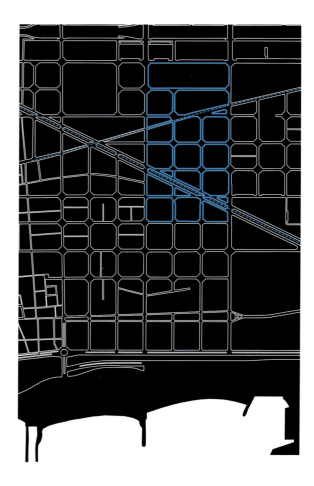

///// stadtIMPLANTAT
urban lab: Barcelona @ 22

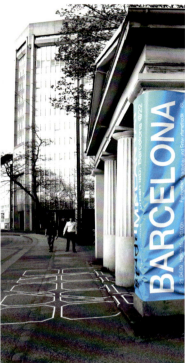

GETAUFT - VERSTOSSEN - DEPORTIERT

AUSSTELLUNG DES INSTITUTS FÜR LANDSCHAFTSARCHITEKTUR

Zeitraum
8.11.-3.12.2008

Ausstellungsort
St. Thomas Kirche

Bethaniendamm 23
10997 Berlin

Betreuung
Prof. Gabriele G. Kiefer

Konzeption
Anika Neubauer
Charlotte Schmidt
Mira Schmidt

Kooperation
Pfarrer Christian Müller,
St. Thomas Kirchengemeinde,
Projekte der Kirchhofschmiede KHS GmbH,
Projekt „Unterstützung für Kunst- und
Kulturinitiativen Berlin",
Christine Zahn,
Thorsten Schaare,
akku - Büro

Die Berliner St. Thomaskirche plante, in Zusammenarbeit mit Christine Zahn als Kuratorin einer Ausstellung über die Schicksale der in der Gemeinde getauften Christen jüdischer Herkunft während der NS-Zeit. Aus Zeitdokumenten, Briefen, Zitaten, Interviews und Bildmaterialien sollte mit geringen Mitteln eine eindrückliche Ausstellung in den Räumlichkeiten der St. Thomaskirche am Mariannenplatz in Berlin entstehen. Aufgabe der Studierenden war es, diese Exponate zu akzentuieren und in Szene zu setzen.

Die größte Herausforderung der Ausstellung bestand darin, mit wenigen Mitteln und Elementen einen komplexen Inhalt pointiert und aussagekräftig zu inszenieren. Zentrale Fragestellungen waren: Was lässt sich mit welchen Mitteln realisieren? Welche Mittel der Inszenierung sind vorstellbar? Was sind ähnlich geartete Projekte, in denen z.B. persönliche Schicksale gezeigt und reduzierte Mittel eingesetzt wurden? Wie kann mit dem Thema Licht, Farben und Materialien umgegangen werden? Auf welche Art und Weise werden die Inhalte transportiert und dem Publikum präsentiert? Die Gestaltung wurde multifunktional und modular umgesetzt, um im Anschluss auch als Wanderausstellung gezeigt werden zu können.

Die Studierenden entwickelten ein Ausstellungsdesign, das nicht nur die Inszenierung der Objekte, sondern auch das Einbringen von Hör- und Filmexponaten und das Layout der Hängungen, Plakate, Flyer, Karten, Typografien und Ankündigungen umfasste. Ein zentrales Element im Kirchraum war der historische Taufstein, um den die Ausstellung nicht nur räumlich, sondern auch inhaltlich kreiste.

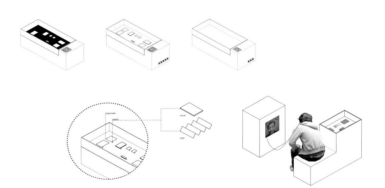

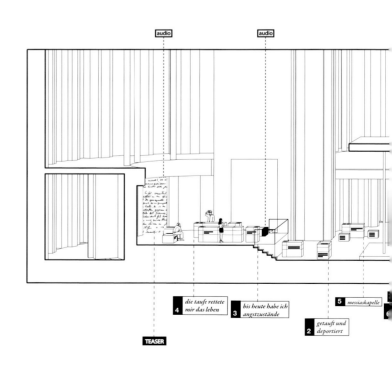

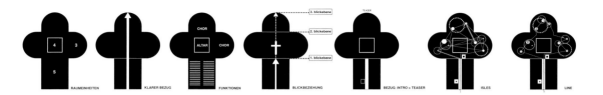

RAUMEINHEITEN   KLARER BEZUG   FUNKTIONEN   BLICKBEZIEHUNG   BEZUG: INTRO > TEASER   ISLES   LINE

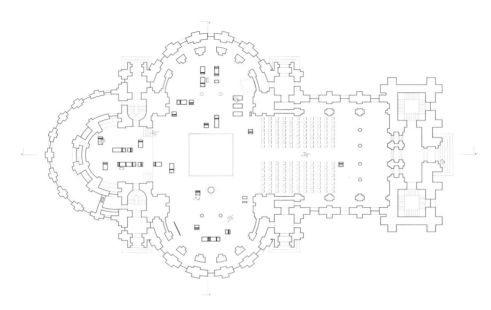

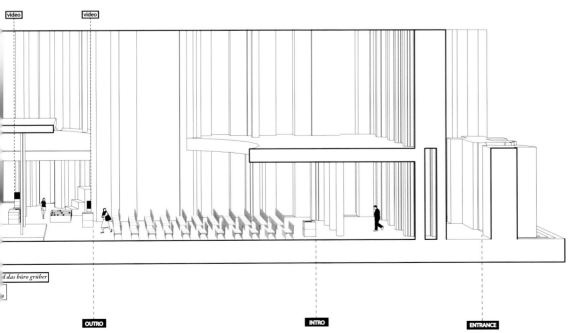

video   video

d das büro grüber

OUTRO   INTRO   ENTRANCE

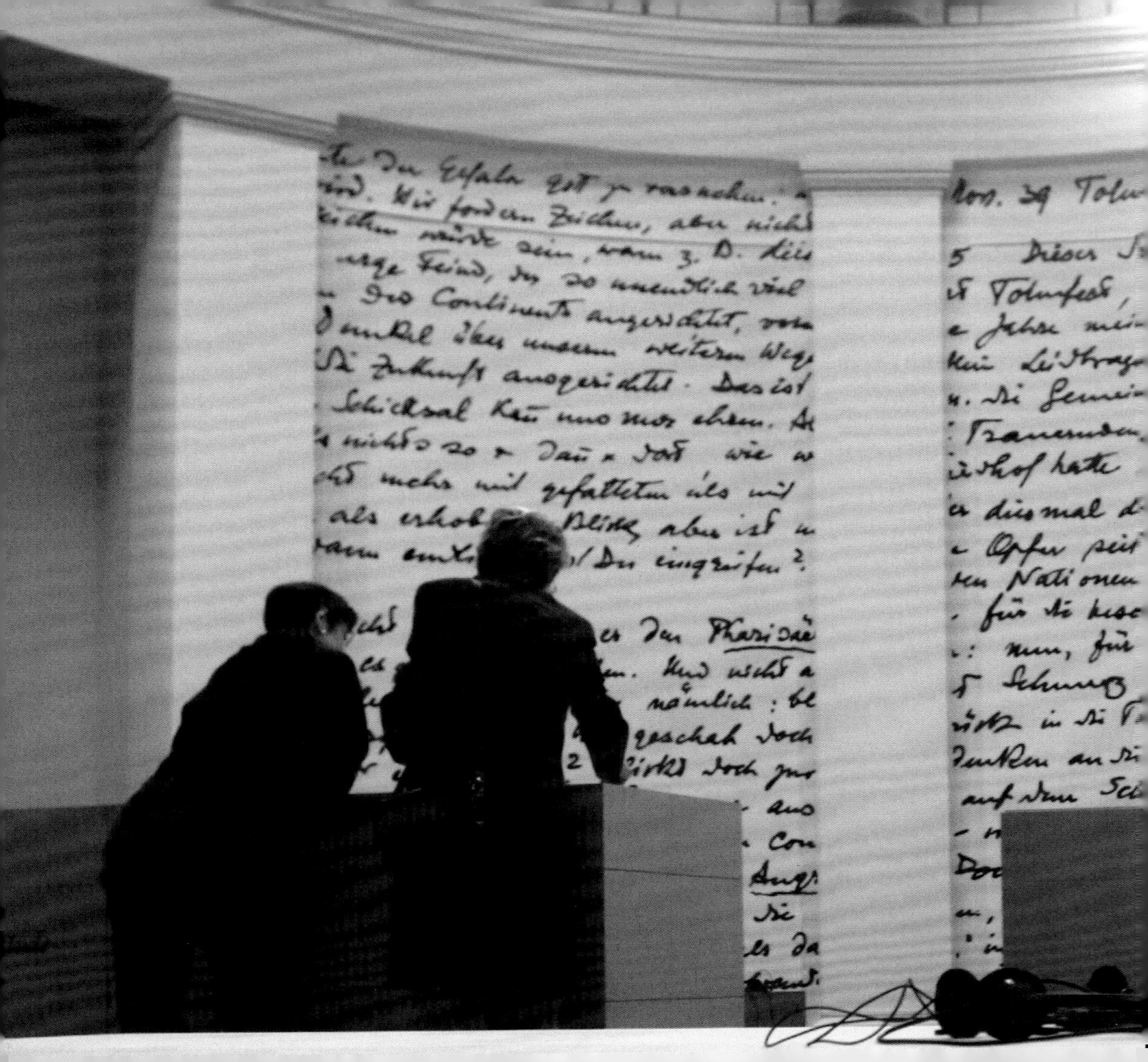

GETAUFT - VERSTOSSEN - DEPORTIERT_Ausstellung des Instituts für Landschaftsarchitektur in der St. Thomaskirche, Berlin
Zeitraum: 08.11. bis 03.12.2008

SHANGHAI
WORKSHOP DES IGS UND ISE

⌐ Zeitraum

16.03. bis 30.03.2010

▪ Organisation

Florian Holik
Jennifer König
Silke Kunisch
Silke Lubahn

▪ Kooperation

Tongji University, Shanghai
Lanzhou University of
Technology

„Better City - Better Life" war das Leitthema der Weltausstellung der Expo 2010 in Shanghai. Vor diesem Hintergrund lobte die Fakultät Architektur der TU Braunschweig gemeinsam mit der Tongji University Shanghai sowie der Lanzhou University of Technology einen studentischen Wettbewerb aus. Studierende beider Länder sollten nachhaltige Stadtquartiere entwickeln, visionär zukunftsträchtige Lebensräume entwickeln, welche die Umwelt schonen und gleichermaßen den ökologischen, ökonomischen sowie soziokulturellen Ansprüchen gerecht werden.

In einem gemeinsamen Workshop in Shanghai wurden die entwurfsnotwendigen Grundlagen vermittelt. Es erfolgte ein intensiver Wissensaustausch auf interkultureller Ebene. Die Studierenden analysierten das Entwurfsareal und erweiterten ihr Bewusstsein für spezifische Charakteristika chinesischer Städte. Dieses Wissen half ihnen bei der Entwicklung erster Rahmenpläne und energetischer Konzeptideen während des Workshops.

Im Anschluss an den Workshop in China wurden die Konzepte im jeweiligen Heimatland weiterentwickelt und ausgearbeitet. Seinen Abschluss fand der Wettbewerb mit einer Ausstellung und Prämierung der besten Arbeiten während der „Woche der Nachhaltigkeit" im Deutschen Pavillon auf der Expo in Shanghai.

TIEFE OBERFLÄCHE

WORKSHOP DES INSTITUTS FÜR
GEBÄUDELEHRE UND ENTWERFEN (IGE)

▶ Projekt

Workshop
Tiefe Oberfläche

◠ Betreuung

Bernd Ax
Anders Lendager
Mads Möller
Sune Petersen

◀ Kooperation

mapt - Kopenhagen

◟ Projektbeteiligte

Anna Allenstein
Diana Bico
Simona W. Conzales
Zeruja Hohmeier
Tobias Krauth
Monika Kwasny
Mira Lehnfeld
Anika Neubauer
Eva Rörig

Jakob Sabra
Mirjam Scharnofske
Charlotte Schmidt
Mira Schmidt
Chris Setyono
Benjamin Stiller
Marie Tzschentke
Maike Weiser
Martyna Ziolkowska

Mit der Entwicklung der Virtual Reality
können Architektur und städtischer Raum
zur Spielfläche poetischer Inszenierun-
gen werden. Architekturprojektionen,
gelegentlich als Lumentektur bezeichnet,
bieten wie die trompe l'oil-Malerei mit
Sinnestäuschungen und Raumillusionen
Möglichkeiten, Objekt und Raum verändert
wahrzunehmen. Konkrete Situation und
Simulation verschmelzen (auf Zeit) zu einer
gemischten Realität.

Der 5-tägige Workshop bot Studierenden
die Möglichkeit, inhaltliche und technische
Aspekte des Video-Mapping kennenzulernen und mit dieser Form der Architektur-
projektion zu experimentieren.
Mittels der Grafik-Manipulationssoftware
vvvv, deren Grundzüge die Studierenden
im Rahmen des Workshops erlernten,
entwarfen sie kinetische grafische Konstrukte als Lichtprojektionen in Bezug auf
bestimmte Raumsituationen im Architek-
tur-Pavillon der TU Braunschweig.
Getestet wurde auch die Möglichkeit, die
Projektionen interaktiv durch die Nutzer
des Raums zu manipulieren.
Die erstellten Lichtinstallationen bildeten
schließlich den szenografischen Hintergrund für die Vorstellung des ersten
Architektur-Jahrbuchs.

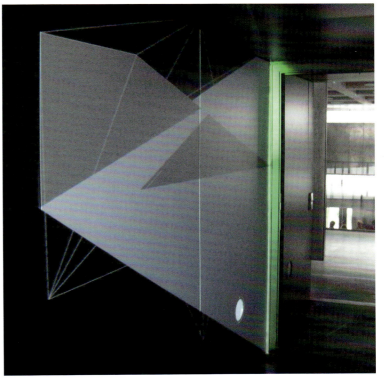

EXPO2000 - NACHNUTZUNG

KOOPERATION IIKE, IS + MANCHESTER
SCHOOL OF ARCHITECTURE

⌐ Zeitraum

01/2010

⌐ Projekt

EXPO - Workshop, Hannover

◣ Betreuung

Prof. Carsten Roth
Prof. Walter Ackers
Regina Sonntag
Volker Pietsch
Richard Brook
Dr. Nick Dunn

◣ Kooperation

Manchester School of
Architecture (MSA)

⌐ Projektbeteiligte

StudentInnen der
Manchster School
of Architecture
(MSA) und der TU
Braunschweig

„Is this heritage - Was ist Denkmal?"

In Kooperation mit der Manchester School
of Architecture (UK) und dem Institut
für Städtebau fand im Rahmen eines
dreitägigen Workshops eine detaillierte
Auseinandersetzung mit dem ehemaligen
EXPO2000- Gelände in Hannover statt. Die
Analyse und Ausarbeitung zukünftiger Visionen für das Gelände und deren Bauten
erfolgte in drei Schritten:

Tag 1: RE_CONNAISSANCE / UNTERSU-
CHEN
Die Erkundung des Geländes bzw. die
detaillierte Erfassung ausgewählter Bauten
stand im Mittelpunkt der Analyse. Weitere
Schwerpunkte lagen auf der Einbindung
des Areals in das städtische Gefüge und
der Analyse der Umsetzung ehemaliger
Zukunftsstrategien.

Tag 2: RE_PRESENT / DARSTELLEN
Die erfassten Daten der Analyse wurden
über Methoden des mappings erfasst und
visualisiert. In Präsentationen werden die
Ergebnisse diskutiert.

Tag 3: RE_CONFIGURE / REKONFIGURIEREN
Auf Basis der Analyse wurden neue
Zukunftsstrategien sowohl für das Gesamt-
areal als auch für einzelne Bauten erarbeitet und dargestellt.

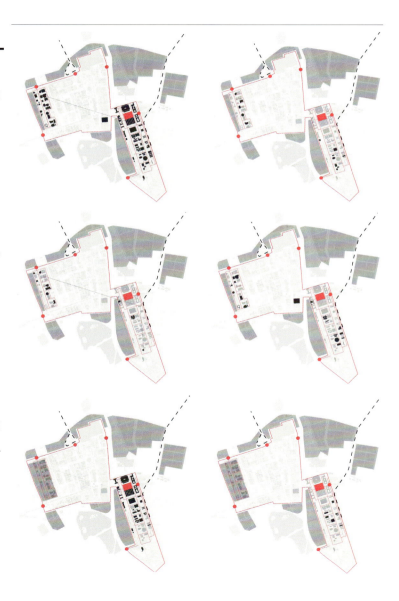

URBAN AND ENVIRONMENTAL ENGINEERING

KOOPERATION ISE + PUC
RIO DE JANEIRO

⌐ Zeitraum

seit WS 2009/10

⌐ Aktivität

Dualer Studiengang PUC Rio de
Janeiro und TU Braunschweig

▶ Organisation

Prof. Uwe Brederlau
Silke Lubahn
Anna-Cathrin Jureit

▶ Kooperation

Pontifícia Universidade
Católica (PUC), Rio de
Janeiro

Rio de Janeiro hat viele Gesichter. Die Stadt
am Zuckerhut verbindet man mit Karneval,
Samba, Strand und Lebensfreude. In Rio
zeigt sich aber auch der Einfluss moderner
Architektur und Stadtplanung, moderne
Bauten von Lucio Costa oder Oscar Nie-
meyer prägen das Stadtbild.
Doch Rio hat auch mit vielen Problemen
zu kämpfen, wie Kriminalität und Armut
und damit einhergehend eine unkontrol-
lierte städtische Expansion. Zudem wird
die urbane Entwicklung durch eine Hügel-
kette beeinträchtigt, die das Stadtgebiet
zerteilt. Innovative Lösungsansätze sind im
Hinblick auf die weltweite Aufmerksamkeit,
die Rio als Austragungsort der Fußball-WM
2014 und der Olympischen Spiele 2016
erfahren wird, gefragter denn je.
Gemeinsam mit der Pontifícia Universidade
Católica (PUC) in Rio de Janeiro bietet die
TU Braunschweig den internationalen
Masterstudiengang "Urban and Envi-
ronmental Engineering" an. Institute aus
Braunschweig vermitteln in Kooperation
mit den brasilianischen Partnern spezifi-
sches Fachwissen.
Das Institut für Städtebau und Entwurfsmethodik (Prof. Brederlau) betreute 2009
erstmals das Modul "Sustainable Urban
Planning". Den brasilianischen Studierenden werden in Vorlesungen und Übungen
vertiefte städtebauliche und freiraumpla-
nerische Kenntnisse vermittelt. Das in den
einzelnen Modulen erlernte spezifische
Wissen wird zusammengeführt, wobei das
Hauptaugenmerk auf den Planungsprin-
zipien für einen nachhaltigen Städtebau
liegt.

WORKSHOP VALDIVIA

KOOPERATION ILA + UNIVERSIDAD AUSTRAL DE CHILE VALDIVIA

⌐ Zeitraum

seit SS 2010

🖝 Organisation

Prof. Gabriele G. Kiefer

🖝 Kooperation

Universidad Austral de
Chile, Valdivia

⌐ Aktivität

Lehre im Ausland und
gemeinsame Workshops der
UNIVERSIDAD AUSTRAL DE
CHILE VALDIVIA und der TU
Braunschweig

Geschichte und geologische Gegebenheiten prädestinieren die im Süden Chiles gelegene, rund 15 Kilometer vom Pazifik entfernte Stadt, für vielfältige Planungsaufgaben.

So wurde Valdivia 1960 von einem Erdbeben der Stärke 9,5 auf der Richterskala und einem darauf folgenden Tsunami getroffen, die nicht nur rund 40% der Gebäude, sondern auch die Infrastruktur schwer beschädigten. Noch heute leidet die Stadt unter den Folgen und erholt sich nur langsam. Die in Valdivia beheimatete Universität Austral de Chile hat international einen exzellenten Ruf, unter anderem auf dem Gebiet der Geowissenschaften. Mehrere Jahre war der Träger des alternativen Nobelpreises Manfred Max-Neef, ein chilenischer Ökonom deutscher Herkunft, ihr Rektor. Durch seine Mitgliedschaft im „Club of Rome" und dem „World Future Council" sowie seiner intensiven Auseinandersetzung mit alternativen Ökonomiesystemen fühlt sich die Universität einem nachhaltigen und ökologischen Wiederaufbau der Stadt Valdiavia verpflichtet.

Die Kooperation der beiden Universitäten begann im Mai 2010 mit einem siebentägigen Workshop an der Universidad Austral de Chile, den Gabriele G. Kiefer mit 140 Architekturstudierende aller Semester durchführte.

Seither gab es mehrere deutsch-chilenische Begegnungen (Workshops, Exkursionen), mit der Aufgabe starke und zukunftsfähige Stadtbilder für Valdivia zu suchen, die sowohl der spezifischen lokalen Situation Rechnung tragen als auch die Anforderungen einer nachhaltigen Entwicklung – ökologisch, sozial und ökonomisch – erfüllen.

SYRIEN

KOOPERATION KON / TWL + WIU / AIU
DAMASCUS

⌐ Zeitraum

Seit 2005

◣ Organisation

Prof. Berthold Burkhardt
Prof. Werner Kaag

◣ Kooperation

Wadi International
University (WIU),
Homs al Nadara

Damascus University

Arab International
University (AIU),
Damascus

⌐ Aktivität

Lehre im Ausland: Syrien

Seit mehr als fünf Jahren engagieren sich die Institute für Tragwerksplanung und Baukonstruktion sowohl beim Aufbau als auch in der Lehre an den oben genannten Architekturfakultäten in Syrien.

Nach der Amtsübernahme von Präsident Baschar al-Assad im Juli 2000 war eine gewisse Liberalisierung und Öffnung der Gesellschaft in Syrien festzustellen, in deren Folge eine Reihe von Privatuniversitäten eröffnet wurden. Darunter auch die Wadi International University (WIU), die ungefähr 30 km von Homs entfernt, unterhalb der berühmten Kreuzritterburg Crac des Chevaliers, liegt. Ziel dieser Universitäten war eine Öffnung und Orientierung an Ausbildungsgängen in Europa. Die WIU wurde vor allem von deutscher Seite unterstützt.
Die Kooperation mit Deutschland auf universitärer Ebene hat eine lange Tradition: viele Syrer studierten oder promovierten in der Bundesrepublik Deutschland oder der DDR. Heute sind über 4000 Syrer Mitglied in einem deutschen Alumni-Verein und es gibt einen Deutsch-Syrischen Verein für Wissenschaft und Technik, der in Deutschland beheimatet ist.

Mit der Wadi University kooperieren die Universitäten Magdeburg, Oldenburg, Cottbus und Braunschweig in den Fachgebieten Business Informatik, Computer Engineering, Management and E-Business sowie Architektur. Im 8-semestrigen Bachelor Programm werden in der Regel zwei Mal im Semester, in wöchentlichen Blockveranstaltungen, Vorlesungen und

Übungen in den Fächern Tragwerksplanung und Baukonstruktion in englischer Sprache angeboten. Die Fächer Entwerfen und Stadtplanung werden unter Beteiligung der BTU Cottbus gelehrt. Analog zu den Lehrveranstaltungen in Braunschweig werden die Grundlagen von Tragwerken und Baukonstruktionen vermittelt, ihre Anwendung im Entwurf geübt, sowie die Bauweisen von Bauten in unterschiedlichen Materialien und Systemen analysiert. Weitere Ziele sind der Austausch deutscher und syrischer Studierenden und

Lehrpersonen, sowie eine Akkreditierung nach deutschen bzw. europäischen Maßgaben.

Aufgrund der politischen Situation in Syrien ist die Zusammenarbeit seit April 2011 ausgesetzt. Nach einer Stabilisierung des Landes, hoffentlich mit nachhaltigen politischen Reformen und einer Liberalisierung auch im Hochschulwesen, soll die Zusammenarbeit zwischen Syrien und Braunschweig wieder aufgenommen werden.

EXKURSIONEN
STUDIENREISEN 2003 - 2010

Kopenhagen
Kalini
Amsterdam Utrecht
London
Braunschwe
Paris
Rotterdam
Prag
Basel Zürich
Wien
Budapest
Mendrisio Ljubljana
Marseilles
Florenz
Rom
Lissabon
Porto Madrid
Barcelona

New York

Brasília

São Paulo
Rio de Janeiro

Santiago

Valdivia

Beijing

Kyoto Tokyo

Naoshima

Shanghai

FRANKFURT HAUS HOCH
EXKURSION DES INSTITUTS FÜR
MEDIALES ENTWERFEN

Zeitraum
15.05. bis 26.05.2005

Leitung
Prof. Matthias Karch
Carolin Höfler

Projektbeteiligte
Studierende des
Studiengangs
Architektur

Ziel
Frankfurt am Main

Vertikale Stadt

Im Rahmen des Entwurfsprojektes „Frankfurt Haus Hoch" besuchte das IME die Mainmetropole. Besichtigt wurden zwei Hochhäuser, die zu den symbolträchtigen Großbauten Frankfurts gehören: der Messeturm des deutsch-amerikanischen Architekten Helmut Jahn und der Maintower des Hamburger Büros Schweger & Partner.

Mit seiner Höhe von 257 Metern war der Messeturm bei seiner Fertigstellung 1991 das höchste Gebäude Europas. Als Bauwerk der Postmoderne hebt sich seine Form besonders hervor und lässt Sockel, Turmschaft und Spitze erkennen. Heute arbeiten rund 4000 Menschen im Turm, der das einzige Gebäude Deutschlands mit eigener Postleitzahl ist (60308). Der 1999 fertiggestellte Maintower ist das vierthöchste Hochhaus Frankfurts. Umgeben von zahlreichen Hochäusern des Bankenviertels eröffnet der Maintower überraschende vertikale Raumbezüge.

Im Mittelpunkt der Studienreise stand die ungewohnte Wahrnehmung von Raum, die ein Hochhaus erlaubt. Kategorien wie oben und unten, innen und außen, nah und fern erfahren bei einem Hochhaus eine Maßstabserweiterung. Die Vogelperspektive, die jeder Turmbesucher für einige Augenblicke gewinnt, bietet die Welt zum Lesen dar. Sie ermöglicht es, über die unmittelbare Wahrnehmung hinauszugelangen und die umgebende Stadt in ihrer Struktur zu erkennen.

DESSAU JUNKERS BAUHAUS

EXKURSION DES INSTITUTS FÜR MEDIALES ENTWERFEN

Zeitraum
06.02.2010

Ziel
Dessau

Leitung
Prof. Matthias Karch
Carolin Höfler

Projektbeteiligte
Studierende des
Studiengangs
Architektur

Kunst und Technik

Die Exkursion nahm das bislang ver-
nachlässigte Verhältnis zwischen dem
Staatlichen Bauhaus und der Stadt Dessau
in den Blick, in der signifikante Beiträge
des 20. Jahrhunderts zu Kunst, Architektur
und Technik entstanden sind. Zu den
großen Förderern einer Modernisierung
der Stadt in den 1920er Jahren gehörte
der Ingenieur und Unternehmer Hugo
Junkers, der in seinen Fabriken technische
Neuerungen vom Flugzeug bis zum Me-
tallhaus hervorbrachte. Mit Junkers wollte
der Bauhausdirektor Walter Gropius eine
Hausfabrik realisieren, und der Bauhaus-
schüler Siegfried Ebeling entwickelte unter
seiner Regie zukunftsweisende Ideen vom
„Raum als Membran". Angesichts der
Raumerlebnisse im Flugzeug beschwor
der Bauhauslehrer László Moholy-Nagy
1929 eine neue Architektur der Relationen:
„Die Grenzen werden flüssig, der Raum
wird im Fluge gefaßt: gewaltige Zahl von
Beziehungen."

Besucht wurden neben dem Bauhaus das
Technikmuseum, das sich den Flugzeug-
und Architekturvisionen von Hugo Junkers
widmet. Besonderes Interesse weckte die
Junkersche Stahllamellenkonstruktion.
Eine originale Lamellenhalle befindet
sich auf dem Gelände der ehemaligen
Abteilung Stahlbau der Junkers-Werke
in Dessau. Die Hallenkonstruktion war
vorwiegend für Flugzeughangars geplant
und konnte als Luftfracht transportiert
werden. Sie ist aus der Strebe von Flug-
zeugtragdecks entwickelt.

BURGUND
EXKURSION DES INSTITUTS FÜR BAUGESCHICHTE

➤ Zeitraum

2010

⌐ Ziel

Burgund

⌐ Organisation

Prof. Dr. Karl Bernhard
Kruse
Dr. Olaf Gisbertz
Dr. Andrea Giersbeck

Seit jeher reisen Architektinnen und Architekten. Auch wenn im Zeitalter globalisierter Medien Informationen über Bauten und Projekte überall verfügbar sind, „google-streetview" das Bild selbst entlegenster Winkel verspricht und „Wikipedia" uns architekturhistorische Daten bis in Detail zu liefern scheint, bleibt das eigenständige Betrachten, Durchwandern, Erleben und Erfühlen eines Werks der Baukunst einzig dem persönlichen Besuch vorbehalten. Architektur zu „sehen", sie kritisch zu erfassen und zu beschreiben - über alltägliche Bekundungen des Ge- oder Missfallens hinaus - , lässt sich am besten vor und in den „großen" Werken der Architekturgeschichte erlernen. Dabei stellt sich heraus, dass sie immer im Kontext von „Kulturlandschaften" entstanden sind, vor deren Hintergrund ihre Bedeutung und Wirkung erst erkannt und „verstanden" werden kann. So reist das Institut für Baugeschichte regelmäßig in Gegenden, die als über Jahrhunderte gewachsene Kulturlandschaften mit herausragenden Einzelbauten, Ensembles und Stadtbildern paradigmatisch für Entwicklungen der Architekturgeschichte stehen.
Im Sommersemester 2010 war in der Exkursionswoche vom 22.05.-29.05.2010 Burgund das Ziel. Neben exzellenten Weinen und kulinarischen Hochgenüssen bietet die Region im Herzen Frankreichs einen vielfältigen Querschnitt durch die europäische Baugeschichte. Zu den Zielen

der Exkursion gehörten Bauten von der römischen Antike über die Romanik (Autun, Cluny, Dijon) und Gotik (Paris, St. Denis) bis hin zur Renaissance (Tanlay):

Zu den Highlights der Exkursion gehörten die Besichtigungen der Klosteranlage der Zisterzienserabtei von Fontenay, der Überreste von Cluny, einst größte Sakralanlage der Christenheit, sowie der Besuch weiterer bedeutender Basiliken und Kathedralen in diesem „Kernland des Hochmittelalters". Hinzu kam die Besichtigung von bedeutsamen Profanbauten der Region, wie dem Hôtel-Dieu in Beaune – ein Hospital in burgundisch-flämischer

Gotik – und dem Schloss Ancy-le-Franc - ein Schlüsselwerk der französischen Renaissance.

Die Analyse von Entwurfsprinzipien der klassischen Moderne und Nachkriegsmoderne in Architektur und Städtebau (auf dem Weg: Weißenhofsiedlung, Stuttgart, 1927; Notre Dame du Haut, Ronchamp, Le Corbusier 1950-55) sowie der Besuch von prominenten Beispielen der gegenwärtigen Baukultur (Literaturmuseum Marbach, David Chipperfield, 2006) rundeten das Programm ab.

ENGLAND

EXKURSION DES INSTITUTS FÜR BAUGESCHICHTE

☛ Zeitraum	⌐ Organisation
2009	Prof. Dr. Karl Bernhard Kruse
⌐ Ziel	Dr. Olaf Gisbertz
	Kim Rosebrock
England	Luisa Held

Auf der Exkursion wurden exemplarisch Bauwerke und Ensembles der englischen Architekturgeschichte besucht, analysiert und diskutiert. Von den prähistorischen Anfängen des Bauens (Stonhenge) bis hin zu „Best Buildings"(N. Pevsner) der Gegenwart reichte das Spektrum der Objekte.

Im Mittelpunkt der Exkursion standen die großen Architekturepochen Englands von der Romanik bis hin zur Moderne, die Kathedralen der Normannen, des Early English, Decorated und Perpendicular Style genauso wie die Villen und Gärten im Stile des Englischen Palladianismus (Chiswick und Queens House). Ein Besuch des British Museums und der National Gallery in London stand ebenso auf dem Programm wie die Besichtigung von Bath mit Prior Park, Queen Square und Royal Crescent als gebautes „Gesamtkunstwerk" des britischen Klassizismus.

Darüber hinaus wurden aktuelle Bauprojekte auf der Reiseroute von Canterbury über London, Salisbury, Wells, Bath bis Oxfort in Augenschein genommen. Die Bürobesichtigung bei Foster + Partners eröffnete den Studierenden schließlich erste Einblicke in das Netzwerk internationaler Architekturproduktion.

JAPAN

EXKURSION DES INSTITUTS FÜR ENTWERFEN UND BAUGESTALTUNG

Zeitraum

2010

Organisation

Marika Schmidt
Theresa Ebert

Ziel

Tokyo
Naoshima
Kyoto

Japan ist ein Land der Gegensätze. Geprägt von komplexen gesellschaftlichen Strukturen, religiösen Ritualen und einer fordernden Landschaft, gewachsen unter den kulturellen Einflüssen der formals übermächtigen Nachbarn China und Korea, orientierte sich Japan in den vergangenen 100 Jahren überwiegend an westlichen Zivilisationen.

In den vergangenen Jahrzehnten erlangte neben den traditionellen Bauten immer wieder die zeitgenössische Architektur des Inselstaates große Aufmerksamkeit. Architekten wie Kisho Kurokawa, Kenzo Tange, Tadao Ando, Toyo Ito, Kengo Kuma, Shigeru Ban oder Kazuyo Sejima beeindrucken mit ihren eigenwilligen Raumschöpfungen Architekten weltweit und haben das architektonische Schaffen ganzer Generationen geprägt.

Die Exkursion führte von einem der größten Ballungsgebiete der Welt, Tokyo, über die Hafenstadt Yokohama und die alte Haupstadt Kyoto nach Osaka. Wir besichtigen herausragende Architekturen und spürten den Eigenheiten der japanischen Stadt nach. An der Tokyo University und der Yokohama Graduate School of Architecture am es in Tagesworkshops mit japanischen Studenten und Professoren zum Austausch. Bürobesuche und Architektengespräche rundeten das Programm ab.

ニイチャン

SCHWEIZ

EXKURSION DES INSTITUTS FÜR ENTWERFEN UND BAUGESTALTUNG

➤ Zeitraum	◠ Organisation
2009	Tim Mitto

◠ Ziel

Stuttgart
Weil am Rhein
Basel
Aarau
Zürich
Vrin
Davos
Chur
Bregenz

Basel, Zürich und Graubünden waren
die Zielpunkte unserer Exkursion:
Eine Auswahl war unerlässlich angesichts
des Angebotes an vorbildlicher Architektur
in der Schweiz.
Innerhalb der räumlichen und kulturellen
Eingrenzung auf den deutschsprachigen
Nordwesten und das Bündner Rheinthal
wurde bei dieser Exkursion ein Längs-
schnitt durch die Bauten der letzten
achtzig Jahre gelegt.

Wir sahen Bauten u.a. von:

Herzog + de Meuron
Gigon + Guyer
Caminada
Olgiati
Le Corbusier
Zumthor
Piano
Diener + Diener
Kerez
Calatrava
Morger + Degelo
Bearth + Deplazes
Baumschlager Eberle

ROM
EXKURSION DES IEX

▸ Zeitraum
22.05. bis 30.05.2010

Organisation
Mira Schmidt

Ziel
Italien - Rom

Seit dem 15. Jahrhundert belegt Rom im Ranking der Exkursionsziele für Architekten unangefochten den Spitzenplatz. Die Stadt war und ist Bildungs- und Wirkungsstätte der prominentesten Vertreter der Baukunst zugleich – ein Mythos der Architekturgeschichte. Mit der Wiederentdeckung der antiken Baukunst durch die Renaissance besuchten Architekten und Kulturschaffende aller Epochen und verschiedener Kontinente die Ewige Stadt und integrierten ihre Studien und Erkenntnisse in ihr eigenes Schaffen, hinterließen dort häufig selbst bedeutsame Werke. Eine Reise nach Rom ist seither fester Bestandteil einer jeden anerkannten Architekturausbildung in Europa.

Rom ist eine lebendige Stadt, die sich den Herausforderungen an eine Metropole im 21. Jahrhundert auf besondere Weise stellen muss. Durch ihre Popularität ist sie überproportionalen Belastungen durch stetig wachsende Einwohner- und Touristenzahlen ausgesetzt, die Infrastruktur der Stadt dagegen an neue Bedürfnisse kaum anpassbar – wie man beispielhaft am Projekt der Metropolitana di Roma sehen kann: der Bau des derzeit bestehenden U-Bahn-„Netzes", das aus genau zwei Linien besteht, dauerte aufgrund zahlreicher archäologischer Funde fast 50 Jahre. Das Paradoxon der durch ihre eigene Attraktivität zunehmend unbenutzbar und unerkenntlich werdenden Stadt Rom kennzeichnet den derzeitigen kulturellen Diskurs in Kunst, Literatur und Film.

SÜD-SÜD-OST
EXKURSION DES IEX

◤ Zeitraum   ⌐ Organisation

22.05. bis 30.05.2010   Alessa Brill
                    Mira Schmidt

⌐ Ziel

Salzburg/Wien (Österreich)
Ljubljana (Slowenien)
Zagreb (Kroatien)
Budapest (Ungarn)
Bratislava (Slowakei)
Praha (Tschechien)

Nachdem die osteuropäischen Staaten Beitrittsländer der Europäischen Union wurden, rückten sie ein bisschen mehr in das Bewusstsein des „Westens". Es gab einige Architekturausstellungen zum Thema „Ostarchitektur" und eine junge, kreative Architektengeneration versuchte auf sich aufmerksam zu machen.
Während jahrzehntelang der Eiserne Vorhang den Blick auf die osteuropäische Architektur verwehrte, so sind es heutzutage oft Intoleranz oder noch nicht überwundene Vorurteile.

Neben dem industriell geprägten Bauwirtschaftsformalismus, der typisch sozialistischen Bauweise, entstanden aber auch innovative und expressive Bauwerke von hoher Qualität und exemplarische Bauwerke zeitgenössischer Architektur.

In Osteuropa ist der „alte Kontinent" Europa noch jung und dynamisch und stellt eine spannende „Baustelle" dar, der immer mehr internationale Aufmerksamkeit geschenkt wird. Dieser europäische Raum verdient es in seiner ganzen Vielfalt entdeckt zu werden und seine moderne Architektur auf den Spuren der Vergangenheit zu betrachten.

BARCELONA

EXKURSION DES INSTITUS FÜR STÄDTEBAU UND ENTWURFSMETHODIK

Zeitraum
20.11.2008-24.11.2008

Organisation
Florian Holik
Anna-Cathrin Jureit

Ziel
Barcelona, Spanien

In kaum einer anderen europäischen Metropole wird gegenwärtig eine derart aktive Stadtentwicklungspolitik betrieben wie in der katalanischen Hauptstadt. In einem Prozess des ständigen Überprüfens des aktuellen Stadtbildes, befindet sich Barcelona in einer Synthese aus historischer Stadtentwicklung und modernen Restrukturierungsprozessen.
Die Voraussetzungen hierfür gründen sich in Veränderungen der politischen Rahmenbedingungen: Mit dem Übergang zur Demokratie nach dem Tod Francos und der darauf folgenden Selbstverwaltung der Region Katalonien und der Stadt Barcelona, begann ein Transformationsprozess, der bis heute anhält.

Seit den Olympischen Spielen 1992 betreibt Barcelona eine aktive Stadtentwicklungspolitik wie kaum eine andere Hauptstadt Europas. Ein breites Spektrum von Architekturen und städtebaulichen Konzepten lässt sich hier an realisierten Projekten studieren.
Architekturen von Enric Miralles, Herzog & de Meuron, Jean Nouvel sowie städtebauliche Projekte wie das Gebiet Eixample oder die Verlängerung der Avinguda Diagonal bis zur Küste, @22, wurden während der Exkursion besichtigt. Damit bestand für alle TeilnehmerInnen die Möglichkeit Eindrücke zu sammeln und wesentliche Impulse für die eigene Entwurfsarbeit aufzunehmen.

GRAND TOUR TESSIN | EMILIA ROMAGNA

EXKURSION DER FACHGRUPPE STÄDTEBAU

Zeitraum
19.09.2009-27.09.2009

Ziel
Tessin (Schweiz)
Emilia Romagna (Italien)

Organisation
Florian Holik
Silke Lubahn
Pierre Rey

Die Reise nach Norditalien steht in der Tradition von Exkursionen der Fachgruppe Städtebau, an der alle drei Professoren gemeinsam teilgenommen haben. Zusammen mit der letzten gemeinsamen Reise, die im Jahr 2000 nach England führte, vervollständigte das Institut nun seine „Grand Tour".

Im Tessin schafft die architektonische Moderne den Konsens zwischen traditionellem Bauen und Fortschritt und sucht ortsbezogene Antworten. Selbst unauffällige Bergdörfer entwickeln eine ungeahnte Identität. Zu den besonderen Highlights zählte die Begegnung mit Luigi Snozzi, in der nach seinem Richtplan umgestalteten Gemeinde Monte Carasso.
Die Emilia Romagna ist heute vor allem für ihre kulinarischen Genüsse bekannt. Doch finden sich hier auch historisch gewachsene Städte, die trotz moderner industrieller Zersiedelung zumindest im Kern erhalten und bewahrt geblieben sind und z. T. zum Weltkulturerbe der UNESCO zählen.

Auf unserer Exkursion spürten wir in diesen zwei kontrastreichen Regionen dem Zusammenhang von Stadtraum und Alltagskultur, von Landschaft, Lebensgefühl und Geschmack nach. Zudem gab es vielfach – und leider auch letztmalig - die Gelegenheit, mit allen drei Professoren der Fachgruppe vertiefende fachliche Gespräche und Diskussionen zu führen, da Professor Walter Ackers sich im Jahr 2010 vom Institut verabschiedet, hat.

ZEICHENSÄLE
STUDENTISCHE ARBEITSPLÄTZE

Eine Besonderheit des Braunschweiger Architekturstudiums sind die Zeichensäle. Auf 20 Arbeitssäle sind 331 studentische Arbeitsplätze verteilt, die ganz wesentlich die Qualität des Braunschweiger Architekturstudiums mitbestimmen. Die Stärke der Zeichensäle liegt in der gegenseitigen Hilfe und Korrektur der Studierenden bei Entwürfen und Übungen, aber auch im gemeinschaftlichen Miteinander in arbeitsreichen Phasen, in den Nächten und an den Wochenenden. Im Idealfall entfaltet sich hier eine kreative Atmosphäre, geprägt durch gegenseitige Hilfe und konstruktive Kritik. Die Anregung und der Austausch von Ideen mit den Kommilitonen ist eine der besten Erfahrungen im Studium und ergänzt die Lehre von Professoren und Mitarbeitern. Die Vergabe von Arbeitsplätzen wird durch die gemeinschaftliche Selbstverwaltung der Studierenden zu Anfang eines jeden Semesters geregelt. In der Regel besitzt jeder Saal eine Teeküche mit Sofaecke, die die Möglichkeit einer schöpferischen und erholsamen Arbeitspause bietet.

Altgebäude 1.OG | *Oman*	t + 49 (0) 531. 391. 23 57
Altgebäude 2.OG | *Belvedere*	t + 49 (0) 531. 391. 29 68
Altgebäude 2.OG | *Lehmbruck*	t + 49 (0) 531. 391. 29 66
Amtsgericht EG links	t + 49 (0) 531. 391. 23 62
Amtsgericht EG rechts	t + 49 (0) 531. 391. 35 16
Amtsgericht 1.OG links	t + 49 (0) 531. 391. 23 63
Amtsgericht 1.OG rechts | *new 32*	t + 49 (0) 531. 391. 23 45
Amtsgericht 2.OG | *Justiz*	t + 49 (0) 531. 391. 36 38
BS 4 | *6.OG*	t + 49 (0) 531. 391. 35 34
BS 4 | *11.OG ganz kleiner Saal*	t + 49 (0) 531. 391. 23 55
BS 4 | *11.OG kleiner Saal*	t + 49 (0) 531. 391. 23 44
BS 4 | *11.OG großer Saal*	t + 49 (0) 531. 391. 23 43
BS 4 | *12.OG kleiner Saal*	t + 49 (0) 531. 391. 23 54
BS 4 | *12.OG großer Saal*	t + 49 (0) 531. 391. 35 68
Grotrian Nord 1.OG | *ZSG 1*	t + 49 (0) 531. 391. 23 56
Grotrian Nord 2.OG | *Grotrian 2*	t + 49 (0) 531. 391. 25 53
Grotrian Nord 3.OG	t + 49 (0) 531. 391. 23 09
Grotrian Süd EG | *Rebenring*	t + 49 (0) 531. 391. 45 59
Grotrian Süd 2.OG | *Aeroflot*	t + 49 (0) 531. 391. 23 60
Grotrian Süd 2.OG | *Sonnendeck*	t + 49 (0) 531. 391. 23 58

23

Guten Appeti

CLOUD CLUB
ALUMNI-VEREIN

⌐ Geschäftsführung

Henri Greil

⌐ Vorsitz

Prof. Annegret Droste

▲ Vorstand

Prof. Annegret Droste
Prof. Gabriele G. Kiefer
Rainer Ottinger
Prof. Rolf Schuster
Stephan Seeger
Mark Timmermann
Ulrike Wrobel

▲ Beirat

Prof. Berthold Burkhardt
Erdal Dogrul
Gunnar Schulz
Gerhard Tjarks

◀ Kontakt

Technische Universität Braunschweig
Studiengang Architektur
Cloud Club
Pockelstraße 4
D-38106 Braunschweig

t + 49 (0) 531. 391. 3543
f + 49 (0) 531. 391. 8103
info@cloudclub.de

⌐ www.cloudclub.de

Das Department Architektur der TU Braunschweig bringt seit Jahrzehnten hervorragende Absolventen hervor, die die Architekturproduktion und -diskussion national
und international prägend mitgestalten.
Ziel des im Februar 2005 gegründeten
cloud club ist es, das weltweite Netzwerk
ehemaliger Architekturstudenten der TU
Braunschweig zusammenzuführen und
Kontakte zwischen gegenwärtigen und
ehemaligen Mitgliedern Department
Architektur anzuregen.
Vorrangiger Vereinszweck ist die ideelle
und finanzielle Förderung von Lehre,
Forschung und künstlerischen Aktivitäten
des Departments Architektur.
Der cloud club unterstützt und organisiert Ausstellungen, Veröffentlichungen
und kulturelle Feste. Darüber hinaus sollen
gezielt herausragende Leistungen inner-
halb der Lehre und der Mitglieder durch
Preise und Stipendien gefördert werden.
Der cloud club will mehr sein, als eine reine
Alumni-Vereinigung. Er ist grundsätzlich
offen für die Mitgliedschaft von architek-
turinteressierten Personen sowie Freunden
und Förderern der Technischen Universität
Carolo Wilhelmina zu Braunschweig.
Als Mitglied im cloud club erhalten Sie regelmäßig persönliche Einladungen zu den
Veranstaltungen des Architektur-Clubs der
TU Braunschweig und des Departments
Architektur. Sie werden Teil eines weltum-
spannenden Architekten-Netzwerks. Mit
einem Newsletter informieren wir Sie über
die Aktivitäten, Erfolge, künstlerischen und
personellen Entwicklungen des Clubs und
der Universität.

FG_ARCH
FACHGRUPPENRAT ARCHITEKTUR

◂ Student. Vertretung

Laura Achmetoff
Leonore Brave
Steffen Busse
Jan Dethlefsen
Dorle Frobese
Dhana Josel
Anne Kettenbusch
Agnes Konietzny
Hendrik Lindemann

◂ Student. Vertretung

Timo Meisner
Alex Murawski
Helena Rempel
Marco Rodriguez
Nicole Schott
Benjamin Trosse
Robert Tubbenthal
Stephan Wisotzki
Steffen Zwirlein

❚ Kontakt

Technische Universität Braunschweig
Fachgruppenrat Architektur
Grotrian Süd
Westeingang, Erdgeschoss

t + 49 (0) 531. 391. 4563
f + 49 (0) 531. 391. 4563
fsarch@tu-bs.de

☍ www.fsarch.de.ms

Als Stimme der Studierenden des Departments Architektur waren wir auch in den letzten beiden Jahren wieder sehr aktiv. So haben wir in enger Zusammenarbeit mit ProfessorInnen und AssistentInnen die Prüfungsordnung überarbeitet, den Masterstudiengang mitgestaltet und die Arbeitsbelastung im BA-Studiengang überprüft. Durch die Emeritierung einiger Professoren, hatten wir auch im Bereich der Berufungen jede Menge Arbeit. Wir sind mit unserer Auswahl sehr zufrieden, denn es war uns möglich herausragende Persönlichkeiten für unseren Fachbereich zu gewinnen. Wir freuen uns sehr auf die zukünftige Zusammenarbeit.

Des Weiteren lag uns natürlich auch wieder das Wohl unserer Erstsemester am Herzen. Die neuen KommilitonInnen wurden jeweils zu Semesterbeginn von Studierenden höherer Semester in kleinen Workshop-Gruppen über den Campus und durch die Stadt geführt. Auf diese Weise bot sich nicht nur die Gelegenheit Uni und Stadt zu erkunden, auch das gegenseitige Kennenlernen wurde so gefördert. Höhepunkte dieser Woche waren mit Sicherheit die Instituts-Frühstücke, bei denen sich Studierende und Institute in entspannter Atmosphäre miteinander vertraut machen konnten, bevor der Uni-Stress begann. Das kommende Jahr nehmen wir mit sehr viel Energie und Zuversicht in Angriff, da durch viele neue MitstreiterInnen im Fachgruppenrat nun auch zahlreiche zurückgestellte Projekte in die Wege geleitet werden können. Zudem wollen wir eine regelmäßig stattfindende Architektur-Film-Reihe starten, die zum gemütlichen Zusammensitzen und Diskutieren anregen soll.

TU DAY
JÄHRLICHES CAMPUSFEST DER
TU BRAUNSCHWEIG

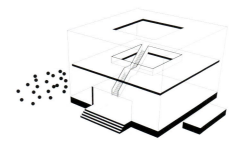

Am jährlichen TU DAY zeigt die gesamte TU Braunschweig rund um den Forumsplatz auf unterhaltsame Weise, wie sie forscht, lehrt und arbeitet.
Die TU-Einrichtungen präsentieren „Wissenschaft zum Anfassen" anhand von spannenden Exponaten, Experimenten und Schnuppervorlesungen, die auch für Laien verständlich sind. Studieninteressierte informieren sich im Studienservice-Center über Studienmöglichkeiten an der TU Braunschweig. Institutsbesichtigungen eröffnen einen Blick in die Forschungsstätten.

Der Studiengang Architektur präsentiert sich hauptsächlich in und um den Architekturpavillon im Innenhof des Altgebäudes. Hier findet z.B. auch das jährliche Mitgliedertreffen des Alumnivereins „cloud club" statt, der sich auf dem TU DAY den Studierenden und Besuchern vorstellt. Zahlreiche Arbeiten und Entwürfe der Studierenden werden ausgestellt und es finden besondere Veranstaltungen wie die Jurysitzung für einen StudentInnenwettbewerb, oder der Aufbau einer kirgisischen Jurte statt.
Neben dem Architekturpavillon als zentralen Treffpunkt wird das gesamte Campusgelände durch Installationen einzelner Institute des Studiengangs Architektur bespielt. Im Garten des Pavillon lädt der Studiengang Architektur zum Verweilen, Essen und Trinken ein. Hier können die Gäste den spannenden Tag gemütlich ausklingen lassen.

ARCH.LIVE

ZEICHENSAALTURNIER, SOMMERKINO, BERGFEST, DIPLOMPARTY

Das Architekturstudium in Braunschweig ist stark verflochten mit dem Privatleben der Studierenden.

Es gibt zum Beispiel am Abend eine unterhaltsame Filmreihe, die sich auch auf einen architektonischen Kontext beziehen lässt. Durch die selbstverwalteten Zeichensäle entstehen neue Freundschaften und Gemeinschaften. Bei selbstorganisierten Sportturnieren, an denen alle Zeichensäle gegeneinander antreten, kann man auch seine sportlichen Fähigkeiten unter Beweis stellen.

Auf das Bergfest und die Diplomparty kann natürlich nicht verzichtet werden. Zweimal im Semester laden die Diplomanden ein, um die Halbzeit und das Ende des Diploms zu feiern.

Wenn es das Studium zulässt, trifft man sich mittags in der Mensa zum Essen und abends in Kneipen und Clubs der Stadt, wenn es das Studium zulässt zum Abschalten und Spass haben.

Die Grenzen zwischen Privatleben und Studium sind fließend, so wohnen viele Studierende auch zusammen in regelrechten Architekten-Wohngemeinschaften oder haben im Studium den Partner fürs Leben gefunden.

Die entstandenen Freundschaften gehen weit über das Studium und die Studienzeit hinaus.

PROF. GERHARD WAGNER

VERABSCHIEDUNG PROF. GERHARD
WAGNER

⌐ Lehrtätigkeit

1977 bis 2010

⌐ Sekretariat

Silke Stöckel
Susanne Nitsche

◣ Lehrgebiet

Institut für Baugestaltung B

〔 Wissenschaftl. Mitarbeiter

Norbert Adel	Bernhard Hirche	Lisa Nielsen-Hagemann	Gunnar Schulz
Dirk Alten	Sabine Koeth	Rainer Ottinger	Sandra Singh
Christine Dih	Bernd Kreykenbohm	Friedrich-H. Prahmann	Paul-Georg Stahm
Helmut Dohle	Friedrich-W. Kuhn	Klaus Richter	Christiane Tenbohlen-Welp
Stephan Dörken	Volker Kuhnen	Hans-Christian Rieck	Beate Thomas
Julia Gill	Martin Lohmann	Christoph Roselius	Sabine Trilling
Christoph Grossmann	Bernd Lohse	Arne Rosenhagen	Angela Vorwerk
Christine Grothe	Jan Löhrs	Hartmut Rüdiger	Klaus-Dieter Wenzel
Henning Haupt	Cord Machems	Bodo Rügner	

Mit einer kleinen Ausstellung der letzten
Ferienentwürfe hat sich Prof. Gerhard Wagner im Oktober 2010 aus dem Institut für
Baugestaltung B verabschiedet. Er prägte
über 33 Jahre die Architektenausbildung in
Braunschweig. Neben den Entwürfen und
den Diplomentwürfen - die alle Studienab-
schnitte vom 3. bis zum letzten Semester
begleiteten -, waren besonders herauszu-
hebende Bausteine seiner Lehre:

Die Vorlesungen, die an aktuellen und klassischen Architekturbeispielen den Fragen
räumlicher Qualitäten und gestalterischer
Besonderheiten nachging. Ihre Themen
‚Alt & Neu - Weiterbauen',‚Stadtbaustein',
‚Genius Loci - Der Ort und seine Bedeutung für den Entwurf' und‚Wohnwelten'
nahmen Bezug auf die Entwurfsaufgaben
des Institutes.

Die Exkursionen, die verschiedensten
Architekturauffassungen in Europa
nachgingen und den Mitreisenden einen
Eindruck der Bandbreite architektonischer
Lösungsansätze vermittelten.

Die Kompakt-Entwürfe, die die intensive Auseinandersetzung im Entwurfsprozess mit der Vor-Ort-Erfahrung
der spannungsreichen Umgebung
und außergewöhnlichen Entwurfsthemen kombinierten.

Über viele Jahre hat Prof. Gerhard Wagner
der Beschäftigung mit Bestandsgebäuden in Entwurfsaufgaben besondere
Beachtung beigemessen. Das ‚Bauen im
Bestand' war fester Bestandteil seiner
Lehre und sollte räumlich-architektonische
und gestalterisch-qualitative Kriterien

vermitteln, die über einen nur erhaltenden
Denkmalschutz hinausgingen.

Wir danken Prof. Gerhard Wagner für die
engagierte Leitung des Institutes und
seinen unermüdlichen Einsatz für spannende Aufgabenstellungen und „10.560

Stunden Bahnfahrt" zwischen Köln und
Braunschweig. Die ca. 6.500 Studenten die
zu Ihnen kamen „im Vertrauen darauf, etwas
zu lernen, im besten Fall auch über sich
selbst" und 763 Diplom-Ingenieure, die den
Diplomentwurf an Ihrem Institut wählten,
behalten Sie in bester Erinnerung!

PROF. WALTER ACKERS

VERABSCHIEDUNG PROF. WALTER
ACKERS

⌐ Lehrtätigkeit

   1990 bis 2010

⌐ Sekretariat

   Ulrike Nissen
   Ursula Kahmann
   Claudia Walther
   Ursula Wüstner

◆ Lehrgebiet

   Institut für Städtebau und
   Landschaftsplanung

⌐ Wissenschaftl. Mitarbeiter

Wolfgang Chmiel	Sandra Pechmann	Janine Walter
Melanie Humann	Pierre Rey	Petra Wollenberg
Tobias Jahlin	Michael Rink	Margrit Zawieja
Henning Kahmann	Johannes Schwarzkopf	
Rüdiger Kulke	Matthias Staubach	
Hajo Meißner	Jörg Tilman	
Tanja Mergler	Riemenschneider	
Tobias Ossenberg-	Roger Thiel	
Engels	Alexa Waldow-Stahm	

»Professio« heißt »ich bekenne«, so hat
Walter Ackers seine Lehre am Institut für
Städtebau und Landschaftsplanung verstanden und immer versucht den Studierenden seine Liebe zum Thema Stadt und
das Leben in derselben nahe zu bringen.

Über das mehrere Jahre andauernde
deutsch-französische Projekt »Interference«
wurde zahlreichen Braunschweiger Studierenden ein intensiver Erfahrungsaustausch
mit französischen Studierenden und nicht
zuletzt mit seinem Kollegen Guy Naizot
von der La Villette in Paris ermöglicht.

Über seine VorOrtLesungen hat er die Entwicklung der Stadt und den öffentlichen
Raum als wesentlich tragendes Element
der Stadt durch ausführliche Spaziergänge
und Fahrten in und um Braunschweig den
Studierenden erläutert.

Sein Leitsatz »Stadt ist gebaute Umgangsform« war wesentliche Basis für seine
Lehre.
Die Zeit an der Hochschule ist nun vorüber
– die Zeit der Profession noch lange nicht.

Sandra Pechmann

Foto oben links: Abschiedsveranstaltung Walter Ackers (2010)
Foto oben rechts: New York Exkursion (1998)
Foto unten: Vorlesung vor Ort

PROF. BERTHOLD BURKHARDT

VERABSCHIEDUNG PROF. BERTHOLD
BURKHARDT

⌐ Lehrtätigkeit

1984 bis 2011

⌐ Sekretariat

Rosemarie Knop
Gabriele Mertz

⌐ Lehrgebiet

Institut für Tragwerksplanung

⌐ Wissenschaftl. Mitarbeiter

Nicole Becker
Christiane Bergmann
Anne Börrnert
Emil Brockstedt
Christine Degenhardt
Roland Dorn
Tatjana Gieschenhagen
Jutta Gemmler
Gerald Hannemann

Rainer Hempel
Sebastian Hoyer
Karin Jansen
Ilka Jessen
Helmuth Klaassen-
Uhde
Andreas Krause
Thomas Lüsse
Alfred Meistermann

Jochen Peters
Wiebke Reinhardt-
Schlüter
Franka Scheibe
Ruth Scheurer
Hans-Günther
Schneider
Bojan Velikanje
Martin Vorspel

Uwe Wiblishauser
René Winkler
Michael Wulf

Anfang Februar 2011 hat sich Professor Berthold Burkhardt endgültig aus der Lehrtätigkeit am Institut für Tragwerksplanung zurückgezogen. Bedingt durch das Amt eines Vizepräsidenten der TU Braunschweig lehrte er über den offiziellen Termin der Vollendung des 65. Lebensjahres mit vollem Einsatz weiter. Damit konnte die Institutsleitung zum Sommersemester 2011 an seinen Nachfolger Herr Professor Dr.-Ing. Harald Kloft übergehen.

Herr Professor Berthold Burkhardt kam 1984 aus Stuttgart, wo er ein gutes Jahrzehnt mit Frei Otto zusammengearbeitet hatte, nach Braunschweig, um hier den Architekturstudierenden das Wissen zu lehren, das im späteren Berufsleben gebraucht wird, damit die von ihnen geplanten Gebäude auch „stehen bleiben". Aus dem früheren, sehr mathematisch gelehrten Fach „Statik" wurde eine sehr lebendige und praxisnahe Auseinandersetzung mit der gesamten Tragwerkslehre. Die Studierenden sollten ein Gespür dafür entwickeln, wie die Kräfte im Bau verlaufen und wie Bauelemente vernünftig dimensioniert werden können.

Herr Burkhardt hat sich auch sehr intensiv dafür eingesetzt, historische Baukonstruktionen zu vermitteln, so dass bei Entwürfen, die im historischen Bestand entstehen und Gebäuden unter Denkmalschutz eine angemessene Tragwerkskonstruktion zu Grunde gelegt wird. Sein Lieblingsbetätigungsfeld „Zelte und Zeltkonstruktionen" hat er in seiner Lehrtätigkeit an der TU nie aus den Augen verloren, an einem der letzten TU-Days wurde eine Jurte mit Studierenden aufgebaut.

Das Department Architektur, verliert einen ihrer engagiertesten Professoren, der täglich vor Ort erreichbar war und sich um viele Dissertationen, wissenschaftlichen Austausch und Beratung in schwierigen statischen Fragen im Denkmalbereich gekümmert hat.

Wir wünschen ihm weiterhin viel Freude und Erfolg in den vielfältigen Betätigungsfeldern, die er sich für seinen „Ruhestand" aufgehoben hat.

Apl. Prof. Dr. Karl Bernhard Kruse

Foto oben links: Institutsbüro Berthold Burkhardt
Foto unten links: Berthold Burkhardt und Frei Otto
Foto rechts: Kirgisische Jurte

Fakten

Mit einem Studium der Architektur an der TU Braunschweig entscheiden sich die Studierenden für eine Ausbildung an einer national und international renommierten Fakultät, die es ihnen ermöglicht zu lernen, zu experimentieren und ihre Fähigkeiten und Potenziale zu entfalten. Der erste Bachelorstudiengang startete im Wintersemester 07/08, seit dem WS 10/11 bietet die TU Braunschweig auch ein Masterstudium Architektur an.

Ein Bachelor ermöglicht den Studierenden in 6 Semestern eine Grundlagenausbildung und vermittelt einen Überblick über das Berufsfeld Architektur. Damit sind sie gut ausgerüstet für den Einstieg in das Berufsleben oder das weiterführende Masterstudium. Das Bachelorstudium umfasst - entsprechend dem „European Credit Transfer System"- 180 Credit Points. Credit Points sind Leistungspunkte an denen der Arbeitsaufwand „gemessen" wird. Das Studium setzt sich überwiegend aus Pflichtmodulen zusammen und schließt mit dem "Bachelor of Science" ab. Dieser Abschluss qualifiziert für Berufsfelder des Bauwesens, führt allerdings nicht zur Anerkennung und Lizenzierung als Architektin/Architekt.

Das 4-semestrige Masterstudium fördert die Schwerpunktbildung. Hier erhalten die Studierenden größte Freiheiten, ihr Studium nach eigenen fachlichen Interessen zu gestalten und verschiedene Schwerpunkte der Architektur wie Gebäudeplanung, Konstruktion oder Städtebau zu vertiefen. Das Studium umfasst 120 Credit Points und wird mit dem „Master of Science" abgeschlossen. Es führt nach einer anschließenden 2-jährigen Praxisphase gemäß den Vorgaben der Architektenkammern sowie der EU-Architektenrichtlinie bzw. der EU-Berufsanerkennungsrichtlinie zur Berufsbefähigung und Lizenzierung als Architektin/Architekt in Deutschland und qualifiziert zur weltweiten Anerkennung nach dem UNESCO/UIA Validation System für Architectural Education (das EU-Notifizierungsverfahren ist eingeleitet).

Eine Besonderheit des Braunschweiger Architekturstudiums sind die Zeichensäle, die ganz wesentlich die Qualität des Studiums mitbestimmen. Die Stärke der Zeichensäle liegt in der gegenseitigen Hilfe und Korrektur der Studierenden bei Entwürfen und Übungen, aber auch im gemeinschaftlichen Miteinander in arbeitsreichen Phasen. Die Anregung und der Austausch von Ideen mit Kommilitonen gehören mit zu den besten Erfahrungen im Studium und ergänzen die universitäre Lehre.

Dipl.-Ing. Ulrike Wrobel
(Studiengangskoordinatorin Architektur)

AUFBAU DES STUDIUMS
STUDIENVERLAUFSPLAN

BACHELOR

	Einführungs- und Grundlagenmodule 1	(60 LP)
1. - 2. Semester	A 1 Historische und kulturelle Grundlagen 1	
	(Baugeschichte)	(4 LP)
	B 1 Skulptur und Modellieren	(6 LP)
	B 2 Mediale Darstellungsprozesse 1	(8 LP)
	B 3 Darstellen und Gestalten 1	(4 LP)
	C 1 Bauphysik	(4 LP)
	C 2 Tragwerkslehre 1	(6 LP)
	C 3 Baukonstruktion 1	(12 LP)
	C 4 Baustoffkunde	(4 LP)
	E 1 Einführung in das Entwerfen	(12 LP)

3. - 4. Semester

Grundlagenmodule 2 (28 LP)

A 2 Historische und kulturelle Grundlagen 2		Zusätzlich:	
(Gesch+Theorie d. Architektur)	(4 LP)		
C 5 Gebäudetechnik	(6 LP)	4 Stegreif-Entwürfe in B - E	(4 LP)
C 6 Tragwerkslehre 2	(8 LP)	GP Projekt Entwerfen und	
C 7 Baukonstruktion 2	(6 LP)	Gebäudeplanung in E	(14 LP)
D 1 Städtebau und Landschaft 1	(4 LP)	KP Konstruktives Projekt in C	(12 LP)

5. - 6. Semester

Aufbaumodule 1 (18 LP)

A3 Historische und kulturelle Grundlagen 3 (6 LP)

Zusätzlich:

12 LP Wahl (= 2 Module à 6 LP) aus:			
B4 Darstellen und Gestalten 2	(6 LP)	SP Städtebauliches Projekt in D	(12 LP)
C8 Konstruieren u. Bauen 3	(6 LP)	E Freier Entwurf in B – E	(6 LP)
D2 Städtebau und Landschaft 2	(6 LP)	BE Bachelor-Entwurf	(12 LP)
E2 Entwerfen und Gebäudeplanung 2	(6 LP)	BV Bachelor-Vertiefung in A - E	(6 LP)

3. - 6. Semester Überfachliche Qualifikationen/ Schlüsselqualifikationen (8 LP)
etwa 3 Monate Büropraktikum werden empfohlen

BACHELOR

Modulstruktur	Allgemeine und Fachspezifische Grundlagen				Erweiterte Fachspez. Grundlagen			
Kompetenzbereiche	Einführungs- & Grundlagenmodule 1		Grundlagenmodule 2		Aufbaumodule 1			
	1. Semester	*2. Semester*	*3. Semester*	*4. Semester*	*5. Semester*	*6. Semester*	*7. Semester*	*8. Semester*
A - Kulturelle / historische Kenntnisse	**A 1** Historische & kulturelle Grundlagen 1		**A 2** Historische & kulturelle Grundlagen 2		Historische/ kult. Grundlagen 3			
B - Darstellen & Gestalten	**B 1** Skulptur & Modellieren				Darstellen und Gestalten 2			
	B 2 Mediale Darstellungsprozesse 1							
	B 3 Darst./Gestalten 1							
C - Konstruieren & Bauen	**C 1** Bauphysik		**C 5** Gebäudetechnik		Konstruieren u. Bauen 3			
	C 2 Tragwerkslehre 1		**C 6** Tragwerkslehre 2					
	C 3 Baukonstruktion 1		**C 7** Baukonstruktion 2					
	C 4 Baustoffkunde							
D - Entwerfen und Planen: Stadt und Landschaft			**D 1** Städtebau und Landschaft 1		Städtebau u.Landschaft 2			
E - Entwerfen und Planen: Gebäude	**E 1** Einführung in das Entwerfen				Entwerfen/Gebäudeplanung 2			

Entwürfe			**GP** Projekt Entwerfen & Gebäudeplanung in E	**KP** Konstruktives Projekt in C	**SP** Städtebauliches Projekt in D	Bachelor-Entwurf		
			4 Stegreif-Entwürfe in B - E		Freier Entwurf in B-E zzgl. Seminar in A-E	Bachelor-Vertiefung in A - E		
			SQ Überfachliche Qualifikationen/ Schlüsselqualifikationen					

Fachgruppe

- **A** Bauaufnahme, Baugeschichte, Dokumentation und Analyse historischer Bauten, Geschichte und Theorie der Architektur und Stadt, etc.
- **B** CAAD/CAM, Darstellende Geometrie, Mediale Darstellungsprozesse, Mediale Modellbauprozesse, Skulptur und Modellieren, Zeichnen, etc.
- **C** Baukonstruktion, Bauphysik, Baustoffkunde, Gebäudetechnik, Konstruktive/ Ausbautechnische Entwurfsbearbeitung, Tragwerkslehre, etc.
- **D** Entwurfsmethoden in Städtebau und Landschaftsarchitektur, Landschaftsarchitektur, Siedlungs- und Entwicklungsplanung, Stadtraumanalyse, Stadtplanung und Raumentwicklung, Städtebau und Entwerfen, etc.
- **E** Architekturanalyse, Architekturpositionen, Baugestaltung, Entwerfen und Gebäudeplanung, Gebäudelehre, Methoden des Entwerfens, etc.
- **SQ** Überfachliche Qualifikationen/ Schlüsselqualifikationen: Genderkompetenz, Kommunikation, Projektmanagement, Rhetorik, Teamarbeit, etc. Pflichtmodule mit Wahlfreiheit innerhalb der Module
- Wahlmodule über ein Semester, werden entweder im 5. oder im 6. Semester angeboten (s. Semesterprogramm)

AUFBAU DES STUDIUMS
STUDIENVERLAUFSPLAN

ARCHITEKTUR+

STUDIUM MIT INTERNATIONALER QUALIFIKATION

Der 8-semestrige Bachelorstudiengang „Architektur+" bietet zusätzlich zu einer soliden fachlichen Grundlagenausbildung eine internationale Perspektive auf das Berufsfeld Architektur durch ein in das Curriculum integriertes Auslandsjahr. Damit bist du gut ausgerüstet für den Einstieg in einen globalen Arbeitsmarkt oder ein weiterführendes Masterstudium - hier kannst du dann verschiedene Schwerpunkte der Architektur wie Gebäudeplanung, Konstruktion oder Städtebau vertiefen.

Der Studiengang „Architektur+" steht Studierenden aus dem Bachelorstudiengang „Architektur" ab dem 5. Semester offen. Die Bewerbung erfolgt nach Abschluß des 3. Semesters. Deine Leistungen werden nach dem „European Credit Transfer System" bewertet. Ein Leistungspunkt (LP) entspricht einem Arbeitsaufwand von 30 Stunden. Das gesamte Bachelorstudium umfasst 240LP.
Das Studium ist in fünf Kompetenzbereiche gegliedert:

A Kulturelle und historische Kenntnisse
B Darstellen und Gestalten
C Konstruieren und Bauen
D Entwerfen und Planen: Stadt und Landschaft
E Entwerfen und Planen: Gebäude

INTERNATIONALES JAHR

Mit dem integrierten internationalen Jahr reagiert das Department Architektur auf die Globalisierung des Arbeitsmarktes und die damit verbundenen internationalen und interdisziplinären Anforderungen im Berufsfeld.
Das wahlweise im 5./6. oder 6./7. Semester integrierte Internationale Modul bietet eine hohe Flexibilität, indem es sowohl ein einjähriges Auslandsstudium als auch eine Kombination aus Studium, Praxissemester und/oder Mitarbeit in Forschungs- und Planungsprojekten an den Partnerhochschulen ermöglicht. Die inhaltlichen Schwerpunkte und der strukturelle Ablauf werden nach individuellen Interessen zusammengestellt. Organisatorische Hürden entfallen durch Kooperationsverträge mit renommierten Hochschulen weitestgehend.
Durch das Auslandsjahr erwerben Studierende eine besondere fachliche, interdisziplinäre oder berufsvorbereitende Qualifikation und beginnen frühzeitig mit dem Aufbau eines professionellen internationalen Netzwerkes. Der Abschluss des vierjährigen „Architektur+" bietet zudem die Möglichkeit einer Doppelqualifikation beim Übergang in architekturfremde Masterstudiengänge.
Studierende des „Architektur+" können sich für die Dauer des Auslandsaufenthaltes auf ein Teilstipendium plus Nebenleistungen aus dem Programm Bachelor Plus des DAAD bewerben.

Das Austauschjahr kann entweder in 5. und 6. Semester von Oktober bis Juli liegen, bzw. im 6. und 7. Semester von April bis Februar.
Die Wahl des Zeitpunktes hängt vom Beginn des akademischen Jahres an der Gasthochschule ab.

Curriculum

Module Structure	Introduction & Basic Modules 1		Basic Modules 2		Exchange Modules		Advanced Modules 1	
Core Discipline	1. Semester	2. Semester	3. Semester	4. Semester	5. Semester	6. Semester	7. Semester	8. Semester
A - History and Theory of Architecture	Building History		History and Theory of Architecture		e.g. International History and Theory of Architecture		Historical and Cultural Basics	
B - Illustration & Design	Sculpture and Modelling Mediale Darstellungsprozesse 1 Illustration and Design 1				2 subjects according to the individual professional interests and the speciality of the chosen partner institution of the TU		2 subjects at free choice	
C - Construction & Building Techniques	Building Physics Statics and Structures 1 Architecture and Construction 1 Materials Science for Architects		Technical Equipment of Buildings Statics and Structures 2 Architecture and Construction 2					
D - Design & Planning: Urban & Landscape			Urban and Landscape Planning 1					
E - Design & Planning: Buildings	Introduction in Designing							
Design Projects			Building Design	Constr. Design	International Project	International Project	Urban Planning - Project	Bachelor Design Project
			Impromptu Design Projects		Supplementary Course/ Seminar	Supplementary Course/ Seminar	Free Design Project	Bachelor Supplementary Course
			Interdisciplinary Skills / Exchange Preparation		Intercultural Training		Interdisciplinary Skills / Soft Skills	

AUFBAU DES STUDIUMS
STUDIENVERLAUFSPLAN

MASTER

1. - 3. Semester	Aufbaumodule 2 (3 Module à 6 LP, freie Wahl in A – E)	(24 LP)

M 1 Objektbezogene Architekturgeschichte
M 2 Architektur- und Urbanisierungstheorie
M 3 Künstlerische und Mediale Raumkonzepte
M 4 Künstlerische und Mediale Entwurfsprozesse
M 5 Effizienz und Konstruktive Systeme
M 6 Methoden des Konstruierens
M 7 Struktur von Stadt und Landschaft
M 8 Entwurfsmethoden und Planungswerkzeuge in Städtebau und Landschaftsarchitektur
M 9 Typologie und Baugestalt
M 10 Prozesse und Methoden des Entwerfens

Zusätzlich:
Vertiefungsmodule   (24 LP)
(3 Module à 6 LP, freie Wahl in A – E)
MV A Kulturelle und Historische Kontextualisierung - Integrierte Vertiefung
MV B Darstellen und Gestalten - Integrierte Vertiefung
MV C Entwerfen und Konstruieren - Integrierte Vertiefung
MV D Entwerfen und Planen: Stadt und Landschaft - Integrierte Vertiefung
MV E Entwerfen und Planen: Gebäude - Integrierte Vertiefung

Professionalisierungsmodule

Wahlpflichtbereich   (12 LP)
(1 Modul à 12 LP, freie Wahl in A – E)
M FA Freie Arbeit
ME X Experimenteller Entwurf
ME 3 Entwurf im Kontext: Gebäude + Stadt

Pflichtbereich   (42 LP)
ME 1 Entwurf im Kontext: Gebäude + Stadt
ME 2 Entwurf im Kontext: Gebäude + Stadt
M SE Stegreif-Entwurf
PRO Professionalisierung/ Praxis (Berufspraxis, Büropraktikum oder Pool-Modell der TU)

4. Semester	MA Masterarbeit (Thesis) nach freier Wahl in A-E	(30 LP)

MASTER

Wahlbereiche / Kompetenzbereiche	**Wahl**			**Pflicht / Wahlpflicht:** Professionalisierungsmodule						LP
	Aufbaumodule 2 (10 Wahlmodule a 6 LP)		Vertiefungsmodule (5 Wahlmodule a 6 LP)	Modul PRO (Pflichtmodul 12 LP)	Modul M SE (Pflichtmodul 6 LP)	Module ME 1& ME2 (2 Pflichtmodule a12 LP)	Modul ME 3 Modul ME 1&ME2 Modul MF A (3 Wahlpflichtmodule a12 LP)		Modul MA (Pflichtmodul 30 LP)	
A - Kulturelle / historische Kenntnisse	**M1** Objektbezogene Architekturgeschichte	**M2** Architektur & Urbanisierungstheorie	**MV A** Kulturelle & historische Kontextualisierung - Integrierte Vertiefung	**freie Wahl** von Lehrveranstaltungen mit 1-4 LP	**freie Wahl** von 6 Stegreifentwürfen	**freie Wahl** von 2 Entwürfen	**freie Wahl** von 1 Entwurf oder 1 Arbeit		**freie Wahl** von 1 Thesis	
B - Darstellen und Gestalten	**M3** Künstlerische & Mediale Raumkonzepte	**M4** Künstlerische & Mediale Entwurfsprozesse	**MV B** Darstellung & Gestalten - Integrierte Vertiefung							
C - Konstruieren und Bauen	**M5** Effizienz & Konstruktive Systeme	**M6** Methoden des Konstruierens	**MV C** Entwerfen & Konstruieren - Integrierte Vertiefung							
D - Entwerfen und Planen: Stadt und Landschaft	**M7** Struktur von Stadt & Landschaft	**M8** Entwurfsmethoden & Planungswerkzeuge	**MV D** Entwerfen & Planen: Stadt & Landschaft-Integrierte Vertiefung							
E - Entwerfen und Planen: Gebäude	**M9** Typologie & Baugestalt	**M10** Prozesse & Methoden des Entwerfens	**MV E** Entwerfen & Planen: Gebäude - Integrierte Vertiefung							
Belegung	**freie Wahl** von 3 Modulen a 6 LP		**freie Wahl** von 3 Modulen a 6 LP	**freie Wahl** innerhalb des Moduls von 12 LP	**freie Wahl** innerhalb des Moduls von 6 SE a 1 LP	2 Pflichtentwürfe a 12LP, 1 Entwurf oder Arbeit a 12 LP, freie Wahl innerhalb der Module (max. 2 ME bzw. 1 ME und 1 M FA am selben Fachgebiet)			**freie Wahl** innerhalb des Moduls von 1 MA a 30 LP	
Summe Leistungspunkte	18		18	12	6		36		30	120

Wahlbereiche A-E	**Erweiterte fachspezifische Grundlagen & fachspezifische Vertiefung**						**Abschluß**		LP
	1. Semester		2. Semester		3. Semester		4. Semester		
Aufbaumodule 2 (18 LP)	M1-10	Aufbaumodule in A-E (6 LP)	M1-10	Aufbaumodule in A-E (6 LP)	M1-10	Aufbaumodule in A-E (6 LP)			18
Vertiefungsmodule (18 LP)	MV A - E	Integrierte Vertiefung (6 LP)	MV A - E	Integrierte Vertiefung (6 LP)	MV A - E	Integrierte Vertiefung (6 LP)			18
Professionalisierungs module (84 LP)	ME 1 - 3 ME X MFA	Entwurf im Kontext o. Experimenteller Entwurf o. Freie Arbeit (12 LP)	ME 1 - 3 ME X MFA	Entwurf im Kontext o. Experimenteller Entwurf o. Freie Arbeit (12 LP)	ME 1 - 3 ME X MFA	Entwurf im Kontext o. Experimenteller Entwurf o. Freie Arbeit (12 LP)	MA	Masterarbeit (Thesis) (30 LP)	66
	MSE	2 Stegreifentwürfe (2 LP)	MSE	2 Stegreifentwürfe (2 LP)	MSE	2 Stegreifentwürfe (2 LP)			6
	PRO	Professionalisierung/Praxis (4 LP)	PRO	Professionalisierung/Praxis (4 LP)	PRO	Professionalisierung/Praxis (4 LP)			12
Summe Leistungspunkte	30		30		30		30		120

ME 1 und **ME 2:** zwei Pflichtmodule à 12 LP; **MA, ME X** und **ME 3:** Wahlpflichtmodule à 12 LP: freie Wahl von einem der drei Module
ME 1 - 3: mind. zwei Entwürfe in C - E, davon max. zwei im selben Kompetenzbereich, max. eine freie Arbeit in A - E
MI 1 - 3: Integrierte Vertiefung in A - E: drei Module à 6 LP, Pflichtmodule mit Wahlfreiheit innerhalb der Module

Lehrveranstaltungen innerhalb der Module können unterschiedliche Untertitel haben, da das Modulziel an unterschiedlichen Beispielen vermittelt werden kann; Angebot und verbindliche Regelung siehe Modulhandbuch/ Modulübersicht

Fachgruppe

- **A** Bauaufnahme, Baugeschichte, Dokumentation und Analyse historischer Bauten, Geschichte und Theorie der Architektur und Stadt, etc.
- **B** CAAD/CAM, Darstellende Geometrie, Mediale Darstellungsprozesse, Mediale Modellbauprozesse, Skulptur und Modellieren, Zeichnen, etc.
- **C** Baukonstruktion, Bauphysik, Baustoffkunde, Gebäudetechnik, Konstruktive/ Ausbautechnische Entwurfsbearbeitung, Tragwerkslehre, etc.
- **D** Entwurfsmethoden in Städtebau und Landschaftsarchitektur, Landschaftsarchitektur, Siedlungs- und Entwicklungsplanung, Stadtraum analyse, Stadtplanung und Raumentwicklung, Städtebau und Entwerfen, etc.
- **E** Architekturanalyse, Architekturpositionen, Baugestaltung, Entwerfen und Gebäudeplanung, Gebäudelehre, Methoden des Entwerfens, etc.
- ☐ PRO Professionalisierung in den Wahlbereichen A - E nach freier Wahl, Büropraktikum oder Pool-Modell der TU Braunschweig: Angebot siehe Modulhandbuch
  Pflicht-/ und Wahlpflichtmodule in den Wahlbereichen A - E mit freier Wahl innerhalb der Module: Angebot siehe Modulhandbuch
- ⠗ Aufbau- und Vertiefungsmodule in den Wahlbereichen A - E nach freier Wahl: Angebot siehe Modulhandbuch/ Modulübersicht

AUSSTATTUNG
DIGITAL- UND
MODELLBAUWERKSTÄTTEN

Neben den verschiedenen Computer-
pools des Rechenzentrums, gibt es den
Computerpool und die digitale Modellbauwerkstatt des Studiengangs Architektur
im 7.OG des BS4, sowie einige Pools, die
verschiedenen Instituten zugehörig sind.
Dort finden u.a. die Tutorials statt, die zu
bestimmten Kursen angeboten werden.
Sie stehen aber je nach Absprache auch
Einzelpersonen zur Verfügung. Oft wird
außerdem ein Plotservice angeboten.
Der Einsatz neuer Medien spielt in der
Architektur eine wichtige Rolle. Von Anfang
an lernen die Studierenden, deshalb neben
analogen Techniken auch die digitalen
Medien kennen. Sie bieten sowohl im
virtuellen als auch im realen Kontext eine
große Vielfalt an Darstellungsmöglich-
keiten. Am Rechner konstruierte Modelle
können als Zeichnungen ausgedruckt,
animiert und zum Film geschnitten oder
als reale Modelle plastisch gedruck
werden. Zweidimensionale Zeichnungen
können animiert oder interaktiv gestaltet,
ausgeplottet oder aus Plattenmaterial
geschnitten werden. Gerade durch die
Mischformen verschiedener Techniken,
sind der Darstellung keine Grenzen gesetzt.

Digitale Ausstattung:
CNC-Fräse, CNC-Styrocut, 2D Lasercutter,
3D Gipsdrucker, 3D Printer, Plotservices,
Rollenscanner, Diascanner, DVD-Kopier-
station, Beamer, C-Pools, Videokonferenz,
Videoschnitt, Virtual Reality-Labor (DAVE)

Analoge Ausstattung:
Modellbauwerkstatt, Druckwerkstatt
(Siebdruck, Radieren, Prägen), Fotolabor,
Bronzegusswerkstatt

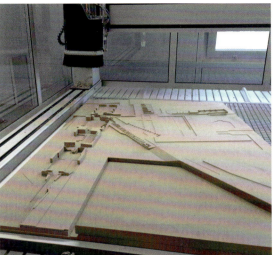

KONTAKTE

ADRESSEN DES STUDIENGANGS
ARCHITEKTUR

Fakultät 3 - Architektur, Bauingenieurwesen und Umweltwissenschaften,
Department Architektur

Dekanat

Frau Balke | Frau Machein
Pockelsstraße 4
Altgebäude, 1.OG

t +49 (0) 531. 391. 59 39
f +49 (0) 531. 391. 59 37
arch@tu-bs.de

Studiengangkoordination

Dipl.-Ing. Ulrike Wrobel
Pockelsstraße 4,
Altgebäude, 1.OG

t +49 (0) 531. 391. 59 40
f +49 (0) 531. 391. 59 37
u.wrobel@tu-bs.de

Öffentlichkeitsarbeit
Department Architektur

Leitung: Prof. Gabriele G. Kiefer
Ansprechpartner: Dipl.-Ing. Henri Greil
Mühlenpfordtstraße 23, 7. OG

t +49 (0) 531. 391. 35 43
f +49 (0) 531. 391. 81 03
arch-pr@tu-bs.de

Fachgruppenrat Architektur

fg.arch
Fachgruppenrat Architektur
Grotrian Süd, Westeingang, Erdgeschoss
Sitzungen; donnerstags 19.00 Uhr

t +49 (0) 531. 391. 45 63
f +49 (0) 531. 391. 45 63
fsarch@tu-bs.de
www.fsarch.de.ms

Studiendekan Architektur
(seit 01.04.2011)

Professor Dr. M. Norbert Fisch
Institut für Gebäude- und Solartechnik
Mühlenpfordstraße 23, 9. + 10. OG

t +49 (0) 531. 391. 35 55
f +49 (0) 531. 391. 81 25
arch@tu-bs.de

Dekan Fakultät 3

Prof. Manfred Krafczyk
Institut für rechnergestützte
Modellierung im Bauingenieurwesen
Mühlenpfordtstr. 4-5

t +49 (0) 531. 391. 75 90
f +49 (0) 531. 391. 75 99
dekan-fk3@tu-bs.de

Immatrikulationsamt

Mühlenpfordtstr. 4/5
Öffnungszeiten: mo + do 09.00-12.00 Uhr

Studienservice-Center
Pockelsstr. 11
Öffnungszeiten: mo-do 10.00-17.00 Uhr
                fr 10.00-15.00 Uhr

t +49 (0) 531. 391. 43 21
www.tu-braunschweig.de/i-amt

BAFöG-Amt

Staatliche Studienförderung nach dem
Bundesausbildungsförderungsgesetz
Studentenwerk Förderungsabteilung
Nordstraße 11, 1.OG
38106 Braunschweig

t +49 (0) 531. 391. 49 02   /- 49 22
f +49 (0) 531. 391. 49 20
www.sw-bs.de/braunschweig/finanzen

Auslandsstudium

International Office

Bültenweg 74/ 75
38106 Braunschweig

t +49 (0) 531. 391. 43 31
f +49 (0) 531. 391. 43 32
international@tu-braunschweig.de

Auslandskoordination
Studiengang Architektur

Prof. Dr. M. Norbert Fisch
Institut für Gebäude- und Solartechnik
Ansprechpartnerin: Sandra Wöhrer

t +49 (0) 531. 391. 35 55
f +49 (0) 531. 391. 81 25
igs@igs.bau.tu-bs.de
www.igs.bau.tu-bs.de

Partneruniversitäten Erasmusprogramm

Technische Universität Erzherzog Johann Graz	www.tugraz.at
Universität Gent	www.ugent.be
Czech Technical University in Prague	www.cvut.cz/en
Universidad de Alicante	www.ua.es
Universidad de Las Palmas de Gran Canaria	www.ulpgc.es
Universidad Poletecnica de Valencia	www.upv.es
Ecole d'Architecture de Paris La-Vilette	www.paris-lavillette.archi.fr
Ecole d'Architecture de Bretagne	www.rennes.archi.fr
Università degli Studi di Firenze	www.unifi.it
Politecnico di Milano	www.polimi.it
Seconda Università degli Studi di Napoli	www.unina2.it
Vilniaus Gedimino Technikos Universitetas	www.vtu.it
Latvian Agricultural University	www.cs.llu.lv/en
Norwegian University of Science and Technology	www.ntnu.no
Politecnika Krakowska	www.pk.edu.pl

SPONSOREN

Braunschweiger Hochschulbund e.V.

Architekten- und Ingenieur-Verein Braunschweig e.V.

Ruth Printmedien GmbH, Braunschweig

Siteco Beleuchtungstechnik GmbH, Traunreut

Ingenieurgesellschaft für energieeffiziente Gebäude mbH, Braunschweig

Technische Universität Carolo-Wilhelmina zu Braunschweig